KB082732

중국 문명의
다원성과 보편성

중국 문명의 다원성과 보편성

김광억·양일모 편저

차례

| 머리말 |

대안적 보편성의 모색을 위한 '중국적 가치'의 재검토

김광억

1. 왜 아시아인가

오늘날 소위 후기 자본주의 시대에 들어서 갈수록 심각하게 드러나는 여러 사회문화적 병리현상에 직면하면서 그동안 보편적 가치로 여겨왔던 것들에 대한 진지하고 근본적인 재검토의 필요성을 절감하게 된다. 간단히 말하여 르네상스 운동과 계몽주의 사상에 의하여 그 토대가 확립된 서구의 사상과 가치체계는, 진보, 발전, 풍요의 단어를 거느리며 대대적이고 적극적으로 확산되면서 수세기에 걸쳐 전 세계를 지배해왔다. 그러나 21세기에 들어서면서 서구의 사상과 가치체계는 눈부신 속도로 발전한 과학과 기술 그리고 풍요로워진 인간의 삶에도 불구하고 인간소외 또는 인간 존엄의 상실이라는 거대한 병리적 조류를 낳고 있는 현실에서 그 타당성을 도전받고 있다. 그것은 기독교와 자본주의가 대표해온 '현대'의 실현에도 불구하고 인권, 개인, 민주, 평등의 가치가 점차 지구상의 곳곳에서 혼란에 빠지는 현상을 보이기 때문이다.

제2차 세계대전을 기점으로 세계의 질서와 구조는 근본적인 변화를 보였고, 그 변화의 방향과 과정에는 서구적 개념의 모더니티가 보편적 가치와 세계관의 기준이자 목표로서 설정되었다. 특히 마르크시즘을 내세워 혁명적 대안을 모색했던 사회주의 체제가 80년대 들어서 해체 혹은 근본적인 변질의 길로 들어선 것은 단순히 정치적 의미에서가 아니라 세계관과 가치관에 본질적인 변화를 가져오는 혁명이었다. 독일의 통일, 급속히 진행된 구소련의 해체, 문화대혁명 이후 개혁개방의 구호 아래 진행된 중국의 경제발전 등은 자본주의가 불변의 진리라는 신념을 더욱 확인시켜준 역사적 사건으로 보였다.

그러나 지난 30여 년간, 즉 20세기 80년대에서부터 시작하여 21세기 초에 들어선 오늘에 이르는 기간에 우리의 예상과 기대를 뛰어넘는 속도와 내용으로 전개되는 세계적 상황과 변화는 우리에게 진지한 성찰과 새로운 지적 도전을 요구하고 있다. 지난 30년간 미국이 서남아시아와 중동에서 계속 전쟁과 갈등의 수렁에서 헤매고 있을 동안, 중국은 대국굴기를 하였고 GDP에 있어서 영국과 독일 등 서유럽은 물론, 마침내 일본까지 물리치면서 경제적으로 세계 2위의 강대국으로 부상하였다. 이러한 전 지구적 상황과 변화는 세계질서 체제에 근본적인 변화를 예감케 한다.

서구 지식계 일각에서 서구적 가치와 세계관에 대한 보완 내지 대안을 모색하기 위한 하나의 시도로서 아시아, 특히 동아시아에 재성찰의 눈을 돌리기 시작하였다. 그 이유는 아시아적 현대화의 양식에는 아시아 특유의 가치관, 사고방식과 정신세계가 들어있다는 관심 때문이다. 기독교의 눈에 불교와 도교 그리고 유교는[1] 상당한 호기심의 대상임에 틀림없다. 그것을 오리엔탈리즘[2]으로 폄하 왜곡했던 지난 수세기의 유럽 중심주의에서 벗어나서 그들은 비유럽에 대한 자성의 자세를 취하기 시작한 것이다. 그러므로 아시아적 가치론은 서구적 관심이 아시아로 전이되어 온 것이라고도 할 수 있다. 물론 여기에는 아시아가 근래에 들어서 서구적 논리로서는 설명이 한계가 있을 경제적·사회적 그리고 정치적인 급격한 변화를 이루었다는 점과 그로부터 그들은 자신에 대한 성찰과 자기 발견의 몸짓을 시작했다는 시대적 흐름과도 연결되어 있다.

2. 아시아적 가치의 재성찰과 중국의 부흥

이미 1980년대에 서구 지식계에서는 일본을 선두로 하여 한국, 대만, 홍콩, 싱가포르가 빠른 속도로 이룩한 정치적·경제적·사회적 발전의 양상과 수준을 긍정적으로 평가하는 작업이 일어났다. 서구학자들은 동아시아 특유의 모더니티 형태가 만들어지고 있음에 관심을 기

1) 차이는 있지만 중국, 한국, 일본에서 그것들은 각각 따로인 동시에 상호결합 되어 있다.

2) Edward Said, *Orientalism*(New York: Vintage, 1978).

울였고,[3] 현대화의 중심이 북미에서 동아시아로 옮겨지고 있다고 지적하였다.[4] 이와 함께 리콴유 싱가포르 총리는 서양과 아시아를 이분법적 논리로 정리하여 중국에서 양무운동과 5·4 운동 이래 펼쳐 온 동도서기론을 〈아시아 가치〉라는 이름으로 새로운 차원에서 발전시켰다. 즉 아시아의 독특한 문화가 서구적 현대화를 성공적으로 실현한 핵심적 가치로 작용했다는 점이다. 그것은 단순히 서구를 좇아서 이룩한다는 생각과는 다른 것이다.

이로부터 아시아적 가치는 곧 유교로 말해졌고 1990년대에 들어서 소위 유교 망국론에 대항하여 유교 자본주의와 유교 민주주의의 논의가 공론의 장을 형성하였다. 즉 유교 속에 우리가 말하는 자본주의와 민주주의의 실현을 위한 핵심 가치가 들어있으며, 아시아에서 실현된 자본주의 체제의 경제발전과 민주주의발전의 윤리적·도덕적 그리고 문화적 기반은 유교라는 것이다. 이로부터 유교적 가치 및 동양의 경제발전과 정치발전의 패턴은 서구의 자본주의와 민주주의와는 성격을 달리한다는 보다 적극적이고 도전적인 논의가 형성되었다. 동시에 대두된 포스트모더니즘의 시각은 전통과 현대성이 대립되는 짝이 아니라 하나의 체계를 이루는 것이라는 인식을 제공하였다. 그러므로 아시아의 현대화는 그 전통문화에 의하여 이루어졌다는 의미의

3) 예로써 Peter L. Berger(1983), "Secularity: West and East", 일본 국학원대학 개교 100주년 기념 심포지엄 Cultural Identity and Modernization in Asian Countries에서 발표한 연설문.

4) Edward A., Tiryakin ed., *The Global Crisis: Sociological Analysis and Responses*(Leiden: E. J. Brill, 1984).

아시아적 양식의 현대화 과정은 흥미로운 연구의 주제가 되었다.

90년대를 거치면서 유교는 당시를 풍미하던 서구적 개념의 현대화론에 대한 대안적 가치체계가 될 수 있다는 대중적 공론의 중심 주제로 자리 잡는 듯하였다. 싱가포르를 신유교국가로 재조하는 국가사업에 적극 간여한 뚜웨이밍[杜維明]은 서구 계몽주의가 낳은 서구적 병폐를 유교전통으로써 치유할 수 있다는 대안의 가능성을 역설하였다.[5] 또한 80년대에 풍미했던 탈식민지적 자기발견 혹은 재인식 운동은 아시아의 발전이 해당 민족의 내재적 문화에 의한 것이라는 믿음을 촉발시켰다. 특히 한국에서는 70년대에 국가주도의 국력 배양 프로젝트가 집중되기 시작하여 80~90년대에 들어서 그 결실이 가시화되면서 지식계에서는 해체주의의 영향에 힘입어 '한국의 재조명'과 '아시아 다시보기' 운동의 신선한 유행으로 확산되었다. 대중적 차원에서는 문화민족주의와 역오리엔탈리즘 담론이 풍미하였다. 한편으로 가부장적 정부와 절대적 국가권력이 성장 위주의 경제발전을 주도하였고, 이 과정에서 민주화 운동이 성공을 거두게 된 경험은 역설적으로 권위주의 정부와 국가권력이 경제발전과 민주주의를 가능케 한다는 역사적 증거로 인식되었다. 따라서 80년대 후반부터 국가주의가 회귀하는 세계적인 추세 (기실 글로벌리제이션은 또 하나의 이념적 단어로 탄생하여 그 언술은 국가주의를 은폐하면서 전개되었다) 속에서 한국, 싱가포르, 대만의 정부 주도로 이룬 경제성장과 일본의 보수우익의 장

5) 예로써 Tu Weiming ed., *Confucian Traditions in East Asian Modernity: Moral Education and Economic Culture in Japan and the Four Mini-Dragons*(Cambridge, MA: Harvard University Press, 1996).

기집권은 말레이시아를 비롯한 후발국의 야심적인 정치지도자들에게는 매력적이었을 것이다.

이러한 시대적 조류 속에서 당연하다시피 막스 베버의 아시아론에 대한 반격이 일어났다. 베버는 중국에서는 자본주의가 발달하지 못했다는 평가를 내리고, 그 이유를 유교의 탈물질주의적이고 권위적이며 세속적인 가치관과 봉건적인 정치체제에서 찾았다. 이에 대하여 비판자들은 그가 기독교 중심의 가치관과 아시아, 특히 중국에 대한 극히 제한된 지식과 편파적 인식으로 인하여 해석의 잘못을 범하였다는 지적을 역사적 증거를 통하여 제기하였다.

아시아적 자본주의 경제와 민주주의 발전을 주장하는 유교 가치론은 1996년의 아시아 금융위기를 통하여 그 경제적 효율성과 생산성이 타격을 받으면서 설명력에 도전을 받게 되었다. 또한 개인주의, 인권, 평등, 민주 등의 가치에서 유교를 비판하는 경향이 안티 테제로서 등장하였다. 반환을 앞둔 홍콩의 마지막 총독인 패튼[6]과 싱가포르의 전 수상 리콴유[7]가 아시아 가치론에 대하여 행한 비판과 옹호는 당시 세인의 관심을 끌었던 대표적인 논쟁일 것이다. 헌팅턴의 '문명의 충돌론'과 후쿠야마의 '역사의 종말' 그리고 그 뒤를 이은 '신뢰사회론'은 서구가치의 보편성에 대한 비판적 성찰인 동시에 당시 유행하던 아시아 가치론에 대한 일종의 '서구의 도전'이기도 하다. 그러나 곧 대국굴기의 기치 아래 떠오르기 시작한 중국이 기존의 동아시아의 성공적인

6) Patten, Chris, *East and West: China, Power, and the Future of Asia*(New York: Times Books, 1997).

7) Lee Kwan Yew, *The Singapore Story*(Singapore: Times Editions, 1998).

나라들에 가세함으로써 논의는 더욱 확산되기 시작하였다. 어쨌든 이제 서구의 가치와 세계관이 일방적인 우월성을 누리던 시대는 변하였음에는 틀림없으며 아시아적 가치라는 것이 과연 있는가, 있다면 그것은 서구의 그것과는 어떻게 구별되며 어떤 대안적인 정당성을 가질 수 있는가의 논의로 발전하였다.

1990년대 유행했던 아시아 가치론은 이 지역의 몇몇 유교전통의 국가가 이룩한 경제적·정치적 성취와 결부시킨 지역문화에 대한—긍정적이든 부정적이든—재평가였다면, 2000년대 들어서 떠오르기 시작한 대안적·보편적 가치론과 세계질서에 관한 두 번째의 관심은 미래에 전개될 세계적 차원의 현실 혹은 국제질서의 현실에 대한 절실한 상황의식으로부터 나온 것이다. 그것은 무엇보다 제2차 세계대전 이후 서구의 새로운 대표로 부상한 미국이 중심이 된 세계질서 체제의 불안정성과 불완전함이 반복되는 한편으로, 도광양회(韜光養晦)를 내걸었던 중국이 경제성장을 성공적으로 수행하면서 신형대국론(新型大國論)과 주동작위(主動作爲)를 당당하게 천명함에 따라 아시아의 질서체계가 근본적으로 바뀌고 있는 데 대한 반응이다. 더욱이 한반도를 둘러싼 동아시아 국제질서는 역내의 한국, 중국, 일본은 물론이지만 아시아와 나머지 세계를 하나의 질서체계 속으로 재편하는 의미를 가지기 때문에 새롭게 떠오르는 세계적인 문제가 된다.

3. '중국모델론'은 보편적 가치로서 타당한가

여기서 중국에 대한 관심이 핵심적 중요성을 갖게 되는 이유는, 중국이 이전의 다른 국가들과 비교할 때 국가의 구조와 체제 그리고 그 거쳐 왔던 발전의 과정, 방식, 패턴과 구별되는 독특한 경험을 가지고 있다는 점 때문이다. 중국은 춘추전국 시대를 거쳐 진(秦)에 의하여 역사상 처음으로 통일을 이루었을 때, 그 영토는 제한되었고 구성 민족의 규모와 복합성은 아주 작았다. 그 후 한, 위진남북조, 수와 당, 오대십국, 송, 금, 원, 명, 청, 민국 등을 거치는 '중국' 역사는 여러 민족이 지배를 다투는 다민족 국가의 역사였고 그들 민족들의 결합과 분열에 따라 영토의 경계가 부단히 변화하는 경합과 갈등의 과정이었다. 현재 중국의 영토는 청의 건륭제의 정복활동에 의하여 대강이 이루어지고 1949년 신중국 건국 때 배타적으로 선포된 것으로서 역사상 최대의 넓이이며 그 안에는 역시 역사상 최대의 인구와 가장 복합적인 56개의 민족이 들어있다. 또한 공산당의 영구집권 체제와 한족 중심의 문화지배 체제, 그리고 사회주의와 국가주의의 결합으로 진행되는 국가적 통합 체제는 규모나 구조적 성격에 있어서 동아시아의 여타 국가와는 아주 다르다. 이는 중국의 지식인뿐만 아니라 외국의 지식인들도 공통적으로 인식하는 점이고 이로부터 다양한 해석과 전망이 나오게 된다. 또한 중국은 GDP상으로는 기적에 가까울 만큼 단기간 내에 경탄스러운 경제의 고도성장과 양적 팽창을 이룩하였다. 중국의 천하관으로써 세계질서 체제를 설파하려는 욕망은 자오팅양[趙汀陽]의 『천하론』(2005)의 재해석과 함께 비교적 패기만만한 젊은 세대 지식인들에 의하여 다양한 정치철학적 논의로 생산되었다.[8] 특히 후진타오 정권이 화해(和諧)를 사회적 통합뿐만 아니라 세계질서 체계를 위한 가치로써 역설함으로써 공산당에 의하여 금기시 되어왔던 유교철학이 공공의 가치로 떠오르게 되었다. 이는 중국의 이해에 유교 전통이 핵심적인 문화요소라는 세간의 믿음을 다시 강조하는 역사적 계기가 되었다.

그러나 경제지표로 표현되는 국력의 성장 뒤에는 평등한 기회 제공의 기제가 비체계적이고 결과의 공정한 분배를 위한 제도적 장치가 미비한 현실이 간과되었다. 그리하여 단열(斷裂)이라는 말이 유행할 정도로 지역 간, 민족 간, 계층 간, 산업 간, 도농 간 격차가 심하고 사회정의와 공정성의 요구와 부정과 부패에 대한 불만은 국가적 통합을 걱정하게 할 정도로 심각하다. 이는 중국이 사회적 질(質)의 면에서는 아직도 크게 진보하지 못했을 뿐만 아니라 경제에 집중된 급격한 성장은 오히려 더욱 심각한 사회 문제를 생산한다는 점을 보여준다. 서구 지식계에서는 현재 중국이 낮은 수준의 사회적 질을 가지면서도 거대한 경제력으로 국제질서에 영향력을 행사하는 G2라는 강대국의 지위를 누리게 된 동시에 대규모이며 복합적이고 복잡하며 이질성이 고도인 사회를 국가 차원에서 통합하기 위하여 국민을 절대적 국가주의와 가부장적 정부의 관리체제에 묶어 두는 상황에 있는 것으로 인식한다. 일견 이러한 모순적인 상황은 우리에게 중국의 세계관

8) 예로 *Diogenes*, 221호(2009), Current Trends of Political Philosophy in China 주제의 특집호; 왕후이(송인재 역), 『아시아는 세계다』(글항아리, 2011).

과 가치체계가 과연 세계질서의 실현을 위한 보편적 대안이 될 수 있는 것인지를 기대와 회의의 양면에서 특별히 살펴 볼 필요성을 던져주는 것이다.

앞에서 언급했듯이 선진(先秦) 시대부터 오늘의 중화인민공화국에 이르기까지 장구한 역사적 과정 속에서 중국이라는 나라와 그 성원의 민족적 배경과 영토와 통치체제는 실로 대단히 복잡하고 복합적인 이질성과 다양성의 연속을 보여왔다. 중국의 지식인, 특히 경학적 철학자들은 이 점을 간과하고 한족이 통치했던 왕조와 제국에 대한 기억을 선택하거나 현재의 중국을 기준으로 삼아서 과거를 현재의 시간적·선험적 존재로서 접근하는 성향이 강하다. 그래서 중국적 가치체계와 세계관을 고정불변의 체계인 양 몰역사적이고 몰정치적으로 받아들여 오래된 논의를 현대어로 반복하는 경향을 보인다. 혹은 몇몇 문명사가(文明史家)들이 시간적 요소를 고려하여 수많은 이민족과 그들 사이의 경쟁 속에서 부침과 흥망을 했던 국가를 모두 중국이라는 개념적 단위에 포함시키지만 그들의 논의에는 한족과 한족의 문화 그리고 중국 고유의 문명(이것은 완전하지 못한 개념이다)이 역사의 근저에 핵심으로 자리를 잡아 왔다는 상상이 기본으로 깔려 있다.

2000년대에 들어서면서 중국 지식계에서는 대국굴기의 경험과 방향을 놓고 '중국모델'이라는 주제가 열띤 논쟁거리로 부상하였다. '중국적'이라는 접두사를 사용하는 데에는 중국에서 행해지는 제도, 방식, 과정, 가치, 이념에 대하여 서구의 잣대로 판단하지 말 것을 요구하는 주장과 아마도 서구적 모델의 대안이 중국의 경험으로부터 가능할 것이라는 실험적 모색이 결합되어 있다. 그러나 이러한 지역적 경험을 절대화하는 작업에서는 가치판단이 단순해질 수밖에 없다. 그것은 반서구·반제국·반식민주의의 성향 또는 적어도 서구적 전통에 대한 자주적 자기인식의 자각 운동과 결탁함으로써 그동안 서구의 지적 폭력에 의하여 부정되거나 잊혔거나 상실되고 파괴되었던 '자기'의 재발견과 재확립이라는 작업으로서 타당성을 확보하는 이념적 근거를 마련하는 데는 일정한 공헌을 할 수 있다. 그러나 '중국적'이라고 주장하는 설명에는 동아시아의 다양한 나라와 민족의 문화 요소들도 포함되는 사실을 간과함으로써 중국문화의 재발명이라는 또 다른 폭력이 사용될 가능성이 은폐되는 위험을 동시에 가지고 있다.

중국적 가치의 실체가 무엇인지 쉽게 이해하지 못하는 까닭은 국제적인 사안에 대해서 중국 정부가 기준이나 규범을 먼저 제시하지 않는 외교 전략을 취하는 데에도 원인이 있다. 국제적 갈등이나 긴장 상황에 대하여 중국 정부는 자국의 주권과 영토에 관계되지 않는 한 제삼자의 입장에서 일반적으로 임기응변적이며 사후에 입장을 밝히는 패턴을 취한다. '호혜', '이성적 판단', '안정 위주'가 중국 정부 입장을 표명하는 외교부 대변인의 단골 단어이다. 그것들이 너무나 포괄적이고 일반적인 단어이기 때문에 실질적으로는 어떤 방향을 제시하는 언어로서 작용하는 것이 아니다. 그것은 오히려 중국 정부가 최소한의 반응을 하려는 전략적 소극성을 장식하는 단어이다. 그러므로 중국 정부가 국제질서에 적용하는 가치가 정해져 있는지를 알 수 없듯이 국제관계가 어떻게 전개될 것인지를 예측하기도 쉽지 않다. 타국들은 중국의 입장을 추측하고 스스로 그것에 적응하도록 주문을 받는다. 공유하는 가치의 폭과 깊이에 따라 국가 간의 관계가 설정이 되는 점에 비하면 이는 참으로 어렵다. 실제로는 가치보다 실리를 우선시 하는 것이 중국의 입장이다. 그들은 가치를 사후 설명을 위한 수사이자 수단으로 사용하는 경향을 보인다.[9)]

그러한 어려움의 한가운데에 한국이 놓여 있다. 분단국가인 한국은 냉전체제의 희생자로서 아직도 생생한 전쟁의 상처를 안고 잠정적 휴전의 긴장 상태에 있으면서 통일을 지향하고 있다. 미국과 중국 그리고 일본과 러시아의 미묘한 역학관계가 진행되는 한반도의 긴장상태 속에서 우리는 중국이 세계관과 세계질서에 대한 분명한 가치를 제시해줄 필요성을 느낀다. 국제질서는 이념과 가치의 직접적인 산물이 아니며, 국제정치는 냉엄한 현실정치이고 국가이익이 우선이라는 점을 감안하더라도 우리들에게 중국은 아주 중요한 이웃인 것이다.

4. 중국, 중화, 그리고 유교적 가치

중국은 그동안 유교를 사회주의 혁명에 가장 해악이 되는 이념체계로 단정하고 공자 때려 부수기 운동을 벌여왔다. 1990년대에 한국과의 수교에 즈음하여 중국 인사들은 한자문명권의 논리를 내세워 문명의 공유를 바탕으로 하는 지역적 연대를 주장하였는데, 2000년대에 들어서면서 정치체제와 이념의 차이를 그대로 둔 채[存異] 역사적

9) Daniel A. Bell, "War, Peace, and China's Soft Power: A Confucian Approach", *Diogenes,* 221, Vol.56 Issue 1(2009).

관계와 문화적 친근성을 찾아[求同] 한·중·일을 하나의 문화공동체로 구축하는 아이디어를 강조하기에 이르렀다. 중국의 식자들은 그 가능성을 중국의 문명, 특히 유교 가치와 한자문화에서 찾을 수 있음을 전제하는 성향을 보인다. 이에 대하여 한국과 일본의 지식인들은 공유성보다 더 많은 상호 차이를 인식할 것과 역사인식과 천하관 그리고 화이관에 의하여 깊게 드리워진 이질성의 극복방안을 모색하기를 주장한다.[10)]

그 공통된다는 유교의 실체적 내용이 무엇이며 실제로 어떤 기능을 하는지는 불분명하므로 한국과 중국의 지식계에서는 유교 중심주의를 놓고 자주 논쟁을 벌여왔다. 그것은 동일한 유교에 대한 각국의 경전의 해석과 사회적 실천 양식이 다르고 역사적으로나 국가체제 속에서의 유교의 위상이나 입지가 다르기 때문이다. 그러므로 가장 작게는 일단 유교적 공통점이 있는가, 만약 있다면 그것은 무엇인가를 찾는 소위 '최소 보편성'의 모색이 되는 것이겠고 나아가서는 유교적 가치가 과연 공동의 가치를 만들어낼 것인가 하는 실현 가능성에 대한 질문이 되는 것이다. 그것은 기독교와 서구의 가치에 대안적인 보편적 가치의 가능성을 탐색하는 작업의 필요성을 촉발하는 것이다.

이 책에서 천라이[陳來] 교수는 중국의 세계관과 가치체계의 DNA를 모색한다는 입장에서 출발하여 '천인합일설(天人合一說)'과 '화해론(和諧論)'으로써 질서개념을 정리한다. 여기서 그는 하늘(天)을 도(道)와 결합시킴으로써 공천하(公天下)와 천하일통(天下一統)의 이념이 가

10) 백영서, 『핵심현장에서 동아시아를 다시 묻다』(창비, 2013).

지는 가치와 윤리의 보편성을 설파하고 있다. 역사와 문학을 전공한 거자오광[葛兆光] 교수는 '중국의 가치'나 '중국의 문명'을 논함에 있어서 '중국'이라는 단어로 규정할 수 있는 고정된 것은 아니라는 전제하에 오랜 역사를 통하여 다양한 요소들이 융합을 거듭하면서 형성하는 복합적인 것이라는 점과 따라서 일정한 시간적 마디라는 맥락에서 특징을 논할 수 있는 것이라는 '과정론'의 틀을 제시한다. 그의 논의는 중국 문화의 특징을 스스로 '국학'이라는 범주로 좁히지 말 것을 주문하면서 중화의 지역적·혈통적 고착화를 경계한다. 그러나 중국 문화가 어떤 보편적 가치를 가지고 있는가라는 질문에 대한 본격적인 분석은 유보한다. 중국이란 실체는 있는 것인가 그리고 역사상 어느 시기가 중화의 본보기인가 하는 질문이 여운으로 남게 되는 것이다. 중화의 문화적 논의는 대체적으로 송·명 시대의 신유학을 중심으로 진행됨으로써 자연히 이민족의 통치체제였던 금과 원과 청이 배재되는 성향을 보인다. 통합적 문명론을 주장하는 중국 지식인들이 금과옥조로 참조하는 인류학자 페이샤오퉁[費孝通]의 '중화민족다원일체격국론(中華民族多元一體格局論)'은 자칫 한족 중심의 동화주의 이념의 이론적 토대로 사용될 가능성을 안고 있다.

그러므로 중국의 바깥에 입지를 가진 우리들은 어떤 세계관과 윤리체계가 중화 문화의 가치를 평가하는 기준이 되는가라는 질문을 하게 된다. 특히 경전 해석의 차원에서는 한국과 중국의 유교는 본질적으로 같지만 실천의 경험에서는 현격한 차이를 보인다는 점에서 유교문명권에 속한 두 나라 사이에 동일한 유교를 두고 이견이 촉발된다. 이러한 배경에서 중화의 개념이 긴 역사적 과정을 거쳐서 복합적으로 형성되어 오는 것이라는 거자오광 교수의 주장에 대하여 왜 오늘날 중화가 재론되는가를 제기한 이성규 교수의 글은 흥미로운 관점을 제공한다.[11)] 사실 이론은 공론(公論)을 통하여 만들어지는 것이며 시대적 맥락에 따라 공론이 형성된다고 할 때 중화의 이념이 필요할 때 공론이 일어난 것임에 주목할 필요가 있다. 즉 중화론은 자연발생적이고 중국인이라 칭하는 모든 사람들에게 항상적으로 존재하는 것이 아니라 시대적 요구, 특히 정치적 필요성에 의하여 지식과 사상의 생산자들에 의하여 논의가 의도적으로 전개되는 것이다. 한족의 민족공동체나 국가의 존재가 국제질서 체제 속에서 해체되는 위협을 받거나 그 입지를 강화할 필요성에 직면하는 시대적 상황에서 나오는 정치적 담론인 것이다. 19세기 후반에서 20세기 초에 걸쳐 무술변법과 양무운동과 5·4 운동으로 대표되는 근대사의 격동기에 중화론은 '중국 만들기'의 사상적 수단으로서 치열한 공론의 장을 형성하였다.

작금의 중화론은 두 방향에서 이루어지고 있다. 그 하나는 대국굴기를 이룩한 중국이 세계질서 체제 속에서 입지를 확보할 역사적 타당성을 강화하기 위한 중국 지식인들의 주도적 문화 운동이다. 또 하나는 중국이 G2로 자리 잡으면서 일어날 것으로 짐작되는 미래의 세계질서 체제의 변화에 대한 기대와 불안이 결합된 각국의 반응이다. 이 두 가지 방향에서의 중화론은 정치적 레토릭의 공방에서 대안적 세계관과 보편적 가치의 가능성을 모색하는 진지한 학문적 탐구에 이르기까지 다양한 시각과 양상으로 전개되고 있다. 이 책에서 많은 필

11) 이성규, 이 책, "왜 아직도 '중국'인가?" 참조.

자들이 유교가치의 경학적 차원과 실천 차원에서의 괴리, 중국과 한국의 차이, 동아시아의 가치와 서구를 아우르는 보편성의 수준의 관계 등을 공론의 주제로서 제기하면서 철학적 해석과 역사적 분석 그리고 사회과학적 논의를 하고 있다.

여기서 나는 중국 지식인들이 천(天)과 인(人)의 합일론의 포괄적 해석으로부터 구체적으로 나아가 천자에게 적용되는 하늘과 백성(인민)에게 적용되는 하늘의 문제를 보다 더 깊이 분석하고 해석할 필요가 있다고 생각한다. 또한 그것을 조선 유교의 전통에서 말하는 군자(君子)와 선비 그리고 동학(東學)의 '인내천(人乃天)' 사상과는 어떤 관계에 있으며, 기독교의 하나님 앞의 모든 인간의 평등한 존재론은 어떻게 구별될 것인가 라는 질문과 연결함으로써 실천의 차원에서 그 세계관과 가치의 대안성 혹은 보편성을 모색할 수 있을 것이라고 기대해본다. 글로벌리즘의 언술에도 불구하고 국가주의와 자민족주의의 성향이 팽배해지는 현대에서 국가와 사회의 관계, 집단과 개인 혹은 집체와 개체, 공(公)과 사(私), 민본과 민주의 구분, 평등과 수직적 질서의 조화, 공정성과 자유의 경쟁과 타협 등 인간의 존재와 국제질서의 도덕에 관한 핵심적 가치 기준이 분명할 것이 더욱 요구된다.

중화세계를 말할 때 중화는 문명의 한가운데라는 뜻이 있다. 중국은 곧 문명의 중심국 혹은 천하의 통치 중심이라는 뜻으로서 오늘날 말하는 주권국가의 이름인 중국과는 구별된다. 다만 역사적으로 일찍부터 패권경쟁이 계속되어온 지도상의 특정지역을 중국이라는 단어로 칭하는 습관이 원래의 뜻을 왜곡하게 된 것이다. 이러한 맥락에서 중화 문명을 한족의 고유한 문화적 자산으로 보는 대신에 누구든지 가질 수 있는 하나의 공공재이자 가치체계로 정의한다면 중화, 즉 문명의 세계로서의 '중국'은 세계 어느 곳에서나 이루어질 수 있는 개방적이고 유동적인 것이다. 그리고 그것을 한족의 고유한 문명체계로 규정한다면 한족만이 그 주권을 주장할 수 있다는 민족적 중국과 누구든지 한족 문명체계에 들어오면 성원으로서의 자격이 부여되는 문화적 중국으로 구분한다. 량치차오[梁啓超], 리다자오[李大釗], 쑨원[孫文] 등에 의해 대표되었듯이 지난 세기 초기의 중국 지식인들의 대부분은 혈통(민족) 중국 혹은 (한)민족주의 중화를 강조하였다. 사실 한(漢)족을 하나의 혈통적 순수성에 의한 종족집단으로 상정하는 것은 허구에 불과함에도 불구하고 그것은 중국 내의 여타 민족 집단과 구분하는 생물학적 기준으로 사용되고 있다. 이에 대하여 뚜웨이밍이 재창하듯이 최근에는 문화 중국론 혹은 중화의 개방성이 제시된다.[12] 왕후이[汪暉][13]나 거자오광[14]과 같은 문학이나 역사 분야의 학자들은 문화 중국론을 지지함으로써 열린 입장을 보인다. 그러나 이들의 논의는 궁극적으로는 한족의 문화전통 속에는 무엇인가 중국적이라 할 독특한 문화가 존재한다는 전제에 바탕을 두고 있다. 따라서 중화질서에 대한 현 단계의 논의에는 배척과 포용의 모순적인 측면이 동시에 작용한다고 하겠다. 이 점이 경전의 해석에 기반한 종래의 중화질

12) Tu Weiming, "Cultural China: The Periphery as the Center", *Daedalus: The Changing Meaning of Being Chinese Today,* Spring. Vol.120, No.2(1991), pp.1~32.

13) 汪暉, 『現代中國思想的興起』(北京: 三聯書店, 2004).

14) 葛兆光, 『宅茲中國』(中華書局, 2011), 이원석 역, 『이 중국에 거하라-중국은 무엇인가에 대한 새로운 탐구』(글항아리, 2012).

서와 가치론에 대한 의혹과 질문의 원천이 되는 것이며 앞으로 개척해야 할 주제가 된다.

그러므로 중화나 중국인의 세계관과 가치관을 논함에는 유교를 넘어서는 더 복합적인 사유의 체계를 찾아야 할 것이다. 다만 유교에 국한한다고 하더라도 국가 사이에 무엇이 같은가보다 무엇이 다른가를 먼저 객관적으로 파악하고 그러한 이질성을 어떻게 문화적 대화와 소통으로 연계할 것인가를 모색해야 할 것이다. 대화와 소통이 단순히 서로 다른 말을 주고받는 것이 아니라 공유된 이해를 궁극적으로 추구하는 의식적 시도라고 할 때 결국 가치가 소통의 가장 핵심적 바탕이 된다. 가치의 공유 없이는 그러한 문화적 이질성이나 차이 사이의 소통이 불가능하기 때문이다.

5. 인문가치의 새로운 모색

보편적 가치의 추구를 위하여 유교에게 눈을 돌리는 이유는 한마디로 유교의 궁극적인 관심이 인문적 가치, 즉 인간됨의 뜻과 인간적 존엄성의 가치가 무엇이며 그것을 어떻게 실천할 것인가를 추구하는 데 있다는 점 때문이다. 그 인문적 가치를 실현하기 위하여 행위의 주체인 개인의 본성(本性)을 이(理)로써 올바로 개발할 것을 강조하고 그렇게 완성된 수기(修己)의 바탕 위에서 도(道)와 의(義)를 실천함으로써 마침내 조화로운 인간관계를 통한 사회질서를 실현하는 것이다. 이러한 가치의 실천을 유교적 이상세계의 핵심으로 삼는 것은 개인을 넘어서 국가와 국제 혹은 세계의 질서체계를 상상하고 추구하는 차원에까지 적용된다.

물론 공맹의 시대와 오늘날의 시대는 그 구조가 다르고 개인의 삶을 규정하는 세계의 폭과 깊이와 성격이 다르다. 천하의 개념이나 인식의 지도도 다를 것이다. 당시의 천하는 그들의 일상생활의 극대화된 공간으로서의 국가를 뜻하는 것이었고, 국제관계로 이루어지는 세계는 아니었다. 그러므로 천하나 공천하 천하일통 등에 관한 경학적 접근이 시대와 장소의 맥락을 벗어난 몰역사적이고 몰정치적 해석에만 머물러서는 더 이상 생산적이거나 현실적 적실성을 얻기가 불가능하다.

이 시대 그리고 앞으로 다가올 미래의 인류사회를 위한 가치를 유교에서 찾는다면 무엇보다 유교적 가치가 사람됨의 의미, 사람의 존엄성, 사람다움의 삶이 무엇인가를 확인하고 그것을 실천하는 인문적 기제를 제공하는 것이라는 점에 주목해야 한다. 오늘날 과학발달과 물질만능주의 그리고 욕망의 무한한 실현의 이상화는 인간소외를 가져오고 글로벌리즘의 이념적 수사(修辭)는 주권의 이름하에 개인을 국가주의로 묶는 일련의 음모를 은폐하고 있다. 이러한 함정을 극복하기 위해서 우리는 사람으로서 사람답게 살 수 있는 권리와 조건과 기회를 보장하고 확립하는 것을 절대적 가치로 삼는 "인간 안전(human safety)"과 "인간 안보(human security)"를 추구해야 한다. 전 지구적으로 진보와 발전 그리고 국가경쟁력과 관련된 언술(言述)들은 그 희망적 현실의 생산에도 불구하고 범죄와 폭력 등이 갈수록 잔인하게 자행되고, 질병, 가난, 기아가 확산되며, 생명을 갉아먹는 생태계 환경

자원 그리고 식량과 먹을거리가 심각히 오염되고 파괴되고 있는 현실을 호도하고 있다. 자기의 생존을 위한 물질적·사회적 기반을 스스로 갉아먹는 이러한 자기기만과 욕망의 늪을 냉철하게 직시할 수 있는 성찰적 가치를 중국의 사상체계가 과연 제공할 수 있는가에 세계적 관심이 집중되는 것이다. 물론 인간의 안전과 그 존재기반의 안보를 확보하는 문제는 오직 중국만이 책임을 져야 하는 것이 아니며 또한 그 문제점이 중국에만 특유한 현상은 아니다. 다만 서구적 가치의 대안을 중국의 문명에서 찾는다면 이러한 점을 확인해야 한다.

인간의 존엄성에 대한 또 하나 중요한 물음은 인간의 주체성에 관한 가치이다. 우리는 지도자 와 통치 세력의 도덕적 완성을 전제로 한 민생과 민본주의 정치론에 익숙하다. 지난 수십 년 싱가포르, 한국, 대만을 본보기로 하여 진행된 아시아 가치론과 중국이 대국굴기를 한 이래 중국의 지식인들이 주장하는 중국모델론은 모두 도덕군자, 즉 철학자 군주(philosopher king)가 가부장적 온정주의를 구사하여 민생을 도모하고 민본적 관심을 쏟는 통치의 세계를 이상으로 삼고 있다. 그러나 인간의 마음 깊은 곳에 자리 잡고 있는 이상(理想)은 자기가 자신의 존재에 대하여 그리고 그 존재의 환경과 토대를 결정짓는 개인주의(individualism)에 기반한 권리를 확보하는 것이다. 곧 정치의 차원에서 민주주의와 인권의 실현에 관한 것이다. 유교뿐만 아니라 소위 중국의 가치체계 혹은 중국의 사상체계가 국가와 문명의 경계를 넘어선 또 하나의 보편적 가치가 되기 위해서는 이 질문에 답을 해야 한다.

무엇이 진정한 발전인가? 오늘날 나라마다 국가경쟁력이라는 이념적 구호를 내걸고 국력 경쟁에 국민적 역량을 결집하고 있다. 경쟁력이란 기술과 군사력과 경제력을 자국의 이익을 위하여 자의적으로 행하고 그 정당성을 폭력적으로 설파하고 현실을 수긍하기를 강요하는 힘으로 정의되어서는 안 될 것이다. 국가들이 글로벌 이념의 강조와 병행하여 주권 단위로서의 자국 보호주의를 요구하며 지역 경제공동체나 안보체제를 오직 전략적 계산에 의하여 모색하는 수준에 머문다면 가치의 공유를 결여한 발전과 진보의 논의는 정치적 허사에 불과하게 된다.

이러한 점에서 유교적 가치의 재조명은 더욱 현실적이고 심각하게 추구되어야 한다. 중국의 철학자들의 유교가치 해석은 현실 분석보다는 언젠가 실천이 될 시간적 단계나 사회적 환경을 암묵적으로 전제하고 진행하는 성향을 보인다. 언제가 될 것인가는 구체적으로 논하지 않으므로 끝이 열려있는 이상의 진술인 것이다. 역사학자들은 하나의 기준, 하나의 해석은 특정의 역사적 시점을 제외하고는 공시적으로 의미를 갖지 못한다는 비판을 제기한다. 이러한 지적은 특정 시기의 가치체계를 불변의 결정체로 보는 경향에 대한 경고로서 의미가 있지만 대안 제기에는 유보적인 입장을 보인다. 일부 중국전문가들은 레토릭과 실천의 괴리를 어떤 사회건 급격한 변화 과정 속에서 겪어나가게 되어 있는, 지극히 정상적 혹은 과정론적인 현상으로서 '성장통(成長痛)'이라고 진단 내리고 중국 사회의 지적 수준이 나아짐에 따라 자연히 개선될 것이라는 전망을 내 놓음으로써 역시 '기다림'과 '인내'를 주문한다. 그 주문 속에는 '중국적' 천하관과 통치의 가치체계가 엄연히 있으며 그 실현은 서구적인 것에 대한 대안적 가치의 실현이라는 자기중심적 신념이 깃들어 있다. 그러므로 현 단계에서 '중국모델론(中國模式論)'은 자기 정당성의 근거를 찾는 정치적 레토릭이 되기 쉬우며 하나의 희망을 서술하는 명목적 가치론으로 존재할 수밖에 없다. 따라서 대안적 보편가치를 추구하려는 우리 앞에는 역사적 경험에 바탕한 과거의 해석과 미래의 상상이 궁극적으로 어떤 실천을 제시하는가를 간파하는 일이 과제로 놓여진다.

그러므로 우리는 문명에는 국가나 민족의 경계가 없으며 그 주권이나 소유권이 없음을 확인할 필요가 있다. 어떤 가치나 도덕체계가 특정 국가나 민족 집단의 우월성이나 권리를 주장하기 위한 것이 된다면, 그 순간 그것은 보편적 가치로서의 의미를 상실한다. 그러므로 중화(中華)나 천하(天下)의 의미는 지극히 중국이나 한족의 전유물로 지방화하거나 아니면 보편적 이상으로서 누구나 지향하고 향유할 수 있는 공공재로서의 가치가 되거나 둘 중 하나로 결론지어져야 할 것이다. 이 세상에 중심이 아닌 곳은 없다[無處非中]라는 생각과 각자의 진실(아름다움)이 여하히 커다란 하나의 진실이 될 것인가[美美與共]라는 개념이 그 바탕에 전제되어야 한다. 유교로부터 그러한 가능성의 실마리를 찾아볼 수 있을 것이라는 기대는 과연 얼마나 가능할 것인가?

1
중국 문명의 철학적 기초

- ● 천라이-양일모 대담: 중화 문명, 또 다른 보편인가
- ○ 중국 문명의 철학적 기초 · 천라이
- ○ 중화 문명의 가치관과 세계관 · 천라이
- ● 유학의 현대적 가치: 위기와 기회 · 강중기

천라이 – 양일모 대담
중화 문명, 또 다른 보편인가[1)]

양일모(이하 양) 먼저 한국학술협의회와 대우재단이 조선일보사와 함께 기획한 석학 강좌의 연사로 한국에 오시게 된 것을 축하합니다. 그동안 석학 강좌는 주로 영미 지역에서 활약하는 학자들을 초빙했습니다. 이번 석학 강좌에서는 칭화대학 국학연구원 원장인 천라이[陳來] 교수와 함께 푸단대학 문사연구원 원장인 거자오광[葛兆光] 교수를 모시게 되었습니다. 두 분 모두 아시아 지역에서 최초로 초빙된 연사들입니다. 이번의 석학 강좌가 사상과 지식인의 측면에서 아시아 지역이 발신할 수 있는 지적 자극을 기대하기 때문입니다.

이번 석학강좌는 문화상대주의적 세계관이 점차 우세를 점하는 작금의 현실을 반성적으로 사유하면서 인류사에서 보편의 문제를 새롭

1) 위 대담의 일부는 《조선일보》 A23(2012.11.14)에 실린 내용입니다.

게 제기하고자 하는 취지에서 기획되었습니다. 이성을 중심으로 하는 근대적, 즉 서양 중심의 세계관이 동요하면서 동서양의 특수성이 부각되기도 하지만, 지난 세기말 이래로 중국 문명이 새로운 대안이 될 수 있다는 주장도 대두하고 있습니다. 이러한 석학강좌의 취지와 관련된 질문을 먼저 드리고자 합니다.

양 천라이 교수는 지난 2009년 베이징대학 철학과에서 칭화대학 국학연구원 원장으로 옮겼습니다. 국학연구원은 1925년에 칭화대학에 최초로 설립되어 왕궈웨이[王國維], 량치차오[梁啓超], 자오위안런[趙元任], 천인거[陳寅恪] 등 근대 중국을 대표하는 학자들이 강학하던 곳입니다. 국학이란 단어의 의미는 논쟁적이지만, 대체로 서양의 학문에 대항하여 중국의 학술 혹은 중국의 고유한 문화와 전통 등을 근대적 방식으로 재정립하자는 민족주의적 운동과 관련되어 만들어진 것이라 할 수 있습니다. 국학연구원이 1929년에 폐지되었다가 80년 만에 다시 문을 열게 되었습니다. 최근 10여 년 동안 중국에서 중국의 전통문화를 학습하자는 열기가 사회적으로 확산된 것도 국학연구원의 재개와 관련이 있겠습니다. 최근 중국에서 국가 차원에서 혹은 민간 차원에서 공자와 유교에 대해 관심이 고조되고 있는데 그 원인이 무엇이라고 생각하십니까?

천라이(이하 천) 국학 열기는 중국인이 정신적 고향을 찾아가는 과정에서 본토의 전통적 자원을 간절하게 갈구하고 있다는 것을 보여주고 있습니다. 사회적 전환기는 혁명의 시대와는 다른 이데올로기를 필요로 합니다. 이것이 유교가 당대 중국에서 새롭게 등장한 문화적 배경입니다. 근대적 시장경제가 발전하면서, 동시에 사회의 도덕질서와 개인의 안심입명 등의 문제가 날로 불거지고 있습니다. 사회의 도덕질서 건립은 전통적 도덕문화와 분리할 수 없습니다. 안심입명은 심리적·정신적 안정으로 귀결되고, 따라서 이전에 비해 심리적 요청이 더욱 절실하게 되었습니다. 시장경제의 발전은 사람과 사람의 관계에 변화를 초래하였고, 청년 세대는 인간관계의 대응 방법을 찾다가 유구한 문명인 유학의 지혜로 시선을 돌리게 되었습니다. 공자와 유학은 이미 현대인이 사람을 만나고, 세상에 처신하고 자기를 규율하는 과정에서 주요한 자원이 되었습니다. 외래의 문화와 종교에 비해 사회적으로 인심을 안정시키는 면에서 유교 문화가 제공하는 생활 규범과 덕행, 가치 및 문화적 귀속감은 다른 문화 요소가 대체할 수 없는 작용을 하고 있습니다. 또한 시장경제 사회 속에 살고 있는 중국인에게 주된 정신적 자원을 제공하고, 마음의 안정, 정신의 고양, 사회화합 등의 방면에서 중요하고도 적극적인 작용을 발휘하고 있습니다.

양 국학연구원은 현재 중국의 전통 학술과 문화 특히 그중에서도 유교 연구를 중심으로 중화 문명의 위대한 부흥을 외치고 있습니다. 유학은 이성을 중시하는 윤리종교의 특징을 지니고 있습니다. 그렇지만, 최근 중국에서는 대학 입시를 비롯한 각종 진학 시험을 앞두고 수많은 부모들이 합격을 기원하기 위해 공자묘에 참배하고 있습니다. 공자묘에서는 승진과 재운을 기약하는 부적을 팔고 복을 기원하는 문구를 새긴 상품을 팔기도 합니다. 유학을 학문적으로 연구하는 기관에서는 유학의 대중화로 인해 야기된 기복적 현상을 어떻게 해석할 수 있을까요?

천 어떤 종교에서도 최고의 상징은 대중들에게 미신의 대상이 될 수 있습니다. 동아시아사회에서는 불교 사원의 불상이 대중들에게 숭배와 기복의 대상이 되는 일을 자주 볼 수 있습니다. 종교가 대중에게 이처럼 이용된다는 것이 곧 종교가 존립하고 영향을 발생하는 중요 조건입니다. 사람들에게 이러한 수요가 있고, 종교 사원과 공자묘와 같은 부류의 제사 장소가 수많은 수험생에게 구복과 기원의 장소가 되는 일은 최근에만 나타나는 일이 아니라 동아시아사회에서 일찍부터 있었던 현상입니다. 다만 중국에서는 소멸되었다가 50년 만에 다시 최근에 나타나기 시작했습니다. 그렇지만 어떤 종교에서도 이러한 것은 종교의 세속적 기능이며 본질의 구현이 아닙니다. 종교의 근본적 기능은 사람의 심리와 사회를 위해 가치의 지침을 제공할 수 있어야 할 것입니다.

양 중국의 근대사를 돌이켜보면 유학은 오랫동안 격렬한 비판을 받아 왔습니다. 19세기 말기 이래 중국의 선진적 지식인들은 근대적 국민국가의 건설 혹은 사회주의 국가 건설 과정에 유학이 장애물이 된다고 간주하기도 하였습니다. 그런데 최근에는 유학이 긍정적으로 재평가되고 심지어 유교사회주의의 실현이라는 표어도 공공연히 제기되고 있습니다. 현재 중국에서 제시되고 있는 '중국적 특색을 지닌 사회주의' 또는 '중국모델론' 등도 사회주의나 시장경제의 모델보다도 유학의 중요성을 부각시키고 있는 듯합니다. 그렇지만 사회주의 시장경제와 유학은 이론적 측면에서 조화될 수 있는 부분보다 갈등하는 요소가 많지 않을까요?

천 유학의 세속적 윤리로부터 말하자면, 유학에서 권장하는 절검과 근로 등의 가치는 근대화와 시장경제의 건설에 보조적인 작용을 합니다. 그렇지만 전체적으로 보자면, 근대 사회에 대해 유교 윤리가 지니는 기능은 경제적 측면에서 시장경제의 발전을 촉진하는 것이 아니라, 반대로 시장경제 법칙 하의 사회적 행위에 대해 올바른 규범을 제공하고, 시장법칙의 범람을 제약하고 도덕윤리의 가치가 시장의 활동과 시장법칙에 매몰되지 않도록 보호하여, 공동체의 도덕 가치가 근대 시장사회에서도 바로 설 수 있도록 하는 것입니다. 사실 모든 종교 전통은 근대화와 충돌하며, 필연적으로 근대화 과정에서 나타나는 물욕의 횡행, 가치의 해체, 인간성의 소외, 인간관계의 유리, 문화의 상업화 등 부정적 요인에 대해 비판적 태도를 지닙니다. 동시에 우리는 근대화가 불가피한 발전이란 것을 인정해야 합니다. 이러한 상황에서 세속세계와 과도한 긴장관계를 지니는 종교는 적응하지 못하게 되지만, 세속에서 신성을 추구하고 세계에 대한 적응을 중시하고 도덕과 문화 체계를 중시하는 유교는 근대화에 동화하는 과정에서 시장의 도구적 이성과 비교적 합리적인 긴장을 형성할 수 있습니다.

양 유학은 윤리도덕에 관한 철학적 이론체계뿐만 아니라 정치적·사회적 기능도 지니고 있습니다. 이번에 발표하실 천 교수의 논문을 보면, 유교의 이론을 바탕으로 관계, 총체 혹은 공생, 화해 등을 강조하고 있습니다. 중국의 경제적 성장은 세계의 이목을 집중시키고 있을 정도이지만, 내부적으로는 빈부의 차이, 도덕심의 이완 등 시장경제체제의 발달로 인해 야기된 여러 가지 심각한 문제들이 나타나고 있습니다. 이러한 시대적 배경 속에서 유학의 도덕적 측면을 강조하는 현재의 유학 연구가 어떤 시대적 의미를 지닐 수 있다고 생각하십니까? 한국의 학자들은 그동안 전통 유학 속에서 긍정적 측면을 발굴하고자 할 때, 주로 지식인의 사회적 책임의식 혹은 시대와 권력에 대한 비판적 역할 등을 강조해 왔습니다.

천 근대 이래로 서양문화의 영향으로 지식인의 사회적 비판 기능만을 강조해왔습니다. 실제로 유교의 전통에서 말하자면, 현실 정치에 대한 비판은 유교적 지식인의 한 측면일 뿐이며, 또 다른 측면은 사회 풍속의 개량과 도덕윤리의 건설입니다. 따라서 1990년대 이래 중국에서 시장경제가 발전한 시기는 전통 도덕이 충격을 받은 시기이며, 이러한 시대 속에서 유교의 도덕 가치와 시장경제에 대한 규범적 지침을 강조하는 것 또한 지식인의 주요한 역할입니다. 공적인 지식인들이 때로 서로 다른 정치적 주장과 사회문화적 주장을 제기하는 것은 개혁의 시대이든 혁명의 시대이든 모두 마찬가지입니다. 지식인은 현실에 대한 비판을 주장하는 사람일 수 있으며, 또한 전통적 정신 가치로 돌아갈 것을 주장하는 사람일 수도 있습니다. 지식인이 현실 정치에 완전히 부합해도 안 되지만, 정치 기구와 억지로 거리를 유지할 필요도 없습니다. 지식인은 단지 정치 비판을 일삼을 것이 아니라 또한 윤리를 건설해야 합니다. 이것이 유교의 입장입니다.

양 유교 사상에는 무력에 의한 패도정치가 아니라 도덕에 의한 왕도정치라는 이상을 제시하고 있습니다. 맹자는 "사람 죽이는 일을 좋아하지 않는 자가 중원을 통일할 수 있다"라고 주장했지만, 전국 시대의 현실은 맹자의 예언대로 진행되지 않았습니다. 유교는 도덕에 의한 정치라는 고매한 이상을 담고 있지만, 정치적 현실을 고려하면 그 사이에 놓인 깊은 간극을 고려하지 않을 수 없을 것입니다.

천 유교뿐만 아니라 다른 세계의 모든 종교도 마찬가지입니다만, 그것이 창도하는 가치가 역사적으로 실현되었느냐 하는 것은 중요하지 않습니다. 기독교의 이상 또한 역사적으로 실현되지 않았습니다. 중요한 것은 유교가 인류와 인류사회를 위해 어떤 가치와 이상을 제공할 것이며, 인류의 마음과 행위를 이끌어나가는 측면이 있는지 하는 것입니다. 예컨대 맹자가 제시한 평화의 이상은 비록 현실의 역사 속에서 완전히 실현된 적이 없었지만, 그가 제시한 평화의 이상은 사람들이 평화적인 노력을 쟁취하는 근거와 동력이 된다는 점에서 그 의미를 찾을 수 있습니다.

양 유교에서는 왕도정치의 이상을 확대하여 천하의 안정을 이념으로 제시합니다. 『대학』에서 천하의 평정을 말하고 『맹자』에서 천하를 안정시키는 왕도 이념을 제시합니다. 이러한 천하관은 일국을 중심으로 하는 민족주의의 한계를 넘어설 가능성을 포함하고 있다고 볼 수도 있습니다. 최근 중국에서는 전근대 시기 동아시아 지역의 조공체제의 경험 속에서 전 지구화 시대의 새로운 국제질서를 모색하고자 하는 『천하체계』라는 단행본이 출간되고, 아울러 맹자의 왕도정치의 이념 속에서 새로운 시대의 이상을 찾고자 하는 『다시 왕도를 회복하자』라는 책도 출간되었습니다. 그렇지만 인의예지와 겸양의 윤리적 규범을 주축으로 하는 천하, 대동, 천하일가, 조공체제 등의 주장이 국제 정치의 현실 속에서 과연 가능할 수 있겠습니까?

천 어떤 이상이 역사 속에서 실현되는 방식과 정도는 때때로 역사의 제약을 받습니다. 따라서 이상과 그러한 이상이 역사 속에 실현되는 특수한 형태와 방식은 구분될 수 있습니다. 전근대 동아시아의 천하 구조는 역사에 드러난 특수한 형태이지만, 그 가운데 깃들어 있는 민족국가를 초월하는 세계 관념 그리고 무력이 아닌 방식으로 세계의 평화를 도모하는 이상에서 새로운 의미를 찾을 수 있습니다. 최근 중국에서 출판된 『천하체계』나 『다시 왕도를 회복하자』는 저서들도 이러한 의미를 강조하는 것이라고 생각합니다. 앞에서 말했듯이, 사상의 측면에서 보자면 두 가지의 설득력이 있습니다. 현실적인 설득력 이외에 또한 가치와 이상의 설득력이 있습니다. 이상은 현실을 개량하는 동력이므로 현실적 설득력을 유일한 표준으로 삼아 가치와 이상을 가늠할 수는 없습니다.

양 지난 세기 중국의 문화보수주의자들은 중국과 서양의 관계를 설정하면서 중국문화와 서양문화가 각각 특수성을 지닌다는 논리를 제시하면서 중국문화의 자존심을 보존하고 문화적 정체성을 유지하고자 했습니다. 개인과 이성을 중심으로 하는 유럽 중심의 사유방식이 붕괴하고 있는 세계사적 배경 속에서 최근 중국에서는 중국문화가 유럽 중심의 사유방식의 한계를 해결하는 대안으로 제기되고, 나아가 중국문화의 보편성을 주장하는 견해도 제기되고 있었습니다. 중국문화 특히 유교가 중국이라는 한 국가를 넘어서 세계적 차원에서 보편성을 가질 수 있다고 생각하십니까?

천 전근대 시기의 동아시아 세계에서 유교는 이미 보편성을 획득했습니다. 따라서 유교사상이 중국의 범위를 넘어서 그 의미를 지니는 것은 결코 문제되지 않습니다. 유교와 그 밖의 동양문화의 가치, 지혜 또한 '보편화될 수 있는' 것입니다. 불교도 좋고 유교도 좋습니다. 역사상 모두 이미 순수한 중국 혹은 인도의 지방 문화가 아니며, 도리어 끊임없이 전파의 가능성에 따라 확장됩니다. 이들은 모두 근세 동아시아에서 세계성을 획득하였으며, 근대 이래로 더 큰 세계성을 향해 전개되고 있습니다. 이러한 전파의 확대 그 자체가 곧 동방의 불교와 유교가 보편화될 수 있는 성질을 지녔으며, 그 내용이 보편적 의미를 가질 수 있음을 말해줍니다. 실제로 정신과 가치 측면에서 동서양 문명은 모두 보편성을 갖고 있으며 모두 보편주의임을 인정해야 합니다. 다만 동서양 문명의 가치에는 차이가 있고 서로 다른 역사 시기에 실현된 정도가 다릅니다. 이것이야말로 내가 말하는 다원적 보편성입니다.

양 문화는 특수이며, 문명은 보편이라는 이론이 있습니다. 천 교수는 저서에서 '문화자각'을 제시하고 있습니다. 2008년 베이징 올림픽 이후 중국은 경제적 성장뿐만 아니라 군사적 성장을 기반으로 '대국굴기(大國崛起)'를 표방하고 있습니다. 이러한 견해에 대해 중국의 일부 지식인 중에는 문화의 특수성을 넘어서, 그리고 일국의 '대국굴기'를 넘어서 세계적 차원에서 보편성을 위한 논의가 필요하다는 주장을 제기하고 있습니다. 나아가 중국이 나아가야 할 길이 문화에서 문명으로, '대국굴기'가 아니라 '문명굴기'라고 진단하기도 합니다.

천 중국에서는 '중화 문명의 부흥'이라고 말하며 이는 문명의 굴기가 아닙니다. 중국에서 중국인에 대해서는 '문화자각'을 강조해서 말합니다. 세계사적 의미에서 중국의 굴기는 당연히 단지 중국인의 문화적 자각만이 아닙니다. 왜냐하면 중국은 문명국가이기 때문입니다. 문명은 역사, 언어, 문자, 사상, 습속, 예악문물 등을 가리킵니다. 동시에 중국은 또한 대국입니다. 세계의 형세와 지리적·정치적 의미에서는 당연히 '대국굴기'의 의미가 있습니다. 그렇지만 중국의 부흥은 확실히 단순한 민족국가의 흥성만이 아니며, '문명–국가' 부흥의 의미를 지닙니다.

양 천 교수의 글에서는 '다원일체론', '민족 문화의 중국적 주체', '중국성' 등의 개념을 사용하고 있습니다. 이것은 중국 혹은 중국인의 주체성이나 정체성과 관련된 문제입니다. 외국학계 특히 미국학계에서는 '중국은 하나'라는 관점에 대해 비판적 시각이 제기되고 있습니다. 만일 중국 내의 이슬람신도를 비롯한 소수민족에 대해 다원일체, 중국 주체, 유교문명론을 적용한다면 어떤 설명이 가능합니까?

천 이러한 주장은 중화민족을 정치적 민족으로 간주해서 말한 것입니다. 종족의 문화라는 점에서 보자면 소수민족은 자신의 문화를 지니고 있습니다. 중화민족의 일원으로서 그 정치적 아이덴티티는 다만 다원일체일 뿐입니다. 마치 미국인이 인종은 단일하지도 않지만 공동의 국가 아이덴티티와 문화적 아이덴티티를 지닐 수 있는 것과 같습니다. 근대 경제의 발전은 필연적으로 사회적으로 고도의 분화를 촉진하며, 따라서 전체 사회에서는 날로 다원적·분산적인 사회 원심력의 경향이 증가하게 합니다. 따라서 근대 정치의 기본적 임무는 다원적, 분산적 사회이익이 민족 전체의 정치 의지와 정치적 구심력을 응집할 수 있기 위해서 어떻게 정치 과정을 만들어낼 것인가 하는 것입니다. 그렇지 않다면 모든 민족은 사회적 원심력만 갖게 되고 정치적 구심력을 잃게 될 것이고, 민족 전체의 이익이 없는 위험한 국면을 맞이할 것입니다. 중국인의 아이덴티티는 결코 역사를 벗어날 수 없습니다.

양 천 교수는 이번 강연 원고에서 '비판과 계몽의 시대에서 창조와 흥성의 시대로', 그리고 자본주의 시장체제가 세계적으로 확대되면서 야기된 전 지구화 시대 속에서 '세계적 시야'를 가져야 한다고 주장하고 있습니다. 이러한 주장은 지난 세기 이래로 중국의 지식인들이 "세계로 나가서 배우자"라고 하는 주장과 어떤 관계가 있습니까?

천 19세기 이래로 세계적 시야는 서양을 전반적으로 받아들이는 것이었습니다. 예컨대 일본은 일찍이 아시아에서 벗어나 유럽으로 들어가자고 제창했지만, 완전히 아시아 민족의 자기 주체성을 상실했습니다. 한 세기 이래로 서양을 배우고 세계를 향해 나아간 것은 모두 반드시 필요한 일이었지만, 새로운 시대에 우리들은 또 하나의 전제를 추가해야 합니다. 중국에서는 곧 '중국 주체'를 추가합니다. '중국적 주체, 세계적 시야'는 중국 자신의 주체성을 버리고 전반적으로 서양을 수용하자는 것이 아닙니다. 실제로 전 지구화의 과정에서 '지방의 전 지구화'와 '전 지구의 지방화'는 동시에 이루어지는 두 개의 과정입니다. 중국은 문명-국가로서 반드시 동시에 이 두 방면을 파악해야 합니다.

양 천 교수의 의견은 현대 중국 사회에서 유교의 역할을 강조하는 것으로 보입니다. 특히 현대 중국의 문제를 해결하기 위해 유교의 도덕적 측면, 나아가 유교의 정치철학 등을 제시하면서, 나아가 이것을 새로운 시대와 세계의 이상으로 제시하고자 하기도 합니다. 그렇지만 유교문화는 중국이라는 지역적 장소에서 그리고 중국의 역사라는 시간적 추이 속에서 전개되어 온 것이라는 점을 간과할 수는 없을 것입니다. 뿐만 아니라 전근대 동아시아의 역사적 전개 과정을 들면서 유교문화의 보편성을 정당화하고 있지만, 유교에 대한 평가가 중국의 국내에서도, 한국과 일본에서도 시대적으로 부침을 거듭했고 다양했다는 점을 무시할 수는 없을 것입니다. 천 교수가 주창한 다원일체론에는 다양한 특수성과 하나의 통일체라는 서로 상반된 논리가 포함되어 있습니다. 다양성과 통일성을 이어주는 논리적 장치에 대한 논의가 더 필요할 것입니다. 이번 석학 강좌에서의 발표와 토론을 기대합니다. 감사합니다.

중국 문명의 철학적 기초
(中国文明的哲学思维基础)

천라이[陳來]

황하 유역과 양자강 유역을 중심으로, 농업은 화북(華北)과 화중(華中) 두 지역에서 가장 먼저 발전했고, 중국 문명의 기초가 되었다. 신석기 시대 후기에 협서(陜西)와 산서, 하남과 산동, 호북과 양자강 중하류 지역 등과 같은 곳에서 발생한 상이한 문화의 다원적 발전은 점차 중원(中原)을 핵심으로 하고 황하와 양자강 문화를 주체로 하여 주변의 지역문화를 연결하는 양식[格局]을 형성했다. 그러므로 중국 문명의 기원과 형성은 여러 지역과 계통의 문명이 부단히 융합하여 이루어진 것이다. 그것을 정리 융합하는 형식은 중원의 화하(華夏) 지역과 화하족의 문명을 중심으로 하여, 중심과 주변이 서로 흡수하고 융합하여 다원일체(多元一體)를 형성하는 문명 양식이다. 상(商)나라의 문명은 이미 다원일체의 구조로 화하 문명 중심의 구조를 형성했고, 또한 문화의 중국적 특성[中國性]을 드러냈다. 하상주(夏商周) 삼대의 문명을 볼 때, 중국 문명의 지역적 광활함과 전체적 규모의 거대함은 그 밖의 고대 문명과 매우 상이한 특색이다. 이런 과정에서 민족의 융합 또한 매우 높은 정도에 이르렀다. 황하 유역의 주민들은 화하족을 형성했다. 그들은 사방의 이적만융(夷狄蠻戎) 집단과 부단히 융합하여, 진(秦)나라 시기에는 인구가 이미 6,000만 명에 이르렀고 한족(漢族)을 이루게 되었다.[1] 중국 문명의 연속과 확대는 다양한 원인으로부터 말미암았는데, 그중에는 또한 적지 않은 내부의 문화 요소, 예를 들어 조상 숭배나 종족과 국가의 동일구조[同構] 등이 있다.

어떤 학자가 이미 지적했듯이, 중국 문명을 이해하려면 그 문명의 사상적 뿌리를 이해해야 한다.[2] 중국 문명이 형성된 초기로 거슬러 올라가 당시에 건립된 사유와 관념이 후세 중국 문명 발전에 끼친 중요한 영향을 찾고, 그로부터 중국 문명의 핵심적인 요소를 드러내는 것이 그들의 방법이다. 이런 핵심 요소 중에서 가장 중요하다고 여겨지는 것은 중국인의 우주관과 세계관을 이해하고, 시간과 공간, 인과성과 인성(人性)에 대한 중국인의 가장 기초적 가정을 이해하는 것이다. 이런 세계관은 중국 문명 역사의 각 측면과 밀접하게 관련되어 있다고 여겨진다.

중국 문명 형성 초기의 기본 관념을 중시하는 이런 견해는 중국 문명 전체가 오랫동안 계속되었음을 은밀히 긍정한다. 왜냐하면, 만일 이 문명이 단절적이고 변화된 것이라면, 단지 문명이 형성

1) 袁行霈 嚴文明 主編, 『中華文明史』(北京大學出版社, 2006), 제1권, pp.4~5 참조.
2) Frederick Mote, 『中國思想之淵源』(北京大學出版社, 2009), 서언, p.1.

되던 초기에만 주목하는 것은 의미가 없기 때문이다. 벤저민 슈워츠(Benjamin Schwartz)는 지나치게 초기문명 시대를 강조하는 것은 종종 비판을 받는다고 지적했다. 왜냐하면 주축 시대 이후 근대 중국까지, 중국 역사가 발전하는 과정에서 각 영역에서는 줄곧 중대한 변화가 발생했기 때문이다. 그러나 그는, 중국 역사의 그러한 변화는 확실히 하나의 문명 틀[框架]에 놓고 볼 필요가 있다고 강조했다. 왜냐하면 중국 문명의 틀은 서양과 같이 전반적으로 질적인 단절[決裂]이 출현하지 않았기 때문이다.[3] 다시 말해서, 중국 문명의 전체 틀은 꾸준히 계속되었다는 것이다. 이러한 견해로부터 한걸음 더 나아가 넓게 확장해본다면, 자연스럽게 다음과 같이 생각할 수 있을 것이다. 만일 여기에서 말하는 문명의 틀이 여전히 외재적인 제도문화라는 형식에 치중한다면, 분명, 이러한 문명의 틀이 계속되고 안정됨을 이해하려면, 반드시 제도문화라는 형식 배후의 관념적 특성까지 이해해야 한다. 물론 마땅히 다음과 같은 사실도 지적해야 한다. 문명의 특색은 단지 그 형성 초기뿐만 아니라 주축 시대도 보아야 하고 그 문명 성숙기의 종합적이고 완정(完整)한 특색까지 살펴보아야 한다는 것이다. 성숙기의 문명은 그 전체 내용[內涵]과 특색을 더 잘 드러낼 수 있기 때문이다.

매우 분명하게, 서양 근대 이래의 기계론적 우주관과 비교할 때, 고대 중국 문명의 철학적 우주관은 연속과 동태(動態), 관련과 관계, 전체적 관점을 강조하지, 정지와 고립, 실체와 주객이분의 자아 중심

3) Benjamin Schwartz, 『古代中國的思想世界』(江蘇人民出版社, 2004), p.2.

적 철학을 중시하지 않는다. 이런 유기적 전체주의에서 출발한다면, 우주의 모든 것은 서로 의존하고 서로 연계된 것이며 모든 사물은 전부 타자와의 관계 속에서 자기의 존재와 가치를 드러낸다. 그러므로 사람과 자연, 사람과 사람, 문화와 문화는 마땅히 공생(共生) 화합[和諧: 조화]의 관계를 건립해야 한다. 다음에서 우리는 몇 가지 측면에서 간략한 논의를 진행할 것이다.

1. 연관성[關聯] 사유

프랑스 사회인류학자 마르셀 그라네(Marcel Granet)는 20세기인 1930년대에 일찍이 그의 저서『중국의 사유』에서 중국인의 사유는 각종 사물을 연관적[關聯性的] 존재로 간주한다고 제기했고, 또한 이것이 중국인 사유의 주된 특성이라고 생각했다.[4] 70년대 미국 한학자(漢學者) 프레데릭 모트(Frederick Mote)는 또 다른 측면에서 중국인의 세계관에 대한 그의 견해[揭示]를 표현했다. 구미(歐美)의 민족은 우주와 인류가 외재하는 조물주가 창조한 산물이라고 생각하며, 세계 대다수 민족들도 모두 그렇게 주장한다. 그러나 오직 중국 문명 형성기에는 세계 창조의 신화가 없다. "이러한 사례는 모든 민족, 고대이거나 현대이거나, 원시적이거나 개화되었거나를 막론하고, 중국인이 유일하다."[5] 이는 중국만이 세계 창조라는 신화가 없는 문명이며, 중

4) Roger Ames,『和而不同』(北京大學出版社, 2009), p.202 참조.

국인이 세계와 인류는 조물주의 손에서부터 나온 것이 아니라, 자생자화(自生自化)하는 것이라고 생각한다는 의미이다. 이에 호응하여, 모트는 중국의 우주생성론이 주장하는 것은 하나의 유기적인 과정이며, 우주 각 부분은 모두 하나의 유기적 전체에 종속되고, 그것들은 모두 자생(自生)하는 생명 과정의 상호작용에 참여한다고 제기했다.[6] 이는 다시 말해서, 유기주의적 자생론이라는 우주관과 사유방식이 중국 초기문명에 어째서 세계 창조에 관한 신화가 없었는지를 설명하는 기제가 된다는 것이다. 상호작용하는 유기적 전체라는 이러한 견해는 연관성 사유라는 견해와 서로 통한다. 그런데 연관성 우주론은 전국 시대 후기와 한(漢)나라 시기에 형성되었고, 신화의 발생은 응당 철학적 우주론보다 앞선다. 따라서 둘 중에서 무엇이 원인이고 무엇이 결과인지 확정하기가 매우 어렵다. 모트가 생각하기에, 서양의 창조하는 신은 '인과성(因果性)' 관념으로부터 나왔지만, 중국의 유기적 대화유행(大化流行)이라는 관념은 '동시성(同時性)'에 대한 중시이다. 이것은 세계와 사물 관계에 대한 상이한 두 가지 해석이다.[7] 그러므로 "상고시대 중국인들이 구상한 우주 운행의 시스템[機制]은 단지 내재적 조화[和諧]가 세계의 유기적 부분의 평형(平衡)을 이루는 것으로 해석하기만 하면 충분했다."[8] 그는 중국과 서양의 이러한 구분에 대해 조지프 니덤(Joseph Needham)이 또한 일찍이 다른 형식으로 지적했음을

5) Frederick Mote, 앞의 책, p.019.
6) 위의 책, p.021.
7) 위의 책, p.023.
8) 위의 책, p.026.

인정했다. 니덤의 말로 하자면, 중국사상은 화이트헤드(Whitehead)와 마찬가지로 그물 모양의 관계에 대한 편애[偏好], 과정에 대한 편애이고, 뉴턴(Newton)의 영향을 받은 서양은 개별자와 인과 연쇄를 편애한다. 전자는 우주과정을 서로 교차하며 조직하는 사건의 그물로 묘사하고, 후자는 우주를 일련의 사건이 엮여진 인과의 연쇄로 생각한다.[9)]

이와는 달리, 슈워츠가 생각하기에, 중국 우주론은 대부분 출생, 번식이라는 메타포[隱喩]에서 기원하고 세계 창조라는 메타포를 선택하지 않았다. 이는 아마 농업 문명의 표현과 관계가 있겠지만, 조상숭배의 영향이 더 클 것이다.[10)] 이와 관련해서 그는 연관성 우주론이 비교적 나중에 출현했는데, 음양가(陰陽家)의 사상과 이론이 등장한 이후에 비로소 이런 우주론이 표현되었다고 생각했다. 갑골문과 금문(金文) 및 오경(五經)의 전적(典籍)도 모두 그 이전에 연관성 우주론이 있었다고 설명하는 강력한 증거를 제공하지 못한다. 선진(先秦) 시대의 고서(古書) 중에서는 비교적 늦게 책으로 엮인 『좌전(左傳)』에서만 이러한 사유—인류의 실천이 천체 운행과 서로 관련된다고 여겨지는—의 초기 증거를 찾을 수 있다. 그는 노자사상에서 전체[整體]주의 세계관이 출현했다고 생각했다. 그러나 이런 전체주의의 기본적인 발전 방향은 연관성 우주론과 전혀 달랐다.[11)] 슈워츠는 연관성 사유의 중요성을 그다지 강조하지 않았다. 그가 이해한 연관성 사유는 전

9) 위의 책, p.031 참조.
10) Benjamin Schwartz, 앞의 책, p.25.
11) 위의 책, p.367.

적으로 사물이 서로 감응하는 것과 같은 종류를 가리켰다. 이는 비교적 협애한 의미인 것 같아서 지적할 필요가 있다.

중국 문명에 세계 창조의 신화가 없다는 모트의 논단(論斷)에 대해, 뚜웨이밍[杜維明]은 "존재의 연속"이라는 토론을 전개했다. 그에 따르면, 일반적으로 중국인의 우주론은 유기체 과정의 이론, 즉 전 우주의 만물은 하나의 전체이고 그 조성 부분은 상호작용할 뿐만 아니라 동시에 동일한 생명 과정의 자아생산과 발전에 참여하는 것이라고 말할 수 있다. 뚜웨이밍이 보기에, 중국에 세계 창조의 신화가 없는 것은 아니다. 다만 중국적 사유는 존재의 연속과 자연의 조화에 더 집착한다. 중국인의 우주는 동태적(動態的)인 유기체이고, 우주의 실체는 생명력[氣]이며, '기'는 공간적으로 연속되는 물질적 역량이요 생명 역량이다. 뚜웨이밍은 연속성과 동태성(動態性) 및 전체성이 중국 우주관을 파악하는 3대 요점이라고 강조하는데, 이는 매우 정확하다. 그러나 뚜웨이밍은, 중국 우주론은 우주가 태허(太虛)에서 기원함을 인정할 수 있는데, 그렇다면 존재의 연속성 자체는 중국에 세계 창조의 신화가 결핍되었다는 모트의 질의에 여전히 대답할 수가 없다고 긍정한다.[12] 슈워츠의 입장과 유사하게, 뚜웨이밍도 연관성 우주관의 중요성을 제기하지 않았다. 사실 연관성을 중시하는 것은 중국 우주론의 네 번째 요점이 된다.

연관성 사유(correlative thinking)에 대해 말하자면, 니덤이야말로

---

12) 杜維明, 『試談中國哲學中的三個基調』(杜維明文集5卷, 郭齊勇·鄭文龍編, 武漢出版社, 2002), p.4.

이러한 주장의 주요 제창자이다. 그가 생각하기에, 적어도 한(漢)나라 시기에 있어서 음양과 오행, 천인감응(天人感應)과 같은 사상은 미신도 아니고 원시적인 사유도 아니었으며, 오히려 중국 문명의 어떤 특성, 즉 유기주의를 표현한다. 이른바 유기주의란 사물의 각 부분은 서로 연관되고 조화롭게[協調]되어, 나눌 수 없는 통일성을 갖는다는 견해이다. 한나라 시기 사유의 특징은 이렇게 말할 수 있다. 상징(象徵)의 상호 연계 혹은 상호대응은 하나의 거대한 모델[模式]을 조직했다. 사물의 운행은 필연적으로 그 사물에 선재하는 다른 것의 추동(推動) 때문이 아니라, 영원히 운동하고 순환하는 우주에서 사물에 내재적인 운동 본성이 부여되었기 때문에 사물 자신에게 있어 운동이란 피할 수 없는 것이다. 다른 측면에서 보자면 모든 사물은 전체 세계라는 유기체에 의지하여 존재하는 일부분이다. 그것들 사이의 상호작용은 기계적인 추동 혹은 기계와 같은 작용 때문이 아니라, 오히려 일종의 자연적 공명(共鳴)에서 말미암는다고 말하는 것이 더 낫다.[13)] 니덤은 이것이 특이한 사상 방식이라고 생각했다. 이처럼 조화롭게 하는[協調] 사유에서 각종 개념은 서로 대립하고 분별되는 것이 아니라, 상호 영향을 끼치고 작용한다. 서로에 대한 이와 같은 영향과 작용은 기계적 원인 때문이 아니라, 서로의 감응(感應)에서 말미암는다. 이러한 세계관에서 조화[和諧]는 자발적 세계질서의 기본원칙으로 여겨진다. 그가 상상한 우주 전체는 외부로부터 들어온 주재자의 각종 의지가 없

13) Joseph Needham, 『中國科學技術史』(科學出版社·上海古籍出版社, 1990), 제2권, p.305.

는 질서정연한[有序] 조화이다. 전체 우주 각각의 조직 부분은 자발적이고 조화롭게 협조하기에 어떤 기계적인 강제도 있을 수 없다. 그러므로 이러한 세계관에서 선처럼 서로 연계되는[線性相繼] 관념은 서로 의지하는[相互依賴] 관념에 종속된다.[14] 니덤의 견해는 그라네에 대한 해석이다. 선처럼 서로 연계되는 관념이 중요하지 않다면, 창조 신화는 자연스럽게 발달하지 않는다. 그레이엄(A. C. Graham)은 철학자 중에서 니덤의 이러한 사상을 가장 중시하는 사람이라고 할 수 있다. 다만 그는 연관성 우주론을 주로 한나라 시기의 사상으로 간주한다. 유럽의 한학자들은 연관성 사유의 의의를 강조하지만 미국의 한학자들은 사회문화의 의의에 더욱 치중한다고 말할 수 있을 것 같다.

문명 초기의 문화 형식에 대해 말하자면, 카시러(Ernst Cassier)는 신화 사유를 중시했다. 그는 신화가 표현하는 것이 일종의 '생명 일체화(生命 一體化)'라는 신념이라고 강조했다. 생명의 일체화는 각양각색의 개별적 생명 형식을 소통시켰고, 모든 생명 형식으로 하여금 친족관계를 갖도록 했다.[15] 생명의 일체성과 끊이지 않는 통일성이라는 이 원칙들은 동시성(同時性) 질서에 적용되었고, 또한 연속성(連續性) 질서에도 적용되었다. 한 세대 한 세대 사람들은 끊이지 않는 연쇄고리를 이루었다. 앞선 한 단계의 생명은 새로운 생명에 의해 보존되었다. 현재와 과거, 미래를 구분하는 명확한 경계선이란 없다. 원시 신화의 교감(交感) 연결[聯系]은 정감 측면에서 이루어졌다. 그리스의 다신론은

14) 위의 책, p.308, 531, 304.

15) Ernst Cassier, 『人論』(上海譯文出版社, 1988), p.105.

이성을 사용해서 인간을 연구한 결과 '윤리 교감(倫理 交感)'이라는 형식을 이루었다. 그것은 "생명 일체화라는 원시 감정"을 이겨냈다.[16] 중국에서는 역사의 유신(維新) 과정과 유사하게, 중국의 사유 또한 이런 측면을 포함했다. 즉 사유의 발전은 하나가 하나를 이겨내는 것이 아니라, 생명의 일체화라는 원칙이 나중에 나타난 사상의 발전에 보존되어 그 일부분이 되는 방식으로 이루어졌다. 생명의 교감은 윤리 교감으로 승화되었고, 종교 혹은 신화의 교감은 철학적 감통(感通)으로 전이되었다. 이렇게 오랫동안 교감하고 서로 움직이게 하는[互動] 특성이 유지되었다. 그래서 신화적 사유에서의 생명 일체화라는 본래 명제[母題]는 일정한 조건에서, 문명의 후계(後繼) 발전에서 더욱 높은 문화 형식으로 보존될 수 있었고, 일종의 철학적 우주관이 되었다. 한나라 시기의 연관성 우주 구조는 사유라는 측면에서 신화 시대의 생명 일체화라는 사유를 계승하였다.

2. 하나의 기가 가득 채우다[一氣充塞]

중국의 철학적 사유는 매우 일찍이 발전했고, 이천 년 동안 끊이지 않고 지속되었다. 우주와 세계에 대한 중국적 사유의 총체적인 이해 및 중국의 철학에 반영된 사유 방식에 대해 말하자면, 특출한 특징들을 갖고 있으니 이는 의심의 여지가 없다. 그중에서 가장 특출한 것

16) 위의 책, p.130.

은, 중국 우주론의 구조적 특징이 '기(氣)'라는 관념과 밀접하게 관련되어 나눌 수 없다는 점이다.

중국철학에서 존재세계에 관한 파악은 기론(氣論)이 기본적인 형태이다. '기'의 철학은 중국 고대 존재론의 주된 형태이다. 본원적인 의미에서 '기'는 물질적인 원소이기 때문에, 우주론에서의 기론은 중국철학이 물질성이라는 범주로부터 세계 구조를 해석하려는 노력을 대표한다. 중국철학에서 '물(物)'은 개체적 실물을 가리키고, '질(質)'은 고정된 형체를 지닌 물건을 가리키며, 고정된 형체를 지닌 '질'은 '기'로 구성된 것이다. 형체를 이루지 않은 '기'는 물체를 구성하는 재료이다.[17] 중국철학에서 말하는 '기'는 가장 미세하고 또한 유동적인 존재물을 가리킨다. 서양철학의 원자론은 모든 사물이 미세하게 작은 고체가 조성(組成)한 것으로, 원자는 가장 마지막의 나눌 수 없는 물질적 미립자라고 생각한다. 중국철학의 기론은 모든 물체가 '기'의 결집(結集)[聚結]과 소산(消散)이라고 생각한다. 기론과 원자론의 기본적 차이는 다음과 같다. 원자론은 반드시 원자 이외에 또 달리 허공이 있고, 허공 중에는 원자가 없어서 원자에게 운동의 가능성을 제공한다. 그러나 기론은 아무것도 없는 허공이 있다는 것에 반대한다. 어떤 공간에도 '기'가 충만해 있다고 생각한다. 중국사상의 기론과 서양사상의 원자론은 의미 있는 대조를 이룬다. 이 문제를 짱따이니엔[張岱年] 선생은 이렇게 지적했다. "중국 고대철학에서 '기'를 말할 때, '기'의 운동변화를 강조하고 '기'가 연속적 존재임을 긍정하며, '기'와 허공의

17) 張岱年, 『中國古代元氣學說』(湖北人民出版社, 1986), 序, p.1.

통일을 긍정하는 것들은 모두 서양의 물질 관념과 다른 것이다."[18]

중국 고대의 '기' 개념은 연기(煙氣), 증기(蒸氣), 무기(霧氣), 운기(雲氣) 등에서 유래했다. 예를 들어 동한(東漢)의 『설문해자(說文解字)』에서는 "기란 운기이다"라고 말했다. '기'라는 관념은 그런 구체적 물기(物氣)를 일반화한 이후에 얻은 자연철학적 개념이다. 자연철학이라는 의의에서 말하자면, 그것은 여전히 일반적으로 말하는 공기, 대기의 의미에 가깝다. 중국의 기론과 서양의 원자론을 대조하여 얻은 분명한 결론은, 원자론이 표현하는 것은 물질의 비(非)연속적 성질이지만 기론이 반영한 것은 물질의 연속적 성질이라는 점이다.

일종의 연속적인 존재로서의 '기'는 중국철학에서 여러 표현방식이 있다. 예를 들어 순자(荀子)는 "모든 공간을 가득 채우지만 고요하지 않다"[19]라고 말했는데, 그 의미는 운기가 우주에 충만하지만 끊이지 않는다는 것으로, '기'가 연속적 존재임을 지시한다. 송(宋)나라 시기의 장재(張載)는 "태허는 기가 없을 수 없다", "태허가 곧 기임을 안다면 무(無)란 없다"[20]라고 말하여, 허공에 '기'가 충만하다거나 허공이란 일종의 '기'의 존재 형식임을 강조했다. 왕정상(王廷相)은 "천지가 아직 나뉘지 않았을 때, 원기(元氣)가 넓고 두텁지만 맑고 텅 비어 끊임이 없으니, 조화의 근본 기틀이다"[21]라고 말했다. 여기에서는 비록 하늘과 땅이 아직 나뉘지 않았을 때를 말했지만, "끊임이 없다"라는

18) 張岱年, 『開展中國哲學固有概念範疇的研究』(中國哲學史研究, 1982년 1期).
19) 『荀子·賦』 "充盈大宇而不窕."
20) 『正蒙·太和』 "太虛不能無氣" "知太虛卽氣則無無."
21) 『愼言·道體』 "天地未判, 元氣混涵, 淸虛無間, 造化之元機也."

말은 연속과 끊임없음의 의미를 표현한다. 방이지(方以智)는 "기는 간극이 없다"[22]라고 말했고, 왕부지는 더욱 명확하게 "음양 두 기가 태허에 충만하니, 이 이외에 또 달리, 다른 사물이 없으며 또한 간극도 없다"[23]라고 설명했다. 이런 것들은 모두 '기'가 연속적 존재라는 고대의 관념을 계속 발전시킨 내용이다. 실제로, 주희(朱熹) 또한 "이 기는 유행하고 가득 채운다"라고 말한 적이 있다. 그는 자주 이 '기'가 "가득 채워 두루 퍼져 있고", "천지에 가득하며", "우주를 가득 채워 잠깐 동안의 끊임도 없으며, 한 터럭만큼의 빈틈도 없다"[24]라고 말해서, 하늘과 땅 사이에 하나의 '기'가 유행하고 가득 채워져 있다고 주장했다. 이런 연속성은 '기'의 공간적 연속 충만(充滿)과 시간적 연속 부단(不斷)을 강조하는 것이다.

'기'는 연속적 존재이지 원자와 같은 독립 개체가 아니기 때문에, 중국철학의 주류 세계관의 경향은 '기'라는 존재에 대해 전체적으로[整體上] 파악할 것을 강조한다. 원자와 같은 개체로 환원할 것을 강조하는 것이 아니라, 전체로서의 존재와 계통적 존재를 중시한다. 그래서 중국철학에는 "하나의 기가 유행한다[一氣流行]", "하나의 기가 아직 나뉘지 않았다[一氣未分]"라는 견해가 자주 등장한다. "하나의 기"는 분화되지 않았음을 표시하고, 또한 전체성을 표시한다. 주희는 "하나의 기가 천지 사이에 두루 퍼져 있다. 만물은 각각 흩어져 혹

22) 『物理小識·光論』 "氣無間隙."

23) 『正蒙注·太和』 "陰陽二氣充滿太虛, 此外更無它物, 亦無間隙."

24) 『朱文公全書·答呂子約』 등 "此氣流行充塞", "充塞周遍", "充塞天地", "充塞宇宙, 無一息之間斷, 無一毫之空闕."

서로 다를 수 있지만 기의 하나임을 애초부터 벗어나지 않았다"[25]라고 말했다. 나흠순(羅欽順)은 "대저 천지를 포괄하고 고금을 연결하여도 하나의 기 아닌 것이 없을 뿐이다. 기는 본래 하나이다. 그러나 한 번 움직이고 한 번 고요하며, 한 번 가고 한 번 오며, 한 번 닫히고 한 번 열리며, 한 번 올라가고 한 번 내려오니 순환이 그치지 않는다"[26]라고 말했다. 유종주(劉宗周)는 "하늘과 땅 사이를 가득 채운 것은 하나의 기일 뿐이다"[27]라고 말했다. 황종희(黃宗羲)는 "하늘과 땅 사이에 오직 하나의 기가 가득하니, 사람을 낳고 사물을 낳는다"[28]라고 말했다. 하나의 '기'란 전체 세계가 하나의 연속적이요 전체적이며 유동적인 실재라는 것이다.

3. 음양은 서로 돕는다[互補]

음양이라는 관념은 '기' 관념보다 더 일찍 출현했다. 음과 양이라는 관념은 서주(西周) 초기에 이미 출현했는데, 처음에는 햇볕이 비추는 향배(向背)를 가리켰다. 해를 향하면 양이고, 등지면 음이 된다. 『역경(易經)』에서는 음양을 전체 세계에서의 두 가지 기본 세력, 혹은 사물

25) 『朱子語類』 卷27 "一氣之周乎天地之間, 萬物散殊雖或不同, 而未始離乎氣之一."
26) 『困知記』 "蓋通天地, 亘古今, 無非一氣而已. 氣本一也, 而一動一靜, 一往一來, 一闔一闢, 一升一降, 循環不已."
27) 『劉宗周全集·語錄』 "盈天地間, 一氣而已."
28) 『黃宗羲全集·孟子師說』 "天地之間, 只有一氣充周, 生人生物."

안에서 대립하는 두 측면으로 보았다.

고대 음양론의 가장 저명한 논단은 『역전(易傳)』의 「계사(繫辭)」에 보인다. 「계사상」에서는 "한 번 음하고 한 번 양하는 것을 일러 도(道)라고 한다[一陰一陽之謂道]"라고 말했다. 이는 음양이라는 대립과 분별 및 상호작용이 우주 존재가 변화하는 보편법칙임을 가리킨다. 「설괘(說卦)」에서는 음양을 보편화했다. "하늘의 도를 세워 음과 양이라 말하고, 땅의 도를 세워 유(柔)와 강(剛)이라 말하며, 사람의 도를 세워 인(仁)과 의(義)라고 말한다[立天之道曰陰與陽, 立地之道曰柔與剛, 立人之道曰仁與義]." 이는 음양의 대립과 상호보충이 천도(天道)이고, 지도(地道)와 인도(人道)도 모두 이런 원리의 지배를 받는다고 생각한 것이다. 『장자(莊子)』 중에도 이미 음양 생성론(生成論)이 있었다. "지극한 음은 엄숙하고(차갑고) 지극한 양은 빛난다(뜨겁다). (음이 양에서 생기기 때문에) 엄숙함은 하늘에서 나오고 빛남은 땅에서 발현된다. 둘은 서로 통하고 조화를 이루니, 만물이 여기에서 생겨난다."[29]

서주 말엽에는 음양이 우주의 두 가지 보편적 기본대립이 되었을 뿐만 아니라, 또한 이미 음양 관념과 '기' 관념이 결합되었다. 전국(戰國) 시대에 장자와 같은 이는 "음양이란 기의 큰 놈이다"[30]라고 말했다. 음을 음기로 여기고 양을 양기로 간주했다. 이렇게 해서 "두 '기'"라는 관념이 생성되었다. 『역전』 중에서는 이런 사상을 발휘하여 '기'가 음양으로 구분된다고 제기했을 뿐만 아니라, 또한 동시에 두 '기'

29) 『莊子外篇·田子方』 "至陰肅肅, 至陽赫赫. 肅肅出乎天, 赫赫發乎地, 二者交通成和, 而萬物生焉."

30) 『莊子雜篇·則陽』 "陰陽者, 氣之大者也."

가 서로 감응한다고 강조했다. 예를 들어, 「단전(彖傳)」에서는 "두 기가 감응하여 서로 참여한다. ……천지가 감응하여 만물이 변화하고 생성된다"[31)]라고 말했다. 순자 또한 다음과 같이 생각했다. "천지가 합하여 만물이 생겨나고, 음양이 이어져 변화가 일어난다."[32)] 음양 두 '기'는 우주의 가장 기본적 구성요소이다. 그것들은 서로 대립할 뿐만 아니라, 또한 서로 작용하고 서로 감응한다. 음양 이 둘의 상호 배합이 만물로 하여금 생성될 수 있게 만들고, 변화가 가능하도록 만든다. 음양의 대립과 상호보충은 세계라는 존재와 변화의 근원이다. 연관성이라는 말을 써서 이야기하자면, 음양은 가장 기본적인 연관성 요소이다.

한나라 시기 이후, 음양이라는 관념은 중국철학의 뿌리 깊은 기본 특징이 되었다. 동중서(董仲舒)는 "천지의 기는 합하여 하나가 되고 나뉘어 음양이 되며, 흩어져 사시(四時)가 되고 줄지어 오행(五行)이 된다"[33)]라고 말했다. 한나라 사상 중에서 음양과 오행 및 사시는 모두 천지의 '기'가 상이하게 분화한 형식이요 형태이며, 동시에 음양은 오행, 사시, 오방(五方), 오색(五色), 오미(五味) 등과 고도의 연관성을 갖고 있다. 이로부터 연관성 우주도식이라는 구조를 발전시켰다. 음양 사이의 상호작용과 상호보충 이외에, 오행 사이의 관계도 상생(相生)과 상극(相剋), 즉 상호촉진과 상호제약으로 이해되었다. 송나라 시기 주돈이는 여전히 이와 같이 주장했다. "음과 양으로 나뉘어 양의(兩

31) 『彖傳·咸卦』 "二氣感應以相與, ……天地感而萬物化生."

32) 『荀子·禮論』 "天地合而萬物生, 陰陽接而變化起."

33) 『春秋繁露·五行相生』 "天地之氣, 合而爲一; 分爲陰陽, 判爲四時, 列爲五行."

儀)가 세워진다. 양이 변화하고 음이 합하여, 금목수화토(金木水火土)를 낳는다." "두 기와 오행은 만물을 변화 생성한다. 다섯은 각기 다르고 둘은 실재적이지만, 이 둘은 본래 하나이다."[34] 송나라 시기 이후 음양 관념의 영향을 받지 않은 철학자가 없다. 신유학 철학자들은 특히 『역전』의 음양철학에 의지하여 음양의 세계관을 부단히 발전시켰다. 예를 들어 소옹(邵雍)은 이렇게 말했다. "움직임이 시작되면 양이 생겨나고, 움직임이 극한에 이르러 음이 생겨난다. 한 번 양하고 한 번 음하는 상태가 교차하면서 하늘의 작용을 다한다." "양이 아래로 음에 섞이고 음이 위로 양에 섞여 사상(四象)이 생겨난다. 양이 음에 섞이고 음이 양에 섞여 하늘의 사상을 생성한다."[35] 음양이 "이어지든[接]" 혹은 음양이 "섞이든[交]" 상관없이, 철학적으로는 모두 음양의 상호작용을 가리킨다. 이런 작용은 충돌과 대립이 아니라, 감합(感合)이요 상호흡인(吸引)이고 어울림[配合]이다. 물론 음양이라는 둘의 기본 규정에 대해 말하자면, 일반적으로 양은 주동적인 측면이고 음은 피동적인 측면이다. 그러나 "두 '기'" 철학의 우주 생성론에서는 결코 이런 차이를 강조하지 않는다. 예를 들어, 주희는 음양 두 '기'를 논하여 이렇게 말했다. "천지는 단지 하나의 기일 뿐이다. 스스로 음양으로 구분되고, 이에 따라 음양 두 기가 서로 감응하여 만물을 변화 생성한다. 그러므로 만물은 일찍이 상대가 없지 않았다."[36]

34) 『太極圖說』 "分陰分陽, 兩儀立焉, 陽變陰合, 而生金木水火土." "二氣五行, 化生萬物; 五殊二實, 二本則一."

35) 『觀物內篇』 "動之始, 則陽生焉, 動之極, 則陰生焉. 一陰一陽交, 而天之用見之矣." "陽下交於陰, 陰上交於陽, 四象生焉. 陽交於陰, 陰交於陽, 而生天之四象."

장재는 유명한 말을 했다. "하나의 사물인데 두 몸인 것은 기이다. 하나이므로 신묘하고, 둘이므로 변화한다."[37] "하나의 사물인데 두 몸인 것"이란 하나의 기 안에 음양이라는 두 측면이 포함되어 있음을 말한다. "하나이므로 신묘하다"는 것은 음양이 결합하여 전체가 되어야 비로소 운동의 신묘한 작용을 실현할 수 있다는 말이다. "둘이므로 변화한다"는 것은 하나의 기에는 음양이 서로 움직이게 함을 포함하고 있어서 '기'에 변화 생성하는 기능이 있다는 의미이다. 청나라 시기의 대진(戴震)은 "한 번 음하고 한 번 양하여 유행이 그치지 않는데, 이를 일러 도(道)라고 한다"[38]라고 말했다. 이것은 도를 아예 음양 두 '기'가 끊임없이 유행하는 과정으로 이해한 것이다.

선진 시대 『관자(管子)』 중에 이미 음양의 작용에 관한 인식이 있었다. "봄·여름·가을·겨울은 음양의 추이(推移)이고 시간의 장단은 음양의 이용(利用)이며, 낮과 밤의 바뀜은 음양의 변화이다."[39] 음양은 자연세계의 각종 현상이 변화하고 추이하는 동력이요 근원이다. 장재는 "기에는 음양이 있는데, 점차적으로 밀고 나감이 변화가 되고 하나로 합하여 헤아릴 수 없음이 신묘함이 된다"라고 말했다. 그는 또 "음양의 기는 순환하며 갈마드는데, 모이고 흩어짐이 서로 떠밀고 올라가고 내려감이 서로 구하며, 인온(絪縕)[40]하여 서로 뒤섞는다. 대개

36) 『朱子語類』 "天地只是一氣, 便自分陰陽, 緣有陰陽二氣相感, 化生萬物, 故萬物未嘗無對."

37) 『正蒙』 "一物兩體, 氣也. 一故神, 兩故化."

38) 『孟子字義疏證』 "一陰一陽, 流行不已, 夫是之謂道."

39) 『管子·乘馬第五』 "春夏秋冬, 陰陽之推移也; 時之長短, 陰陽之利用也; 日夜之易, 陰陽之化也."

서로 아우르고 서로 제어하여 하나로 하고자 하지만 그렇게 할 수가 없다. 이것이 굽힘과 펼침에 방향이 없고 끊임없이 운행하여 그것을 하나로 하지 못하는 까닭이다"[41]라고 말했다. 주희는 "양 중에 음이 있고, 음 중에 양이 있다. 양이 지극하게 되면 음을 낳고, 음이 지극하게 되면 양을 낳는다. 그래서 신묘함과 변화가 무궁한 것이다"[42]라고 말했다. 그러므로 음양의 상호연결, 상호작용, 상호전화, 이로부터 구성된 동태적(動態的)인 전체 변화는 중국인의 우주관에 보편적인 의식이고, 중국 문명의 여러 측면에 영향을 끼쳤다. 예를 들어 중국의학[中醫]은 음양오행 학설을 가장 분명하게 운용해서 인체 생명과 질병에 관한 이론적 설명을 구축했다. 명(明)나라 시기의 중국의사 장경악(張景岳)은 이렇게 지적했다. "무릇 양은 스스로 서지 못하고 반드시 음을 얻은 다음에야 이루어진다. ……음은 전횡하지 못하고 반드시 양을 얻은 다음에야 운행된다. ……이것들은 서로 대립하지만 또한 서로 감추는 도리가 있다."[43] 음양은 서로 포함하고 서로 작용한다. 음양의 평형은 전체의 건강을 구성한다. 중국 의학은 전체주의와 연관성 사유가 집중적으로 체현된 대표적 경우이다.

우주는 각종 물체가 서로 연결된 총체이다. 간단하게 말해서, 음양

40) 인온이란 본래 우주를 최종적으로 근거지우는 원기가 강력하게 활동하고 있는 상황을 묘사하는 개념이다. －옮긴이

41) 『正蒙·參兩』 "氣有陰陽, 推行有漸爲化, 合一不測爲神." "陰陽之氣, 則循環迭至, 聚散相蕩, 昇降相求, 絪縕相揉, 蓋相兼相制, 欲一之而不能. 此所以屈伸無方, 運行不息, 莫或使之一."

42) 『朱子語類』 卷98 "陽中有陰, 陰中有陽; 陽極生陰, 陰極生陽, 所以神化無窮."

43) 『類經』 陰陽類 "蓋陽不獨立, 必得陰而後成. …… 陰不自專, 必得陽而後行. …… 此於待對之中, 而復有互藏之道."

이 서로 보충하고 서로 움직이게 하는 전체이다. 음양의 상호결합은 세계 및 그 운동을 구성했다. 그레이엄은 "마치 사람들이 진작 알고 있는 것처럼, 중국인은 대립하는 쌍방을 서로 보충하는 것으로 간주하는 경향이 있지만, 서양인은 둘의 충돌을 강조한다."[44)]

4. 변화하여 끊임없이 생성하다[變化生生]

서양의 기계론적 우주관과 또 다른 큰 차이는, 중국철학의 우주관이 '끊임없는 생성'을 강조하는 우주관이라는 것이다. 『역경』을 대표로 하는 우주관은 시종 우주를 하나의 끊임없이 생성하는 운동 과정으로 간주한다.

우주를 그치지 않고 변화하는 큰 흐름으로 간주하는 것은 공자에게서 이미 게시되었다.

> 흘러감이 이와 같구나! 주야로 쉬지 않는다.[45)]

끊임없이 흘러간다는 것은 운동 변화가 그치지 않는다는 말이다. 우리가 살고 있는 세계는 마치 큰 강물이 힘차게 흐르는 것처럼 운동하는 총체이다. 이는 다시 말해서 모든 것이 유동 변화하는 중에 있

44) 『論道者』(中國社會科學出版社, 2003), p.379.
45) 『論語·子罕』 "逝者如斯夫! 不舍晝夜."

다는 것이다. 유동 변화는 보편적인 것이다. 장자도 이렇게 말했다. "사물의 생장은 마치 빠르게 달리는 것 같아서, 변화하지 않는 움직임이 없고 옮겨가지 않는 시기가 없다."[46] "만물이 변화하여 만들어짐은 시작부터 구분되어 형상이 있다. 번성하거나 쇠퇴하는 질서는 변화하는 도이다."[47]

『역경』을 해석하는 『역전』 십익(十翼)은 「계사전」이 가장 특출한데, 「계사전」은 온 힘을 다해 변화의 의의를 강조한다.

> 주역의 도리는 지극하게 되면 변화가 생기고, 변화가 생기면 통창(通暢)하게 되며 통창하게 되면 장구할 수 있다.

> 주역이 체현한 도리는 여러 차례 밀어 옮기는 데 있다. 변화하며 운행하지만 멈추지 않고 각 괘의 여섯 효에서 두루 흐른다. 위아래로 왕래하는데 확정된 규칙이 없고 양강(陽剛)과 음유(陰柔)가 서로 변화하기에, 모범과 핵심을 요구할 수 없다. 오직 변화만이 나아가는 방향일 뿐이다.[48]

세계는 부단히 변화하고 전화(轉化)하여 영원히 멈추지 않는다. 이처럼 변동이 그치지 않는 우주에 대해서 사람은 틀에 박힌 공식으로 그것을 대하면 안 되고, 모든 것은 반드시 변화에 따라 적응해야 한

46) 『莊子·秋水』 "物之生也, 若驟若馳, 無動而不變, 無時而不移."
47) 『莊子·天道』 "萬物化作, 萌區有狀, 盛衰之殺, 變化之道也."
48) 「繫辭下」.

다. 『역경』은 중국 문명에 다음과 같은 우주관을 확립해주었다. 세계 전체, 가장 작은 물건부터 가장 큰 물건까지 모두 영원한 생산과 전화 가운데 있고 부단한 유동(流動) 변역(變易)의 과정에 있으며, 휴지(休止)하지 않는 운동과 변화 중에 있다. 세계 전체, 특히 자연세계는 영원한 유동과 순환 중에서 변동하고 있는 것으로 간주된다. 이런 전체적 관점에서 세계가 절대로 변화하지 않는다는 견해는 이해할 수 없는 것이다. 사물은 상주불변(常住不變)한 것이 아니다. 변역은 존재의 기본 방식이다. 존재는 곧 유동과 변화이다.

중국철학의 사유에서는 『주역』의 우주관을 대표로 해서, 변화가 절대적이며 변화에는 확정된 방향이 있음을 갈수록 더 강조했다. 『역전』의 철학은 변화에 내용이 없는 것이 아니며, 변화의 중요한 내용은 "낳고 또 낳음[生生]"이라고 주장한다. 바꿔 말해서, 우주의 대화유행(大化流行)에서 끊임없이 새로운 것이 생성되는데, 이것이 변역의 본질이다. 결코 단순하게 어떤 방향도 없는 변화가 아니다.

이런 점은 「계사」가 가장 분명하게 설명했다.

> 천지의 위대한 작용은 낳음이라고 말한다.
>
> 풍부하게 있음을 일러 대업(大業)이라 하고, 날마다 새로움을 일러 성덕(盛德)이라 하며, 낳고 또 낳음을 일러 역(易)이라 한다.[49]

그러므로 변화는 새로움[創新]을 포함한다. 영구적인 변역은 영원

49) 「繫辭上」 "天地之大德日生." "富有之謂大業, 日新之謂盛德, 生生之謂易."

한 혁신을 포함한다. "날마다 새로움"이란 부단히 새로워짐이다. "낳고 또 낳음"은 변역을 통해 더욱 본질적인[深刻] 물건을 부여한다. 변역이란 생명의 부단한 충족[充實]이요 성장이며, 갱신(更新)이요 전개이다.

"낳고 또 낳음"이라는 관념은 마찬가지로 송나라 이후의 신유가 사상에 스며들었다. 예를 들어 주돈이는

> 두 기가 교감하여 만물을 변화 생성했다. 만물은 낳고 또 낳아 변화가 무궁하다.[50)]

라고 말했고, 정호(程顥)도 이렇게 말했다.

> 낳고 또 낳음을 일러 역이라 한다. 이는 하늘이 도(道)가 되는 까닭이다. 하늘은 다만 낳음으로 도를 삼을 뿐이다.[51)]

이는 "낳고 또 낳음"을 우주의 가장 기본적인 법칙으로 여긴 것이요, "낳고 또 낳음"을 천도와 천리의 내용으로 생각한 것이다. 정이(程頤)도 "낳고 또 낳음"을 중시했다. 그는 "천지의 변화는 자연히 낳고 또 낳음에 궁극이 없다"[52)]라고 말했다. "낳고 또 낳는" 화육(化育)을 자연적이고 휴지(休止)함이 없는 과정으로 간주했다.

---

50) 『太極圖說』 "二氣交感, 化生萬物, 萬物生生而變化無窮焉."
51) 『二程遺書』 二上 "生生之謂易, 是天之所以爲道也. 天只是以生爲道."
52) 『二程遺書』 十五 "天地之化, 自然生生不窮."

여기에서 볼 수 있듯이 중국철학에서 변화의 흐름은 곧 생명의 흐름이다. 그런데 이런 생명의 흐름은 '기'의 연속과 통일을 그 담체(擔體)[載體]로 한다. 송대 명리학의 우주관은 특히 '대화유행(大化流行)'을 강조한다. '대화유행'은 종종 '기화유행(氣化流行)'이라고 말해지기도 한다. 예를 들어, 대진(戴震)은 "한 번 음하고 한 번 양하니, 그 낳고 또 낳음이여!"[53] "천지에서는 기화가 유행하니, 낳고 또 낳음이 그치지 않아 도라고 일컫는다"[54]라고 말했다. '기' 자체는 바로 능동적인 유동체[流體]이고, '기'의 운행 과정은 곧 도(道)이다. '대화유행'은 일종의 완정(完整)한 연속체의 활동이며, 만물은 이 연속체의 나눌 수 없는 조성 부분이다.

여기에서 중국철학 우주관의 생성론적 특징이 현시(顯示)된다. 『주역』 계통의 철학에 비춰보자면, 천지만물은 시간의 진행 과정에서 점차적으로 생산된 것이며, 또한 변화하고 있다. 그것은 어쩌면 어떤 혼돈 중에서 생겨나온 것일 수도 있고, 발전해 나온 어떤 것, 점차적으로 생성된 어떤 것일 수도 있다. 생성은 바로 'becoming'이요, 생성은 자신의 생성이다. 음양과 오행의 상호작용이 바로 생성의 기본 메커니즘[機制]이다. 자연계 밖의 주재자가 창조하거나 외부에서 온 추동력이 갑자기 조성한 것이 아니다. 절대 불변의 실체란 존재하지 않는다. 이로부터 우리는 비로소 모트가 제기한 문제, 즉 중국 문명에는 세계 창조의 신화가 결핍되어 있다는 문제가 확실히 본질적으로는

53) 『原善』 "一陰一陽, 其生生乎!"
54) 『孟子字義疏證』 "在天地則氣化流行, 生生不息, 是謂道."

사유방식에 관한 문제임을 더욱 깊이 있게 이해할 수 있게 되었다. 세계 창조의 신화가 없다는 것은 외재적인 역량을 중시하지 않는다는 표현이며, 생성과 생화(生化) 그리고 그것의 내재적 운동원인[動因]을 더욱 중시함을 표현한다. 세계는 그 자신의 근원이다. 자생 자화(自生自化)의 생성론은 중국 세계관의 주류를 형성했다. 『주역』의 원리 자체가 이런 경향성을 포함하고 있다. 로저 에임스(Roger Ames)도 지적했던 것처럼, 그리스는 정지(靜止)에 더욱 편중했기 때문에 인과관계를 빌려 와 변화를 해석해야 했지만, 중국은 세계가 본래 자연스러운 과정과 변화이고 스스로 그런[自然的] 생성이기 때문에 그것은 결코 외재적인 원칙으로 변화를 해석할 필요가 없다고 주장한다.[55]

5. 자연천리(自然天理)

모트가 보기에, 중국은 문명 초기에 진입할 때까지 줄곧 세계 창조의 신화가 출현하지 않았고, 중국 문명의 사유방식은 이런 신화에 의거하지 않았다. 기실 그가 중국은 세계 창조의 신화가 결핍되었다고 지적한 것이 옳다고 하더라도, 이는 결코 중국에 우주 발생설이 없다는 의미가 아니며 또한 중국 고대의 사유가 우주는 하나의 영원한 존재라고 생각했음을 의미하지도 않는다. 중국철학의 언어로 말하자면, 천지만물이 어떻게 생산되었고 존재하게 되었는지는 고대 중

55) Roger Ames, 앞의 책, p.245.

국 철학자들이 숙고한 문제이기도 하다. 굴원(屈原)의 『천문(天問)』은 가장 분명하게 우주의 기원과 구조에 대한 중국 고대 철학의 흥미를 표현한다.

태고의 처음 근원을 누가 전해 주었을까?[遂古之初, 誰傳道之?]

천지가 형성되기 전에 어떻게 천지가 나왔을까?[上下未形, 何由考之?]

천지와 일월의 이치는 어두워 모르는데 누가 그 이치를 끝까지 다 살펴보았을까?[冥昭瞢闇, 誰能極之?]

천지가 형성되지 않았을 때를 상상할 뿐인데 어떻게 알게 되었을까?[馮翼惟像, 何以識之?]

음양의 명암, 이것이 어떻게 만들어졌을까?[明明闇闇, 惟時何爲?]

음과 양 그리고 천 셋이 화합해서 그 바탕은 어떠하고 그 변화는 어떠했는가?[陰陽三合, 何本何化?]

천체는 곧 아홉 겹의 깊은 곳으로 형성되었는데 누가 그것을 다스리는가?[圜則九重, 孰營度之?]

이러한 엄청난 힘을 가졌는데 누가 처음 이것을 만드셨는가?[惟茲何功, 孰初作之?]

물론, 중국철학의 주류적 견해에 따르면 비록 천지만물이 영원히 존재하고 있는 것이 아니라 그 발생 역사가 있는 것으로 생각하지만, 천지만물의 발생은 우주 외부에 있는 어떤 인격 역량이 창조한 것이 아니다. 중국 철학자들이 보기에, 천지만물에 만일 어떤 시작이 있다면, 그 시작은 또한 자생적이고 자연스러운 것이다. 확실히 중국사상에서는, 일반적으로 말해서 천지가 창조된 것이라고 생각하지 않으며 사람이 창조되었다고 생각하지 않는다. 우주 시공이 창조되었다고 생각하지 않으며, 특히 우주 외부에 있는 창조자, 즉 하느님이 존재한다고 생각하지 않는다.

천지가 창조된 것이 아니라고 주장하는 것은 천지가 영원하다고 주장하는 것과 같지 않다. 예를 들어, 한나라 시기 도가(道家)의 우주론은 결코 천지가 영원히 존재한다고 생각하지 않았다. 오히려 허공에서 점차로 '기'가 생성되고, 다시 '기'의 응취(凝聚)로부터 천지가 생성된다고 생각했다. 그러므로 우리가 살고 있는 이 세계는 창조된 것이 아니라 화생(化生)되어 나온 것이다.

그렇다면 우주 안에 주재자가 존재하고 있는가? 대답은 부정적이지 않다. 상(商)나라와 주(周)나라 시대에는 제(帝) 혹은 천(天)이 우주 안의 지상신(至上神)이라고 인정했다. 그러나 초기 중국 문명 중의 '하느님[上帝]'은 우주와 인간을 창조한 신이 아니라, 우주 안의 주재자이다. 하느님과 천(天) 또한 우주를 창조하는 능력을 부여받지 못했다. 원인이 되던 혹은 결과가 되던, 사람을 중심으로 하는 서주(西周)의 입장이 흥기한 것은 필연적으로 또한 세계 창조 신화의 충동을 약하게 만들었다. 그래서 초기 중국 문명의 '제(帝)'는 우주 밖의 창조하는 신이 아니라, 우주 안에서 주재를 담당하는 존재였다. 사람은 하느님이 창조하지 않았다는 관점에서 말하자면, 중국 문명에서 '사람'의 지위는 기독교 문명에서의 '사람'의 지위보다 높을 수밖에 없다. "사람은 천지의 조화로운 기운을 받아 생겨난다."[56] 이 오래된 관념은 기론의 배경 아래에서 사람이 우주 안의 여타 다른 모든 사물과 생명 형식보다 높은 지위를 획득할 수 있음을 표시한다. "사람은 하늘 아래에서 가장 존귀하다."[57] 적어도, 중국철학 중의 역학(易學)철학이 주장하는 것처럼, 사람은 하늘·땅과 함께 세워진 '삼재(三才)' 중의 하나이다. 하늘과 사람이 서로 감응하고 서로 감통한다는 등, 중국철학에서 모든 '하늘-사람'의 설명은 전부 사람의 이성, 인성, 가치가 만물을 초월하게 하여 하늘과 한 쌍이 되는 관계를 구성한다고 지적한다. 사람은 하늘의 생성에 참여할 수 있을 뿐만 아니라, 또한 하늘과 서로 감통할 수 있다. 서양인의 입장에서 볼 때, 이는 얼마나 기이한 사상인가!

리학(理學)에서도 소옹, 주희와 같은 주장이 출현했다. 그들이 생각하기에, 우리가 살고 있는 이 우주 혹은 천지는 영원한 것이 아니다. 그것이 소멸된 후에 또 하나의 새로운 우주 혹은 천지가 그것을 대체한다. 마찬가지로 그것 이전에도 일찍이 하나의 옛 우주 혹은 천지가 있었는데 새로운 것에 의해 대체되었다. 이러한 주장은 생성된 모든 것이 소멸을 향해 나아감을 의미한다. 이런 생성과 소멸을 '기'의 취산(聚散)을 빌려 와 설명하는 것은 매우 자연스럽다. 옛사람들이 말하는 천지는 오늘날 말하는 태양계 혹은 우주일 수 있다. 그것은 자연스러운 과정에 따라 생성된다. 그리고 그것이 소멸된 후에도 반드시 또 다른 하나의 천지가 자연스러운 과정에 따라 생성되어 나올 것이다. 이런 순환에는 궁극적인 종말이 없다. 여기에서도 조물주의 관념이 필

56) 『春秋左傳』 成公13年, 劉康公曰: "…… 人受天地之中以生."
57) 『荀子·王制』 "人最爲天下貴."

요하지 않다.

이런 의미에서 니덤이 중국의 세계관과 우주 모델은 "주재가 없지만 오히려 조화롭고 질서 있다"라고 한 것은 이유가 있는 주장이지만, 또한 정확하지 않은 주장이기도 하다. 신유학의 관점에서 볼 때 우선, 주재는 있다. 그러나 주재는 우주 안의 주재이지, 우주를 창조한 주재는 아니다. 우주에 대해 말하자면 주재는 초월적인 것이 아니라 내재적인 것이다. 그 다음 이러한 주재는 상나라와 주나라 시기에 '제'이고 '천'이었다. 그러나 송나라 시기 이후, 우주 안의 주재는 이미 이성화되었다. 이것이 바로 '리(理)' 혹은 '천리(天理)'이다. '리'에 대한 이런 추존(推尊)은 천 년 이래의 성숙한 중국 문명의 주도적 관념이 되었다. '리'는 우주와 사회에 보편적으로 적용되는 원리이자 법칙이었다.

주지하다시피, 주희는 이런 '리'를 긍정한 가장 대표적인 철학자이다. 주희는 "이른바 주재자란 바로 리이다"[58]라고 말한 적이 있다. 주희와 마찬가지로 원(元)나라 시기의 오징(吳澄) 또한 태극을 '도' 내지 '지극한 리'로 여겼다. 그는 "태극은 이런 기와 (다른) 두 가지 사물이 있는 것이 아니라 다만 이런 기를 주재하는 것일 뿐이다. 달리 하나의 사물이 기 중에 있어서 그것을 주재하는 것이 아니다"[59]라고 말했다. 오징도 여전히 '주재'라는 어휘로 '리'를 정의했다. 이것은 한편으로 리기론과 인성론의 연루 때문이고, 다른 한편으로는 또한 리학

58) 『朱子語類』 卷一 "所謂主宰者, 卽是理也."

59) 『吳文正集』 卷二 "太極與此氣非有兩物, 只是主宰此氣者便是, 非別有一物在氣中而主宰之也."

이 형이상학적 개념을 오용(誤用)했기 때문이기도 하다. 어쨌든 이러한 주재설은 단지 기능적 의미에서만 그러한 것으로, 이미 어떤 실체적인 의미도 없는 것이다. 명(明)나라 시기의 나흠순은 주희 리기관에 심각한 잘못이 있다고 지적했고 '리'는 결코 형이상의 실체가 아니라 '기'가 운동하는 조리(條理)라고 단언했다. 그는 이렇게 말했다. "리는 단지 기의 리일 뿐이다. 기가 전환하는 곳에서 볼 때, 가면 오고 오면 가니, 이것이 바로 전환하는 곳이다. 무릇 가면 오지 않을 수 없고 오면 가지 않을 수 없는데, 그런 까닭을 알지 못하고 그러함이 있으니 마치 어떤 하나의 사물이 그 사이에서 주재하여 그렇게 하는 것 같다. 이것이 '리'라는 이름의 까닭이다."[60] 나흠순이 생각하기에, '기'는 부단히 변화하고 운동하는 것이다. '기'가 왕복 변역하는 까닭은 그 내재적 근거가 있다. 저항력이 제로인 상태에서 만일 어떤 물체에 단지 약간의 힘을 가한다면 그것은 부단히 앞을 향해 직선 운동을 할 것이다. 만일 그 물체가 운행하여 어떤 지점에 이르렀을 때 반대 방향으로 운동을 한다면, 분명 또 다른 외부 역량 혹은 내부 장치가 그것을 조종하는 것이다. 정이부터 주희까지 모두, '기'에 대한 '리'의 작용은 마치 왕복 운동하는 물체의 조종자처럼, 가면 오고 오면 가는 '기'의 변화 운동을 지배하고 있다고 생각했다. 나흠순은 기능적으로 볼 때, '리'가 비록 '기'의 운동을 지배하고 있지만 '리'는 결코 신(神)이 아니며 또한 '기' 안에 있는 또 다른 실체도 아니라고 제기했

60) 『困知記』 "理只是氣之理, 當於氣之轉折處觀之, 往而來, 來而往, 便是轉折處也. 夫往而不能不來, 來而不能不往, 有莫知其所以然而然, 若有一物主宰乎其間而使之然者, 此理之所以名也."

다. 더욱 중요한 것은, 그가 "마치 어떤 하나의 사물이 그 사이에서 주재하는 것 같다"라고 제기한 사실이다. 즉 '리'의 이러한 지배 작용은 주재하는 작용과 유사하지만, 기실 결코 하나의 주재자가 참으로 있는 것은 아니라는 것이다.

그래서 중국 문명이 성숙한 시기에 철학은 이미 점점 더 분명한 하나의 입장을 드러냈다. 즉 우주는 비록 외부에 존재하는 주재자가 창생(創生)한 것은 아니지만, 시작도 없고 끝도 없는 것이다. 이른바 "움직임과 고요함에는 발단이 없고, 음양에는 시작이 없다[動靜無端, 陰陽無始]"라는 것이다. 그러나 우주에서는 특정한 주재적 역량에 의한 인도(引導)와 제약(制約)을 받는다. 이것은 우주 안의 주재이다. 그러나 이러한 주재는 신이 아니라 '도' 혹은 '리'이다. 니덤은 중국의 우주관에는 "주재하는 질서가 없다"고 생각했는데, 이는 적확하지 못하다. 송명의 신유가 철학에서 우주 외부에는 주재가 없고 우주 내부 또한 인격적 주재자도 없다. 그러나 '도' 혹은 '리'는 일종의 우주 내부의 주재와 제어[調控]의 역량으로 이해되었다. 천지만물과 인류 사회는 그 존재와 운동에 있어 모두 '리'의 지배를 받는다.

'리'의 작용은 관계의 제어이다. 이런 '리'는 실체가 아니기 때문에 차라리 관계의 체현이라고 말하는 것이 낫다. 중국철학의 특징 중 하나는 관계를 중시하지 실체를 중시하지 않는다는 점이다. 실체적 사유는 우주만물을 어떤 원초적인 상태로 환원하고 어떤 최소 실체 단위로 환원하며, 결과의 기정(旣定)적 실체 상태를 중시하지, 생성과 화육의 과정에 관심을 두지 않는 경향이 있다. 혹은 영원히 변화하지 않는 하나의 실체, 다른 어떤 사물과도 관계가 없는 절대적인 실체를 추구하는 경향이 있다. 관계적 사유는 사물을 동태적(動態的)인 관계로 이해해서, 모든 구체적 존재는 일종의 나뉠 수 없는 관계 중에 놓여 있다고 규정되고 모든 존재는 그와 관계가 발생한 타자(他者)를 근거로 삼는다.

'리'학에 있어서, 천리는 곧 천도이다. 천도의 생생(生生)하는 '리'는 '감통(感通)'을 그 실현방식으로 삼는다. 『주역』 함괘(咸卦) 「단(彖)」에서 "천지가 감통하여 만물이 변화 생성된다"라고 했다. 감통은 만물이 서로 관계를 맺은 상태이다. 감통은 감응보다 더욱 철학화된 개념으로서 감응은 갑이 느끼고 을이 반응할[甲感彼應] 수 있어서 직접적인 상호작용이 없지만, 감통은 직접적인 상호작용이다.

6. 천인합일(天人合一)

천인합일이라는 관념은 하늘과 사람이 단순히 대대(待對)하는 것만이 아니라고 생각한다. 한편으로 하늘과 사람은 구분되고 대대하지만, 다른 한편 더 고차원적인 관점에서 볼 때, 하늘과 사람은 통일적 전체를 구성한다. 둘은 긴밀히 상관되고, 둘 사이에는 간극이 없다. 이것이 바로 '천인합일'이다. 이런 천인합일 사상은 비록 신화 시대에 생명 일체화 사유의 철학적 승화라고 볼 수도 있지만, 나아가 주체와 객체의 대립을 없애는 의의를 지닌 것이기도 하다.

도의 각도에서 볼 때, 하늘은 인도(人道)의 근원으로 인륜과 인도는 하늘과 천도로부터 나온 것이며, 인성은 천명의 부여에 말미암은 것이다. 이러한 의미에서 하늘과 사람이 관통하여 일치하는 관계를 '천인상통(天人相通)'이라고 부른다. 천인상통은 일종의 넓은 의미에서 천인합일을 표현하는 방식이다.

장재는 천인합일 사상을 가장 중시한 인물이다. 그는 이렇게 말했다. "하늘과 사람이 다르게 작용한다면 성(誠)을 말하기 부족하다. 하늘과 사람이 다르게 안다면 명(明)을 다하기 부족하다. 이른바 성명(誠明)이란 성(性)과 천도(天道)에 작고 큼의 분별이 드러나지 않는다."[61] 이는 하늘의 작용과 사람의 작용에 차이가 없으며, 오직 이러한 사실을 인식해야만 '성(誠)'을 말할 수 있다는 의미이다. 성이란 바로 우주의 진실이다. 하늘의 앎과 사람의 앎 또한 구별되지 않는데, 이런 사실을 이해하지 못하면 '명(明)'을 발휘할 수 없다. 명이란 바로 사람의 이성이다. 그래서 그는 인성과 천도에 대소의 차이가 없고, 일치하는 것이라고 주장했다. 또한 "성(性)이란 만물의 한 가지 근원이다[性者萬物之一源]"라고 말했다. 그는 한걸음 더 나아가 이렇게 말했다.

> 유학자는 명(明)으로 성(誠)에 이르기도 하고 성으로 명에 이르기도 한다. 따라서 천인합일하니, 배움을 지극히 하여 성인이 될 수 있고 하늘을 얻더라도 사람을 잃지 않는다.[62]

천도와 인도의 동일성, 천도와 인성의 동일성은 장재가 자세히 밝

61) 『正蒙·誠明』 "天人異用, 不足以言誠; 天人異知, 不足以盡明. 所謂誠明者, 性與天道不見乎大小之別也."
62) 『同上』 "儒者則因明致誠, 因誠致明, 故天人合一, 致學而可以成聖, 得天而未始遺人."

혀낸 천인합일 사상이다. 이런 사상은 북송(北宋)에서 이미 대단히 보편적이었다. 이정 형제도 모두 이런 사상을 함께 나눴다. 예를 들어 정명도는 이렇게 말했다.

사람과 천지는 하나의 사물이다. 그런데 사람이 특별히 자신을 작게 여기니 무엇 때문인가?[63)]

하늘과 사람은 본래 둘이 아니다. 합을 말할 필요가 없다.[64)]

정이천도 "도에는 하늘과 사람의 구별이 없다." "천지인은 오직 하나의 도일 뿐이다. 그 하나에 통하기만 하면 나머지에도 모두 통한다"[65)]라고 말했다. 이러한 것들은 모두 천인합일, 천인상통을 강조한다. 정호가 이해한 것처럼, 하늘과 사람은 직접 통일된 것이다. 만일 사람이 이런 사실을 인식하지 못한다면, 그 주된 원인은 사람이 천지 앞에서 자신의 지위를 낮추었기 때문이다.

이런 철학은 절대적으로 이분(二分)법적 태도를 취하는 형이상학과 다르다. 사람과 자연, 천도의 일치는 전체를 통일하는 지혜를 표현한다. 이런 지혜 중에서 천지만물은 나눌 수 없는 통일적 전체를 함께[共同] 구성한다.

장재의 『서명(西銘)』은 이렇게 주장했다. 천지의 교합(交合)은 세계를 생성하고 사람의 몸과 본성을 부여하며, 모든 사람은 전부 천지가

63) 『二程遺書』 卷十一 "人與天地一物也, 而人特自小之, 何耶?"

64) 『二程遺書』 卷六 "天人本無二, 不必言合."

65) 『二程遺書』 卷十八 "道未始有天人之別." "天地人只一道也, 才通其一, 則餘皆通."

생육하는 자녀이다. 여기에 그치지 않고 만물도 인류와 마찬가지로 천지가 낳은 것이다. 그러므로 다른 사람은 모두 자기의 동포이고 만물은 모두 자기의 친구이다. 사람과 사람, 사람과 만물, 사람과 자연은 마땅히 조화롭게 공생하는 전체가 되어야 한다.

이것은 또한 '만물일체(萬物一體)'라는 사상과 연관된다. 장재가 생각하기에, 사람과 사물은 모두 '기'로 구성된 것이다. 우주 중의 모든 것은 전부 자기와 직접적인 관계가 있다. 그러므로 개인의 각도에서 볼 때, 천지는 나의 부모이고 민중은 나의 동포, 형제자매이며 만물은 모두 나의 친구이다. 이런 사상은 '기'를 기초로 하는 고도의 연관성으로 유가의 윤리를 논증했다. 나이 많은 어른을 공경하고 어리고 약한 사람을 정성껏 보육하는 것은, 모두 이런 우주 대가정과 이런 가정의 친지에 대한 자신의 의무이다. 『서명(西銘)』의 이러한 사상은 '만물일체' 사상이라고 말할 수 있을 것이다.

정호의 어록 한 단락은 이런 의미를 더욱 간명하게, 나아가 인(仁)과 결합하여 설명했다. "의서(醫書)에서 수족이 마비되는 것을 불인(不仁)이라고 했는데, 이 말이 가장 훌륭한 설명이다. 인자(仁者)는 천지만물을 일체로 여기니, 자기 아닌 것이 없다. 자기임을 깨닫는다면 어디엔들 이르지 않겠는가? 만일 그것이 자신에게 없다면 자연히 자신과 상관이 없고, 마치 수족이 마비된 것과 같아서 기가 이미 통하지 않으니 모두 자신에게 속하지 않는다. …… 이렇게 인을 이해한다면, 인의 체(體)를 얻을 수 있을 것이다."[66] 이는 무엇이 '인(仁)'인지 설명하려는 것이다. 정호의 견해에 비추어보면, 인은 곧 일종의 정신적 경지, 만물을 일체로 여기는 정신경지이다. 단지 일체일 뿐만 아니라 나아가 '자신'을 기점으로 삼아 천지만물을 모두 '자신'과 긴밀하게 서로 통하는 것으로 간주한다. 마치 수족이 자신에게 속한 일부분임을 느낄 수 있는 것처럼. '만물일체'라는 사상은 우주 연관성이 체현한 최고의 윤리이다. 그것은 연관된 전체에 대한 개인의 의무를 지시할 뿐만 아니라, 전체적 조화를 추구하는 것이 사람의 근본 목표임을 지시해내기도 한다.

인(仁)의 이런 일체(一體) 경지는 순수한 존재론적 '만물일체'관과 다르다. 이런 경지에서는 결코 일종의 실재를 지시하지 않는다. 지향하는 것은 친친(親親)·인민(仁民)·애물(愛物)과 같은 일종의 자애와 민휼[慈憫]이라는 심경[情懷]이다. 이러한 경지로 사람의 사회적 의무를 실천한다. 그러나 정호의 이런 경지 사상은 여전히 그의 존재론, 우주론과 밀접하게 연관된다. 그는 "만물의 생명의지[生意]가 가장 볼 만하다. 이 근원은 선(善)의 어른[長]인데, 이른바 인(仁)이다"[67]라고 말했다. 이 말은 우주관의 '생생(生生)'이 그의 일체(一體)경지와 인격 정신의 기초임을 표시한다.

조화로운 일체에 대한 이러한 추구는 고대 우주론에 이미 표현되었다. 예를 들어, 서주(西周)의 사백(史伯)은 이렇게 말했다. "무릇 화합은 실제로 사물을 낳지만, 같은 것끼리는 아무것도 낳을 수 없다. 서로 다른 것을 어울리게 만드는 것이 화합이다. 그래서 화합은 사물을

66)『二程遺書』卷二上 "醫書言手足痿痺爲不仁, 此言最善名狀. 仁者, 以天地萬物爲一體, 莫非己也. 認得爲己, 何所不至? 若不有諸己, 自不與己相干. 如手足不仁, 氣已不貫, 皆不屬己. ……如是觀仁, 可以得仁之體."

67)『宋元學案·明道學案上』"萬物之生意最可觀, 此元者善之長也, 斯所謂仁也."

풍성하고 성장하게 하여 사물들을 돌아오게 만들 수 있다."[68] 서로 다른 사물의 조화와 융합이어야 비로소 번성하는, 그리고 새로운 사물을 생성할 수 있다. 차별성과 다양성 및 다른 성질[他性]의 존재는 사물 생장(生長)의 전제이다. 다양성의 조화는 "낳고 또 낳음"의 근본 조건이다. "음양이 기능을 합한다[陰陽合德]"라는 『계사전』의 견해는 음양의 융합을 포함한다. 『장자』는 음양 "둘이 서로 통하여 조화를 이루면 만물이 생겨난다[兩者交通成和, 而萬物生焉]"라고 말했다. 조화를 생성의 근본으로 삼은 것이다. 순자는 "만물은 각각 음양의 위대한 변화와 비바람의 너른 베풂을 조화롭게 얻어서 생겨난다[陰陽大化, 風雨博施, 萬物各得其和以生]"라고 말했다. '조화'는 사물 생성의 필요조건으로 생각되었다. 그는 또 "천지가 합하여 만물이 생겨나고, 음양이 이어져 변화가 일어난다[天地合而萬物生, 陰陽接而變化起]"라고 말했다. 그 의미는 곧 "음양이 조화해서 만물이 생겨난다[陰陽和而萬物生]"라는 것이다. 음양의 조화는 고대 우주론의 가장 보편적인 이상(理想)이었다.

연관성 사유의 특징은 일반적으로 사람들이 구분되고 나뉘며 무관하다고 간주하는 것을 서로 연결된 존재로 여기는 것이다. 특히 하늘과 땅, 사람과 만물을 연관된 전체로 여긴다. 연관이란 상호작용과 조화의 기초이다. 상호작용과 조화는 연관의 본질적인 요구이다. 그레이엄은 연관성 사유가 한나라 시대의 두드러진 특색인데, 후대에 송나라 리학이 흥기한 이후 중국철학의 우주관은 거대한 패러다임 전

68) 『國語·鄭語』 "夫和實生物, 同則不繼, 以他平他謂之和, 故能豊長而物歸之."

환[範式轉換]이 일어났다고 생각했다. 그 전환이란, 천지만물에 대한 관찰과 사고에 있어서 성리(性理)의 주재와 결정으로 원기(元氣)의 자연감통을 대체시켰다는 것이다. 기실 한나라 시기와 송나라 시기의 사상은 대립하는 것이 아니다. 한나라 시기의 연관성 우주론 구조는 통일적 우주론이었고, 천하의 정치적 통일을 지지하는 의의를 가졌다. 송나라 시기의 리학은 새로운 불교의 도전에 직면하고 수나라와 당나라 이래의 새로운 제도 변혁 아래에서 유가사상의 체계를 강화한 것이다. 그것의 이성화 체계는 중화 문명으로 하여금 더욱 성숙한 차원에서 일체화된 통일을 획득하도록 했다. 마땅히 다음과 같이 말해야 한다. 비록 '천인감응'을 특색으로 하는 연관성 우주 구조의 최고봉은 한나라 시기였지만, 사물의 보편적인 연관에 주목하고 사물의 상호의존·상호연관·상호작용·상호영향·상호감통에 주목하며, 전체와 부분 사이의 상호포함에 주목하는 것은 일찌감치 중국 사유의 중요한 특성이 되었다. 그러므로 비록 한나라 시기의 원기론(元氣論)이 나중에 송명(宋明)의 리기론(理氣論)에 의해 대체되었지만, 중국인이 연관성 사유에 주목하는 것은 결코 바뀌지 않았다. 바뀐 것은 단지 연관성이 표현하는 이론 형태와 연관성이 체현하는 영역과 형식일 뿐이다. 게다가 연관성을 중시하는 것은 중국 문명의 사유방식일 뿐만 아니라, 또한 중국 문명의 가치취향(價値趣向)을 반영하기도 한다. 주축 시대 이후 중국 문명의 기본 가치는 이러한 우주관을 기초로 발전되어 나왔다고 말할 수 있다. 오늘날 서양의 현대성이라는 문제에 직면하여 우리는, 쌍방향 윤리와 연관성 공동체[關聯社群], 협조적 정치와 공생 화합에 대한 추구를 제창하는데, 반드시 다원적 문명의 가치를 귀하게 여겨야 하며 인류가 곤경을 해결하는 선택지를 확대해야 한다. 이러한 의미에서 말하자면, 중국 문명의 세계관을 회고하는 것은 분명 유익한 일일 것이다.

[번역] 안재호(중앙대 교양학부대학)

중화 문명의 가치관과 세계관
(中华文明的价值观与世界观)

천라이[陳來]

북방이든 남방이든, 중국은 일찍이 지금으로부터 7, 8천 년 전의 신석기 중기에 이미 비교적 안정적인 농업경제를 형성했다. 7, 8천 년 전의 중국 황하와 양자강 유역의 선사농업은 이미 이른바 화전경작이라는 원시농업이 아니라, 황토가 스스로 비옥하다[黃土自肥]는 특징과 작물이 가뭄을 잘 견디는[作物耐旱] 특성 때문에 중원과 북방에서는 주로 석제 농기구를 사용하고 강물에 의한 관개에 의지하지 않는 상황에서, 이미 집약적인 농업이 발전했다. 그러므로 메소포타미아 및 이집트와 비교할 때, 중국 초기문명도 비록 황하와 양자강 양대 유역의 중하류 지역에서 발생했지만, 중국 농업경제의 특징은 중국의 초기문명이 강물에 의한 관개라는 문명에 속하지 않음을 결정했다. 중국 농업이 완만하고 안정적으로 축적하여 성장한 과정[道路]은 또한 그 문명의 전체적인 발전에 영향을 끼쳤다. 고고학자들이 생각하기에, 중국 문명은 “만 년 전의 문명에서 시작하여, 오천 년 전후의 씨족국가로부터 국가의 발전에 이르고 다시 초기 고대국가가 여러 개의 나라[1]로 발전하고, 최종적으로는 다원적 통일제국으로 발전했다.”[2]

1. 초기 중국 문명의 정신기질

세계에서 종가[宗族]적인 혈연조직을 지녔던 민족은 그 예가 드물지 않다. 그러나 중국 초기문명 사회와 같이 종족조직과 정치권력이 동일한 구조를 갖는 경우는 드물게 보이는 편이다. 고대 중국 문명에서 종묘(宗廟) 소재지는 취락의 중심이 되었고, 정치적 신분의 세습과 종주(宗主) 신분의 계승[傳遞]은 서로 합치한다. 이는 상(商)나라와 주(周)나라 문명의 사회국가가 나타내는 두드러진 특징이 되었다. 정치적 신분과 종법 신분의 합일, 혹은 정치 신분이 종법 신분에 의지하는 것은 집안을 다스리는 것과 나라를 다스리는 것이 융합하여 일체가 된 정치 형태와 전통으로 발전하였다. 문화에 있어서 예악(禮樂) 문화는 이 시기의 총체적 특징이 되었다.

서주(西周)부터 춘추 시대까지 중국 고대의 사회는 그 기본 특징이 종법성(宗法性)에 있었다. 여기에서 말하는 ‘종법성사회’란 하나의 묘사적[描述性的] 개념으로 포폄(褒貶)의 의미는 결코 없다. 그것은 바로

1) 방국(方國): 은상(殷商) 시대의 부족 성읍국가를 지칭. －옮긴이
2) 蘇秉琦, 『中國文明起源新探』(홍콩: 商務印書館, 1997), p.142.

친족[親屬]관계를 그 구조로 삼아 친족관계의 원리와 준칙으로 사회를 조절하는 사회유형을 가리킨다. 종법사회는 다음과 같은 사회이다. 이런 사회에서 모든 사회관계는 전부 가족화했고, 종법관계가 곧 정치관계이며 정치관계가 바로 종법관계이다. 그러므로 정치관계 및 기타 사회관계는 모두 종법의 친족관계에 비추어 규범이 정해지고 조절되었다. 이런 사회는, 그 성질에 있어서, 량수밍[梁漱溟]이 말한 "윤리 본위(本位)의 사회"에 가깝다. 윤리관계의 특징은 윤리관계에 차등이 있고 질서가 있으며, 동시에 정의(情義)가 있고 정분(情分)이 있다는 점이다. 그러므로 이런 관계의 사회에서 주도적 원칙은 법률이 아니라 정의이며, 의무를 중시하지 권리를 중시하지 않는다. 량수밍이 생각하기에 중국의 윤리 본위사회는 고대 종법사회로부터 변화하여[脫胎] 나타난 것으로, 훌륭한 것이다.[3] 춘추 시대 후기 이래로, 정치 영역의 종법관계는 이미 해체되었다. 그러나 사회 측면의 종법관계는 여전히 존재하여, 종법사회가 양육한 문명기질과 문화정신은 줄곧 복제되었다.

초기 중국 문화의 변화 발전에서 볼 때, 하나라와 상나라, 주나라의 문화양식[模式]에는 차이가 있다. 그러나 삼대 이래로도 일종의 연속적인 기질이 발전해왔다. 이런 기질은 황하 중하류 유역의 문화를 전체적 배경으로 하여, 역사가 발전하는 과정에서 주변 국가에 대한 왕조의 통치력이 증강되면서 점차 형성되었다. 그런데 이런 기질은 서주 문화에서 정형화되기 시작해서, 주축[軸心] 시대의 발전을 거

3) 량수밍의 견해는 그의 『中國文化要義』(臺北: 里仁, 1982), p.81에 보인다.

쳐 중국 문화의 기본기질로 변화되었다. 이런 문화기질은 효(孝)를 중시하고 사람을 친근하게 대하며[親人], 인민들을 귀중하게 여기고 덕을 숭상하는 것에 집중적으로 표현되었다. 효를 중시하는 것은 은상 시대에 번성한 조상 제사에 체현되었을 뿐만 아니라, 서주의 예악 문화에서 다음과 같은 것으로 더욱 강렬하게 표현되었다. 종족 구성원에 대한 친화적 정감, 사회[人間]생활과 인간[人際]관계에 대한 열정[熱愛], 가족 가정에 대한 의무와 의지[依賴] 등. 인류학자들에게 친족 연대라고 일컬어지는, 심성적으로 가족을 강조하는 이런 표현은 모두 일종의 자기와 자신이 처한 세계에 대한 고대 중국인의 가치 태도를 체현했다. 그러므로 이런 기질은 내세[來生]와 신의 세계[神界]를 중시하고 인간 세상과 인생을 순전한[純粹] 환각으로 보며, 초자연적 만족을 추구하는 경향[取向]들과는 크게 다르다. 이런 기질은 적극적이고 사회적이며 열성적[熱忱]이고 인도적인 가치 경향으로 더욱 기운다. 중국인들은 적극적인 인간관계 및 그 내재적 수요 경향을 추구하려 하는데, 인도문화는 신과의 적극적인 관계 및 그 내재적 수요 경향을 추구한다. 인민과 인민의 수요를 중시하는 중국 문화는 신에 대한 찬미와 초자연과의 합일을 추구하는 인도문화와 확연히 차이가 난다. 다른 한편, 힌두교는 사람의 일생 중에서 가정에서 생활하는 시기를 중시하고, 성인식 등과 같은 측면에서는 심지어 서주의 예의와 비견될 수도 있다. 그러나 힌두교의 사망자는 일반적으로 분묘가 없고, 인도의 모든 지방에서 조상숭배와 관련된 현상은 매우 드물게 보인다. 중국 은주 문화에서 죽은 친족의 장례와 제사의식이 발달한 것은 장례에 대해 인도가 경시하는 것과는 꼭 상대된다. 이것은 단지 종교

관념의 상이함일 뿐만 아니라 가치 경향의 차이를 체현하기도 한다.

초기 중국 문화가 체현한 또 다른 특징은 덕에 대한 중시이다. 근대 이래로 이미 어떤 학자가 중국 문화는 일종의 윤리 유형의 문화라고 제기했다. 그것의 주도적 정신기질에 대해 말하자면, 중국 문명에서 가장 두드러진 성취와 가장 선명한 한계[局限], 모두 그것의 주도적인 경향이 되는 윤리적 품격과 관련이 있다. 중국의 상고 시대에 이미 문화의 이런 편애[偏好]가 드러났다. 바로 이런 편애에 근거해서 문화정신으로 발전되었다. 중국 문화는 서주 시대에 이미 '덕감(德感)'이라는 유전인자를 형성했다. 커다란 전통이라는 형태에서, 사물에 대한 도덕적 평가는 유달리 중시되었는데, 덕감 문화의 눈에 띄는 색채를 드러냈다. 그런데 덕감의 초기 표현은 주로 정치 영역의 '민(民)'이라는 문제에 집중되었다. 민의, 즉 인민의 요구는 모든 정치의 최종적 합법성으로 규정되었다. 민의에 대한 관심과 중시[關注]는 서주의 천명관(天命觀)에 크게 영향을 끼쳤고, 민의로 하여금 '천(天)'에 대한 서주인의 주된 함의가 되게 만들었다. 서주 문화가 조성한 중국 문화의 정신기질은 나중에 유가 사상이 생산될 수 있었던 원천이요 기체(基體)였다.

하상주 삼대의 문화발전 역정을 심도 있게 이해한다면, 우리는 상당히 명석한 인상을 얻을 수 있을 것이다. 그것은 바로 공자와 초기 유가 사상 중에서 발전한 그런 내용들이 서주 문화 및 그 발전 방향과 서로 대치하고 끊어져서 생산된 것이 아니라, 공자와 초기유가의 사상과 문화기질 측면에서 서주 문화 및 그 발전 추세[走向]와 일맥상통[相承]하는 연속적 관계가 있다는 것이다. 주공(周公)이 없었다면 대대로 전해진 예악문명이 있을 수 없고, 주공이 없었다면 유가의 역사적 연원이 없을 것이다.[4] 주공에 대한 공자의 사모와 공경, 순자가 주공을 제일대의 위대한 유학자로 여긴 것 등은 이미 모두 유가 사상의 근원을 명확하게 지시하고 있다. 우리는 다음과 같이 말할 수 있다. 서주의 예악 문화는 유가 탄생의 토양이며, 서주의 사상은 공자와 초기 유가에게 중요한 세계관과 정치철학, 윤리 덕성의 기초를 제공했다. 동시에 서주 문화는 또한 삼대 문화가 오래토록 변화 발전한 산물로, 무격(巫覡)문화와 제사 문화를 거쳐 예악 문화로 발전되었고 원시종교로부터 자연종교로, 다시 또 윤리종교로 발전되었으며, 공자와 초기 유가 사상이 탄생하는 깊고 두터운 기초와 근원을 형성했다. 더 앞쪽으로 거슬러 올라가면, 용산(龍山) 문화 이래로 중원의 상이한 지역의 문화가 융합하여 발전함으로써, 정치 문화와 종교 신앙, 도덕 정감 등 서로 다른 영역에서 점차적으로 발전되었고, 또한 서주 시대에 비로소 비교적 안정적으로 정형화된 정신기질은 덕을 숭상하고 인민을 귀하게 여기는[崇德貴民] 정치 문화와 효제(孝悌)하고 화친(和親)하는 윤리문화, 문질빈빈(文質彬彬)한 예악 문화와 천민합일(天民合一)의 존재신앙 그리고 신을 멀리하고 사람을 가까이 하는[遠神近人] 인본주의적 경향으로 체현되었다. 그러므로 유가 사상 및 그 인문정신은 중국 문명 시대 초기 이래로 문화 자체가 연속적으로 발전한 산물로, 삼대가 전달하고 전개한[傳衍] 전통 및 그것이 양육한 정신기질을 체현했다. 유가 사상과 중국고대문화가 발전한 과정에는 일종의 내

4) 楊向奎, 『宗周制度與禮樂文明』(人民出版社, 1992), p.136 참조.

재적 연계가 갖춰져 있다.[5)]

2. 중국 문명의 기본 가치

어떤 기성 문명에서 인지적(認知的)이고 존재적인 측면은 세계관에 속하지만, 어떤 기성문화의 도덕적이고 가치적인 평가원칙은 그들이 생활하는 기본방식과 문화기질을 대표하는 것으로, 그들 자신과 그들이 처한 세계에 대한 근본적인 태도를 표현했다. 만일 우리가 중국 문명의 철학적 기초를 상세하게 논술한다면, 인지적이고 존재적인 측면에 치중할 것이고 특히 우주관적 특성을 특기할 것이다. 그 이유는 자기가 속한 세계에 대한 사람의 전체적인 견해가 일반적으로 말해서 우주관을 통해 표현되기 때문이다. 그것은 주로 우주와 세계가 어떻게 존재하고 운동하는지, 우주와 세계가 어떻게 구성되었는지 인식하는 이런 측면에 체현된다. 다시 말해서, 일반적으로 말하는 세계관은 주로 세계에 대한 인식을 가리킨다. 그러나 세계관은 또한 동일하게 또 다른 측면을 포함 혹은 표현한다. 그것은 바로 세계에 대해 사람이 지니는 태도이다. 세계에 대한 사람의 인식과 세계에 대한 사람의 태도, 이 둘은 서로 관련되지 않은 것이 아니라 서로 연계된 것이고 서로 관통하는 것이다. 세계에 대한 인식은 종종 세계에 대한 태도를 반영하거나 그것에 영향을 끼치고 혹은 일정한 태도를 형성한다.

5) 陳來, 『古代宗教與倫理』(三聯書店, 1996), 導言, pp.7~8.

뒤집어 보아도 마찬가지이다. 세계에 대한 사람의 태도는 세계에 대한 인식으로부터 오거나 세계에 대한 그들의 인식에 영향을 끼친다. 다른 글에서 우리는 우주세계에 대한 중국철학의 인식이 중국 문명 세계관의 의의가 됨을 중점적으로 진술할 것인데, 본문에서는 자신이 처한 세계에 대한 중국 문명의 태도에 집중하여 중국 문명의 가치관 태도가 중국 문명 세계관이 된다는 의의를 특기할 것이다. 우리는 몇 가지 측면에서 논술할 것이다. 첫째, 타인과 공동체에 대한 사람들의 태도, 둘째, 외부세계 혹은 세계의 기타 부분에 대한 중국의 태도, 셋째, 세계질서에 대한 중국 문명의 추구. 태도는 또한 가치이기도 하다. 그러므로 본문은 중국 문명의 가치 추구에 관련된 내용을 더 많이 진술할 것이다.

중국 문명의 가치 편애는 그것의 우주관과 서로 연계되는 것이다. 고전 중국 문명의 철학 우주관은 연속(連續), 동태(動態), 관련(關聯), 관계(關係), 전체[整體]적 관점을 강조하지, 정지, 고립, 실체, 주객(主客)을 둘로 나누는 자아 중심의 철학을 중시하지 않는다. 이런 유기적 전체주의에서 출발한다면, 우주의 모든 것은 전부 서로 의존하고 서로 연계된 것이며, 모든 사물은 전부 타자와의 관계 중에서 자기의 존재와 가치를 드러낸다. 그러므로 사람과 자연, 사람과 사람, 문화와 문화는 마땅히 공생(共生)하고 화합[和諧]하는 관계를 건립해야 한다. 다른 한편, 중국 문명의 가치 편애는 또한 중국 문명의 역사적 노정과 상관이 있다. 많은 역사학자들이 생각하기에, 중국고대는 기본적으로 씨족 구조가 변화하지 않은 상황에서 문명사회에 진입했다. 이에 따라 정치사회제도의 구조에 씨족사회의 수많은 특징들이 남겨져,

삼대 이래로 하나의 맥락으로 서로 전승되었다. 이는 곧 문명의 정치와 문화의 발전이 연속적이라는 말이다. 이것은 중국 문명이 "연속성 문명"이 되는 역사적 기초이다. 어떤 사람은 이렇게 문명사회로 진입하는 변화방식을 고대의 유신(維新)제도라고 불렀다. 유신은 단절적인 혁명이 아니라 포용적인 개량이요 연속적인 변화와 발전이다.[6] 이런 입장에 근거해서, 중국 문명 초기의 씨족 및 종법사회의 문화와 가치는 중국 문명이 연속적으로 전승되는 중에 나중의 사상 세계로 연계되고 승화되었다.

이런 각도에서 볼 때, 주축 시대의 중국 문명은 초기문명과 서주 인문사조의 발전을 계속했고, 문명의 가치와 덕성을 체계적으로 제기했다. 그중에서 가장 중요한 가치와 덕성은 모두 사람과 타인의, 사람과 공동체의 관계를 겨냥해서 말한 것이다. 그 편애에 대해 말하자면, 주축 시대의 중국 문명은 유가를 두드러진 대표로 해서, 인애(仁愛)와 예교(禮教), 책임과 공동체[社群] 가치에 대한 중시를 드러냈다. 이런 가치들은 후대 철학의 명확한 설명[闡發]을 통해 더욱 그 보편적인 의미를 드러내게 되었다.

가장 먼저 인애이다. 주지하다시피, 주축 시대의 중국 유가 사상에서 가장 중요한 도덕 관념은 '인'이다. 인은 타인에 대한 자신의 태도이고 타인에 대한 자신의 관심과 애호이며, 혹은 타인에게 은혜를 베푸는 것이다. 그래서 『국어』에는 "인을 말하면 반드시 사람에게 이른다"[7]라는 말이 있다. 문자에 대해 말하자면, 중국 동한(東漢) 시대

6) 侯外廬, 『中國思想通史』 1권(人民出版社, 1992), pp.8~9 참조.

의 자전(字典)인 『설문해자』는 인이라는 글자를 설명하여 이렇게 말했다. “인이란 친함이다. 사람과 둘로부터 나왔다.”[8] 이는 인이라는 글자의 기본적인 뜻이 친애임을 설명한다. 청대 학자 완원(阮元)은 특별히 강조했다. 인자의 왼쪽은 사람이고 오른쪽은 둘이다. 이는 두 사람 사이의 친애관계를 표시한다. 그러므로 반드시 둘 이상의 사람이 있어야만 인을 말할 수 있다. 한 사람이 홀로 앉아 문을 걸어 닫고 있다면, 인을 말할 수 없다. 인은 사람과 사람 사이의 상호관계이다. 완원의 이런 설명은 인의 상호성[交互性] 특징에 대한 명확한 설명[闡明]이다.[9] 문헌적으로 말하자면, ‘인’이라는 개념은 공자 이전에는 양친에 대한 친애를 가리켰다. 이른바 “부모님을 아끼는 것이 인이다.”[10] 공자는 인을 최고의 도덕 관념으로 삼았다. 공자와 맹자는 모두 인이 사람을 사랑하는 것이라고 강조했다. 인은 점차 보편적인 인애로 변화되었고, 더 이상 양친에 대한 친애 혹은 어떤 사람에 대한 친애만을 가리키지 않았다. 공영달(孔穎達)은 『중용』을 해석하며 이렇게 말했다. “인이란 서로 친하고 짝이 되는 사람을 인애함이다.”[11] 물론, 인은 사랑이지만 사랑이 반드시 인은 아니다. 사랑이 만일 치우치고 사적이라면[偏私] 인이 아니기 때문이다. 인애는 보편적이고 공평[公正]무사한 박애이다. 실제로, 맹자는 인을 확대해서 “친친(親親)-

7) 「周語」 下 “言仁必及人.”
8) “仁, 親也. 從人二.”
9) 『揅經室集 · 一集』 卷八, 『論語論仁論』 참조.
10) 『國語』 晉語一 “愛親之謂仁.”
11) “仁謂仁愛相親偶也.”

인민(仁民)－애물(愛物)"이 되게 했다.[12] 인애의 대상은 이미 사회윤리로부터 한 걸음 더 나아가 자연에 대한 사람의 애호까지로 확장되었다. 중국의 유학은 시종 인덕을 도덕체계와 가치체계의 첫 자리에 위치시켰다. 어떤 학자들이 생각하기에, 인의 제기는 혈연관계와 씨족 민주(民主)에 대한 자각적 전화(轉化)이며, 중국 문명의 연속성이 체현된 한 사례이다.[13]

또 다른 측면에서 볼 때, 인의 본래[原始] 정신은 쌍방 모두에게 상대방을 중심으로 서로 예의를 갖춰 공경하고[禮敬] 관심을 갖고 사랑할[關愛] 것을 요구하는 것이었다. 즉 서로가 사람을 대하는 방법으로 서로를 대우하고, 사람을 대하고 사물을 접할 때 마땅히 지녀야 하는 예의[禮貌]와 정감으로 경의와 친애의 정을 표현하는 것이었다. 이렇게 해서 '인'자에 포함된 오랜 인도주의 관념을 펼쳐보였다[展現]. 유가는 이를 박애 인자(仁慈)의 인도(人道)윤리로 확대했다. 그러나 '인'은 결코 한쪽이 주관적으로 자신의 감수를 표현하라고 주장하지 않는다. 오히려 반드시 상대방을 존중한다. 현대 신유학의 대표 량수밍은 중국 문화의 윤리를 "서로 상대방을 소중하게 여긴다[互以對方爲重]"로 개괄했는데, 이는 바로 유가전통의 인학(仁學) 윤리라는 정신을 발휘한 것이다.

그러므로 인의 실천에는 미루어 확장하는[推廣] 원칙이 있어서 어떻게 추기급인(推己及人)할지 해결하는데, 이것이 바로 충서(忠恕)의 방

12) 「盡心」 上.

13) 이런 관점을 가장 먼저 제기한 이는 이택후이다. 그의 『中國古代思想史論』(人民出版社, 1985), p.22, 25를 보라.

법, 특히 서의 방법이다. 서는 곧 공자가 말한 "자기가 하고 싶지 않은 일을 다른 사람에게 시키지 말라"[14]라는 것이다. 이것은 상대방을 존중해서 자신의 사랑을 다른 사람에게 강제하지 않음을 보장할[保證] 수 있다. 이것은 이미 오늘날에 전 지구적 윤리의 보편원칙이 되었다.

두 번째는 예교(禮敎)이다. 고대 중국 문명은 '예악 문명'이라 불린다. 예는 고대에, 유가 문화 중에서 중요한 지위를 차지하고 있었다. 공자는 예의 실천이 인을 실행하는 기본 방식이라고 강조했다. 유가 사상은 동아시아 주축[軸心] 문명의 대표인데, 주축 시대의 유가 사상은 '예'라는 문명과 대단히 밀접한 관계를 갖는다고 말할 수 있다. 서주의 예악 문명은 유가 사상의 모체이다. 주축 시대의 유가 사상은 '예'를 중시하는 것을 그 특색으로 하여, 예성(禮性)적 정신이 충만했다. 예성이란 바로 예교(禮敎)의 본성·정신·가치에 대한 이성적 긍정이다.

유가의 입장에서 볼 때, 도덕은 사람과 사람이 교류하는 구체적인 행위에서 실현되는 것으로, 이런 행위들의 공통 방식[模式]은 예이다. 예는 상호존중의 표현이요 또한 인간관계의 인성화(人性化) 형식이다. 고대 역사문화의 '예'는 여러 의미를 포함한다. 고대『예서(禮書)』에 기재된 것을 보면, 대부분 선비 이상의 귀족사회에서의 생활예의에 속하는 것이고, 귀족생활과 교류관계의 형식을 규정하고 있다. 그것은 매우 발달된 형식 표현과 형식 의절(儀節)을 갖추고 있다. "예는 서로

14)『論語·衛靈公』"己所不欲, 勿施於人."

주고받는 것을 숭상한다"[15]라는 옛말은 고대의 예가 제사의식에서 변화하여[脫胎] 서주의 교류관계의 형식화라는 규범체계로 발전되었음을 명확하게 지시한다. 비교해서 말하자면, 옛날 『의례(儀禮)』 체계는 대부분 고대 귀족생활의 경축전례[慶典]와 기념일[節日], 인생여정과 인간교류의 의식 및 행위의 규정에 속한다. 그런데 후대의 『예기(禮記)』는 "예의의 시작은 용모를 바르게 하고 안색을 가지런히 하며, 사교적 언사[辭令]에 따르는 데 있다"[16]라고 강조했다. 예를 행동규범의 체계로 여겼고, 용모와 언사의 규범 및 수식이 이런 규범 체계의 기초라고 강조했다. 이는 또한 예의 훈련의 처음 출발점이기도 했다. 고대의 예는 행위에 관한 대량의 상세한[細節] 규정과 예의를 갖춘 행동거지의 규정을 포함한다. 일정한 장소에서 사람이 나아가고 물러나며 절하고 사양하며, 적절한 언사로 응답하고 과정의 질서를 지키며, 손발을 어떻게 놓아야 하는지 등은 모두 반드시 예의를 갖춘 행동거지의 규정에 따라 실행해야 했다. 이것은 행동의 형식화가 발달한 특징을 드러내는 것이다. 이런 규정들은 한 사람이 아이일 때 학습하기 시작하여 일종의 자율적 예술이 된다. 이런 행위의 예술은 그 당시에 일종의 문화이자 교양이었다. 자하(子夏)는 심지어 "군자가 (일을 처리하는 데) 신중하여 실수하지 않고 다른 사람에게 공손하여 예의를 갖춘다면, 온 세상 모두가 형제일 것이다"[17]라고 말하기까지 했다. 공경하고 예의를 갖춘다면 세상 모든 사람들이 전부 형제가 될 것이며, 인간

15) 『禮記·曲禮』 上 "禮尙往來."
16) 『禮記·冠義』 "禮義之始, 在於正容貌, 齊顔色, 順辭令."
17) 『論語·顔淵』 "君子敬而無失, 與人恭而有禮, 四海之內, 皆兄弟也."

관계의 조화[和諧]를 이룰 것이다.

역사가 표명(表明)하듯이, 형식적 항목이 되는 예의 '문(文)'은 변화할 수 있는 것으로 시대 환경에 따라 개혁되는 것이다. 예의 '체(體)'는 변화하지 않는 기본 정신원칙이다. 몇 천 년 이래로 중국 문화는 일종의 '예교 정신'을 배양했다고 말할 수 있다. 그것은 제사에서의 예의에서 시작되었지만, 점차 종교적 실천에서 독립해 나와 인간 세상의 사회교류라는 예가 되었다. 그것은 상고 이래 모든 시대의 각종 예의와 풍속[禮俗]을 통해 표현되었지만, 또한 그런 구체적인 의식절차[儀節]를 초월한 보편 정신이기도 했다. 이것은 일종의 인문주의적 예성(禮性) 정신이다. 예의 문화는 예의 정신과 예의 태도, 예의 규정 이 세 가지 측면을 포괄한다. 우리는 이렇게 말할 수 있다. 중국 문명의 '예'는 '타인을 공경하고 양보하는 것[敬讓他人]'을 그 정신으로 삼고 '온화, 선량, 공경, 절검, 겸양[溫良恭儉讓]'을 그 태도로 여기며, 행동거지에 대한 전면적인 예의화(禮儀化)라는 꾸밈[修飾]과 구속[約束]을 그 항목으로 하는 문명체계이다. 어쨌든 간에, 예는 개인의 수양에 대해서만 의미를 갖는 것이 아니라, 나아가 사회에 대해서 사회의 정신 문명을 끌어올리는 풍속 개량[移風易俗]의 작용을 갖는다. 나라와 나라의 관계에서, '예를 좋아함[好禮]'은 다른 나라와 인민을 존중하는 행동방식을 체현했다.

세 번째는 책임이다. 고대 유가에서는 덕행론(德行論)이 대단히 발달했다. 충신인의효혜양경(忠信仁義孝惠讓敬) 등은 모두 한 개인이 타인이나 사회와 직접 관련을 갖는 덕행들이다. 이런 사회적 덕행의 가치 경향은 모두 사람들에게 타인에 대한 그리고 사회에 대한 책임을 감당할 것을 요구한다. 예를 들어, 효는 부모에 대한 책임을 두드러지게 하고 충은 자신을 다하여 다른 사람을 위하는[盡己爲人] 책임을 두드러지게 하며, 신은 친구에 대한 책임을 두드러지게 하는 등과 같다. 책임은 권리에 상대해서 말하는 것이다. 책임 경향의 덕행은 개인의 권리를 주장하는[聲張] 것이 아니라, 타인에 대한 의무를 열심히 실천하고 자기에게 부과된 책임을 이행하는 것이다. 중국 고대의 도덕개념인 '의(義)'는 종종 책임의 요구를 포함한다. 유가 사상에서 볼 때, 한 개인은 타인 그리고 단체[群體 혹은 집단]와 연속되는 것이지 끊어진 관계가 아니다. 이런 관계 중에서 사람은 반드시 적극적으로 상대방에 대한 자기의 책임을 감당해야 한다. 자각적으로 상대방에 대한 책임을 감당하는 것을 미덕으로 여기고, 이로써 그런 관계를 보호하고 공고하게 해야 한다. 책임지는 마음은 유가 문화가 양성한 사람의 보편적인 심리의식이다.

중국 문화에서 개인은 원자가 아니다. 개인은 사회관계라는 연속체 중에서 관련된 존재 중의 하나이다. 그러므로 관계를 중시하는 입장은 반드시 개인 본위(本位)의 입장이 아니다. 그것은 이렇게 주장한다. 개인과 기타 대상이 결합하여 이루어진 관계에서, 사람은 권리의 마음으로 대상과 관계를 맺는 것이 아니라 책임의 마음으로 대상과 관계를 맺는다. 어떤 개인이 다른 사람과 관계를 이루어갈 때, 자신을 중심으로 하는 것이 아니라 자신을 출발점으로 하고 상대방을 존중하며, 개인의 이익은 책임의 요구에 복종해야 한다. 사람들은 자주 책임의 실현을 위해 자신을 잊고 그 개인을 잊는다. 책임은 종종 개인으로 하여금 사회적 실천을 하게 하는 중요한 동력이 된다. 이런 입장이 바로 인간관계에서의 책임 본위의 입장이다. 개인은 사회관계망 중에서의 개인이요, 개인은 여러 종류의 대상과 각종 관계를 결성하기 때문에 개인의 책임 또한 다양한 것이지 단일한 것이 아니다. 개인은 여러 역할을 해야 한다. 그에 맞춰 여러 책임을 지게 된다. 유가 사상은 시종 책임을 담당하는 엄숙성을 표현했다.

네 번째는 공동체이다. 사람이 이 세상에서 살아가는 것은 개체의 독립적 생존이 아니라, 분명 공동체 안에서의 생존생활이다. 사람의 도덕적 실천 또한 반드시 공동체 생활 중에 실현해야 한다. 개인을 뛰어넘는 공동체의 가장 기본적인 단위는 가정이고, 확대하면 가족이 되며, 지역사회 및 향(鄕)·현(縣)·부(府)·성(省)에서 국가에 이르는 각급 행정단위가 된다. 중국 문명은 가정의 가치를 특별하게 중시한다. 가정은 개인을 벗어나 사회로 발전하는 첫 번째 등급[層級]이다.[18] 분명히 중국 문화의 주류사상은 개인적인 권리 혹은 이익을 강조하지 않는다. 개인의 가치는 사회의 가치보다 높을 수 없고 사회는 개인보다 훨씬 중요하다고 생각한다. 그래서 개인과 단체의 상호융합, 단체에 대한 개인의 의무를 강조한다. 공동체 전체의 이익의 중요성을 강조한다. 비록 그렇지만, 중국 사상은 고대에 결코 추상적으로 공동체에 대해 토론하지 않았다. 대부분 '가', '국', '사직', '천하' 등의 개념을 사용해서 공동체의 의의와 가치를 구체적으로 표현했다. 예를 들어 '능군(能群)',[19] '보가(保家)', '보국(報國)' 등과 같은 모든 논술은 명확

18) 金耀基, 『個人與社會』(金耀基自選集, 上海教育出版社, 2002), p.157 참조.

19) 『荀子·王制』 "人能群, 彼不能群也." 즉 능군이란 사회생활을 할 수 있다는 의미이다. —옮긴이

하게 공동체의 안녕과 조화 그리고 번영의 중요성을 체현했다. 이는 공동체 단체와 사회에 대한 개인의 의무를 강조하고, 개인에 대한 공동체와 사회의 우선성 및 중요성을 강조한다. “천하를 자신의 임무로 여긴다”, “천하의 흥망은 필부에게도 책임이 있다”, “국가에 이익이 된다면 죽음을 마다하지 않는다.”[20] 이런 것들은 모두 중국 문화에서 자주 보이는 사대부의 책임 언사이고, 또한 사회 민간에 깊이 영향을 끼친 것들이다. 표현 형식에 있어서, 사회의 우선성에 대한 강조는 또한 종종 ‘공(公)-사(私)’의 대립을 통해 두드러지기도 한다. ‘공’이란 개인을 뛰어넘어 더 큰 공동체의 이익을 지향하는 가치이다. 예를 들어, 개인이 사라면 가정은 공이고, 가정이 사라면 국가는 공인 식이다. 공동체의 공과 국가 사직의 공은 더욱 큰 공이다. 가장 큰 공은 천하의 공도(公道)와 공평(公平) 그리고 공익(公益)이다. 그래서 “천하는 공[天下爲公]”이라고 말한다.

종합하자면, 유가윤리는 개인 본위가 아니라 공동체를 향해 개방되고 연속되는 동심원 구조 안에서 전개되고 실현되는[展現] 것이다. 즉 개인-가정-국가-세계-자연처럼 안에서 밖으로 부단히 확장된다. 그래서 유가윤리는 여러 방향을 갖게 되고, 상이한 등급의 공동체에 대해 사람이 져야 할 책임을 확인시켰다.

20) 춘추 시대 정나라의 자산(子産)이 비난을 당하자 이렇게 말했다. “苟利社稷, 死生以之.” 서세동점 시기에 임칙서(林則徐)가 이 말을 매우 좋아해서 자주 인용했다. -옮긴이

3. 현대 서양 가치와의 차이와 상호 보완

중국 문명의 가치는 현대 서양 가치와 큰 차이가 있다. 예를 들어, 현대 서양 자유주의의 도덕 중심 원칙은 개인의 권리 우선성이다. 사람마다 자신의 가치관에 근거하여 생활할 권리가 있다. 하나의 공동선이라는 관념을 모든 시민들에게 요구한다면, 기본적인 개인의 자유를 침해할 것이라고 생각한다. 그러나 유가와 세계의 모든 위대한 종교의 도덕은 전부 사회의 공동선과 사회적 책임, 공익에 유익한 미덕을 강조한다. '공동체'와 '개인', '책임'과 '권리'는 상이한 두 종류의 윤리학 언어로, 상이한 두 종류의 윤리학 입장을 반영하며 상이한 가치 영역에 적용된다. 윤리학에서 공동체-책임 중심의 입장은 반드시 자신의 태도를 명확하게 한다. 즉 그것은 마땅히 자유와 인권에 찬성함을 표명함과 동시에, 또한 거리낌 없이 권리 언사[話語]와 개인 우선의 윤리 입장에 찬성하지 않음을 밝혀야 한다.

조금의 의심도 없이, 우리는 응당 인권선언 중의 모든 요구를 견지하고 수호해야 하며, 또한 그것을 실현하려 노력해야 한다. 그러나 이것은 자유 인권이 가장 중요한 가치임을 의미하지 않는다. 혹은 윤리란 단지 개인의 인권을 지지하기 위함이라는 의미가 아니다. 윤리 문제에 있어서, 권리 언사와 권리 사유는 제한적인 것이고 한참 부족한 것이며, 심지어 권리 중심의 사유가 일반화된 것이 오늘날 허다한 문제의 근원 중 하나임을 마땅히 지적해야 한다. 권리 언사는 또 종종 개인주의와 연계된다. 권리를 우선시하는 개인주의의 태도는 그 기본 가정과 개인의 권리를 가장 앞자리에 놓는데, 개인의 권리는 반드시 집단의 목표와 사회의 공동선보다 우선해야 한다고 생각한다. 이런 입장에서는 개인의 의무나 책임 및 미덕 등이 모두 건립되기 어렵다. 권리우선 유형의 주장은 단지 사람의 소극적 자유를 보장하라고 강조할 뿐, 사회적 공익에 대한 개인의 중시를 촉진할 수도 없고 사회적 공익과 개인의 이익 사이의 충돌을 제대로 바라볼 수도 없다. 공동체와 책임 입장이 추진하는 것은 적극적 의미를 갖는 가치 태도를 건설하는 일이다. 20세기의 중국 신유학자 량수밍은 중국 문화의 대표적 자임(自任), 즉 '서로 상대방을 소중하게 여기는' 책임 입장으로 개인주의와 권리 관념을 인생의 근본적인 태도로 하는 것에 반대했다. 이는 본질적으로 자유주의를 인생의 근본 태도와 근본적 윤리원칙으로 삼는 것에 반대한 것이라고 말할 수 있다. 그가 주장한 것은 일종의 유가적 태도로, 권리윤리에 대한 현대 중국 문명의 가치관의 한 태도로 볼 수 있을 것이다. '서로 상대방을 소중하게 여기는' 량수밍의 윤리관은, 혹은 량수밍이 해석한 유가윤리는 확실히 주체를 두드러지게 여기는 의식과 다르고 또한 '상호[交互]주체성' 관념과 다른 의미를 가지고 있는데, 일종의 '타자' 우선을 특징으로 하는 윤리이다. 이런 윤리에서는 단지 타자에 대한 인정이 두드러질 뿐만 아니라, 타자에 대한 정감[情誼]과 의무 그리고 존중을 강조한다. 이런 존중은 교환이라는 의미에서가 아니라, 전제조건을 중요하게 여기지 않는 '상대방을 소중하게 여기는' 것이다.

서양문화의 주류적 이해 중에서 인권이란 개인이 국가를 상대로 요구하는 일종의 권리이다. 그것은 모든 사람에게 필요하고, 자신의 정부에게 제기하는 도덕적·정치적 요구이다. 여기에서 개인의 권리 요구는 바로 정부의 책임과 의무이다. 그러므로 인권 관념은 오직 정부의 책임과 마땅함만을 포함할 뿐, 사회와 가정 그리고 타인에 대한 개인의 의무와 책임을 규정할[界定] 수 없다. 이런 권리 관념은 서양 근대 이래의 자유주의 철학의 핵심이고, 근대 시장경제와 정치민주가 발전하는 과정[進程]의 산물이다. 그러나 초점을 사회에 대한 개인의 요구에 맞췄기 때문에, 종종 사회에 대한 개인의 책임을 간과하고 자기 권리에 대한 개인의 보호에 집중하여 개인 또한 타인의 권리를 존중해야 하는 책임이 있음을 간과했다.

중국 문명의 핵심이 되는 유가윤리의 가치는 현대 동아시아 사회에서 서로 다른 표현형식을 갖는다. 예를 들어, '아시아적 가치'라는 싱가포르의 견해가 그중 하나이다. 아시아적 가치라는 싱가포르의 논조[提法]는 아시아 문화가 서아시아와 남아시아까지 포함하느냐 하는 질문을 받을 수도 있다. 그러나 리꽝야오[李光耀]의 해석에 따르면, 그의 이른바 아시아적 가치는 주로 유가 문화의 영향을 받은 동아시아의 가치 체현을 가리킨다. 이런 '아시아적 가치'는 동아시아 전통성과 현대성의 시야[視界]가 융합하는 중에 발전되어 나온 가치 태도와 원칙이다. 이런 원칙은 동아시아의 문화와 종교 그리고 정신전통의 역사적 발전에 뿌리하고 있다. 이런 원칙은 또한 아시아가 현대화하는 과정에서 세계의 도전에 응하면서 전통 중에서 불합리한 요소를 도태시키고[淘除] 아시아가 현대성에 적응하던 경험에 의해 형성된 것이다. 그가 말하는 아시아적 가치는 5대 원칙으로 개괄된다. (1) 사회 국가가 개인보다 중요하다. (2) 국가의 뿌리는 가정에 있다. (3) 국가는 개인을 존중해야 한다. (4) 화합[和諧: 조화]이 충돌보다 질서를 유

지하는 데 유리하다. (5) 종교 간에는 마땅히 서로 보완하고 평화롭게 공생해야 한다.[21]

이 다섯 항목의 원칙 중에는 동아시아의 전통 가치가 있을 뿐만 아니라, 또한 백 년 이래로 서양 문명을 흡수하고 시장경제와 민주정치를 건립하는 과정에서 생장한 새로운 가치, 예를 들어 개인에 대한 존중과 같은 것들도 있다. 그러므로 이른바 '아시아적 가치'는 결코 그것의 가치체계 중의 모든 요소가 오직 아시아성(性)만 있다고 말하는 것이 아니다. 현대 아시아의 가치와 현대 서양의 가치가 다른 것은 모든 가치적 요소가 전부 다른 것이 아니라, 가치의 구조와 서열의 차이이고 가치의 중심이 다른 것이다. 실질적으로 말해서, 이것은 개인주의 우선이 아닌 가치관이다. 싱가포르 판본의 아시아 현대성의 가치관이자, 싱가포르 판본의 현대 유가 문명의 가치관이다. 그 핵심은 개인의 자유와 권리의 우선이 아니라, 종족과 사회의 이익이 우선하는 것이다. 관련된 각 단위의 충돌을 우선하는 것이 아니라, 관련된 각 단위의 화합을 우선시한다. 이처럼 공동체의 이익을 우선시하는 가치 태도는 인권을 억압하는 핑계가 될 수 없다. 그것은 민주제도와 개인을 존중하는 가치에 의지하여 인권의 보호를 실현하려 한다. 그런데 이것과 현대 서양 가치와의 차이점은, 이런 가치 태도가 개인에게 타인과 공동체에 대해 의무와 책임감을 가질 것을 요구한다는 데 있다. 이런 의무와 책임감은 공동체의 기본적 공통인식[共識]·공통향유[共享] 가치와 일치하는 것이다. 물론 싱가포르의 윤리는 여전히 현대 유

21) 呂元禮, 『亞洲價值觀: 新加坡政治的詮釋』(江西人民出版社, 2002), p.59에서 인용.

가윤리의 전부가 아니다. 예를 들어, 현대 유가윤리는 공동체 가치와 책임을 강조하는 것 이외에, 또한 사람들에게 전통적인 미덕을 견지하라고 요구하는 것을 중요하게 생각한다. 이런 미덕은 인성(人性)의 체현이자 사회의 보편적 이익의 승화라고 생각한다. 이런 가치는 사회의 화합에 최선을 다하는 것 이외에, 사람과 사람, 사람과 사회, 문화와 문화, 사람과 자연의 공생과 화합 등에도 힘을 다한다.

인애의 원칙과 예교 정신, 책임 의식과 공동체 본위는 모두 개인주의와 상반되는 가치 입장이다. 이로부터 발전하는 협동공동체와 예교문화, 협력적[合作] 정치와 왕도(王道)세계 등은 모두 오늘날 세계에서 필요한 것들이다. 협동공동체는 공동체의 의미를 두드러지게 해서 개인주의의 문제점을 치유한다[對治]. 예교문화는 도덕의식을 두드러지게 해서 율법주의와 구별시킨다. 협력적 정치는 협력하는 정치적 소통을 두드러지게 해서 충돌하는 정치와 다르게 한다. 마지막으로, 왕도세계는 제국주의의 강력한 패권과 다른 일종의 천하질서이다. 이 네 가지는 모두 인(仁)을 핵심으로 한다. 인은 상호관련과 공생 화합을 내용으로 하는 기본 원리이며, 서양 근대의 주류가치와 다른 보편적 문화 원리이다. 오늘날 사회에서 그것은 서양의 현대적 가치와 상호보완할 수 있다.

몇 년 전에 나는 가치에 관해서 '다원보편성(多元普遍性)'이라는 문제를 제기했다. 우리는 반드시 '다원적 보편성'이라는 관념을 건립하려고 시도해야 한다. 미국 사회학자 롤런드 로버트슨(Roland Robertson)은 그의 저서 『전 지구화: 사회윤리와 전 지구문화』에서 '보편주의의 특수화'와 '특수주의의 보편화'가 전 지구화의 상호보완적 이중의 발전 과정이라고 제기했다.[22] 보편주의의 특수화, 여기서 말하는 보편주의는 서양이 먼저 발전시킨 현대경제와 정치체제, 관리체계와 기본 가치를 가리킨다. 이것은 '전 지구의 지방화'라고 말할 수 있다. 특수주의의 보편화란 특수성의 가치와 그에 대한 인정이 갈수록 더 전 지구적 보편성을 갖는다는 것이다. 각 민족집단 혹은 본토의 집단이 단지 각종 특수한 형식의 본질주의를 포기하고 개방적으로 전 지구화 과정에 녹아들기만 한다면, 그 종족 문화 혹은 지역[地方]적 지식은 마찬가지로 전 지구화라는 보편적 의의를 획득할 수 있다. 이것은 '지방의 전 지구화'이다. 로버트슨의 이런 견해는 의미가 있다. 그러나 이 견해는 동양 문명 가치의 보편적 의의를 제대로 긍정하지 못한다. 우리들이 볼 때, 서양은 비교적 일찍 자신들의 것을 보편적으로 실현했다. 그러나 동양은 아직 자신의 지역성을 보편성으로 실현하려는 시작단계에 처해 있을 뿐이다. 그런데 정신 가치의 내재보편성은 결코 외재적 실현의 정도에 의해 결정되지 않는다. 동서양 정신 문명과 가치는 모두 내재적으로 보편성을 갖고 있다. 이것은 '내재적 보편성'이라고 부를 수 있다. 그런데 내재적 보편성이 실현될 수 있는가는 수많은 외재적·역사적 조건이 필요하다. 실현되어 나온 것은 '실현된 보편성'이라고 부를 수 있다. 그러므로 진정으로 말해서, 정신과 가치 측면에서 반드시 동서양 문명은 모두 보편성을 갖고 있으며 모두 보편주의임을 인정해야 한다. 다만 그것들 사이에는 차이가 있고, 서로 다른 역사 시기에 실현된 정도가 다를 뿐이다. 이것이 바로

22) 程光泉主編, 『全球化理論譜系』(湖南人民出版社, 2002), p.126 참조.

다원적 보편성이다. 정의, 자유, 권리, 이성, 개성은 보편주의의 가치이다. 인애, 예교, 책임, 공동체, 내심의 안녕 또한 보편주의의 가치이다. 량수밍이 초기에 『동서문화 및 그 철학』에서 힘을 다해 드러낸 것이 바로 이런 도리이다. 오늘날, 오직 전 지구화 중의 다원적 보편성 관념을 건립해야만, 비로소 전 세계 모든 문화 형태가 전부 상대화될 수 있고 또한 그것들을 평등화시킬 수 있다. 이런 의미에서, 전 지구화의 첫 단계에서 문화의 변천이 서구화라는 특징을 띠었다면, 두 번째 단계는 어쩌면 서양을 서양에 돌아가게 하고 서양 문화를 동양 문화와 동등한 상대화의 지위로 돌아가게 하는 것일 수도 있다. 이런 의미에서, 서양 다원주의 입장이 중시하는 '인정의 정치(the politics of recognition)'에 상응해서, 전 지구화라는 문화관계에서 우리는 '인정의 문화'를 강조한다. 이것은 곧 문화와 문명의 다원적 보편성을 인정하는 것이다. 이와 같은 원칙을 사용해서 상이한 문화와 상이한 문명의 관계를 처리한다. 이런 입장은 자연히 세계적인 문화다원주의 입장으로, 전 지구 문화관계의, 중심을 없애버림[去中心化]과 중심을 여럿으로 하는[多中心化], 즉 세계적인 다원문화주의를 주장한다.

4. 외부세계에 대한 상상과 태도

세계에 대한 중국 문명의 태도는 단지 타인에 대한, 자신이 속해있는 공동체에 대한 개인의 윤리 태도일 뿐만 아니라, 외부세계에 대한 문화-정치적 태도로 포함한다. 그중에서 '중화(中華)', '천하', '왕도',

'회유(懷柔)' 등은 모두 전형적인 관념 혹은 언사이다. 그중에 체현된 기본 관념은 문화가 종족보다 높고 천하가 국가보다 높으며, 대동(大同)이 세계의 이상이라는 것이다.

고대 중국에서 하나의 관념인 '중화'는 하나의 국가 혹은 한 지역의 명칭이 아니며 또한 민족[族裔] 혈연에 대해 말한 것도 아니다. '중화'는 문화적 집단을 지향한다. 그러므로 중국은 퇴화되어 이적(夷狄)이 될 수 있고, 이적은 진화하여 중국이 될 수 있다. 서주 시대에 주나라와 동성(同姓)이었던 노나라는 중화였고, 이성인 제나라 또한 중화였다. 그 표준은 화하(華夏)문화라는 예악 문화가 표준이었다. 그 후 수천 년간, 남북의 각 민족집단은 화하족과 혼합하여 모두 중화가 되었다. 그러므로 '중화'의 의의는 문화적인 것이지 종족적인 것이 아니다. 이는 중국 문명에서 일반적으로 말해서, 문화의 가치는 종족의식을 훨씬 뛰어 넘는다는 사실을 표현해낸다.

'천하'라는 어휘는 역사적인 사용에 있어 세 가지 의미를 포함한다. 이론적으로 천하는 '널리 하늘 아래[普天之下]'라는 지리 공간으로 한계가 없다. 천하는 바로 오늘날 말하는 세계이다. 이것이 첫 번째 의미이다. 그러나 실제적으로 천하라는 어휘의 사용은 종종 그 제한이 있는데, 예를 들어 중국인들은 고대 중국의 천자가 실제로 통치하고 지배하는 범위를 가리키는 것으로 자주 사용하였다. 이런 의미에서의 천하는 바로 중국을 가리킨다. 이것이 두 번째 의미이다. 마지막으로, 천하는 중국을 중심으로 하는 동심원 세계와 그 구조체계를 가리키는 데 사용되었다. 이것이 세 번째 의미이다.[23] 첫 번째는 유가경전의 문헌에서 볼 수 있는데, 세계에 대한 중국인의 인식과 이상을 표현한다. 두 번째는 주로 중국의 정치적 문헌에서 보이는데, 중국 내부의 정치적 관리를 처리하는 데 사용했다. 세 번째는 주로 중국이 외부세계를 언급하는 문헌에 보이는데, 세계구조질서에 관한 중국의 상상을 포함한다.

두 번째 의미에 대해 말하자면, 천하는 중심부[本部] 중국으로, 그 지리적 범위는 '구주(九州)'이다. 이런 의미의 천하는 근대의 국가에 가깝다. 세 번째 의미에 대해 말한다면, 천하는 구주–사해(四海)–사황(四荒)이라는 공간구조이다. 구주는 중심이고 사해는 주변국가가 거처하는 곳이며, 사황은 더욱 요원한 원방(遠方) 세계이다. 이런 의미의 천하는 세계라는 질서에 가깝다. 고대의 중국은 문명의 중심을 자처해서, 중심과 사해와 사황의 문명 정도는 차례로 감소한다고 생각했고 이런 차별적 순서라는 세계질서 양식[格局]을 구상하고 또 실천했다.[24] 이런 양식 중에 중국과 주변세계의 관계는 대등한 것이 아니었다. 그러나 주변국가에 대해 중국은 다만 '책봉(冊封)의 통치'와 '조공(朝貢)의 규칙'을 실행했을 뿐, 그 지역의 자주적 통치자의 세계(世系)에 간섭하지 않았고 또한 그 인민들을 직접 통치하려고 하지도 않았다. 그 인민들은 중국 황제에 대해 조세의 의무가 없었다. 이런 관계에서 주변세계에 대해 중국은 예제라는 형식의 요구를 가장 중요시 했지만, 중국 천자는 그 토지와 재산을 욕심내지 않았다.[25]

근대 중국은 제국주의의 핍박을 받았다. 이에 지식인들이 느낀 점

---

23) 渡邊信一郎, 『중국 고대의 왕권과 천하질서』(中華書局, 2008), pp.2~9 참조.
24) 高明士, 『天下秩序與文化圈的探索』(上海古籍出版社, 2008), p.23 참조.
25) 위의 책에서 인용한 唐太宗의 말(p.26) 참조.

들을 토로했다. 어떤 이는 중국인들은 단지 천하가 있는 것만을 알지 국가가 있음을 알지 못한다고 말했다. 중국인들은 단지 세계의식만 있지 국가의식이 없다고 생각한 것이다. 그는 이런 견해를 통해서 사람들의 국가의식을 촉진시키고자 한 것이다. 또 어떤 사람은 중국인들은 일관되게 중국 밖에는 세계가 없어서 중국이 바로 세계이고 세계가 곧 중국이라고 말했다. 중국인들은 오직 중국의식만 있지 세계의식이 없다고 생각한 것이다. 이런 견해들은 모두 적확하지 않다. 일찍이 중국이 근대국가로 전환하기 훨씬 이전에 이미 스스로의 국가 개념[認同]을 건립했다. 다만 이런 국가 개념은 근대의 민족국가 개념 형식과 구별될 뿐이다. 역사적으로 말해서, 진(秦)나라와 한(漢)나라 이래로 중국인들은 자신들의 영토에 제한이 있음을 명확하게 이해했다. 『사기(史記)』의 여러 곳에서 이미 '중국'과 '외국'을 대비하여 거론했다. 한나라 시기의 사람들은 이미 중국은 단지 세계에서 하나의 국가에 불과하다고 분명하게 인식했다.[26)]

외부세계의 질서에 대한 중국 문명의 정치 상상과 처리 태도는 예치(禮治)-덕치(德治)를 중심으로 한다. 이것은 그 중심부[本部]가 '덕으로 이끌고 예로 가지런히 한다[道之以德, 齊之以禮]'에서 파생되었다. 유가 사상이 지도하는 대외정책은 일반적으로 영토확장이나 변경개척을 주장하지 않고, 변경을 편안하게 하고 이웃과 화목하게 지내는 것을 소중하게 여긴다.[27)] 그러므로 외부세계에 대한 그들의 태도는 근

26) 姚大力, 「變化中的國家認同: 對中國國家觀念史的硏究述評」(載『讀史的智慧』, 復旦大學出版社, 2010), p.260.
27) 虞云國, 『古代中國人的周邊國族觀』(中華文史論叢, 2009年1期), p.239.

대의 의식형태와 유사하거나, 혹은 제국주의의 국제정책과 상이하다. 전체적으로 그것의 종지(宗旨)는 무력의 경향이 아니라 화목의 경향이라고 할 수 있다. 이는 근대 제국주의가 무력으로 영토를 점령하고 재산을 침탈한 것과는 근본적으로 다른 것이다.

세계에 대한 상상과 정책의 이런 상이함은 직접적으로 원방(遠方) 사람들과 그 세계에 대한 유가 문화의 태도에서 유래한다. 『논어(論語)·계씨(季氏)』 편에서 공자는 이렇게 말한다. "내가 듣기에, 군주와 경대부는 (토지와 인민이) 적은 것을 걱정하지 않고 (정치를) 고루 공평하게 하지 못할까 근심하며, 가난함을 근심하지 않고 백성들을 편안하게 해주지 못할까 걱정한다고 하였다. 대체로 고루 공평하게 되면 가난이 없어질 것이요, 위아래 사람들이 화목하면 백성이 줄어들 일이 없어질 것이요, 위아래 사람들이 모두 평안하면 나라가 기울어질 위험이 없을 것이다. 이와 같이 하는데도 먼 나라 사람들이 복종하지 않는다면 인의 도덕을 닦아 그들이 오게 하고, 오게 되면 편하게 해주어야 할 것이다."[28] 즉 도덕 문명과 문화로써 먼 나라 사람들을 끌어들이고 또한 안무(按撫)하라는 것이다. 『예기(禮記)·중용(中庸)』에서는 이렇게 말했다. "떠나는 이를 전송하고 오는 이를 맞이하며 잘하는 이를 칭찬하고 능력 없는 사람을 불쌍히 여기는 것은 먼 곳에 있는 사람들을 잘 대해주는 방법이다. 끊어진 제후의 세대(世代)를 이어주고 폐망한 제후의 나라를 다시 일으켜 주며, 혼란한 나라를 안정되게

28) "丘也聞有國有家者, 不患寡而患不均, 不患貧而患不安, 蓋均無貧, 和無寡, 安無傾. 夫如是, 故遠人不服, 則修文德以來之. 旣來之, 則安之."

하고 위태로운 나라를 부축해주며, 때에 맞게 조회(朝會)하고 빙문(聘問)하며, 제후에게 보내는 예물은 후(厚)하게 하고 받아들이는 공물을 적게 하는 것은 제후(諸侯)들을 포용하는 방법이다."[29] 또 이렇게 말했다. "천하 국가를 다스리는 데는 아홉 가지 준칙이 있다. 말하자면 자신을 닦는 것, 현자를 존중하는 것, 가까운 이를 사랑하는 것, 대신(大臣)을 공경하는 것, 여러 신하들을 자기 몸처럼 받아들이는 것, 백성을 자식처럼 아끼는 것, 온갖 기술 가진 사람들을 찾아오게 하는 것, 먼 곳의 사람들을 부드럽게 대하는 것, 그리고 제후들을 포용하는 것이다."[30] 부드럽게 대하고 포용하는 것은 덕교(德敎)의 방식으로 먼 나라 사람들을 대하는 것이고, 그들을 이끌어 귀순하게 하는 것이다.

실제로 중국 문명은 서주 시대에 이미 이런 태도를 봉행(奉行)했다. 『춘추좌전·양공(襄公)』 11년에 이런 기사가 보인다. "음악으로 덕을 편안하게 하고 의로 그것을 처리하며, 예로 그것을 실행하고 믿음으로 그것을 지키며, 인으로 그것에 힘쓰게 한다. 그런 다음에야 나라를 안정시킬 수 있고 복록을 얻을 수 있으며 먼 나라 사람들이 귀순해 오니, 이것이 이른바 음악(즐거움)입니다."[31] 『주례(周禮)·춘관종백(春官宗伯)』에서는 이렇게 말했다. "나라들을 평화롭게 하고 만민을 화합하게 하며, 손님들을 편안하게 하고 먼 곳의 사람들을 기쁘게 한

29) 20장 "送往迎來, 嘉善而矜不能, 所以柔遠人也. 繼絕世, 擧廢國, 治亂持危, 朝聘以時, 厚往而薄來, 所以懷諸侯也."

30) 20장 "凡爲天下國家有九經, 日: 修身也, 尊賢也, 親親也, 敬大臣也, 體群臣也, 子庶民也, 來百工也, 柔遠人也, 懷諸候也."

31) "夫樂以安德, 義以處之, 禮以行之, 信以守之, 仁以厲之, 而後可以殿邦國, 同福祿, 來遠人, 所謂樂也."

다."[32] "덕화를 베풀어 먼 곳의 사람들을 위무한다[宣德化以柔遠人]"라는 대외 관념은 중국 문명에서 뿌리가 단단한 것이다. 고대의 중국 문명은 당시에 선진적이고 세력이 강한 문명이었지만, 그렇더라도 오만은 결코 중국 문명의 덕행이 아니었다. 부유하지만 교만하지 않고 강하지만 예의를 좋아함이 중국 문명이 숭상하는 덕행이다. 강자가 약자를 겁박하지 않고 침범하지 않으며 강하지만 예의를 실행함이 중국인이 중시한 문명이다. "강한데 의롭지 않고 예의를 지키지 않는다면[强而無義無禮]" 문명이 아니며 문명에 이르지 못한 것이다.

만일 천하를 세계라는 관념으로 여긴다면, 이런 세계질서에 대한 합리적인 사고는 맹자가 자세히 설명한 '왕도'세계라는 사상에서 볼 수 있다. 맹자는 '왕도'와 '패도'를 다음과 같이 구분했다. "힘으로 인을 가장하는 것은 패자인데, 패자에게는 반드시 큰 나라가 있어야 한다. 덕으로 인을 행하는 것은 왕자인데, 왕자는 큰 나라를 필요로 하지 않는다." "힘 때문에 남에게 복종하는 것은 진심으로 복종하는 것이 아니다. 힘이 부족하기 때문이다. 덕 때문에 남에게 복종하는 것은 마음속으로 기뻐서 진정으로 복종하는 것이다."[33] 이런 사상의 지도 아래, '천하를 다스리는[王天下]' 인정(仁政)과 '천하는 공(公)이요' '천하가 대동(大同)하다'라는 이상은 정치-지리 구조 이외에서 '천하'의 도덕방향[向度]을 열었다.

중국인의 세계인식에 관해서 다음을 지적할 필요가 있다. 진(秦)나

32) "以和邦國, 以諧萬民, 以安賓客, 以說遠人."

33) 『맹자·公孫丑』 3 "以力假仁者霸, 霸必有大國. 以德行仁者王, 王不待大." "以力服人者, 非心服也, 力不贍也. 以德服人者, 中心悅而誠服也."

라 이전에 주(周) 왕조의 대명사였던 천하는 제후국의 국보다 높았다. '천하'는 또한 '국'보다 한 계단 높은 통일성 가치를 대표했다. 서주와 동주 시대의 제후국들은 각자 정치를 시행했지만, 모두 주나라가 봉건세상의 공통된 주인[共主]이라고 인정했으며 또한 모두 주문화를 공통문화의 전범(典範)으로 여겼다. 춘추오패(春秋五霸)가 차례로 흥기했지만, 제후국을 초월하는 주나라가 대표하는 더 큰 영역의 정치 경계는 여전히 각국의 정치의식의 중요 부분이었다. 춘추 시대 말기부터 전국 시대에 이르기까지, 설령 '국'보다 높은 주나라의 그 통일성이 점점 형식적으로 흘렀다고 해도, '국'보다 높은 이런 '천하' 관념은 여전히 그 시대와 후세의 정치 상상(想像)에 영향을 끼쳤다. 예를 들어, 공자의 시대에는 예악이 붕괴되었지만, 그래도 공자는 여전히 "예악과 정벌은 천자로부터 나온다[禮樂征伐自天子出]." 즉 마땅히 주나라 천자로부터 나와야 한다는 점을 견지했다. 맹자의 시대에 선비의 정치적 시야는 시종 결코 제후국에만 국한되지 않았고, '천하를 다스리는[王天下]' 것을 정치의 목표로 삼았다. '천하'란 각 제후국을 초월하는 더욱 큰 세계이다. 『대학』이 대표하는 관념 또한 '치국(治國)' 위에 다시 '평천하(平天下)'를 추구한다. 진나라와 한나라 시기에 중국은 군현제를 실시했다. 정치체제에서 천하는 곧 국가로, 국가와 천하가 합일되어서, 중국을 뛰어넘는 더 큰 정치적 통일성을 추구하지 않았다. 그러나 사실상 중국 외부에 또한 외국이 있고, 특히 유가경전 중의 '천하'는 '국가'보다 크고 높았기 때문에 사람들의 정치의식은 '국가'에 머물지 않았다. 국가는 결코 가장 높은 개념이 아니다. 이것은 이미 중국인의 천하관 혹은 세계관이 되었다.[34] 이런 의미에서 '천하'는 중국인의 세계의식을 표현했다. 『예기(禮記)·예운(禮運)』에서는 "천하를 한 집안으로 여기고, 중국을 한 사람으로 여긴다"[35]라고 말했다. 대동의 세계는 서로 돕고 우애하며, 편안하게 거처하고 즐겁게 일하며, 사회가 평등하고 국가들이 평화로운 세계이다. 천하 대동의 이상, 즉 세계 대동의 이상은 여전히 유가의 이상이다.

5. 다양성을 추구하는 화합[和諧]

『국어(國語)·정어(鄭語)』에는 춘추 시대 사백(史伯)의 말을 기재하고 있다. "화(和)는 생물(生物)을 실하게 하니, 같다면 이어지지 않는다. 다른 것으로 다른 것을 다스리는 것을 화라고 부른다. 그러므로 풍성하게 성장시킬 수 있어서 만물이 귀순하게 된다. 만일 같은 것으로 같은 것을 보탠다면 거의 모두 버려질 것이다. 그래서 선왕은 토와 금목수화를 섞어서 만물을 이루었다. 그러므로 다섯 가지 맛을 조화시켜 입을 조절하고 사지를 강하게 하여 몸을 보위하며, 여섯 음률을 조화시켜 귀를 밝게 하고 일곱 형상(얼굴의 7개 구멍)을 바로잡아 심(心)에 봉사하게 하며, 여덟 끈(몸의 8개 기관)을 조절하여 사람을 이루고 아홉 기율(9개의 장기)을 지어서 순수한 덕을 세우며, 열 가지 수(왕부터 10가지 등급)를 합하여 백 가지 양상[百官]을 인도한다. …… 이와 같다

34) 趙汀陽近, 『天下體系』(江蘇敎育出版社, 2005), p.44 참조.
35) "以天下爲一家, 以中國爲一人."

면, 조화의 지극함이다. 그래서 선왕은 이성의 집안에서 왕후를 맞이해 오고 재물을 구하는 데는 일정한 지역이 있었으며, 신하를 뽑으면서 간관을 취하여 많은 일들을 바로잡게 하니 조화와 뇌동을 구분하여 조화에 힘쓸 것이다. 소리가 하나면 들을 수 없고 사물이 하나면 문채나지 않으며, 맛이 하나면 맛이 없고 사물이 하나면 품평할 수 없다."[36] 이런 사상은 서로 다른 사물의 조화가 사물을 생산하는 근본으로, 서로 같은 사물의 단순한 중복 혹은 보탬은 오히려 생성을 방해한다고 생각한다. 이런 의미에서 타자의 존재는 새로운 사물을 생성하는 전제이다. 예를 들어 오행(五行)은 다섯 가지 가장 기본적인 원소 혹은 재료로 생각되는데, 서로 다른 다섯 원소 혹은 재료가 서로 결합하여 모든 사물을 생성한다. 그 이치가 여기에 있다. 이것이 바로 '조화하지만 같지는 않은[和而不同]' 원리이다. 이처럼 단일성을 반대하는 것은 다원성이 곧 번성하고 발전하는 근본이라는 사상으로, 일종의 진정한 지혜이다. 이런 관점은 다원적 요소의 배합과 조화, 균형과 협조가 단일성보다 훨씬 우월하다고 강조하며, 단일성은 단지 생성과 발전을 저해할 뿐이라고 생각한다. 『춘추좌전』 소공(昭公) 20년에는 또 '화'에 관한 춘추 후기 안영(晏嬰)의 사상을 기재했다. "물로 물의 맛을 맞춘다면 누가 먹을 수 있겠는가? 거문고와 비파(의 소리)

36) "夫和實生物, 同則不繼. 以他平他謂之和, 故能豐長而物歸之; 若以同裨同, 盡乃棄矣. 故先王以土與金木水火雜, 以成百物. 是以和五味以調口, 剛四肢以衛體, 和六律以聰耳, 正七體以役心, 平八索以成人, 建九紀以立純德, 合十數以訓百體. …… 夫如是, 和之至也. 於是乎先王聘後於異性, 求則於有方, 擇臣取諫工而講以多物, 務和同也. 聲一無聽, 物一無文, 味一無果, 物一不講."

를 똑같게 한다면 누가 들을 수 있겠는가? 같음의 불가함이 이와 같다." "조화는 마치 진한 국과 같다. 국은 물, 불, 초, 장, 소금, 매실 등으로 어육을 삶는데, 나무를 때서 삶는다. 요리사가 그것을 조화롭게 함에, 가지런히 해서 맛나게 한다. 모자란 것은 더하고 지나친 것은 덜어낸다."[37] 서로 다른 사물이 조화하고 융합해야만 비로소 새로운 사물이 생성하고 번성할 수 있다. 차별성과 다양성 다른 성질[他性]의 존재는 사물 생장의 전제이다. 차별적 다양성의 조화야말로 끊임없는 생성의 근본조건이다. 이런 변증법적 사유는 공자 이전에 이미 발전했고, 중국철학이 본래 지니고 있는 다양성 존중 사상의 자원이 되었다. 그것은 정치와 사회 그리고 우주생성 등의 영역에 응용되었다.

그리고 '화(和)'가 지닌 화합[和諧]의 의미는 더욱이나 중국 문명 초기에 발전하기 시작했다. 『상서(尙書)·순전(舜典)』에는 순임금이 그의 악관에게 시가와 음악을 통해 "팔음이 화합하고 서로 질서를 어그러트리지 않아서 귀신과 사람이 조화로운"[38] 경지에 이르도록 했다는 기록이 있다. 이는 고대인들이 이미 음악의 화합 작용을 이해했음을 이야기하는 것이며, 또한 노래와 음악의 화합이 사람과 귀신을 일종의 화합적 관계에 이를 수 있게 하기를 기대한 것이다. 춘추 시대의 사람들은 이런 사상을 계승했고, 또한 각종 음악 소리의 '화'를 통해 인간세계를 초월한 '화'까지 확대할 것을 주장했다. "귀신과 사람을

37) "若以水濟水, 誰能食之? 若琴瑟之專一, 誰能聽之? 同之不可也如是." "和與羹焉, 水火醯醢鹽梅以烹魚肉, 祇之以薪. 宰夫和之, 齊之以味, 濟其不及, 以泄其過."

38) "八音克諧, 無相奪倫, 神人以和."

조화시킨다."[39] 이처럼 우주 화합에 대한 초기 지자(智者)들의 열망을 체현했다. 고대 중국인은 반복적으로 소리와 음악의 조화로 세계 각종 사물 사이의 화합을 비유했고, 이로부터 하나의 보편적 추구를 이루었다. 또한 『춘추좌전』 양공(襄公) 11년에 다음과 같은 진후(晉侯)의 말을 기록했다. "그대가 과인에게 여러 오랑캐와 화합하고 중원을 바로잡으라고 했는데, 8년 동안 9번 제후를 모았다. 마치 음악의 조화처럼 화합하지 않음이 없었다."[40] 고대 중국인들은 음악의 화합을 사람과 사람, 사람과 사회, 종족과 종족, 사람과 천지 등의 관계를 처리하는 모형으로 여겼고, '화'에 대한 추구 또한 중국 문화사상의 보편적인 이상이 되었으며, 중국 문명의 사유방식과 가치 경향 그리고 심미추구를 빚어냈다.

이런 사상은 공자에게도 중요한 영향을 끼쳤다. 공자는 음악에 대한 서주 문화의 중시를 계속했다. 그는 또한 음악의 기능이 '화'에 있다고 주장했고, 음악이 체현한 화합정신은 예의 실천을 촉진시키고 예의 작용을 보충할 수 있다고 생각했다. 공자 문하의 제자들이 지은 『예기(禮記)·악기(樂記)』에서는 이렇게 말했다. "음악이란 천지의 조화이다. 예란 천지의 질서이다. 조화되기에 만물이 모두 변화하고, 질서가 있기에 만물이 모두 구별된다."[41] 이는 인류의 화합이 근본적으로 천지의 화합, 즉 자연의 화합에서 기원하는 점을 분명하게 드러낸다. 화합은 모든 사물의 생성원리다. 화합하지 않는다면 만물의 변

39) 『國語·周語下』 "以和神人."

40) "子教寡人和諸戎狄以正諸華, 八年之中, 九合諸侯, 如樂之和, 無所不諧."

41) "樂者, 天地之和也; 禮者, 天地之序也. 和故百物皆化, 序故群物皆別."

화와 생성이란 없다. 화합의 실현에는 매우 강력한 우주론적 근원이 있다. 공자의 손자 자사(子思)는 『예기·중용』에서 이렇게 제기했다. "중이라는 것은 천하의 대본(大本)이요, 화라는 것은 천하의 달도(達道)이다. 중화(中和)를 지극히 하면 하늘과 땅이 바르게 되며, 만물이 제대로 생기고 자라게 된다."[42] 중이란 중도의 균형[平衡]원리이고, 화는 화합원리이다. 균형과 화합은 단지 인류적 의미만 갖는 것이 아니라, 나아가 우주의 보편적 법칙이기도 하다. 사람은 반드시 우주와 일치해야 하고, 균형과 화합의 원칙을 봉행해야 한다. 그 결과는 단지 인류사회의 번영만이 아니라, 또한 반드시 우주의 발육과 질서를 촉진시킬 것이다. 이것이 바로 이른바 연관성 사유의 체현이다.

영구한 화합에 대한 추구를 외부세계에 대한 태도로 여기는 것은 중국 문명에서 그 역사가 유구한 것이다. 『상서(尙書)·요전(堯典)』에서 "큰 덕을 밝힐 수 있어서 구족을 친하게 한다. 구족이 이미 화목하니 백성들을 모두 밝힌다. 백성들이 밝혀지니 모든 나라가 협조 화합한다."[43] 이후에 "모든 나라가 협조하고 화합한다"라는 명제는 중국 문명 세계관의 전범이 되었다. 유사한 설명으로는 다음이 있다. "나라들을 조화시키고 백관을 통일하며 만민을 화합시킨다."[44] 공자는 일찍이 '화'를 외부세계와 교류하는 원칙으로 삼았다. "'먼 곳을 위무하고 가까운 곳을 친애하여 우리 임금을 안정시킨다.' 평안하게 해서 조화

42) 1장 "中也者, 天下之大本也. 和也者, 天下之達道也. 致中和, 天地位焉, 萬物育焉."
43) "克明俊德, 以親九族. 九族旣睦, 平章百姓. 百姓昭明, 協和萬邦."
44) 『周禮·天官冢宰』 "以和邦國, 以統百官, 以諧萬民."

시키는 것이다."[45] 『주역·건괘 단(彖)』에서는 이렇게 말했다. "양기는 두루 퍼져 그치지 않고 다시 만물을 생장하게 한다. 그래서 세상 온 천지가 화목하고 창성(昌盛)한다."[46] 이것 또한 "모든 나라가 협조하고 화합한다"라는 사상과 일치하는 것이다. 평화롭게 함께 살아가는 세계는 중국 문명이 수천 년 동안 놓치지 않고 견지한 이상이다.

한나라 시기 이전에는 교류의 제한을 받았기 때문에, 중국은 아직 중심이 없는, 다문명의 공동체 세계라는 개념을 명확하게 제기할 수 없었다. 위진(魏晉) 시대 이후 인도 문명과 중국 문명이 교류하면서, 특히 불교가 인도에서 전래되어서, 중국 문화는 불교 문화를 흡수했을 뿐만 아니라 중국 문명 이외에 또 다른 고급 문명이 존재하고 있고 그런 문명은 심지어 어떤 측면에서는 중국 문명보다 뛰어나다는 사실을 명확하게 이해하게 되었다. 이런 사실은 중국인으로 하여금 다원적 문명이라는 시야를 열어주었고, 게다가 중국 문명과 인도 문명의 교류는 시종 평화로웠다. 불교가 전래되고 또 발전하면서 각 왕조는 모두 세 종교를 동시에 지지했고, 중국의 후대 사상계에서는 또한 이른바 '삼교합일(三敎合一)'이라는 구호가 유행했다. 이는 상이한 종교에 서로 융합할 수 있는 가능성이 있음을 표명한다. 그래서 중국과 외부 세계 사이에는 종교전쟁이 발생할 수 없었다. 이처럼 상이한 문명과 다원적 종교가 융합하는 전통은 고대 중국의 '조화하지만 같지는 않다[和而不同]'라는 관념의 문화적 실천이며, 적어도 당(唐)나라 시기 이

45) 『춘추좌전·소공』 20년 "'柔遠能邇, 以定我王.' 平之以和也."
46) "首出庶物, 萬國咸寧."

래로 중국 문명이 종교문화를 처리하는 중요한 자원이기도 했다.

전 지구화는 이미 전 세계로 하여금 경제와 기술, 시장과 금융, 무역 각각의 측면에서 상호관계를 밀접하게 만들었다. 세계는 그 어떤 시기보다 더 각각의 영역에서 상호연관이 증가되었다. 그런데 인류의 처지는 결코 이로 인해 더욱 아름다워지지 않았다. 냉전이 끝난 이후에 지역적인 전쟁이 그치지 않았다. 발칸반도와 아프리카, 이라크와 아프가니스탄 등은 서양의 개입으로 전쟁과 혼란이 뒤엉키고 있다. 전 지구화 조류가 나아가는바, 남북의 차이는 결코 축소되지 않고 개발도상국이 전 지구화에서 얻는 것은 기회만이 아니다. 재난도 있다. 전 지구의 혹은 지역의 공동체 건립이 비록 급박하지만, 어려움이 매우 많다. 미국의 금융 해일은 시장자본주의의 내재적 위기를 드러냈고, 유럽의 재정위기는 갈수록 더욱 심해져서 이런 위기를 더욱 심각하게 만들고 있다. 이런 문제들에 직면해서 우리들로 하여금 서양의 현대성 가치－자유, 민주, 법률, 권리, 시장, 개인주의에만 의지해서 해결하는 것을 믿게 하는 일은 불가능한 일이다. 우리는 반드시 각종 탐구를 개방해야 하는데, 동아시아 문명의 가치관과 세계관을 새롭게 발굴하는 것을 포함해서 연관되고 상호작용하는 윤리를 발휘하고 도덕과 예교의식을 발휘해야 한다. 그렇게 함으로써 오늘날 만족스럽지 못한 세계를 개선해야 한다.

[번역] 안재호(중앙대 교양학부대학)

유학의 현대적 가치
위기와 기회

강중기

1. 들어가는 말

현대성을 넘어 탈현대를 운위하는 21세기에 동아시아 전통사상의 대명사격인 유학은 과연 무슨 의미를 지니고 있으며 또 어떤 역할을 해낼 수 있을 것인가. 결국은 구시대의 유물로서 역사의 뒤안길로 사라질 운명인가. 공자로부터 시작된 유학은 지난 2천여 년 동안 몇 차례의 위기를 겪으면서도 그 위기를 전화위복의 기회로 삼아 새롭게 변신하면서 명맥을 유지해왔다.

첫 번째 위기는 진시황이 천하를 통일하면서 닥쳤다. 진시황의 분서갱유가 상징적인 사건이라면 실질적인 위기는 천하통일의 사상적 기반으로 법가를 채택한 것이다. 유학이 현실적 의의를 상실하고 역사의 뒤안길로 사라질 위기에 처한 것이다. 그러나 법가사상은 전국 시대의 혼란을 극복하고 천하를 통일할 수는 있었지만, 천하를 다스리는 면에서는 한계를 노정하였다. 한나라에 이르러 동중서의 현량대책을 받아들여 한무제가 유교를 통치 이데올로기로 삼으면서 유학의 위기는 통치이념으로서 자리매김하는 기회로 전화되었다. 학술적으로는 진시황에 의해 불태워진 유교 경전을 되살리는 작업 과정에서 훈고의 정신과 방법을 도입함으로써 훈고학이 발달하고 경학(經學) 전통이 시작되는 기회가 되었다.

두 번째 위기는 위진남북조와 수나라·당나라에 걸쳐 불교·도교의 전성시대가 열리면서 유학이 현실사회에서 무기력하고 식자층에게서 외면당하면서 쇠락해진 상황이었다. 당시 도교와 불교에 비해 유학이 현실적인 호소력은 물론 이론적인 면도 취약한 것이 그 주된 원인이라고 본 유학자들은 송·명 시대에 이르러 이기론·심성론·수양론·경세론 등으로 이론적 체계화를 도모하여 신유학을 형성하였다. 그리고 사서삼경을 중심으로 유교 경전을 정비하고 치밀한 주석 작업을 진행하는 한편, 수기치인을 핵심명제로 삼아 지배이념으로서의 특성을 강화하고 정교화하는 작업을 병행하였다. 이번에도 위기를 기회로 전화시키는 계기로 만든 것이다.

세 번째 위기는 청대에 이민족인 만주족에 의해 중국이 통치되는 상황에서 비롯되었다. 과거에 유학을 담당하던 한족을 대신하여 만주족이 대륙의 새로운 지배층으로 등장하면서 유학은 정치적 지배이념으로서 지위가 위협받았을 뿐 아니라 청대 초기의 문자옥에서 상징적으로 드러나는 것처럼 학술적, 문화적으로도 변화된 현실에서 생존의 위기에 처한 것이다. 그러나 이번에도 유학은 위기를 기회로 삼아 송명이학이 취약했다고 여겨진 사회정치사상으로서의 측면, 곧 경세론에 대한 관심을 증대시켜 실학[樸學]을 건립하는 한편, 한층 다원적이고 치밀한 수준에서 실증을 강화한 고증학[考據學]을 발달시켰다. 그리고 현실적 효용을 중시하는 실학의 이론적 기반으로 기학(氣學)을 건립하였다. 그리하여 청대 중기에 이르러서는 봉건적 예교의 억압성과 폐쇄성을 극복하고자 인간의 욕망을 적극적으로 긍정하는 대진(戴震) 등의 사상이 등장하게 된다.

네 번째 위기는 과학혁명과 산업혁명 및 시민혁명으로 근대화를 달성하고 강화된 역량을 바탕으로 동방에 진출한 근대 서구세력으로 인해 야기된 것이다. 이른바 서세동점으로 야기된 이번 위기는 이전의 위기와는 질적으로 차원을 달리하는 총체적인 것이었다. 이른바 "망국멸종(亡國滅種)"의 위기에 직면한 것이다. 정치적으로 국가주권이 훼손되고 경제적으로 각종 이권이 침탈당한 것은 물론 의식과 가치관을 비롯한 학술적·문화적 차원에서 낡은 전통이 붕괴되고 정체성이 동요되면서 수반된 위기의식은 전통문화, 특히 유교에 대한 격렬한 비판으로 이어졌다. 특히 5·4 신문화 운동 기간에는 유학이 "사람 잡아먹는 예교[吃人的禮敎]"라는 지탄을 받고 "공가 상점을 타도하자[打倒孔家店]"라는 슬로건까지 등장했다. 당시 유교를 비판하는 이들은 유교를 예교와 거의 동의어로 파악하면서 예교가 봉건도덕의 핵심이요 군주전제의 호신부라고 보았다. 이번에도 유학은 위기를 기회로 전화시켜 현대의 변화된 상황과 요구에 부합하는 새로운 유학, 이른바 현대신유학을 건립하는 작업에 착수하였다. 당시의 시대적 요구로 과학과 민주를 설정한 이들 유교개혁가들은 유교 전통 안에서 과학과 민주를 창출해내는(이른바 "개출신외왕(開出新外王)") 과제를 떠맡은 것이다. 이 같은 작업은 아직 현재진행형이지만, 3~4세대의 발전단계를 거치면서 다양한 모색을 심화시켜오고 있다.

이제 21세기를 맞이하여 네 번째 위기가 여전히 해소되고 있지 않은 가운데 새로운 위기들이 밀려오고 있는 상황이다. 이 글에서는 현대사회에서 유교가 처한 위기를 살펴보고 지난 역사를 거울 삼아 그 위기를 전화위복의 기회로 삼아 새롭게 변신할 수 있는 가능성을 모색해보고자 한다. 먼저, 유학의 역사적 전개에서 몇 개의 단계를 설정하고 각 단계마다 유학이 처한 상황과 과제 및 특징을 기술하는 '발전단계론'을 고찰할 것이다. 유학의 발전단계론은 곧 현대사회에서 유학이 처한 위기상황을 진단하고 대처방안을 모색하는 것에 다름 아니기 때문이다. 다음으로, 이른바 '중국철학 합법성 논쟁'을 다룰 것이다. 이 논쟁에서는 유학이 과연 철학인지, 철학이라면 어떤 철학인지, 또 (그것이 철학이든 아니든 간에) 장차 어떤 과제를 담당해야 하는지가 주요한 문제들인데, 이는 곧 현대의 분과학문체제 내지 지식 분류체계에서 유학의 위상을 확인하는 작업이라고 할 수 있다. 마지막으로, 유학이 종교인지 여부를 묻는 '유교 종교성 논쟁'을 다룬다. 이것은 유학이 현대사회에서 살아남을 수 있는 방안의 하나로 유학을 종교로 자리매김하려는 흐름을 둘러싸고 전개된 논쟁으로, 현대사회에서 위기에 처한 유학의 출로를 모색하는 의미를 지니기 때문이다.

2. 유학의 발전단계론

유학의 역사적 전개 과정을 몇 단계로 나누는 발전단계론은 현재 유학이 처한 상황과 문제점을 진단하고 현재와 미래에 담당해야 할 과제를 인식하고 향후의 전망을 제시하는 데 유용한 도구가 된다. 대체로 3단계설과 4단계설로 나뉘는데, 양자가 나뉘는 관건은 한당대(漢唐代)의 유학을 어떻게 평가하느냐에 달려 있다.

3단계설에 따르면, 유학의 제1기는 선진 시대 공자·맹자·순자의 유학이고, 제2기는 불교와 도가를 수용하여 건립한 송명유학이며, 현대신유학이 제3기에 해당한다. 선진유학이 직면한 문제는 춘추전국시대 사회대변동이 초래한 예악의 붕괴였고, 송명유학은 불교와 노장의 광범한 유행과 유학의 쇠퇴가 문제였으며, 현대신유학이 직면한 문제는 서세동점으로 초래된 전통적 가치 체계의 총체적인 붕괴이다. 공자와 맹자는 주나라 문화를 계승하는 동시에 예악법규를 자각적 도덕실천으로 전화시킴으로써 유가 내성학(內聖學)의 기초를 마련하였다. 송명유가는 불교와 도가를 비판적으로 수용하고 지양함으로써 공맹의 도통을 새로운 단계로 발전시켰다. 현대신유가는 과거의 유학이 보여준 포용성과 창조성을 귀감으로 삼아 서양철학과 과학·민주의 정신을 전통유학의 인문정신과 결합하여 새로운 단계의 유학으로 발전시키는 것을 자신의 사명으로 삼는다.[1)]

1) 이하 3단계설에 대한 기술은 주로 류근성, 「이택후의 유학 제4기설」(《儒敎文化硏究》 16, 2010)과 이승환, 「뚜웨이밍(杜維明)의 '유학 제3기 발전론'」(《철학과현실》 통권34호, 1997년 가을호)을 참조하였다.

가장 먼저 유학의 발전단계를 3단계로 구분했던 인물은 선요우띵[沈有鼎]이다. 그는 1937년 〈중국철학회 제3차 연례회의〉 기조연설에서 "중국철학의 향후 발전[中國哲學今後的發展]"이라는 글을 발표하였다. 그에 따르면, 중국의 철학과 문화는 두 시기를 거쳤는데, 제1기는 요순삼대로부터 진한(秦漢)까지의 문화이고, 제2기는 위진남북조·수당으로부터 송·원·명·청에 이르는 시기이다. 그리고 앞으로 제3기 문화가 출현할 것인데, 제3기 문화는 제2기 문화를 부정하고 제1기 문화의 정신으로 회귀할 것이라고 예견하였다.

선요우띵이 3단계설을 발표한 지 11년이 흐른 뒤 머우쫑산[牟宗三]은 「아호서원중건발문[重振鵝湖書院緣起]」(1948)에서 3단계설을 처음으로 논하기 시작하고, 이후 약 10년 동안 『역사철학(歷史哲學)』, 『도덕적 이상주의(道德的理想主義)』, 『정치의 도와 통치의 도[政道與治道]』 등을 저술하여 이 구상을 구체화하는 작업을 진행했다.

머우쫑산은 유학을 선진 시대와 한대의 공맹순과 동중서를 축으로 하는 제1기, 송명 시대의 정주육왕을 축으로 하는 제2기, 그리고 근대 이후의 새로운 발전단계를 제3기로 구분하였다. 제3기에는 이른바 '현대신유가'로 불리는 장쥔마이[張君勱], 량수밍[梁漱溟], 슝스리[熊十力], 팡똥메이[方東美], 탕쥔이[唐君毅], 쉬푸관[徐復觀], 그리고 머우쫑산 자신이 속한다. 머우쫑산의 3단계론은 그가 창안한 것이라기보다는 5·4 이후 형성된 현대신유학의 전개 과정, 특히 1920~40년대 중국 인문학계의 공통적 인식을 종합한 것으로 볼 수 있다.

뚜웨이밍[杜維明]은 스승 머우쫑산의 견해를 계승하여 3단계설을 더욱 발전시켰다.[2] 뚜웨이밍은 유학이 제2기에 불교의 도전에 창조적으로 대응했던 것과 마찬가지로 제3기 발전이 가능하기 위해서는 서구문화의 도전에 창조적으로 대응하지 않으면 안 된다고 본다. 그는 제3기 발전을 위한 유학의 과제를 세 가지로 제시하고 있다. 첫째, 종교적 차원에서 유학은 기독교의 초월적 세계관에 대하여 창조적인 회응(回應)을 해야 한다는 것이다. 둘째, 사회적·경제적 차원에서 유학은 마르크스주의와의 심층적인 대화를 통하여 서로 조화를 이룰 수 있는 해결책을 내놓아야 한다는 것이다. 셋째, 심리학적 차원에서 유학은 프로이트의 정신분석학에서 말하는 인성(人性)의 어두운 측면에 대하여 만족할 만한 답변을 내놓아야 한다는 것이다.[3)]

뚜웨이밍의 견해에는 미국에서 활동하고 있는 화교학자라는 입지가 선명하게 드러난다. 한 마디로 서양철학 내지 서양 학술문화에 대한 대결의식 속에서 유학의 문제점을 인식하고 대안을 모색하는 입장인 것이다. 특히 철학보다는 종교를 더 중시하는 미국의 학문 풍토를

2) 뚜웨이밍은 유학의 발전을 세 단계로 구분하는 것이 반드시 필연적이거나 최선은 아니라는 점을 분명히 한다. 선진과 양한 사이에는 법가와 황로학이 조성한 커다란 간극이 존재하며, 위진남북조는 유학이 쇠퇴한 시기이지만 명교를 견지하기 위하여 심지어 자연을 숭상하는 왕필과 곽상이나 완적과 혜강 같은 은사(隱士)들도 주공(周孔)을 폄하하지 않고 여전히 유학을 추존하였고 일부 사족들은 족보와 가법을 빌려 예교를 유지하려 하였다는 것이다. 한대유학은 경학 연구에서 현저한 성과가 있었고, 경학과 예학을 특징으로 하는 수당유학은 위진남북조 유학의 진일보한 발전이라고 한다. 그러나 뚜웨이밍이 선진유학을 제1기로 하고 중간을 건너뛰어 송·원·명·청 시대의 유학을 제2기로 보는 견해는 비교철학·비교종교학·비교문화학 등의 거시적인 차원에서 접근하고 있기 때문이다. 이에 대해서는 杜維明, 「儒學第三期發展的前景問題」, 『儒家傳統的現代轉化』(中國廣播電視出版社, 1992), pp.267~271 참조.

3) 위의 책, pp.234~277.

반영하여 유학을 현대사회에서 일종의 종교로 살려내려는 관점이 그러하다(이에 대해서는 제4절 유교 종교성 논쟁에서 상론할 것임). 물론 뚜웨이밍이 유학의 내재적 발전논리와 내적 논리구조에 의거하여 자신의 견해를 구성해가는 일면이 있음은 분명한 사실이다. 그러나 전자로 인하여 후자가 다소 취약해 보인다는 비판으로부터 완전히 자유로울 수는 없는 듯하다.

리쩌허우[李澤厚]는 3단계설이 이론적으로나 실천적으로 실패했다고 규정하고[4] 4단계설을 제기한다. 리쩌허우의 4단계설에 따르면, 공자·맹자·순자는 제1기가 되고, 한대의 유학이 제2기가 되며, 송명이학이 제3기가 되고, 현재나 미래에 발전시킬 제4기 유학은 앞의 3기를 계승하면서도 다른 특징을 지녀야 한다. 구체적으로 말하면, 공맹순이 대표하는 원전유학(原典儒學)의 주제는 예악론이며, 기본 범주는 예(禮)·인(仁)·충(忠)·서(恕)·경(敬)·의(義)·성(誠) 등이다. 이 단계에서 개인은 여전히 원시집단 속에서 제대로 분화되지 않았지만 원전유학은 중국인본주의의 토대를 마련했다. 제2기 유학의 주제는 천인론이며, 기본 범주는 음양오행·감응·상류(相類) 등으로 인간의 외재적인 시야와 생존의 수단을 최대한 개척했다. 그러나 개인은 인간이 만든 이러한 시스템의 닫힌 설계도 안에서 굴복하고 곤경에 처했다. 제3기 유학의 주제는 심성론이며, 기본 범주는 이기·심성·천리·인욕·인심·도심 등이다. 이 단계에서는 인간의 윤리적 본체를 최대로 고양

4) "전통 도덕으로부터 현대적인 민주정치와 사회생활을 개창하여 유가의 내성외왕의 길을 실현하고자 했던 현대신유가는 이론적이든 실천적이든 간에 모두 실패했다". 李澤厚, 노승현 옮김, 『학설』(들녘, 2005), p.13.

시켰지만 개인을 마음속의 율법이라는 속박과 통제 아래 복종하도록 만들어 인간의 자연성을 소홀히 다루었다. 마지막으로 유학 제4기의 주제는 인류학역사본체론이며, 기본 범주는 자연의 인간화, 인간의 자연화, 침적, 정감, 문화심리구조, 두 가지 도덕, 역사 및 윤리의 이율배반 등이다. 제4기 유학에 힘입어서 개인은 자신을 다양하게 발전시키고 충분하게 실현시키는 자유인이 된다.[5)]

리쩌허우가 3단계설을 실패했다고 규정하는 이유는 거기에 표면적 오류, 심층이론의 오류, 실천 측면의 오류가 있다고 보기 때문이다. 리쩌허우에 따르면, 3단계설에는 겉으로 드러난 오류가 두 가지 있다.[6)] 하나는 심성-도덕이론으로 유학을 개괄한 잘못이며, 다른 하나는 순자의 학문과 동중서로 대표되는 한대의 유학을 부정한 점이다. 현대신유가는 근본으로 돌아간다고 하면서도 실제로는 송명 시대의 심성학을 유학의 근본정신과 생명이 있는 곳이라 강조하고, 이를 공자·맹자와 연결하여 도통론(道統論)을 주장한다. 그러나 공자는 심성에 관해 언급하거나 특별히 논하지 않았다. 반면에 맹자는 심성에 관한 풍부한 논의를 전개함으로써 송명이학의 토대를 제공했지만, 리쩌허우의 판단에 따르면, 맹자철학의 근간은 심성론이 아닌 사회정치적 문제에 있다. 순자의 철학과 동중서로 대표되는 한대의 유학을 부정한 것 역시 커다란 잘못이라고 한다. 3단계설은 한대유학을 폄하하고 선진유학에서 곧장 송명이학으로 넘어가지만, 4단계설은 이 시기를

5) 위의 책, p.45.
6) 위의 책, pp.10~11.

유학발전의 중요한 단계로 간주한다. 특히 한대유학이 갖는 인간과 자연의 교감과 소통, 유기적 통일성에 대한 이해와 강조는 근대 과학문명이 당면한 가장 커다란 문제인 자연환경의 오염과 파괴, 즉 생태학적 물음에 유학적 해답을 담을 수 있는 소중한 자산으로 본다.

리쩌허우에 따르면, 3단계설은 심층이론의 측면에서도 오류를 범하고 있다. 하나는 내성으로 외왕을 여는 것[內聖開外王]이고, 다른 하나는 초월하면서 내재하는 것[超越而內在]이다.[7] 3단계설은 실천적 측면에서도 중대한 문제점에 부딪혔다. 3단계설은 대부분 순수한 아카데미 형식으로 심오하고 오묘한 이치를 경서강해서(經書講解書)의 틀에서 논했기 때문에 지금껏 협소한 아카데미의 울타리를 벗어날 수 없었고 대중사회와 전혀 관계가 없었다. 따라서 3단계설은 힘써 유학의 종교성을 천명하고 창도했지만 실제로는 특별한 종교성을 가지지 못했고 충분히 논할 만한 종교전파의 업적도 없을 뿐더러 인간의 신앙과 행위에 대해서도 전혀 영향을 미치지 못했다는 것이다.

한편, 리쩌허우는 근대 이후 유학이 생명력을 상실한 것은 궁극적으로 역사와 현실을 읽고 그 문제와 요구에 응답하지 못했기 때문이라고 본다. 근대화의 물결이 거세질수록 유학은 대중으로부터 비판받고 유리되고 외면받았는데, 그 원인이 어디에 있는지 진지한 자기반성과 응답이 필요하다는 것이다. 역사와 시대가 던지는 물음에 답할 수 없다면, 더 이상 철학으로서 생명력을 가질 수 없다는 것이다. 따라서 유학의 발전 방법과 방향 역시 바로 지금 우리 시대가 안고 있는

7) 위의 책, p.12.

문제가 무엇이며, 그 본질이 무엇인지 분석하고 인식하고, 나아가 거기에 해답을 제시할 수 있어야 한다.

리쩌허우는 이러한 인식에 기초하여 제4기 유학은 무엇보다 먼저 개인주의의 문제를 해결해야 한다고 본다. 근대화는 개인주의와 전통 유학을 매우 모순되고 충돌하는 것으로 만들었다. "5·4 신문화 운동 시기 계몽운동가들의 최대 업적은 개인을 집단관계로부터 분리해냈다는 것"이며 "20세기 중국 사상계의 변화와 분쟁은 모두 이러한 '분리'에서 파생되었다."[8] 역으로 말하면, 전통 유학은 개인주의를 결여함으로써 근대화 과정에서 치명적 약점을 노정하고 생명력을 상실하였다고 할 수 있다. 그러므로 개인주의를 어떻게 유학과 결합할 것인가에 대한 논의가 매우 중요한 과제라고 한다.[9]

---

8) 李澤厚·劉再復, 김태성 옮김, 『고별혁명』(북로드, 2003), p.288.

9) 이 과제에 대하여 리쩌허우는 다음과 같은 견해를 제시하고 있다. "유학 제4기 학설은 도구본체[과학기술-사회발전인 '외왕']와 심리본체[문화심리구조인 '내성']를 근간으로 삼아 개체생존의 독특함을 중시했고, 자유로운 직관[아름다움으로 참됨을 열다]·자유로운 의지[아름다움으로 선함을 쌓다]·자유로운 즐김[자연스러운 개체의 잠재력을 실현한다]을 해석했다. 그리고 다시 새롭게 '내성외왕의 이치'를 세워서 정감적인 '천지국친사'의 종교적 도덕을 충만하게 하고, 자유주의의 이성원천인 사회적 도덕을 본보기로 이끌어내어 '실용이성', '낙감문화', '하나의 세계', '도(度)의 예술'이라는 중국의 오래된 전통을 계승했다. 따라서 제4기와 제3기의 관계는 유학의 기본정신과 특징의 연속에 있는 것이지, 개념과 언어의 답습이나 해석에 있는 것이 아님을 알 수 있다. 이렇게 본다면, 제4기는 다른 주제와 범주에서의 연구가 가능할 것이다. 요컨대 제4기에서는 다른 학파와 자유롭게 병존하고 절차탁마하면서 다양한 이야기로 혼란스러운 상황을 개척해야 한다". 李澤厚, 앞의 책, pp.45~46.

3. 중국철학 합법성 논쟁

현대사회에서 유학이 처한 위기 가운데 하나는 유학이 과연 근대적 분과학문체제 내지 지식 분류체계에서 '철학(philosophy)'으로 자리매김될 수 있는가 하는 비판적인 문제제기에 직면한 것이다. 이 맥락에서 중심적으로 다루는 문제는 유학이 과연 '철학'인가, 또 유학이 철학이라면 어떤 철학인가, 나아가 유학이 철학이라면 (또는 철학이 아니라면) 향후 어떤 과제를 담당해야 하는가 하는 것들이다. 바로 이 문제를 둘러싸고 전개된 논쟁이 이른바 '중국철학 합법성 논쟁'이다.[10) 이 논쟁은 근 10년 동안 중국 대륙을 중심으로 전개되었고 아직 현재 진행형이다.

이 논쟁은 2002년 정쟈뚱[鄭家棟]과 천라이[陳來]가 각각 「'중국철학'의 '합법성' 문제('中國哲學'的'合法性'問題)」와 「세기말 '중국철학' 연구의 도전(世紀末'中國哲學'硏究的挑戰)」을 동시에 《중국사회과학문적(中國社會科學文摘)》 제2기에 게재하면서 본격적으로 시작되었다. 사실은 이미 1930~40년대에 펑유란[馮友蘭]과 진웨린[金岳霖]은 '중국에서의 철학(中國的哲學)'과 '중국의 철학(中國底哲學)'을 구별하고 그에 대해 토론하였고, 1950년대에 머우쭝산은 중국철학의 특질에 대해 논하였으며,

10) '중국철학 합법성 논쟁'에서 다루는 것은, 물론 '중국철학'이지 '유학'은 아니다. 그러나 후술하는 것처럼 여기서 '중국철학'은 "근대 이후 서양의 학문 분류체계와 서양의 철학체계를 기반으로 연구되고 해석된 중국 전통철학"을 가리키고, 유학이 중국 전통철학의 중심을 차지하기 때문에, 이 논쟁을 유학에 관한 논의로 해석해도 무방할 것이다.

1980년대 이후 대륙의 많은 학자들이 중국철학의 민족성과 시대성에 관한 논쟁에 참여하였다. 이것들은 모두 '중국철학의 합법성'에 관한 논쟁이 다른 시기에 다른 형식으로 표출된 것이라고 할 수 있다.[11] 21세기 초에 논쟁이 다시 전개되고 있다는 것은 이에 대해 학문 내적·외적으로 새로운 요구가 있었다는 사실을 반영한다.

논쟁은 '중국철학'이 근대 이후 만들어진 개념이라는 사실에서 출발한다. "'중국철학'은 20세기에 비로소 만들어지고 유행한 개념이다. '중국철학'이라는 학과 또한 20세기부터 발전된 것이다."[12] 중국에는 '철학'이라는 개념이 없었고, 철학이 중국에서 독립적 학과로 분류된 것도 20세기 이후의 일이다. 'Philosophy'가 '哲學'으로 번역된 것은 1873년 일본학자 니시 아마네[西周]에 의해서이고, 중국에서는 1902년 《신민만보(新民晩報)》에서 이 번역어가 처음으로 사용된다. 1914년에 북경대학에 '중국철학문(中國哲學門)'이 설립되고, 1919년 북경대학 교장 차이위앤페이[蔡元培]가 '중국철학문'을 '철학계(哲學系)'로 개칭하면서 현대 교육과 학문 연구체제하의 분류체계로서 철학학과가 정식으로 건립되었다. 그리고 1923년 구미에서 유학하고 돌아온 장이[張頤]가 북경대학 철학계에서 칸트와 헤겔 철학을 강의하면서 중국에 근대 대학의 기준에 부합하는 철학과가 시작되었다. '중국철학'은 근대 이후 서양의 학문 분류체계와 서양의 철학체계를 기반으로 연구되고 해석된 중국 전통철학을 가리키는데, 바로 이것이 '중국철학 합법

11) 魏長寶, 「中國哲學的'合法性'敍事及其超越」, 《哲學動態》(2004년 제6기).
12) 陳來, 「世紀末'中國哲學'研究的挑戰」, 《中國哲學史》(1999년 제4기).

성 논쟁'의 대상이 되는 것이다.

1919년 후스[胡適]의 『중국철학사대강(中國哲學史大綱)』(상권)과 1934년 펑유란의 『중국철학사(中國哲學史)』(전2권)가 출간되면서 전통철학을 철학사라는 틀에서 연구하기 시작한다.[13] 펑유란은 철저하게 서양철학을 표준으로 '중국철학'을 건립한 사람으로 평가된다. 그는 외적 형식만이 아니라 내용의 취사선택과 해석방향까지 서양철학을 표준으로 삼았다. "철학은 본래 서양의 명사이다. 지금 중국철학사를 말하고자 한다면 가장 중요한 일 가운데 하나는 중국 역사상 각종 학문 중에 서양에서 철학이라고 할 만한 것이 있는지를 찾아 서술하는 것이다."[14] 펑유란은 서양의 철학을 표준으로 하여 중국의 의리지학 가운데 그것에 대응하거나 부합하는 것을 취하여 이를 '중국철학'이라 부르고 연구하며 '중국철학사'를 서술하는 형식을 택한다.[15] 펑유란의 『중국철학사』는 새로운 학술의 모범을 세운 것이었고, 전통사

13) 후스와 펑유란에 앞서 셰우량[謝無量]은 1916년에 『중국철학사(中國哲學史)』를 출간했다. 당시 철학사라는 용어를 사용하여 중국 전통학문의 일부 내용을 기술한 것은 획기적인 의미를 지닌다. 그러나 이 책은 당시 특별히 주목받지 못했고 그다지 영향을 미치지도 못했다. 셰우량이 사용한 '철학'은 "예로부터 있었던(古已有之)" 일종의 학문을 가리키는 용어였다. 그는 전통사상 중의 '유학'·'도학'·'이학'과 불교의 '의학(義學)'은 서양의 '철학'과 이름만 다를 뿐 같은 것을 가리킨다고 보았다. 따라서 자연히 전통적 체계에 따라 '철학사'를 기술해도 무방하다고 생각하게 되었다. 이 때문에 셰우량은 서양 근대철학의 형이상학·인식론·윤리학의 구분을 전통 학문의 '육예(六藝)'·'구류(九流)' 등과 실질적인 차이가 없다고 보았다. 鄭家棟, 「'中國哲學'的'合法性'問題」, 『中國哲學年監』(哲學研究雜志社, 2001).

14) 馮友蘭, 『中國哲學史』(上)(華東師範大學出版社, 2000), p.3.

15) 陳來, 「世紀末'中國哲學'研究的挑戰」, 《中國社會科學文摘》(中國社會科學出版社, 2002년 제2기).

상과 학문의 분화에서 경학(經學)으로부터 철학으로 전화와 이행이 완성되었음을 보여주는 것이었다. 이후 간행된 대부분의 '중국철학사'는 여기에서 크게 벗어나지 못했다.[16)]

펑유란의 경우 '중국철학'은 서양철학의 개념과 체계에 따라 중국 전통사상을 해석한 결과물이다. 그렇다면 서양철학의 정의와 분류에 해당하지 않는 중국 전통철학은 어떻게 처리할 것인가? 구체적으로 펑유란은 서양철학의 방법론은 지식론이고 중국의 방법론은 수양론이라고 하는데, 수양방법은 과연 '중국철학'의 연구대상이 되는가?[17)] 중국에 본래 철학이 있었다면 그것과는 다른 새로운 언어체계와 서술방식의 '중국철학'을 건립하는 것인가? 중국에 본래 철학이 없었다면 '중국철학'은 중국의 철학적이지 않은 문헌을 '철학적 방식'으로 읽어내어 창조한 것이다. 그렇기 때문에 '중국철학사'는 존재할 수 없으며, '중국철학'이라는 용어의 함의는 '중국에서의 철학(哲學在中國)'일 뿐이다.[18)]

천라이는 철학이란 우주와 인생에 대한 이론적 사고의 총칭이라는 관점에서 철학을 문화로 파악한다. 서양·중국·인도는 각각 우주 인생에 대한 다른 이론적 사유방식을 가지고 있다. 그래서 "비서구 철학자의 중요한 일 중 하나는 넓은 의미의 '철학' 관념을 발전시켜 세계 범위 내에 널리 보급하여 '철학'이라는 개념의 이해에서 서양 중심적

16) 鄭家棟, 「'中國哲學'的'合法性'問題」, 《中國社會科學文摘》(中國社會科學出版社, 2002년 제2기).
17) 陳來, 앞의 글.
18) 鄭家棟, 앞의 글.

입장을 해체하고 다시 세워야 진정한 철학적 대화를 촉진할 수 있다" 라고 주장한다.[19] 이는 '철학' 개념을 확장하여 그 속에서 서양철학과 중국철학의 불평등을 해소하려는 입장이다. 정쟈뚱은 중국 전통철학의 특수성을 인정하고 '철학'의 보편성을 서양전통에 귀속시키는 관점에 반대한다. 또한 '철학' 개념을 확장하여 '중국철학의 합법성'을 쟁취하고 확인하려는 것, 철학의 외연을 확장시켜 '중국철학'과 '사상'·'학술' 사이의 경계를 모호하게 만드는 것에도 반대한다. 정쟈뚱에 따르면, "'중국철학' 연구가 노력해야 할 방향은 '철학' 개념의 내적 함의를 풍부하게 하고 심화시키는 것이지, 외연을 무한히 확장시키는 것이 아니다."[20]

대체로 '중국철학의 합법성'에 대한 논설방식은 네 가지로 분류할 수 있다. 첫째, 상식에 비추어 논하는 방식이다. 중국철학은 대학학과로서 1세기 동안 존재했고, 근 100종의 중국철학사를 출간했으며, 국내외에 중국철학회·중국철학사학회 등의 학술조직이 존재한다. 이는 일종의 학문 혹은 사상맥락이 존재한다는 사실을 전제로 한다. 이 학문 내지 사상은 "중국적"이면서 "철학적"이다. 이 관점에 따르면, "중국철학의 합법성"은 문제가 되지 않는다. 이것은 상식의 차원에서 문제를 취소해버리는 관점이다.

둘째, 서양 모델을 전제로 삼아 중국철학의 결여와 보완이라는 맥락에서 문제를 다루는 관점이 있다. 이 관점에 따르면, 서양철학과 비

19) 陳來, 앞의 글.
20) 鄭家棟, 앞의 글.

교해서 역사상의 중국철학은 단지 외재적 형식이 결여되어 있고 그래서 서양철학에 상응하는 형식체계, 체계적 외피를 갖추는 것이 중국철학을 현대적으로 발전시키는 데 중요한 작업이 된다. 이 관점에서 한 걸음 더 나아가면 철학은 서양만이 가진 사상 형태로 서양 이외의 지역에는 철학이 존재하지 않는다는 극단적인 입장이 도출된다. "서양, 특히 유럽에서 '중국철학'의 합법성은 시종 질의를 받았고, '중국철학'은 내력이 분명하지 않은 괴물로 여겨졌다. 어떤 사람들은 중국에서 '철학'의 발전을 부정하지는 않았지만, 그것은 역사와 전통과 무관한 현대적 작업에 관한 것이라고 여겼다."[21] 이 입장에 따르면, '중국철학'은 중국 사상의 철학적 해석이고, 중국철학의 역사 또한 중국 사상을 부단히 철학적으로 해석하는 역사일 뿐이다.[22]

셋째, 철학을 보다 보편적인 관점에서 다루는 방식이 있다. 이 방식에 따르면, 철학 개념의 내포와 외연을 확대해야 하며 철학에 관한 이해와 범위를 서양 모델로 한정하는 것은 지나치게 편협하다. '중국철학'은 분명한 경계를 가진 현대적 지식체계를 건설하고자 하지만, 이런 '중국철학'은 중국 고유의 전통학술이 아니라 중국의 가면을 쓴 서양철학일 뿐이다. 고대 중국 철학자들의 인생·우주에 대한 사고에는 독특한 방식이 있었고 그들이 제기한 문제들은 서양철학과 같기도 하지만 완전히 비교할 수 없다는 것들도 있다.[23]

21) 위의 글.

22) 唐文明, 「中國哲學的隱密渴望–範式轉變中的中國哲學」, 《哲學動態》(社會科學文獻出版社, 2002년 제3기).

23) 景海峰, 「學科創制科程中的馮友蘭: 兼論中國哲學史的建構及其面臨的困境」, 《開放時

넷째, 철학 개념의 상대성 및 역사전통과의 상관성을 강조하여 일반적 의미의 철학은 존재하지 않으며 철학은 본질상 하나의 문화적 개념일 뿐이라고 보는 관점이다. 이들은 어떤 철학이든 모두 문화와 전통의 장막을 통해 이해하고 한정할 수 있다고 본다.[24] '철학'의 외연을 확장시키거나 '철학'의 특수성을 강조하게 되면, 중국철학이나 서양철학은 모두 '철학' 일반의 특수한 표현형식이 된다. 철학은 서양전통에만 존재하는 특수한 것이 아니라 초월·자연·사회·인간에 대한 세계 각 민족의 이론적 사고의 총칭이고, 다원적 세계문화에 보편적인 포용성 풍부한 개념이다.[25] '중국철학'은 인류지혜의 한 부분이며, 그 내용은 중국 역사에 출현했던 모든 철학 사상체계를 포괄한다.[26] 이처럼 철학 개념의 외연을 확장시키면 '중국철학'은 서양철학에 없는 중국 전통철학 고유의 내용들, '심성'·'천인합일'·'수양론' 등을 포괄할 수 있게 된다. 이 관점을 역설적으로 적용하면, 협의의 철학은 서양철학일 뿐 중국철학은 철학이 아니라는 주장이 도출된다. 세계 모든 문명의 최고의 의식형태는 사상이고, 사상을 광의의 철학으로 본다면 중국 사상·서양 사상·인도 사상 및 다른 문명의 사상이 모두 철학이지만, 그중 오직 서양 사상만이 협의의 철학이라는 형식을 취했다고 보기 때문이다.[27]

代》(開放時代雜志社, 2001년 제7기).

24) 鄭家棟, 위의 글.

25) 陳來, 「關於'中國哲學'的若幹問題淺議」, 『江漢論壇』(江漢論壇雜志社, 2003년 제7기).

26) 陳來, 「中國哲學學科的建設與發展」, 『天津社會科學』(天津社會科學雜志社, 2004년 제1기).

27) 張志衛, 「中國哲學還是中國思想—也談中國哲學的合法性危機」, 『中國人民大學學

4. 유교 종교성 논쟁[28]

유학이 종교인가 아닌가 하는 문제를 둘러싸고 1970년대 말부터 현재에 이르기까지 30여 년 동안 중국 대륙을 중심으로 이른바 '유교 종교성 논쟁'이 벌어졌다. 유교와 종교의 관계를 둘러싸고 벌어진 논쟁은 유교가 종교인가 아닌가 혹은 유교에 종교적 성격 내지 기능이 있는가(이것은 통상 '유교의 종교성'이라는 용어로 표현된다) 하는 문제로 집약된다. 문제의 성격으로부터 짐작할 수 있듯이, 논쟁은 크게 보아 세 진영으로 갈린다. 첫째, 유교는 종교다(유교 종교론). 둘째, 유교는 종교가 아니다(유교 비종교론). 셋째, 유교가 종교는 아니지만 종교의 기능을 발휘하였다(유교 종교성론).

현대 중국에서 전개된 유교 논쟁은 중국사 전체로 보면 세 번째에 해당한다. 첫 번째는 명말청초에 예수회 선교사들이 중국에 와서 선교 활동을 하면서 일어났고, 두 번째는 19세기 말에서 20세기 초에 공교회의 건립과 공교 국교화 문제를 둘러싸고 발생하였으며, 20세기 70년대 말에 런지위[任繼愈]가 유교가 종교라는 주장을 제기하면서 시작된 유교 논쟁은 세 번째에 해당하는 것이다.

제1차 유교 논쟁은 통상 '전례논쟁'으로 불리는데, 서양 선교사들이 전교의 관점에서 유교에 접근하면서 발생하였다. 주로 중국에서

報』(中國人民大學出版社, 2003년 제2기).

28) 이 글에서는 '유교'를 '유학'과 구별하지 않고 혼용한다. 일부 연구자들은 특별히 종교로서의 유학을 가리키는 경우에 '유교'라는 용어를 제한적으로 사용하기도 하지만, 일반적으로 '유교'와 '유학'은 같은 의미로 통용되기 때문이다.

활동한 서양 선교사들이 문제를 제기하고, 그것이 당시 일부 중국 지식인들과 서구인들에게 반향을 일으키면서 논쟁이 전개되었다. 전례 논쟁은 신의 호칭(上帝, 天, 天主, Deus의 음역인 陡斯 등), 공자와 조상에 대한 제사[祭祖祀孔], 유교 경전에 대한 태도 등의 문제에서 도미니크회, 프란치스코회, 어거스틴회, 파리외방전교회 등이 예수회의 적응주의적 선교 정책을 비판하면서 일어났다.[29]

결국 1704년 교황 클레멘트 11세는 추기경회의를 거쳐 '천주'의 호칭만 사용할 것, '경천(敬天)' 액자를 떼어낼 것, 조상과 공자에 대한 제사를 중지할 것, 죽은 자의 위패를 모시지 말 것 등을 명시했다. 1707년 교황의 특사가 남경에서 클레멘트 11세의 금령을 공포하자 강희제의 강경책이 뒤따랐다. 1720년 교황의 특사가 다시 북경에 와서 1704년의 법령을 설득하려 했지만, 강희제는 오히려 금교 명령을 내리고 교황청에서도 1742년 더 강경한 입장을 보였다. 이로써 중국에서의 천주교 선교는 황포조약(1843) 체결 때까지 100년 넘게 중단되었고 전례에 대한 금령의 해제는 1939년에야 이루어졌다.[30]

제2차 유교 논쟁은 20세기 초 서구 열강의 중국 침략이 격화되던 20세기 초 서세동점의 시기에 캉유웨이[康有爲]와 그의 제자 천환장[陳煥章] 등이 유교를 종교로 만들고 그것을 국교로 삼으려는 공교회(孔敎會) 운동을 벌임으로써 격발되었다. 물론 이전에도 유교가 종교

29) 김병태, 「명말청초 '전례논쟁'의 선교사적 이해」, 《한국기독교와 역사》 제28호(한국기독교역사연구소, 2008).

30) 이상 '전례 논쟁'에 관한 기술은 김병태, 「명말청초 '전례논쟁'의 선교사적 이해」, 《한국기독교와 역사》 제28호(한국기독교역사연구소, 2008년 4월) 참조.

인지 혹은 유교에 종교의 기능 내지 성격이 있는지에 관해 논의가 없었던 것은 아니지만, 공교회 운동으로 인해 논쟁이 본격적으로 전개되고 확대되었다. 당시 유교가 종교라고 보고 유교를 국교로 정하려는 이들은 '보교파(保教派)'로 불렸다. 이 논쟁은 30여 년 동안 지속되었는데, 보교파의 관점이 설득력을 잃고 공교회도 역사의 뒤안으로 사라져 유교 종교화 운동이 실패를 고하자 논쟁도 소멸되었다.[31)]

제3차 유교 논쟁은 1978년 말 런지위가 "유교는 종교다[儒教是教]"라는 주장을 제기하면서 시작되어 현재에 이르기까지 30여 년 동안 전개되었다. 이 논쟁은 중국이 개혁개방 이후 문화대혁명의 상처를 치유하면서 이전의 폐쇄된 사회로부터 국제사회의 일원으로 나아가는 과정에서 중국이 자신의 정체성을 확립하고 향후의 진로를 모색하려는 현실적 요구에서 나온 측면이 있다. 그리하여 단순히 전통 유교에 대한 이해의 차원에 머물지 않고 중국 전통문화 전체에 이해와 평가로 나아가게 된다.

제3차 유교 논쟁은 대략 네 단계로 나뉘어 전개되었다. 제1단계는 1978년 말 런지위가 유교 종교론을 제기하여 논쟁이 시작된 이후 1980년대 후반까지 약 10년으로 런지위가 지속적으로 유교 종교론을 주장하는 단계이다. 이 단계에서는 유교 종교론에 대하여 반대자는 많고 호응하는 사람은 거의 한 사람도 없는 상황이었다.[32)] 펑유란·장

31) 1937년 공교총회(孔教總會) 회장 공번유(孔繁裕)가 병사하고 총회를 열어 중국공학총회(中國孔學總會)로 개명하는 동시에 공소증(孔昭曾)을 회장으로 선출함으로써 공교회(孔教會)는 중국 대륙에서 사라지게 된다. 張頌之, 「孔教會始末滙考」, 『文史哲』 2008년 제1기 참조.

따이녠[張岱年]·취따화[崔大華] 등 여러 학자들이 잇달아 비판적 견해를 발표하였다.

제2단계는 1980년대 말부터 1990년대 말까지로, 유교 종교론이 '중국 문화 종교론'으로 나아가는 동시에 학계가 갈수록 이 문제에 관심을 기울여 논쟁이 대륙과 대만·홍콩 및 해외에서 폭넓게 전개되어 서로 영향을 미치는 국면이 형성된 단계이다. 이 시기에도 여전히 대다수가 유교 종교론에 비판적이었다.

제3단계는 1990년대 말부터 2000년대 중반까지이다. 1998년 『문사철(文史哲)』에서 마련한 필담에서 유교 종교설을 격렬하게 비판하는 사람은 소수이고 대다수가 유교 종교론 혹은 유교 종교성론을 지지하였다는 사실이 상징적으로 보여주듯이 유교 종교론이 확산된 시기이다. 2002년에는 중국사회과학원 철학연구소와 학술지 《중국철학사》의 편집부가 연합하여 "유가와 유교"라는 주제로 전국적인 학술대회를 개최했다. 이 단계의 논쟁은 주로 2001년부터 2006년경까지 인터넷 사이트 "Confucius2000"의 〈儒學與宗教問題爭鳴〉 코너에서 전개되었다.

제4단계는 학술적인 논쟁은 거의 소멸되고 유교를 재건하자는 정치적인 주장과 그에 대한 비판을 둘러싸고 논쟁이 행해진 단계이다. 이 단계는 2005년 12월 중국사회과학원 세계종교연구소 유교연구중심과 광동신부교육집단(廣東信孚教育集團)이 공동 주최한 학술대회(제1회 全國儒教學術研討會)에서 장징[蔣經]이 「중국 유교 재건의 구상에 관

32) 李申, 「自序」, 『中國儒教史』(上)(上海人民出版社, 1999).

하여(關於重建中國儒教的構想)」를 발표하여 "요순공맹지도"를 국가의 "입국지본(立國之本)"으로 헌법에 명시하고 유교를 국가 이데올로기로 삼아 "유교헌정제도"를 건립하고 새로운 과거제도와 경전교육제도를 제정하며 민간에는 중국유교협회 등 유교사단법인을 건립하여 유교 부흥사업을 전개하자고 주장한 것을 시점으로 볼 수 있다. 팡커리[方克立]는 유교 재건 내지 유교 부흥을 주장하는 장칭 등을 "제4세대 신유가" 혹은 "대륙의 신세대 신유가"라고 부르며, 유학을 "정치화하고 종교화하려는" 것이 주된 특징이라고 보았다.[33] 현대 중국에서 유학의 정치화·종교화는 천안문 광장에 공자상을 건립한 상징적인 사건에서 이미 국가적인 차원으로 넘어갔음을 확인할 수 있다.[34]

현대 중국에서 전개된 제3차 유교 논쟁에서 유교 종교론은 "유교는 종교다"라는 입장으로, 세분하면 유교는 도덕교(道德教)·인문교(人文教)로서 현대적 의의를 지니고 있다는 측과 유학은 봉건사회의 종교로서 이미 박물관의 소장품이 되어 현대적 의의를 상실했다는 측으로 구분된다. 유교 비종교론은 "유교는 종교가 아니다"라는 관점으로, 유교는 정치사상과 도덕윤리를 핵심으로 하는 학설체계이며 '유교'는 유학의 교화를 가리키지 종교가 아니라고 본다. 유교 종교성론은 "유교는 정통적 의미의 종교는 아니지만 종교의 기능, 곧 종교성을 갖추고 있다"라는 입장으로, 유교가 초월성과 궁극성 및 여타의 종교적 요소를 갖고 있으며 중국사에서 종교의 작용을 수행했지만 결코 진정

33) 方克立, 「關於當前大陸新儒學問題的三封信」, 《學術探索》(雲南省社會科學界聯合會, 學術探索雜志社, 2006년 제2기).
34) 강진석, 「공자상, 역사 복원 시대의 상징」(프레시안, 2011년 1월 30일).

한 의미의 종교는 아니라고 주장한다.

제3차 유교 논쟁에서 세 입장 가운데 유학의 특색을 잘 보여주는 것은 아마도 '유교 종교성론'일 것이다. 근대 중국에서 유교 종교성론을 처음 체계적으로 제기한 사람은 량수밍이다. 량수밍은 1920년대 초반 『동서 문화와 철학』에서 유교 종교성론을 주장한 뒤 1940년대 후반 『중국 문화 요의』에서 이전의 견해를 수정·보완하여 다시 제기했다.[35] 1950~1960년대에 현대신유가 제2세대도 유학(유가)의 종교성 문제에 관심을 기울여 탕쥔이와 머우쭝산 등이 유교 종교성론을 주장하였다. 탕쥔이는 유가 사상에 종교와 상통하는 종교성이 있다고 보아, 유학은 온전한 종교로 '도덕적 종교' 혹은 '인문교'라고 부를 수 있다고 했으며, 머우쭝산은 유학이 온전한 종교정신을 갖추고 있다고 보았다.[36]

탕쥔이가 기초하고 머우쭝산, 쉬푸관, 장쥔마이와 공동으로 서명하여 발표한 「중국 문화를 위하여 세계인에게 정중히 알리는 선언(爲中國文化敬告世界人士宣言)」[37]에서는 중국 문화에 독립적인 종교 문화전통은 없지만 그것이 중국 문화에 종교적인 초월정신과 종교정신이 결여되었음을 의미하는 것은 아니라고 주장했다. "중국 시서에 상제 혹은 천을 존중하는 신앙이 있음은 분명하다." "중국인이 천지와 조상

35) 량수밍의 유교 종교성론에 관해서는 姜重奇, 「梁漱溟의 現代新儒學」(서울대 철학과 박사논문, 2002.2) 참조.

36) 牟宗三, 『中國哲學的特質』(台灣: 學生書局, 1980).

37) 이 선언은 1958년 원단(元旦)에 홍콩 《民主評論》에 발표되었는데, 후에 『唐君毅全集』 권4(臺北: 臺灣學生書局) 1991년 교정판에 수록되었다.

에 제사 지내는 예에 종교적 초월감정이 없다고 말할 수 없다." "중국 고대에 중시한 천인합일·천인합덕(天人合德)은 고대인의 천에 대한 종교신앙을 사상에 주입한 후에 형성된 것으로, 거기에는 인격적 상제 관념이 포함되어 있다." "중국인의 도덕윤리의 실천 면에서 말하면, 거기에도 종교적 초월감정이 들어 있다. 살신성인(殺身成仁)·사생취의(舍生取義)의 신봉은 바로 일종의 '종교적 초월신앙'이다." 결국 이 선언은 중국 전통문화가 종교성을 갖고 있다는 선언에 다름 아니다.

뚜웨이밍은 '포용적 인문주의'라는 차원에서 유학의 종교성을 논구하였다.[38] 포용적 인문주의는 한편으로는 유가의 심중에 있는 인문주의 개념의 광의성 혹은 포용성을 강조하기 위해, 다른 한편으로는 그것을 사람들에게 익숙한 배타적·세속적 인문주의와 구별하기 위해 사용하는 용어이다. 유가의 포용적 인문주의에 근거하면 학습을 통해 자신을 완성하는 과정은 사회참여가 필수적일 뿐 아니라 "초월자에 대한 경건한 대화성 응답[回應]"이 있어야 한다. 뚜웨이밍에 따르면, 유학이 종교성을 갖는 방식은 초월자에 대한 상호작용이자 진실한 대화로서의 궁극적 자아전화라고 정의할 수 있다. 이는 완전한 인간이 되는 학습에 대한 유학적 규정이다. 유학의 종교성은 개개인이 자아초월을 행할 수 있는 무한한 잠재력과 무궁무진한 역량을 통해 표현된다고 말할 수 있는데, 여기에는 개인·인류공동체·초월자라는 세

38) 杜維明, 段德智 譯, 『論儒學的宗教性— 對『中庸』的現代詮釋』(Tu Weiming, *Centrality and Commonality: An Essay on Confucian Religiousness*, State Univ. of New York Press, 1989)(武漢: 武漢大學出版社, 1999), 제5장 "유학의 종교성에 관하여" 참조.

차원이 상호연계되어 있다. 뚜웨이밍은 유교의 종교성을 내재적 초월이라는 차원에서 논하고 있는 것이다.

5. 나오는 말

지난 2천여 년 동안 유학은 여러 차례의 위기를 겪으면서도 그 위기를 전화위복의 기회로 삼아 새롭게 변신하면서 명맥을 유지해왔다. 진시황의 천하통일 이후 분서갱유라는 상징적인 사건과 천하통일의 사상적 기반으로 법가를 채택했다는 실질적인 위기를 겪고 나서 동중서의 현량대책을 받아들여 한무제가 유교를 통치 이데올로기로 삼으면서 유학은 그 위기를 통치이념으로 자리매김하고 진시황에 의해 불태워진 유교 경전을 되살리는 과정에서 훈고의 정신과 방법을 도입하여 훈고학을 발달시키고 경학(經學) 전통이 시작되는 기회로 전화시켰다. 불교·도교의 전성시대인 수당대에는 유학이 현실사회에서 힘을 잃고 지식인에게서 외면당하면서 쇠락해진 위기상황에서 이기론·심성론·수양론·경세론 등으로 이론적인 체계화를 도모하여 사서삼경을 중심으로 유교 경전을 정비하고 치밀한 주석 작업을 진행하는 한편, 수기치인을 핵심명제로 삼아 지배이념으로서의 특성을 강화하고 정교화하는 작업을 병행해서 신유학을 형성하는 기회로 전화시켰다. 청대에 만주족이 중국을 통치하여 정치적 지배이념으로서의 지위가 위협받고 문자옥에서 상징적으로 드러나는 것처럼 학술적, 문화적으로 생존의 위기에 처한 유학은 이번에도 위기를 기회로 삼아 송명이학이 취약했다고 여겨진 사회정치사상으로서의 측면, 곧 경세론에 대한 관심을 증대시켜 실학[樸學]을 건립하고 실증을 중시하는 고증학[考據學]을 발달시키는 기회로 전화시켰다. 그리고 현실적 효용을 중시하는 실학의 이론적 기반으로 기학(氣學)을 건립하여 청대 중기에 이르러서는 봉건적 예교의 억압성과 폐쇄성을 극복하고자 인간의 욕망을 적극적으로 긍정하는 대진(戴震) 등의 사상이 등장하게 된다.

서양이 과학혁명과 산업혁명 및 시민혁명으로 근대화를 달성하고 강화된 역량을 바탕으로 동방에 진출함으로써 야기된 근대의 위기는 이전의 위기와는 질적으로 차원을 달리하는 총체적인 것이었다. 정치적 국가주권의 훼손과 경제적 이권의 침탈은 물론 의식과 가치관을 비롯한 학술적·문화적 차원의 위기의식은 유교에 대한 격렬한 비판을 초래하였다. 유학은 역시 위기를 기회로 전화시켜 현대의 변화된 상황과 요구에 부합하는 새로운 유학, 이른바 현대신유학을 건립하는 작업에 착수하였다. 이 작업은 아직 현재진행형이지만, 통상 3~4세대의 발전단계를 거치면서 다양한 모색을 심화시켜오고 있다.

유학의 역사적 전개 과정을 몇 단계로 나누는 발전단계론은 현재 유학이 처한 상황과 문제점을 진단하고 주어진 과제를 인식하고 향후의 전망을 제시하는 데 유용한 도구가 된다. 순자와 동중서의 철학으로 대표되는 한대의 유학에 대한 평가에서 3단계설과 4단계설이 갈리지만, 양자는 결국 현대사회에서 유학이 처한 상황을 진단하고 문제점을 파악하고 해답을 제시하려는 문제의식에서는 다르지 않다. 양자는 모두 유학이 현대에 이르러 위기상황에 직면했다는 데 인식을 같이하며, 이 위기를 기회로 삼아 새로운 발전단계로 나아가야 한다는 소명의식을 공유하고 있다. 유학이 직면한 위기는 바로 근대 서구의 도전으로 야기된 것이며, 유학이 해결해야 할 궁극적 과제도 바로 현대성(modernity)의 성취라고 보는 점에서는 양자가 다르지 않다. 이 대목에서 중심적인 문제는 그 현대성이 어떤 현대성이고(적어도 현대화=근대화=서구화는 아니라는 점에 대해서는 양자가 견해를 같이한다) 그것을 어떻게 달성할 것인가 하는 데 있다.

현대사회에서 유학이 처한 위기 중 하나는 유학이 과연 근대적 학제 내지 지식 분류체계에서 '철학'으로 자리매김될 수 있는가 하는 비판적인 문제제기에 직면한 것이다. 이 맥락에서 중심적으로 다루는 문제는 유학이 과연 '철학'인가, 또 철학이라면 어떤 철학인가, 나아가 유학이 철학이라면 (또는 철학이 아니라면) 앞으로 어떤 과제를 담당해야 하는가 등이다. 이 문제들을 둘러싸고 중국 대륙에서 근 10년 동안 전개 논쟁이 이른바 '중국철학 합법성 논쟁'이며 이 논쟁은 아직 끝나지 않았다.

'중국철학의 합법성' 문제는 결국 '철학' 개념을 도입하고 서양철학을 표준으로 건립된 '중국철학'의 정체성에 대한 물음이다. 이 논쟁은 유학을 핵심으로 하는 중국 전통사상이 서양에서 기원하는 근대적 학문체제 내지 지식 분류체계에 편입된 이후 자신의 정체성에 대한 비판적 성찰을 통해 자신의 위상을 새롭게 자리매김하려는 작업인 것이다. 혹자는 서양철학에서 기원한 표준양식을 운용하는 방식에 사람들이 점점 더 불안해하고 만족하지 못하고 있다고 진단한다. 한 세기 이상의 운용 과정에 경솔하고 심지어 자의적인 경향마저 있었는데, 그 결과 중국철학 자신의 '문제의식'·'사고방식'·'내적 구성과 관심'이 매몰되거나 희생되는 전체적인 상해를 입었다는 것이다. 그래서 서양의 범식과 관념을 운용하여 중국철학을 이해하고 인식하는 방식이 초래한 수많은 부정적인 결과를 직시해야 한다고 강조한다.[39] 이것은 달리 말하면 중국 전통철학의 독자적 사유가 '중국철학'에 온전히 담겨지지 못하고 버려지거나 훼손되는 것에 대해 비판적인 입장이다.[40]

여기에는 1990년대 이후 민족문화와 주체의식에 대한 각성이 높아진 시대 상황이 영향을 미치고 있다. "90년대 이후 중국 역사와 전통문화에 대한 공동체적 동질감이 높아지면서 서양 방식을 운용한 중국 학문의 해석이 만들어낸 잘못된 영향에 깊은 불안감을 갖게 되었다."[41] 그래서 "현대 중국철학계가 서양철학의 언어패권이 지닌 한계를 타파하고 단순히 서양철학의 개념과 양식으로 중국철학의 문헌과 자료를 재단하던 의존적인 상황을 바꾸려고"[42] 하게 된 것이다. 이는 중국 사상의 서술에서 비주체적인 상태에 대한 각성이고, 도처에 존재하는 유럽 중심주의의 보이지 않는 영향과 지배에 대한 각성이다.[43]

---

39) 王中江, 「'範式', '深度視點'與中國哲學'研究典範'」, 《江漢論壇》(湖北省社會科學院, 江漢論壇雜志社, 2003년 제7기).

40) 중국 전통철학의 독자적 사유가 '중국철학'에 온전히 담기지 못한 원인을 정자뚱은 다음과 같이 설명한다. "(펑유란 등에 의해 1930~40년대에 수행된) 경학 유형으로부터 철학 유형으로의 전환은 서양의 '철학' 관념 및 그것이 대표하는 일련의 학술범례를 받아들여 이루어진 것이다. 이 전환에서 서양의 '학술범례'는 주동적·지배적 지위에 있었고, 중국 전통사상의 내용은 처리해야 할 재료에 불과했다. 양자를 소통시키는 교량은 '철학' 관념의 보편성에 대한 강조였지만, 서양철학에 상응하지 못하는 중국 전통철학의 중요한 문제들은 처리할 수 없었다". 鄭家棟, 「'中國哲學'與'中國在哲學'」, 《哲學動態》(2000년 제5기).

41) 王中江, 「'範式', '深度視點'與中國哲學'研究典範'」.

42) 魏長寶, 「中國哲學的'合法性'敍事及其超越」, 《哲學動態》(2004년 제6기).

지금 유학은 근대 학문 분류체계에서 '철학'의 일원이 될 자격에 대해 깊은 의구심에 직면해 있다. 이제 자신을 새롭게 자리매김하여 당당하게 그 일원이 될 자격을 획득하든 혹은 그러한 분류체계에서 벗어나 자신만의 독자적인 학문 영역을 개척하여 그와 같은 의구심 자체를 해소해버리든 간에 현재의 위기를 기회로 전화시켜 새로운 모습으로 명맥을 유지하고 나아가 새로운 단계로 발달할 수 있을 것인지 시험대에 올라 있다. 단순히 서양 중심적 사고를 넘어서는 차원을 넘어 실질적인 대안을 요구받고 있는 것이다.

이른바 '유교의 종교성 논쟁'은 유교와 종교의 관계를 둘러싸고 1970년대 말부터 현재에 이르기까지 30여 년 동안 중국 대륙을 중심으로 전개되었다. 이 논쟁은 중국사 전체로 보면 명말청초에 예수회 선교사들이 중국에 진출하여 선교 활동을 하는 과정에서 일어난 '전례 논쟁'과 19세기 말에서 20세기 초 공교회의 건립과 공교 국교화 문제를 둘러싸고 발생한 '공교 논쟁'에 이은 세 번째 논쟁이다.

이 논쟁은 개혁개방이란 시대 조건 아래 기본적으로 중국학자들이 주체가 되어 사상해방 운동의 일환으로 엄밀한 학술적 연구의 형태로 출발하였지만, 결국 정치적 이데올로기적 동기를 노정하는 데로 나아갔다. 전통적인 패권주의의 우려를 여전히 불식시키지 못하고 있는 현대 중국의 중화주의는 1980년대의 문화열과 국학열, 그리고 애국주의[44]를 거치면서 이제 유교의 종교화를 통해 개혁개방 이후 중국

43) 彭永捷, 「中國哲學學科存在的合法性危機 – 關於中國哲學學科的知識社會學考察」, 《中國人民大學學報》(2003년 2기).

44) 1989년 6월 24일 중국공산당 중앙위원회는 애국주의 교육정책을 채택하고,

사회 내부의 통합이라는 요구에 부응하는 한편, 유교를 중심으로 중화 문명을 세계적 차원에서 자리매김하려 한다.

제3차 논쟁은 유학을 종교학 혹은 종교철학의 연구대상으로 삼아 고찰하여 서양문화중심론 혹은 민족주의중심론의 굴레에서 벗어날 가능성이 있다는 기대 섞인 평가도 있지만,[45] 세계적인 대교류의 시대를 맞아 유교를 기독교에 필적하는 고등종교로 건립하여 현대 문명의 지평 위에서 중국 문명의 위상을 확보하려는 동기가 깔려 있다. 유학을 종교로 건립하여 현대사회에서 명맥을 유지하려는 이 같은 노력이, 유학이 현대에 부닥친 위기를 기회로 전화시키는 계기가 될 수 있을 것인지는 좀 더 시간을 두고 지켜봐야 할 듯하다. 특히 유학의 특색을 가장 잘 보여주는 '유교 종교성론'은 유학이 초월성과 궁극성 및 여타의 종교적 요소를 갖고 있으며 중국사에서 종교의 작용을 수행했지만 결코 진정한 의미의 종교는 아니라고 주장하는데, 이 문맥에서 한 걸음 더 나아가 유학이 외재적 초월자[46]를 상정하는 기존의 종교와는 다른 새로운 유형의 종교를 창출해내는 기회로 삼을 수 있을 것인지 역시 시간을 두고 지켜보아야 할 것이다.

1990년 5월 3일 장쩌민[江澤民]이 5·4 운동을 기념하는 자리에서 「愛國主義和我國知識分子的使命」이라는 연설에서 사회주의와 애국주의가 본질상 동일하다고 선언했다.

45) 段德智, 「近三十年來的"儒學是否宗教"之爭及其學術貢獻」, 《學術中華》(2010년 3월 22일).

46) 여기서 외재적 초월자는 초월적 절대자인 'God'을 가리킨다. 외재적 초월자를 설정하지 않는 새로운 유형의 종교를 모색하는 면에서 '내재적 초월'이라는 개념은 시사적인 의미를 지닌다.

2
'중국'의 정체성과 문화의 다원성

- ○ 거자오광-김병준 대담: 중국 문화의 역사적 다양성
- ● '중국'의 역사적 형성과 그 정체성의 문제점 · 거자오광
- ● 중국 문화의 다원성 · 거자오광
- ○ China와 Kitai: 서방에서 본 중국의 역사상 · 김호동

거자오광–김병준 대담

중국 문화의 역사적 다양성[1)]

김병준(이하 김) 이번 강연에서 '복수성'과 '다양성'이라는 두 가지 주제를 선택하셨는데 그 두 가지 내용은 어떻게 연결되는 건가요?

거자오광(이하 거) 이 두 가지 주제의 강연은 서로 연계되어 있습니다. 세미나에서 다룬 주제는 사실상 중국 문화와 관련된 것이고, 공개강연에서 다룬 주제는 중국입니다. 먼저 문화에 대하여 논의하고 다음에 중국에 대하여 논의하였다고 말할 수 있습니다. 하지만 합치면 중국 문화사를 논의한 것입니다.

세미나에서 주요하게 말하고 싶었던 것은 중국 문화는 다양하고 변화적이며, 한족의 중국 문화뿐만이 아니라 이민족 문화의 참여로 형성

1) 위 대담은 《조선일보》 A23(2012. 11. 28)의 내용을 포함하고 있습니다.

된 것이라는 점입니다. 만약에 현대의 중국이 다양한 다민족국가임을 인정한다면 어떻게 중국 문화사를 논의할 것인지는 중요한 문제입니다. 때문에 세미나에서는 복수성과 변화를 더욱 강조하였습니다.

공개강연에서는 무엇이 중국이고, 방대한 다민족 국가가 도대체 전통적인 제국인가 아니면 현대 국가인가, 혹은 전통적인 관념도 있고 현대국가의 제도도 있는 국가인가에 대하여 논의하였습니다. 이에 대하여 구미의 학자들은 중국이 현대의 민족국가가 아니라 전통적인 제국이라 여기고, 또 어떤 학자들은 유럽에서 나온 민족국가의 개념이 중국에는 적용되지 않기에 문명국가라고만 주장합니다. nation state가 아니라 civilization state라는 것입니다. 국가의 합리성과 합법성이 어디에 있는가 하는 문제는 더 많이 논의되어야 합니다.

세미나와 공개강연의 주제는 서로 연관되어 있는 것입니다. 최근 10년간 이와 관련된 생각을 계속해 왔습니다. 나는 『중국사상사』라는 책에서 1895년까지 다루었습니다. 1895년 이전의 중국을 전통제국으로 보는 것에 이의가 없지만 주지하다시피 1895년은 동아시아에 거대한 변화를 가져오게 됩니다. 나는 그 이후의 중국은 마땅히 동아시아적인 맥락에서 그리고 세계적인 범위 내에서 논의되어야 한다고 생각합니다. 단순한 중국사, 중국사상사로는 쓸 수 없었습니다. 애초에 나는 중국사상사 3권을 쓰려고 계획하였지만 이런 이유 때문에 마무리 지을 수 없었습니다. 물론 자료가 너무 많기도 하고 제 능력이 되지 않았던 점도 있지만 이때 이후 여러 문제가 매우 복잡하게 변했기 때문입니다. 내가 왜 많은 시간을 들여 일본의 자료와 한국의 한문 자료를 보냐면 중국이 동아시아와 세계적인 배경에 놓였을 때 어떻게 이해해야 할지에 대한 의문 때문입니다.

김 선생님의 생각은 매우 신선하게 들립니다. 많은 한국 사람들은 이런 선생님의 생각에 매우 흥미를 가지고 있고 또한 이를 존중합니다. 두 차례 강연을 통해 우리는 중국 문화의 형성과정이 복잡했지만 결국에는 하나의 문화공동체가 구성되었고 그로 인해 여러 가지 역사적 상황이 생겨났다는 선생님의 말씀에 강한 인상을 받았습니다. 그런데 이는 중국 정부의 '다민족국가'론과 어떻게 구별되는지요?

거 첫째, 페이샤오퉁[費孝通]의 다원일체 혹은 다민족 통일국가론과 근본적으로 다른 점은, 나는 역사적인 맥락에서 형성과정을 말한다는 것입니다. 나는 역사학자로서 역사를 따라 가면서 변화과정을 살피지만, 중국 정부는 현실적인 국가의 입장에서 지나온 역사의 합법성, 합리성을 논증합니다. 둘째는 나는 3중의 곤경을 강조합니다. 다민족국가로 되면서 (1) 주변 국가가 중앙의 문화질서에 대해 도전할 뿐 아니라 인정하지 않고 분리해 나갔다는 점, (2) 서양의 거대한 질서가 동양의 조공·책봉의 질서를 위협했다는 점, (3) 내부적인 아이덴티티 문제가 발생했다는 것인데, 이는 현대의 중국이 직면한 중요한 문제이기도 합니다. 경제문제를 빼고 거의 모든 문제는 여기에서 나온 것입니다. 셋째는 중국인은 근대에 들어서면서 세 가지 모순에 직면하게 되었습니다. 바로 국가, 현대, 문화의 문제입니다. 현대국가가 되고 싶으면서도 제국에 대한 기억이 남아있고, 현대에 들어서고 싶으면서도 남다른 현대성이 있어야 할 것 같기 때문에 현대를 비판합니다. 또한 세계문화의 일부가 되고 싶기도 하면서 동양문화의 대표가 되고 싶어 합니다. 중국의 많은 모순은 이로부터 나옵니다. 『이 중국에 거하라』라는 이 책이 나오자마자 나는 많은 비판의 대상이 되었지만, 입장을 바꿔놓고 중국인의 입장에서 한 번 생각해볼 필요도 있습니다.

김 '중국'이 담고 있는 다양한 개념에 대해 설명해 주십시오.

거 '중국'의 개념에 대하여 독자들이 여러 함의가 있다고 본 것 같습니다. 역사중국, 정치중국, 문화중국이 있습니다. 역사중국은 부단히 변화합니다. 원나라 때에는 남중국과 북중국을 포함하였고 명대에 이르러 축소되었다가 청대에 이르러 또 확대되었습니다. 정치중국은 정부(혹은 왕조)가 합법적으로 통제하는 영토를 말하는 것입니다. 문화중국은 한족중국의 문화를 논의합니다. 어떤 사람들이 어떤 문화를 인정하고 공통된 문화단위로 인정하는지를 말합니다. 중국 자체가 복잡하기 때문에 우리의 개념은 명확할 수 없습니다. 나는 우리 학술계의 전통적인 결함이 개념을 먼저 명확히 하려는 것이라고 생각합니다. 역사학자들은 개념에서 시작하는 것을 두려워합니다. 왜냐하면 개념이 아닌 사실을 논의하고자 하기 때문입니다. 개념을 명확히 하는 면에서 우리는 철학자들보다 못합니다. 하지만 역사가 이미 명확한 것이 아니고 복잡한 것이라면 우리의 개념이 단일하고 명확해야 할 필요가 있을까요. 이것이 내가 의문스럽게 여기는 점입니다. 예를 들어 '이 중국에 거하라'라는 제목에서의 '중국'은 북경이 아닌 낙양을 가리킵니다.

김 김호동 교수의 지적에 의하면 몽고사료에 나타난 몽고족의 생각은 중국의 생각과 다르다고 합니다.

거 내가 한문 사료를 봤기 때문에 몽·원 시대 역시 중국과 관련이 있는 것으로 보려고 하였다는 말인 것 같습니다. 몽고나 만몽의 사료로 보충할 수는 있지만 이러한 작업이 지나쳐서는 안 됩니다. 우리의 관심은 수도가 어디에 있었는지, 대부분의 인구, 대부분의 경제, 대부분의 문화인정 범위가 어디인지를 봐야 합니다. 쿠빌라이의 제국도, 물론 지금의 외몽골, 내몽골, 신강 부분도 포함하지만, 주요한 범위는 여전히 한족의 중국이었습니다. 때문에 대량의 한족 관원이 조정에서 관직을 맡았고 대다수의 사람들은 여전히 한문자 사용을 견지하였으며 한문화를 고집하였습니다. 때문에 과거에 중국의 학자들은 몽고의 시각과 만주의 시각을 비교적 홀시하였습니다. 이 면에 대해서는 좋은 보완이 될 것 같습니다. 나름의 합리성이 있습니다. 하지만 한 극단에서 다른 극단으로 나아가는 것은 바람직하지 못하다고 봅니다. 이것이 나의 견해입니다. 내가 한문 사료의 입장에 더 가까운 것은 사실이지만 나는 여전히 이 견해를 견지합니다. 부분적인 사료를 가지고 확대해서는 안 된다고 생각합니다.

김 송 대 이후에 중국의식이 발생하였다면 그것은 원·명·청 시대의 중국의식과 차이가 없다는 것인가요?

거 나 자신은 결코 송 대를 연구하는 사람이 아닙니다. 내가 송 대를 강조하는 이유는 지금에 이르기까지의 중국 문화는 송 대 문화의 연장선에 있기 때문입니다. 예를 들어, 원 대의 이학은 여전히 가장 주요한 의식 형태였습니다. 과거제의 형식으로 변화하였는데 청대에 비록 고증학이 있었다 하지만 주류의 의식 형태는 여전히 성리학이었고 교육을 보급시키는 기본적인 교재는 사서였습니다. 만족인들도 이것을 배웠습니다. 나는 중국의 역대에 현대적 의미의 '중국'이라는 국가가 없음을 이미 말했습니다. 내가 가끔 이 단어를 쓸 때에도 그것은 주로 문화적인 아이덴티티라는 의미 차원에서였습니다. 원나라를 몽고족이 통치하고 청나라를 만주족이 통치하였어도 전체 사회적·문화적으로는 송 대 이래의 것을 견지한 것입니다.

김 원·명·청 시대의 경계에 대한 관념, 위기의식이 각각 다르지 않은가요?

거 원 대와 청 대의 한족과 다른 민족, 기타 민족은 사실상 상당한 거리가 있었습니다. 그들은 문화적인 의미에서 말하는 중국의 전통을 인정하였기에 이민족에 대하여서는 여전히 배척하였습니다. 조선의 『연행록』에서 얻은 가장 큰 수확이 그 시기의 만족과 한족의 충돌이 매우 심했다는 편견이 컸다는 것입니다. 여기서 문화상의 차이를 강조하고 싶습니다.

김 한국에서는 중국의 다양한 개념을 나누어 분석해야 한다고 보는 입장이 강한데, 선생님이 일반적으로 이야기하는 중국 개념은 그 중의 하나인 문화적인 의미에서의 중국을 강조한다는 느낌입니다.

거 내가 말하는 '중국' 개념은 세 가지 의미가 있습니다. 앞에서 말한 역사중국, 문화중국, 정치중국입니다. 이 세 가지는 중첩될 수 없습니다. 이 세 가지는 서로 다른 것입니다. 하지만 또한 많은 겹치는 부분이 있습니다. 역사중국은 주로 변화를 강조합니다. 정치중국은 주로 정치상에서 영토·공간과 정부의 관할범위를 조절하는 합법성을 강조합니다. 문화중국은 바로 아이덴티티의 문제이며, 이것은 한족을 중심으로 하는 중국 문화입니다. 여기에 정치적인 문제는 개입하지 않습니다. 이 세 가지를 명확하게 나누는 주요한 목적은 어떤 정부에 대한 승인을 어떤 문화에 대한 아이덴티티로 간주하지 않게 하는데 있습니다. 이것은 명확하게 구분되어야 합니다. 하지만 송 대의 중국의식은 문화적인 의미뿐만이 아니라 영토의 문제이기도 합니다. 때문에 어디에서나 이 세 가지를 구분하는 것은 불가능합니다. 왜냐하면 서로 겹치는 부분이 분명 있기 때문입니다. 그래서 가끔은 분리해서 논하기도 하고 가끔은 함께 논의하기도 합니다.

김 현재로부터 역사를 보지 말자고 말씀하셨는데 다시 한 번 그 의미를 설명해주십시오.

거 합법성 여부는 정치가의 일이고 나는 단지 사실을 말할 뿐입니다. 역사학자가 현실의 영향을 벗어날 수 있는지 여부에 대한 문제인 것 같습니다. 솔직하게 말하면, 어떤 역사학자든지 자신이 처한 현대적 상황의 영향을 벗어날 수 없습니다. 하지만 영국의 에드워드 카가 "역사는 과거와 현재의 끊임없는 대화이다"라고 말했듯이 나 역시 그렇게 생각합니다. 단, 세 가지가 요구됩니다. 첫째, 편협한 입장, 즉 정치입장, 현실입장을 취하지 말아야 합니다. 그렇지 않으면 실용적인 역사학이 되어버리는데 거기에 찬성할 수 없습니다. 둘째, 반드시 충분한 역사자료가 있어야 합니다. 셋째, 논의가 역사상에서 공정하고 합리적이며 논리에 들어맞아야 합니다. 그렇지 않으면 역사학자가 아니라 정치평론가가 될 뿐입니다. 역사로 정치를 논하는 것일 뿐으로 됩니다. 역사학자는 완벽하게 그가 처한 현재적 상황을 벗어날 수는 없습니다. 하지만 반드시 나름의 소신이 있어야 합니다. 바로 앞에서 말한 세 가지입니다. 역사자료에 근거하여 과거를 상상하고 체험하여야 역사적인 맥락을 더듬어볼 수 있습니다. 아니면 역사지식으로 논평을 쓰는 격이 되어버립니다.

김 중국의 현실을 인정한 상태에서 연구를 해야 한다는 뜻인가요?

거 중국의 현실을 인정한다고 해서 그 현실이 옳고 정확하다는 것은 아닙니다. 나는 내 책을 현실을 위하여 논증한 책이 아닌 역사저작으로 이해해 주었으면 하고 바랍니다. 두 번째로 독자들이 내 책을 읽고 내가 이 현실을 인정하고 받아들인 것이 아니라 현실정치에 대해 비판한 것임을 알아차렸으면 합니다. 마지막으로 현실에 대한 비판이 있다하지만 내가 논의한 것이 어떤 목적을 위해서 일부러 역사자료를 끌어다가 증명한 것이 아니며 역사학 전공의 논리에서 벗어난 것이 아님을 알아주었으면 합니다. 현대 중국의 문제를 논의한 책으로 여겨지지 않았으면 합니다.

김 역사학자들이 앞으로 어떤 태도를 가져야 할까요? 일본, 중국, 한국의 학자들 모두 나름의 관점이 있는데 어떻게 함께 논의를 진행할 수 있을까요?

거 세 나라 역사학자들의 공통점은 바로 첫째, 역사를 이성적으로 분석하려는 입장 견지한다는 것입니다. 둘째, 모두 보편적인 가치를 인정하고자 합니다. 민주, 자유, 인권, 과학 등입니다. 그렇다면 세 나라 역사학자들 나름의 입장은 결국엔 사라질 것인가? 나는 그렇지 않을 것이라고 생각합니다. 왜냐하면 국가가 있는 한 각국의 입장은 다를 수밖에 없습니다. 때문에 나는 '각미제미(各美齊美)'란 옛말에 찬성합니다. 하지만 '미미여공(美美與共)', 즉 다른 사람의 아름다움도 인정해야 합니다. 때문에 나는 일본의 역사학자 미조구치[溝口雄三]와 변론을 할 때 말한 적이 있는 것처럼, 중국의 역사학자들에게 일본학자들은 일본의 입장에서 자신들의 이치로 논의할 수밖에 없기 때문에 그들을 동정하고 이해해야 한다고 줄곧 이야기해 왔습니다. 나는 중국의 역사학자들이 일본학자들의 견해를 그대로 받아들여서는 안 된다고 생각합니다. 왜냐하면 거기에는 일본의 문제의식이 숨어있기 때문입니다. 문제의식을 모두 버리고 보편적인 화제로 전환하게 되면 문제가 생길 수밖에 없습니다. 따라서 나는 (1) 보편가치와 역사이성이 있어야 하고, (2) 상대방의 입장을 존중해야 하며, (3) 각자의 입장은 여전히 필요한 것임을 재삼 강조하고 싶습니다. 왜냐하면 너는 거기서 여기를 보고 나는 여기서 거기를 보기 때문에 각도가 다르기 때문입니다. 하지만 이는 근본적인 모순은 초래하지 않습니다. 주변에서 중국을 보면서 주변을 주변화시키지 않을 수 있습니다. 따라서 보편성 입장과 특수성 입장은 반드시 충돌하는 것은 아닙니다.

'중국'의 역사적 형성과 그 정체성의 문제점

(历史、文化与政治: 有关 '中国' 的历史形成与认同困境)

거자오광[葛兆光]

이 글에서 나는 역사적 문제들을 몇 가지 토론하려 하는데, 이는 첫째, '동아시아'와 '중국', 둘째, '학술', '정치'와 '정체성', 셋째, '세계사', '각국의 역사' 및 '지역사' 등의 문제와 관련이 될 것이다.

나는 역사 연구자로서 본래 이러한 큰 문제들을 토론하고 싶지 않았다. 그러나 최근 몇 해 사이 나는 중국사 연구는 이러한 큰 문제들과 얽혀있을 뿐 아니라 중국의 현실을 관찰하는 것 또한 이러한 큰 문제들을 피해갈 수 없다고 점차 느끼게 되었다. 최근 급속히 팽창하는(나는 '갑자기 우뚝 솟아났다[崛起]'라는 표현을 싫어한다.) 중국이 당면한 심각한 문제 중 하나는 바로 중국과 아시아 및 세계가 문화적으로, 또 정치적·경제적으로 어떻게 공존할 것인가 하는 것이다. 나는 이미 중국이 매우 많은 번거로운 문제들에 부딪혔다는 것을 인정하지 않을 수 없다. 예컨대 고구려 문제를 비롯하여 동해 표기 문제, 조어도(釣魚島) 문제, 티베트 및 티베트 불교 문제, 타이완 문제, 심지어 다시금 불붙는 유구(琉球, 현재의 오키나와) 문제 등이 그것이다.

정치상의 번거로움은 마땅히 정치가들이 국제법에 의거하여 처리해야 한다는 데 의심의 여지는 없다. 그러나 어떤 문제들은 역사의 문제이기도 함을 알아야 한다. 역사학자들이 이러한 문제들을 분명하게 해주지 않아서 정치가들이 과거의 강역이나 현실적인 영토 문제를 분리하여 생각하지 못한다면 역사적 지식을 통해 주변 이웃들과 공통된 인식을 형성해갈 수 없다. 또 일부 학자들이 비록 이러한 문제들의 의의를 의식한다고 해도 제대로 역사 연구를 하여 준비해두지 않는다면 곧바로 선입견이 전제된 입장이나 정치 이데올로기적 성격의 논술에 빠지게 되어 이성적, 역사적, 학술적 토론을 할 수 없거나, 혹은 서구의 유행하는 이론 틀에 빠져서 '제국'이니 '민족국가', '포스트모더니즘' 혹은 '포스트콜로니얼리즘' 등의 거대한 이론이나 개념들을 가지고 부실한 말을 하게 된다. 그러므로 오늘의 발표는 주로 역사학자로서 역사의 입장에서 보았을 때 과연 '중국'이라는 것이 무엇인가 하는 것이다. 이것은 내가 2011년 베이징과 타이베이에서 동시에 출간한 저서인 『택자중국(宅玆中國)』[1]의 주제이기도 하다.

1) "택자중국"이라는 말은 1963년 섬서성(陝西省) 보계(寶鷄)에서 발견한 서주 시대 청동기 하존명문(何尊銘文)의 한 구절이다. 하존명문이 말하는 것은 주무왕이 상나라를 멸망시킨 뒤에 동쪽 수도를 세운 일이고 "택자중국"의 중국이란 늘 '천지중(天之中)'이라 불렸던 낙양일 것이다. 이 말을 글자 그대로 해석하자면 "이 중국에 거주하라"이다. 이 책은 최근 『이 중국에 거하라』(글항아리, 2012)라는 제목으로 국내에 번역, 출간되었다. —옮긴이

1. '중국'이라는 말의 해석이 왜 문제가 되는가? 및 '중국'에는 어떤 문제가 있는가?

무엇이 '중국'인가? 이 평범하게 보이는 상식의 배후에는 몇 가지 번거로운 역사적 문제가 있다. 그 하나는 1895년 이후, 청제국이 세계와 아시아로 편입되어 전통적인 중국 문화가 서양과 동양[2] 신문화의 충격을 받았기 때문에 우리가 역사 또는 문화적인 관점에서 중국을 토론할 때는 아시아, 더 나아가 세계를 염두에 두지 않을 수 없다는 것이다. '중국'은 더 이상 자기충족적인 역사세계가 아니며, 모든 역사적 토론은 세계 혹은 아시아라는 배경에 놓이지 않을 수 없다.

다른 하나는 이러한 근대세계와 아시아 역사의 변화로 말미암아 서로 관련되어 있으면서 영향을 주고받는 세계사·지역사 연구가 강조되었고, 요사이 유행하는 포스트모더니즘 역사학의 이론 역시 '민족국가' 역사 서술에 대한 비판을 고취하고 있기 때문에, 학계에서는 '아시아사'와 '세계사'에 대한 흥미가 고조될 수밖에 없다는 것이다. 그리하여 국제학계에서 다음과 같은 추세가 힘을 얻고 있다. 즉 역사상 '중국'이라고 하는 정치적·문화적 동일성을 가진 국가가 과연 있었는가에 대하여 회의를 가지는 것이다. 어떤 사람은 '중국'이 왜 하나의 '역사세계'로서 인정되고 서술될 수 있는가 하고 묻는다. 이러한 화제는 중국 내부의 논의를 촉발시켰을 뿐 아니라 각 영역에서 영향력을 행사하고 있다.

2) 이때의 동양이란 일본을 가리킨다. －옮긴이

이러한 예리한 질문에 마땅히 감사해야 할 것이다. 이러한 질문이 있었기 때문에 오늘날 우리는 '무엇이 중국인가?'에 대하여 처음부터 새롭게 토론하고 반성할 수 있게 되었다. 나는 '중국'에 관한 역사적 문제가 현재 중국이 부딪히고 있는 곤경의 일부를 이루고 있을 뿐 아니라, 중국학계에 세계 수준에서 생각해야 할 커다란 학술적 과제를 던져주고 있다고 생각한다. 왜 그런가? 하나의 국가로서 '중국'의 성격은 간단히 서구의 전통'제국'이라는 개념을 사용하여 말할 수도 없고, 서구 근대 '민족국가'의 정의와 이론을 가지고 이해할 수도 없는데, 그 까닭은 중국의 강역·민족·문화는 현재 세계의 각국보다 훨씬 더 복잡하기 때문이다.

'중국'의 역사를 회고해본다면, 문화적으로 시종일관 연속성을 가진 중국이 아주 일찍부터 확립되어 왔다고 간단히 말할 수 있다. 진대(秦代) 이후 관방(官方)의 역량으로 "수레는 수레바퀴의 수치가 같고, 글은 문자가 같으며, 행동은 차례가 같도록"[3] 추진·실행되었고, 한대(漢代)에 이르러 제도상 '패도와 왕도를 함께 운용하고', 사상적으로는 '독존유술(獨尊儒術)'을 추진하여 정치·문화·언어상 동일성을 가진 하나의 중화제국이 형성되었다.[4] 그 이후 중고(中古) 시대에 중국은 혼

3) 『예기』「중용 31」.

4) "왕패도잡지(王覇道雜之)"라는 말은 전한 선제(前漢 宣帝)의 말이다. 『한서』「효원제기(孝元帝紀)」에 "선제가 (화가 나서) 낯빛을 바꾸며 말하기를, 漢家가 천하를 다스린 이래 본래 패도와 왕도를 섞어서 썼다. 어찌 덕교에만 의지하고 주나라의 왕도정치만을 쓰겠는가? 라고 했다"라는 말이 있다. '독존유술(獨尊儒術)'에 관한 내용은 동중서가 원광 원년(元光 元年)(B.C.E. 134년) 무제에게 건의한 것으로서 『한서(漢書)』「동중서전(董仲舒傳)」에 보인다. "지금 스승마다 도를 달리하고 사람마다 논의를 달리하여 백가가 향방을 달리하고 지향하는 뜻이 서로 같

란과 분열을 겪으면서 많은 민족들이 서로 융합하고 섞였으며 각 종족의 수령이 번갈아 조대(朝代)를 바꾸어갔지만, 수·당(隋·唐)에 이르기까지 중국의 위세는 여전히 동아시아를 뒤덮을 수 있었고, 강역 내의 여러 종족들에 대하여 통제력을 갖는 대제국의 면모를 유지했다. 일반적인 관념 속에서 한·당(漢·唐) 사이에는 '외국'이라는 의식이나 '국제'질서 또한 거의 없었다. 역사상 흉노·선비·돌궐 등 중국이라는 제국에 저항하고 충돌할 수 있는 역량이 있는 다른 종족들이 있었다고 해도, 전체적으로 말하자면 관념세계 안에는 진정으로 대등한 '적국'은 없었고, '외국'[5]은 더욱이 있을 수 없었다. 송대(宋代), 즉 10세기에서 14세기에 이르러, 중국과 그 이웃의 관계에 비로소 중대한 변화가 발생하였다.[6] 송대에 중국은 이미 다국적 국제 환경에 처하게 되

지 않으니 이로 인하여 위에서는 통일을 유지하는 대책을 세우지 못하고 있습니다. …… 어리석은 신이 생각하기로는 육예의 학과에 속하지 않는 것과 공자의 학술에 속하지 않는 것은 모두 그 길을 끊어버려 나란히 나아가지 못하게 해야 합니다"라고 하였다. 이 건의가 어느 정도 한 무제(漢 武帝)에게 받아들여져 중국 사상 주류의 토대를 이루었다. 후대에 이는 '파출백가, 독존유술(罷黜百家, 獨尊儒術)'이라는 말로 귀납되었다.

5) 24사를 보라. 몽원 시대에 쓰인 『송사(宋史)』에 처음으로 「외국전(外國傳)」 몇 권이 보이고, 또 「만이전(蠻夷傳)」 몇 권이 보인다. '외'와 '내'의 명확한 분별이 생긴 것은 현대의 '국가' 의식과 유사한 것이 갖추어졌음을 의미한다. 송대에는 주변의 적국들이 사방에서 중국을 엿보고 있었다. 이는 마치 모리스 로사비(Morris Rossabi)가 편집한 송대의 국제관계에 관한 논문집의 서명("China among Equals")이 보여주듯이 그 시대로부터 "중국은 호적수를 만났다[中國棋逢對手]"—어떤 사람은 "균등한 세력의 적대국가들 중에 놓여 있던 중국[勢均力敵國家中的中國]"이라고 번역하기도 했다.—라고 말할 수 있다. 또 "중국과 그 이웃들: 10–14세기(The Middle Kingdom and Its Neighbors, 10th–14th Centuries)"라는 부제가 보여주듯이, 이 시대에 중국은 비로소 강대한 이웃들의 가운데에 존재하고 있음을 의식하게 되었다.

었고, 오늘날까지 계속 이어지는 '중국'이라는 의식이 생기기 시작했다. 기본적인 역사 지식만 있어도 이 시대는 과거와 달라졌음을 알 수 있다. 현대 학술계에서 왜 많은 사람들이 '당송변혁론'을 믿으며 당대(唐代)는 전통 시대이고 송대는 중국의 근세라고 강조하는가? 비단 나이토 고난[內藤湖南]이나 미야자키 이치사다[宮崎市定] 등이 이러한 주장을 했을 뿐 아니라, 중국의 푸쓰니엔[傅斯年]·천인커[陳寅恪]·치엔무[錢穆]·푸러청[傅樂成] 역시 모두 같은 생각을 가지고 있었다. 송대가 '근세'인 이유는 도시와 시민의 흥기, 귀족의 쇠락과 황권 전제, 과거·사신(士紳)·향리 사회의 형성 및 문학예술의 풍격 변화 등 송대의 새로운 요소들을 제외하고도, '국가' 자체가 소위 '근세'의 한 표지였기 때문이다. 그러므로 나는 송대를 '중국' 의식이 형성된 관건이 되는 시대라고 강조하고자 하는 것이다.

그러나 이 특별한 국가는 처음에 초기적인 형태를 갖춘 후, 정치상의 국가 변경(邊境)과 국제 환경이 부단히 변화하였다. 그 과정에서 이 유한한 중국이 '지극히 커서 바깥이 없는' 전통적인 천하 관념과 '자기중심'적인 조공체제를 이어갔기 때문에, 송대 이후 문화적 동일성을 가지고 정치적 통일성을 가진 '중국'은 오히려 더 많은 어려움에 부딪혔다. 몽고족의 원나라와 만주족의 청나라라는 두 차례 이민족의 통치가 기존의 변경을 넘어서는 대제국을 건설했던 경우를 제외하고 중국은 매우 특별한 삼중의 곤경에 부딪혔다. 이것이야말로 하나의 국

6) Morris Rossabi 編, *China among Equals: The Middle Kingdom and Its Neighbors, 10th~14th Centuries*(Univ. of California Press, Berkeley, 1983).

가인 '중국'으로 하여금 현재까지도 여전히 '내'·'외'에 대한 동의와 정체성 문제의 곤경을 해결할 수 없게 만들었다. 이러한 곤경은 또 현대 중국의 문제와 결부되어 있기 때문에 나는 이러한 문제들이 심지어 앞으로도 지속될 것이라고 생각한다.

그렇다면 삼중의 곤경이란 무엇인가? 첫 번째 곤경은 송대 이후 주변 국가(일본·조선·안남을 포함)에 '자국중심'의 경향이 나타났다는 점이다. 중국이 한당(漢唐) 시대의 모든 것을 뒤덮는 보편적 문화 흡인력과 여러 방향으로의 전파력을 더 이상 갖지 못하게 되자, 주변 국가들은 적어도 문화적으로는 더 이상 중국에 의지하거나 복속되려고 하지 않았고, 남만·북적·서융·동이가 '중국'을 떠받드는 상황을 달가워하지 않았다. 예를 들어 일본은 수당(隋唐) 이래 이미 중국과 대등하다는 의식을 가졌으나,[7] 정치·경제와 문화상 전면적인 '자국중심주의'는 아마도 몽원(蒙元) 시대에 몽고·강남·고려 연합군이 일본을 공격하였으나 '신풍(神風)'이 불어서 실패한 후에 비로소 시작되었을 것이다.[8] 왜냐하면 이때부터 일본은 '신국(神國)'으로 자처했고, 의식적으로 자신

7) 『수서』「동이전」의 '왜국전(倭國傳)'에 당시 일본 국서(國書)에는 일찍이 "日出處天子致書, 日沒處天子無恙"이라고 쓰여 있다고 나온다. 『일본서기』 권22 「추고천황(推古天皇)」을 보라(일본고전문학대계, 岩波書店, 1965, 1987), pp. 189~191쪽.

8) 나이토 고난[內藤湖南]은 몽고의 내습이라는 외부의 자극과 아시카가 요시미츠[足利義滿]가 이루었던 통일의 의미를 강조하였다. 그는 "응인(應仁)의 난은 일본 문화 독립의 계기"라고 하였다. 한편으로 고우다인[後宇多院] 천황(1267~1324) 등 남조 계통에 개혁사상이 있었던 것이 일본 문화 독립의 내재적 요소였으며, 다른 한편으로 몽고가 중국을 통치하고 또 일본을 내습하였으나 대패하고 돌아가자 일본은 스스로 "신령한 나라가 되었다"라고 믿고 중국을 초월한다는 사고를 갖게 되었는데, 이것이 외재적인 요소였다고 강조했다. 連淸吉, 『日本近代的文化史學家: 內藤湖南』(學生書局, 2004).

의 문화를 발전시켰기 때문이다. 거의 동시에 동아시아 각국이 우뚝 일어났으니, 고려는 이조 조선이 되었다. 이성계가 이조 조선을 건립했고, 일본도 거의 같은 시기에 아시카가 요시미츠[足利義滿]가 남북을 통일하였다. 주변 국가들이 통일을 이루고 나자 각국의 자존의식은 매우 강해졌다. 중국 주변의 안남·유구·조선·일본이 점차적으로 '자국의식'을 형성한 이후, 문화적으로 중국과 힘을 다투기 시작했다. 이리하여 한당 시대의 '동아시아'와는 아주 다른 '국제 구조'가 나타났다. 즉 '천하 관념'과 '예의질서'에 입각한 중국 중심의 국제질서가 주변으로부터 첫 번째 중대한 도전을 받은 것이다. 그리하여 중국은 점차 이러한 변화의 정치와 문화 지도를 받아들이게 되었다. 이것이 중국 주변으로부터 온 변화였다.

두 번째 곤경은 명대(明代) 중기에 서양인들이 온 이후에 형성된 것이었다.[9] 다시금 한족을 중심으로 건립된 국가인 명제국은 더욱 커다란 국제질서 안으로 편입되었고, 중국 역사 역시 세계 역사 안으로 재편성되었으며, 중국 문화 또한 서구 문명의 도전에 직면하게 되었다. 이러한 '초기적인 세계화'라는 역사적 추세는 이후에 점차 더 거세졌다. 만청 시대에 서구인들이 '견고한 선박과 예리한 대포[堅船利炮]'를

9) 명 무종 정덕 11년(1516) 라파엘 뻬레스뜨레요(Rafael Perestrello)라는 포르투갈 사람이 배를 타고 중국에 와서 서양(西洋) 동진(東進)의 서막을 열었다. 정쉬에셩[鄭學聲] 선생이 쓴 『중국근세사』의 『근세중서사일대조표·자서(近世中西史日對照表·自序)』(민국총서 제4편 제75책, 상해고전출판사 영인본)에서 이 포르투갈 사람이 중국에 도착한 그 해를 중국 근세사의 시작으로 삼고서 말하기를, "명대 말기 이래 바닷길이 크게 열려 구미의 문명이 갑자기 동으로 왔다. 국제 문제는 이로 인하여 무더기로 생겨났고, 모든 활동은 세계 각국과 관계가 발생하지 않는 경우가 거의 없었다"라고 하였다.

가지고 중국을 치고 들어와 각종 불평등 조약을 체결하게 되자 '천하'는 점차 '국제'로 변화해갔고, 이전의 중국과는 그다지 일치하는 바가 없는 거대한 지리세계·역사세계·문화세계가 나타났다. 그렇다면 과연 누구의 가치가 이 세계를 지배할 수 있는가? 누구의 질서가 이 국가들 사이[國際]를 통제할 수 있는가? 이것이 중국이 부딪혔던 두 번째 곤경이다.

세 번째 곤경은 청제국의 판도가 확대되면서 점차 형성되었던 내부적 문제이다. 많은 사람들이 명대 중국의 강역은 기본적으로 현재 중국 본토의 15개 성(省)이었고, 이 강역 안에서 여러 종족들과 지역의 문제는 그다지 부각되지 않았다는 사실에 주목한다. 그러나 1644년 만주족이 산해관을 넘어와서 청 왕조를 건립하자, '중국'은 한족 위주의 중국으로부터 만주족과 한족의 제국이 되었다. 1688년 막남(漠南)과 막북(漠北)의 칼카[客爾客] 몽고가 청나라에 항복하자, 중국은 몽고족·만주족·한족의 제국이 되었다. 1759년 준가르[10] 및 천산남로의 크고 작은 호자[11]들을 평정한 뒤에 신강[回部]이 생겼고, 중국은 또 다시 만주족·한족·몽고족·회족의 대제국이 되었다. 명대로부터 시작하여 옹정제 시대에 이르러서는 기본적으로 실현되었던 개토귀류(改土歸流)[12] 정책은 서남의 묘족(苗族)과 이족(彝族)을 원래의 토사(土司)[13]와 토관(土官)[14]이 다스리는 것으로부터 국가 통제 하의 주·부·

10) 중국 서북부 신장 알타이 지역을 지배한 몽골 유목국가를 말한다. －옮긴이
11) 호자(Hoja, 和卓)는 이슬람 종교지도자로 정교일치적 리더를 말한다. －옮긴이
12) 중국에서 원 이후에 북서, 남서쪽 변두리를 다스리던 토사의 관원을 중앙의 유관으로 바꾸어 다스림으로써 중앙 집권을 강화하던 정책이다. －옮긴이

현·청으로 변화시켰고, 이때 중국은 만주족·몽고족·한족·회족·묘족 등 여러 종족 공동의 대제국이 되었다. 순치제에서 건륭제에 이르러 판첸[班禪] 라마와 달라이[達賴] 라마를 책봉하고, 달라이 라마가 승덕(承德)에서 황제를 알현하자 청 조정은 복강안(福康安)을 서장으로 파견하여 금병삭첨(金瓶掣簽)[15] 제도를 확정지었다. 그 후 중국은 '오족(五族: 滿·蒙·回·藏·漢)' 혹은 '육족(六族: 滿·蒙·回·藏·漢·苗)'의 국가가 되었으며, 본래적 의미에서 간단히 말하자면 민족(한족)과 국가(중국)가 일치하지 않게 되었다. 방대한 대제국이 물론 대단하긴 하지만[16] 이로 인하여 발생한 문제들도 매우 심각했고, 방대한 통일국가와 복잡한 정체성 문제는 동시에 불거졌다. 1911년 군주전제 체제[帝制]의 중국이 공화국 제도의 국가로 바뀌었는데, 비록 혁명파가 처음에 민족 혁명을 민중 동원의 수단으로 삼고 "만주족 오랑캐를 내쫓고 중화

---

13) 토사란 남송·원·명·청대의 서남 지방에 둔 지방 벼슬. 소수 민족의 회유 수단으로 그 지역의 추장들을 주로 임명한 세습 족장 제도를 말한다. —옮긴이

14) 토관이란 옛날 묘족이나 요족 등의 소수 민족이 모여 사는 지구에 임명되었던 그 민족 출신의 관리를 말한다. —옮긴이

15) 금병삭첨 제도에서는 특별히 두 개의 금으로 된 병을 세워두는데, 하나는 북경 옹화궁에 두어 몽고 지역의 대활불 전세 영동(大活佛轉世靈童)으로 하여금 옥첨을 뽑게 하는 데 쓰인다. 또 다른 하나는 라싸의 대소사(大昭寺)에 두고 서장(西藏), 청해(青海) 등지에서 대활불 전세 영동에게 옥첨을 뽑게 한다. 몽고와 티베트의 대활불들이 전세(轉世)할 때는 모두 금병삭첨을 통하여 인정받는다. —옮긴이

16) "동쪽 끝으로는 삼성(三姓, 현재 흑룡강성 依蘭縣)이 속한 고혈도(庫頁島, 사할린)까지, 북쪽 끝으로는 외흥안령(外興安嶺, 스타노보이 산맥)에 이르기까지, 서쪽 끝으로는 신강(新疆)·소륵(疏勒, 카슈가르 지방)으로부터 총령(蔥嶺, 파미르 고원)에 이르기까지, 남쪽 끝으로는 광동 경주(瓊州)의 애산(崖山)에 이르기까지 황제께 예를 표해야 하는 지역이며, 진실로 본조(本朝)에 속하는 영토입니다" (『청사고』 제54권 「地理一」, 1,891쪽).

를 회복하자[驅除韃虜, 恢復中華]"[17]라는 구호를 외쳤으나, 본래 한족 정권의 회복을 시작으로 했던 혁명은 마지막에는 누구도 '국토분할'이라는 죄명을 감당하지 못하여 부득불 원세개 등의 현실 세력과 타협하게 되었고, 나아가 보수파와 량치차오[梁啓超]·캉유웨이[康有爲] 등의 국족(國族)에 관한 주장을 수용하게 되었으며, 청제국의 퇴위 조서 중에서 얻고자 했던 오족공화(五族共和)라는 희망사항을 받아들이지 않을 수 없었다. 그러나 청제국의 유산을 받아들였던 중화민국 및 중화인민공화국 역시 마찬가지로 청제국이 가지고 있던 방대하고 복잡한 종족의 문제와 지역 문제를 이어받게 되었다. 이것이 '중국'의 세 번째 곤경이니, 이는 바로 어떻게 내부 각 족군의 국가공동체 의식을 처리할 것인가 하는 곤경이다.

현대 중국이 계승한 것은 송대 이후 점차 변화되었던 주변관계와 명대 이후의 국제 환경이며, 또한 청조가 마지막으로 달성했던 내부의 복잡한 민족국가였다. 그러므로 나는 『택자중국』에서 "'역사상의 중국'은 유동적인 '중국'"임을 강조하였던 것이다. 만약 중국이 여전히 천조(天朝)라는 상상에 머물러 있다면 내부·주변·외부라는 삼중의 복잡한 역사적 문제에 부딪히게 될 것이다.[18] 그러므로 '중국'은 특

17) 장타이옌[章太炎]이 '구만(仇滿)', '배만(排滿)'과 같은 논설을 썼던 것과 마찬가지로, 쑨원[孫中山]도 만주와 몽고를 포기할 것을 고려했었다.

18) 1895년 이후, 중국은 세계, 아시아 혹은 동아시아 역사 안으로 편입되었으므로 이러한 정체성, 강역, 족군 등의 문제를 생각하지 않을 수 없다. 왜냐하면 이러한 문제들은 본래 '문제로 드러나지 않았었다.' 그러나 1895년 이후 이러한 문제들이 모두 드러나기 시작하였고, 2000년 이후 중국 정치·문화·경제가 국제 환경 안에서 변화하게 되자, 이러한 문제들은 피할 수 없는 문제가 되어가고 있다.

이한 '국가'[19]다. 우리가 지금 이해해야만 하는 것은 현재의 이 중국은 "'서구처럼 제국으로부터 민족국가가 된 것이 아니라, 주변 경계가 없었던 '제국'이라는 의식 중에 경계가 있는 '국가'라는 관념이 있었고 또 유한한 '국가'라는 인식 중에 경계가 없는 '제국'이라는 상상이 유지되고 있었다는 사실이다. 그러므로 근대 민족국가는 전통적인 중앙제국으로부터 변모해 나온 것이지만, 여전히 전통적인 중앙제국이라는 의식이 보존되어 있는" 것이다. 그러므로 서구 근대의 '민족국가' 개념은 중국에 그대로 적용될 수 없으며 중국이라는 특수한 '국가'는 역사의 흐름 안에서 이해할 필요가 있다.

2. '중국'에 대한 의문: 각종 역사 연구의 새로운 이론과 방법의 계시와 도전

그러나 어떻게 이 방대하고 복잡한 '중국'을 이해할 것인가? 초기 일본학자들처럼 '지나(支那)에는 국경이 없다'거나 '지나는 국가가 아니다'라고 하면서 중국은 마땅히 만리장성 이남으로 되돌아가서 단순

19) 다민족·다지역으로 구성된 국가는 반드시 전통적 제국이고 현대 국가가 아닌가? 연방제도로써가 아니면 통일 정부가 될 수 없는가? 이는 깊이 토론해봐야 할 문제다. 우봉춘(于逢春)은 『中國國民國家構築與國民統合之歷程—以20世紀上半葉東北邊疆民族國家教育爲主』(黑龍江教育出版社, 2006)에서 "'다민족국가인 근대 중국'은 그 존재 자체로 구미 열강과 일본의 '단일 민족으로 구성된 국가'라는 이론에 대한 도전이다", "오늘날 '다민족이 근대국가를 구축할 수 있다'는 것은 비록 일반적인 상식이지만 20세기 전반의 세계에서는 인식되지 못했다"(p.7)라고 하였다.

한 한족의 국가가 되어야 한다고 이해해야 하는가? 현대 서양학계를 기준으로 하는 '민족국가'라는 형식에 따라 중국을 실질적인 동일성이 결여된 대제국으로 보아야 하는가?

현재 국제학계에서의 '중국' 연구 영역에는 다음 다섯 가지의 이론과 방법이 있는데, 이들은 '중국'을 하나의 역사세계로 취급했던 전통적인 논의들에 대하여 도전과 질의를 던지고 있다.

1) 지역 연구

1982년 미국학자인 로버트 하트웰(Robert Hartwell)이 「750~1550년 사이 중국의 인구·정치(구역)와 사회의 변환(*Demographic, Political and Social Transformation of China*, 750~1550)」[20]이라는 글을 발표한 이래, 지역을 중시하는 연구 방식은 미국에서 송대 중국 연구를 자극하고 또 깊은 영향을 미쳤다. 예컨대 로버트 힘스(Robert Hymes), 리처드 데이비스(Richard Davis), 폴 스미스(Paul Smith), 피터 볼(Peter Bol) 등의 학자들은 송대 무주(撫州)·사천(四川)·명주(明州)·무주(婺州) 지역을 연구했다. 물론 중국의 '지역 연구' 혹은 '지방사' 연구는 이미 윌리엄 스키너(William Skinner)가 시작했지만, 언급한 학자들의 연구

20) 로버트 하트웰은 중국의 이 800년 이래의 변화에서 마땅히 중요하게 고려해야 할 것이 ① 각 지역 내부의 발전, ② 각 지역 간의 이민, ③ 정부의 조직, ④ 엘리트 지식인의 사회와 정치행위의 변화라고 하였다. 당송에서 명대 중엽의 중국 역사 연구의 중심이 과거에는 중국 전체에 있었으나 그는 다양한 여러 지역들로 바꾸었으며, 또 과거의 연구가 동일한 사대부 계층에 주목했다면 그는 이를 국가 엘리트(founding elite)·직업적 엘리트(professional elite)·지방 엘리트 혹은 사신(士紳, local elite or gentry)으로 나누었다. 그는 특히 '지방 엘리트'라는 새로운 계층에 주목하였다.

야말로 하트웰 이후 미국에 영향을 끼쳤을 뿐 아니라, 일본의 중국 연구에도 영향을 끼쳤다. 1990년대 이후의 일본과 중국학계에서는 '지역' 연구에 대한 흥미가 뚜렷하게 늘었고, 이러한 지역 관찰 의식은 상당한 정도로 그 이전 '중국'에 대한 개괄적인 연구를 세밀하게 하였다. 공평하게 말하자면, 이는 역사 연구를 한 단계 심화한 것이다. 확실히 중국 연구는 매우 오랫동안 지방의 차이를 소홀히 여겼고 전체적인 통일성을 강조했다. 그러나 지역 연구의 방법으로 말미암아 상당 정도 '중국 역사·중국 문명·중국 사상에 동일성이 존재하는가?'라는 질의가 나오게 되었다. 심지어 어떤 학자들은 막연하게 '중국'의 역사 세계를 토론하는 것이 불가능하다고 말한다. 그들은 중국을 해부하여 몇 개의 '지방'으로 나누어 세부적인 연구를 하자고 건의한다.

2) 아시아 연구

'아시아'를 하나의 역사세계로 보는 것은 한편으로는 서구의 세계지리 관념의 영향으로 아시아를 하나의 단위로 보는 것이고, 다른 한편으로는 명치 시대 일본에서 출현한 아시아론 및 동양학과 관계가 있다. 이는 매우 복잡한 역사이지만, 간단히 말하자면 '중국'을 하나의 민족국가 혹은 역사세계로 보는 것에 대한 의문은 이미 메이지 시대에 시작되었다. 메이지 시대의 일본 동양학계는 서구 민족국가 관념과 서구 중국학의 분위기를 따라 점차 조선·몽고·만주·서장·신강에 대하여 특별한 관심을 가졌고, 그들은 더 이상 '중국'을 변경과 다른 종족을 포괄하는 동일체로 보지 않았다. 이는 본래 그저 학술 연구의 한 경향이었으나, 점차 정치화되었으며 중국을 이해하는 하나의 관념이 되었고, 심지어 중국에 대한 정책이 되었다. 그리하여 제1·2차 세계대전을 전후로 한 일본 역사학계에서는 매우 유행하는 화제가 되었다.

나는 일찍이 「변경의 관문은 어디에 있는가?」라는 논문에서 이 문제를 논의했다.[21] 명치 시대 이래, 특히 1894년 갑오전쟁 이후, 일본의 중국 및 주변의 영토에 대한 요구는 점점 강렬해졌다. 어떤 일본 학자는 '대청(大淸)제국'을 하나의 '중국'으로 보지 않고 서구에서 유행하는 '민족국가'라는 새로운 관념을 빌려 과거의 소위 '중국'을 서로 다른 '왕조'로 해석하였고, 이러한 왕조들은 그저 하나의 전통적인 제국이라고 보았다. 나아가 실제의 '중국'은 단지 한족을 주체로 하고 만리장성 이남과 서장·신강의 동쪽에 거주하는 하나의 국가일 뿐이며, 중국 주변의 각 민족은 문화·정치·민족이 서로 다른 공동체로 보아야 하므로, 소위 "만(주)·몽(고)·회(강)·(서)장·(조)선"은 모두 그저 중국 외부의 '주변'일 뿐이라고 하였다. 이러한 학술 관념은 본래 토론의 대상이어야 한다. 그러나 그것이 사상 조류와 외교 정책으로 바뀌자, 일본 문화계와 정치계로 하여금 '중국은 마땅히 중앙을 강화하고 주변 사예(四裔)를 포기해야 하며, 일본은 마땅히 서방의 열강과 싸우고 중국으로부터 주변 민족들에 대한 통제권을 빼앗아야 한다'[22]라는 사고방식을 형성하고, 만주·몽고·회강·서장·조선에 대하여

21) 『宅兹中國: 重建有關中國的歷史論述』(北京: 中華書局, 2011)에 수록되었다.

22) 후쿠자와 유키치[福澤諭吉]가 1898년에 발표했던 「十四年前の支那分割論」, 나카지마 탄[中島端]이 1912년 발표한 「支那分割の運命」, 酒卷貞一郎이 1917년 발표했던 「支那分割論」 등이 모두 비슷한 입장이다. 나이토 고난이 1914년에 발표한 유명한 문장인 「支那論」에서 비록 이러한 주장을 반박했으나, 그 역시 중국의 소위 '오족공화(五族共和)'란 공상일 뿐이라고 하였다.

'자기의 국토와 같은' 느낌을 가지게 하였다. 제2차 세계대전 이전인 1923년, 일본의 저명한 학자인 야노 진이치[矢野仁一]는 중국은 소위 '민족국가'라고 부를 수 없고, 만·몽·장 등은 원래 중국 영토가 아니라고 주장했다. 나아가 그는 1943년에 히로시마대학교에서 일련의 발표를 하면서 중국을 넘어서 아시아를 단위로 하는 역사 서술 이론을 제기하였다.

당연히 이는 모두 옛날 일이다. 그러나 요사이 일본·한국과 중국 학술계는 '서방', 즉 구미의 담론에 놀라, 예컨대 오리엔탈리즘과 같은 '포스트콜로니얼리즘' 이론의 영향을 왕왕 쉽게 받아들이면서, 구미를 위주로 하는 '보편적 역사'에서 벗어나려는 희망을 품게 되었다. 이러한 '아시아' 담론은 점차 더 유행하게 되었다. 그들이 제기하는 '동아시아사'·'아시아로부터 생각함'·'아시아 지식공동체' 등의 화제는 '아시아' 혹은 '동아시아'를 하나의 '역사세계'로 만든다. '아시아'를 다시금 제기하는 것은, 어떤 측면에서 말하자면 각 민족국가의 정치적 변경을 넘어서 하나의 상상의 정치공간을 새로이 건립함으로써, 안으로는 '국가중심적'인 경향에서 벗어나게 하고 대외적으로는 '서구의 패권'에 저항하고자 하는 의미를 가진다는 사실을 인정해야 한다. 그러나 역사상 몇 가지 문제들이 명확하게 밝혀져야 한다. ① 아시아는 어떻게, 혹은 언제 하나의 상호동일성과 공동의 역사 연원, 그리고 공동의 타자(구미 혹은 서방)를 가진 문화·지식· 역사, 심지어 정치공동체가 될 수 있는가? ② '아시아'가 하나의 '역사'가 될 때, 그것은 동아시아라는 공간의 연대성 혹은 동일성을 강화하고 부각시키면서 의식적, 무의식적으로 중국·일본·조선 사이의 원심력이나 차별성을 약화시키는 것이 아닐까? ③ 중국 역사 연구자의 입장에서 볼 때 만약 '동아시아로부터 출발한 사고'를 지나치게 강조하다 보면 '아시아' 안에서 '중국'이 희미해지는 것이 아닐까?

3) 타이완의 '동심원' 이론

타이완의 역사학 토론에 관하여 말할 때 가장 곤란한 것은 정치화 문제로서, 여기에서 나는 최대한 학술이라는 관점에서 토론할 뿐, 정치적 가치 판단을 내리지 않으려 한다. '중국'이라는 주제에 대하여 타이완에서는 당연히 계속 경계심을 가지고 있다. 그들은 중국의 현재 정치적 영토를 가지고 역사적 중국을 규정하는 것에 대하여 여러 가지 비평을 한다. 그들은 타이완을 포함하는 '중국'을 규정하기를 피하고, 타이완사를 포함하는 '중국사 서술'을 피하며, 현대 중국의 정치적 영토를 초월하여 새로이 타이완의 위치를 확인하려 한다.

이는 곧 민족국가를 넘어서는 지역 연구의 분위기를 빌려서, 새로이 중국사의 범위를 검토하려는 것이다. 일부 타이완학자들은 '동심원' 이론을 제기하는데, 가장 대표적인 사람은 당연히 두정성[杜正勝] 선생이다. 상당히 개괄적인 한 문장에서 그는 "1990년대가 되자, …… 내가 제기했던 동심원 사관은 '중국을 주체로 하고 타이완을 부속된 것으로 보는' 인식 방법을 바로 잡았다"라고 하였다. 그는 이것이 문화적 패권에 반항하는 것이라고 여겼고, 따라서 전통적인 '중국'이라는 논술을 와해시키고자 했던 것이다. 이 '동심원'이란 바로 타이완을 중심으로 하여 점차 확대되는 것으로서, 첫 번째 동심원은 타이완 본토의 향토사이고, 두 번째 동심원은 (전체적인) 타이완사, 세 번째 동심원은 중국사, 네 번째 동심원은 아시아사, 다섯 번째 동심원은 세계사이다. 그의 논술은 '타이완'을 '중국'이라는 공동체 의식으로부터 구출하고자 하는 의도에서 나온 것이다. 그는 과거에 타이완은 중국에 대한 논술 안으로 끼어들어갈 수밖에 없었으나, 타이완의 여러 종족들 사이의 일체감을 강화하려면 중국 문화의 동일성 신화를 깨야 한다고 생각한다. 왜냐하면 이러한 동일성은 정치권력의 패권하에서 억지로 실현된 것에 불과하기 때문이다.

역사 논술의 입장에서 보자면 타이완을 부각시키자 중국이 불완전하게 되었는데, 이러한 '중심 이탈(離心)'의 추세 가운데 본래 아무런 문제도 없던 중국 논의에도 역시 같은 '혼란'이 발생하였다. 2003년 말, 역사언어연구소 75주년을 경축하는 모임에서 두정셩은 "중국을 초월하는 중국사"를 제창하는 한편, "타이완으로부터 본 천하의 역사 시야"를 또 제창했다. 여기에서 하나의 유명한 예를 들 수 있다. 그 해에 굉장한 쟁의를 불러일으켰던 화제는 바로 지도를 새로 그리는 것으로서 두정셩은 동서를 가로방향으로, 남북을 세로방향으로 하는 과거의 지도제작법을 바꾸어, 그것을 90도 돌려서 타이완을 중심에 두고자 했다. 이렇게 하면 타이완은 '중국'의 동남쪽 '변두리'가 아니라, 중국 연해가 바로 '타이완'을 동심원의 중심으로 하여 위로 펼쳐지는 변두리가 되는 것이고, 유구(琉球) 및 일본은 타이완의 오른쪽 변두리가, 필리핀 등은 타이완의 왼쪽 변두리가 된다.

그렇다면 이러한 역사와 공간 서술에서 '중국'은 사라져버리는 것이 아닌가? 같은 문제가 아마도 신강·서장·내몽·만주 등의 지역 역사 서술에도 잠재된 듯하다.

4) '몽고시대사'와 '신청사(新淸史)'

과거의 습관적인 '중국' 역사 서술에서 '중국사'에 정리되어 들어가기 가장 어려운 것이 바로 몽원(蒙元)과 만청(滿淸) 두 제국이었다. 이 두 대제국은 '중국' 사학에 상당한 곤란함을 끼친다. 즉 한족의 중국이라는 이 중심을 넘어서서 더 풍부하고도 다른 입장·다른 언어·다른 서술의 문헌자료들을 취해야 하고, 더욱 광대한 지역 공간·더 많은 민족·더 복잡한 국제관계를 서술해야 한다는 것이다. 이는 한족 왕조를 서술의 기틀로 삼는 전통적인 '중국사'로 하여금 "북으로는 음산(陰山)을 넘고, 서로는 유사(流沙)에 닿으며, 동으로는 요동(遼東)까지, 남으로는 영표(嶺表)[23]까지 이르는" 왕조를 감당할 수 없게 하였다. 그리하여 일본학자 혼다 미노부[本田實信]와 스기야마 마사아키[杉山正明]는 '몽고시대사'라는 개념을 제기했다. 그들이 '원사(元史)'라는 용어가 아니라 '몽고시대사'라는 용어를 사용했던 것은 세계사와 중국사의 면모를 변화시키는 방법이었다. 왜냐하면 이 역사는 '중국사'가 아니고 '세계사'이며, 원대 역사를 중심으로 하는 중국사의 틀에서 나와 더 거대한 세계라는 공간에 서서 역사를 보는 것이다. 이러한 방법은 많은 학자들의 지지를 받았다.

같은 사례가 바로 청대사인데, 요사이 미국은 점차 '새로운 청대사(新淸史)' 연구의 조류를 형성하고 있다. 새로운 청대사가 강조하는 것은 대청제국이 중국 24사 중의 한 왕조가 아니고, 만청(滿淸) 통치자는 만·몽·회·장·한 및 중앙아시아 여러 나라의 대한(大汗)일 뿐 중국

23) 광동, 광서성 등지를 가리킨다. —옮긴이

의 전통적 황제가 아니라는 사실이다. 만족은 다만 유가의 것을 이용했을 뿐, 본질적으로는 오히려 만족의 문화적 특색과 문화적 정체성을 유지하고 있었기 때문에 만청제국은 중국과 동의어가 아니고 '중국'을 초월하는 제국[24]이라는 것이다. 그리하여 구미와 일본에서 유행하는 소위 "신청사(新淸史)"는 만주 혹은 만족 문화 독립성을 중시하는 측면을 계속 이어갔다. 그들은 모두 청사가 청대의 중국사가 결코 아니며, 더욱이 한족의 중국사가 아님을 강조한다. 그들의 논리는 한편으로는 과거 일본학계의 '이민족 통치' 혹은 '정복 왕조'의 논리를 이어가고 있고, 다른 한편으로는 '민족국가를 넘어서기'에 관한 것이나, '주변 민족의 정체성'을 강조하는 현재 학술이론계의 새로운 이론들을 포함한다. 그 의의는 첫째, 복수의 민족성의 역사에 대한 서술을 유지하고 있다는 점, 둘째, 역사의 과정 안에서 이민족의 한족에 대한 반영향(反影響)을 강조한다는 점, 셋째, 현재 한족의 '중국'을 부인하고 이전의 역사로 소급해간다는 점이다. 그들이 보기에 현재 중국의 강역·민족·문화로부터 역사를 소급해가면 역사를 '중국'으로 귀속시킬

24) 미국학자 마크 엘리엇(Mark C. Elliott)의 『滿洲的道: 八旗與晩期中華帝國的族群認同(*The Manchu Way: The Eight Banners and Ethnic Identity in Late Imperial China*)』은 중국을 통치했던 여러 세기 후에, 기인(旗人)들이 비록 이미 모국어를 잊어버렸지만 정복자라는 의식과 자기 정체성은 여전히 계속 보존되었으므로 만청은 한인 문화에 동화된 왕조가 아니라고 하였다. [이 책은 한국어 번역본이 있다. 『만주족의 청제국』, 이훈, 김선민 옮김, 서울: 푸른역사, 2009.] 또 다른 미국학자인 파멜라 크로슬리(Pamela Kyle Crossley)는 『孤軍: 滿洲三代家族與淸世界的滅亡(*Orphan Warriors: Three Manchu Generations and The End of the Qing World*)』에서 기인은 19세기 말에서 20세기 초, 그 정권이 점차 쇠락해갈 때 오히려 의식적으로 그들의 민족의식을 발전시켰다고 하였다.

수 있기 때문이다.

'몽고시대사'의 시야든 '신청사'의 방법이든 모두 나름대로 의의가 있다. 그러나 몽고 시대나 만청 시대에 한족의 문화가 사회 전반을 뒤덮고 영향력을 미쳤으며 지속되었다는 사실이 이 시대의 역사 세계에 가지는 의의를 지나치게 소홀히 여기는 것은 아닌가?

5) 포스트모더니즘 역사학

마지막으로 '중국'에 대한 도전은 구미의 포스트모더니즘 역사학에서 왔다. 포스트모더니즘 역사학 이론의 '현대성'에 대한 비판 가운데, 근대 이래의 현대 민족국가의 정당성에 대한 회의가 있다. 특히 '상상의 공동체' 이론이 세상에 나온 이후, 현대의 민족국가로부터 과거의 역사를 보는 것에 대한 질의는 역사 연구 중의 '국가'에 대한 오해를 심각하게 드러냈으며, 현대 연구자들이 현대의 국가를 가지고 고대국가를 상상하고 이해하며 서술하는 습관이 생겨났음을 지적했다. 왜냐하면 역사상의 국가는 항상 유동적이었고, 때로는 공간의 크기가 달랐으며, 민족도 분합(分合)을 거듭했기 때문이다.

포스트모더니즘 역사학의 현대 민족국가에 대한 사고방식과 논거는 한편으로는 인도·파키스탄·방글라데시·인도네시아 등의 국가나, 아프리카 대호수 주변의 부족과 국가 등 식민지 경험으로부터 나타났다.[25] 다른 한편으로는 유럽의 근대국가로부터 나타났는데, 유

25) 만약 이러한 이론을 그대로 중국에 적용한다면 오히려 문제가 생길 것이다. 프라센지트 두아라(Prasenjit Duara)는 인도계의 미국학자다. 인도는 영국의 식민시대를 거쳤고, 남아시아는 후에 억지로 방글라데시·파키스탄·카쉬미르 지역으

럽의 근대는 확실히 민족과 국가가 재구성되는 보편적인 현상을 겪었다. 그러나 고대의 중국은 비록 분열이 있었지만 첫째, 광대한 '한문화(漢文化)'가 뒤덮고 있었고, 둘째, 진한의 통일을 거치면서 초기의 '화하(華夏)'에 대한 일체감에 익숙해졌으며, 셋째, 중심과 주변·'한족'과 '이족'의 크고 작은 차이로 인하여 정치·문화·전통은 계속 연속되어 왔기 때문에 소위 전통 '문예의 부흥'도 없었고, '민족국가'의 재건도 없었다. 그러므로 우리가 거꾸로 물어야 할 것은 첫째, 역사학자들은 서구의 역사와 다른 중국 역사의 특수성을 고려해야 하는 것이 아닌가? 둘째, 중국, 특히 한족 문명의 동일성, 한족 생활공간과 역대 왕조공간의 일치성, 한족 전통의 연속과 한족 정권에 대한 일체감 등은 '우연적'이고 '쟁의적'인 것인가? 셋째, 중국은 근대(서구의 근대)에 비로소 점차적으로 건립된 민족국가인가?

'지방'이나 '구역'의 관점, 또는 '아시아'나 '동아시아'의 관점에서 서술한 중국 역사가 되었든, 또는 '타이완 중심'의 관점, '대한(大汗)의 국가'라는 관점, 혹은 '복선적 역사' 의 관점에서 서술한 중국 역사가 되

로 나뉘었고, 지금까지도 어디로 귀속되어야 하는지 불분명하다. 그러므로 인도의 경험이, 예를 들어 인도 출신의 가야트리 스피박(Gayatri C. Spivak)·호미 바바(Homi K. Bhabha)와 같은 학자들로 하여금 비교적 쉽게 국가에 관한 포스트콜로니얼리즘 이론을 받아들이게 했다. 그들은 그들 자신의 감수성·경험과 입장에서 포스트모더니즘 사학의 현대 민족국가에 대한 사고방식과 논거를 밝히고 있는데, 그들 나름대로 옳은 점이 있다. 이렇게 갈갈이 찢긴 족군과 국가의 재건 과정에서 확실히 서구의 민족국가에 비추어 새로이 역사를 재건해나가는 현상이 있다. 그러나 이러한 이론을 그대로 중국에 적용할 수는 없다. 왜냐하면 시종 연속성을 가지고 있는 중국은 근대에 비로소 새로이 구축된 민족국가가 아니기 때문이다.

었든, 이러한 연구들은 모두 중국 역사를 연구하는 사람들에게 '다초점 투시'라는 새로운 시각을 제공함으로써 우리로 하여금 '중국' 역사의 복잡함과 서술의 현실성[26]을 의식하게 해준다.

그러므로 이러한 도전을 수용하고 그 이론들을 넘어서서, '중국'에 관한 역사 서술을 새로이 구축한다면 편견 없이 평심하게 이론적 주제를 토론할 수 있을 것이다.

3. 역사중국 · 문화중국과 정치중국: 서구 민족국가 이론에 대한 중국 역사의 도전

이상 각종 중국 연구의 입장이나 이론과 방법 등은 중국 학술계에 굉장한 충격을 가져왔고, '중국'이라는 것이 자명하고 상식적인 '개념'인지 반성하게 하였으며, 문화적 동일성을 가진 '중국'이 존재하는 것인가를 새로이 토론하게 하였다. 중국사를 연구하는 학자로서 나는 이 '중국'은 진한 통일 왕조 이후 각종 분리와 변화를 거쳐 왔지만 계

26) 杜贊奇(Prasenjit Duara), 『從民族國家拯救歷史—民族主義話語與中國現代史研究(*Rescuing History from the Nation, Questioning Narratives of Modern China*)』(王憲明 中譯本, 北京: 社會科學文獻出版社, 2003). 나는 프라센지트 두아라의 주장에는 그의 이론적 배경과 개인적 경험이 있다고 생각한다. 나도 그가 민족국가의 역사적 이론 틀을 초월하기를 희망한다는 것을 이해한다. 그러나 이러한 주장은 어떤 결과를 낳는 것일까? 그것은 우리가 '중국'을 더 잘 이해하도록 해줄 수 있는가? [이 책은 한국어로도 번역이 되어 있다. 『민족으로부터 역사를 구출하기: 근대 중국의 새로운 해석』, 프라센지트 두아라 지음, 문명기·손승회 옮김, 서울: 삼인, 2004].

속 존재하고 있었다고 설명해왔다. 그 이유는 다음과 같다.

① 변두리에 항상 변화가 있었지만 중앙 지역은 상대적으로 안정되었고, 기본 강역을 갖춘 하나의 정치·민족·문화 구역을 이루었고, 아울러 하나의 역사세계를 형성하였다.

② '정복 왕조', 혹은 '이민족통치' 시대(예컨대 남북조·오대·몽고·만청)가 있었지만 한족문화를 위주로 하는 문화전통은 시종일관 그 지역에서 지속되었고, 명확한 문화공동체 의식과 문화 주류를 이루었다. 그러므로 이는 하나의 문명체(文明體)이다.

③ 어떤 왕조가 건립되든 스스로를 '중국'이라 여겼고, 왕조의 합법성을 중국 전통적 관념세계(예컨대 오행(五行)·정삭(正朔)·복색(服色) 등)에서 찾았다. 24사·통감·십통[27] 등의 한문 역사 문헌에서도 오히려 문화상 이러한 연속성을 가진 국가 관념을 강화하였다.

④ 전통문화 가운데 자아중심의 상상적인 '천하 관념'과 예의·의관(衣冠)에 의거하여 유지되는 '조공체계' 역시 중국의 군주·대신·지식인·민중의 마음속에 '중국' 의식을 강화하였다.

앞에서 나는 이미 송대에 중국 의식이 형성되었다고 말했다. 여기에서 내가 다시 설명할 것은 한당의 성세 이후, 이어서 송대에 문화·정치·경제 및 정체성이라는 면에 있어서 뿐 아니라 '국가'라는 것이

27) 십통(十通)은 당의 통전(通典), 남송의 통지(通志), 원의 문헌통고(文獻通考), 청의 속통전(續通典), 속통지(續通志), 속문헌통고(續文獻通考), 청조통전(淸朝通典), 청조통지(淸朝通志), 청조문헌통고(淸朝文獻通考), 청조속문헌통고(淸朝續文獻通考) 등 10부의 정서(政書)의 총칭. -옮긴이

점차 형성되었다는 것이다. 이하의 네 가지 중요한 원인으로 인하여 이미 국제환경·영토변경·무역경제·국민의 일체감 등의 각 방면에서 중국은 초보적인 '국가' 의식을 가지게 되었다.

① 요·서하·금·몽고가 차례로 존재하면서 대등한 '적국' 의식을 이미 형성하였다. 『송사』에 처음으로 「외국전(外國傳)」과 「만이전(蠻夷傳)」을 구분한 것은 이미 내외가 분명한 '국제(=국가 사이)'라는 것이 분명히 있었음을 설명해준다.

② '감계(勘界)', 즉 강토의 변경을 측정한다는 것은 이미 명확한 변계 의식과 영토 관념이 있었음을 설명해준다.

③ '변경 무역(邊貿)'과 '시박사(市舶司)' 현상의 출현은 경제적 측면에서도 이미 국가라는 경계가 있었음을 설명해준다.

④ 송대의 유명한 '국시(國是)' 관념 및 이민족이나 이문화에 대한 거절과 본토 문화에 대한 강화는 이미 점차 근세의 국가와 정체성 형성으로 이어졌다. 이미 앞에서 설명했듯이, 송대 이후의 '중국'이 대면했던 삼중의 곤경은 더 많은 곤란함을 가져왔다. 그러나 이러한 근세국가는 문화적 동일성과 공동의 역사, 같은 윤리를 가지고 있었고, 엄밀한 국가기구와 정치제도를 가지고 있었다. 게다가 관할 공간이 매우 명확했다. 그러므로 중국 근세국가는 소위 '근대성'과 반드시 관계가 있다고 할 수 없다.

특히 문화적 의의에서 보자면, 한족의 지역을 중심으로 한 국가영토와 국가의식은 송대 이래 중국의 '국가'를 상대적으로 조숙하게 하였다. 그뿐 아니라 국가·중앙의 엘리트와 신사[士紳]라는 세 방면이 협력하여 추진했던 유가(이학)의 제도화·세속화·상식화는 유가윤리의 문명의식을 송대의 도시에서 향촌으로, 중심에서 주변부로, 상층에서 하층으로 확대·전개시켰으며, 일찍이 중국이 문명의 동일성을 갖게 하였다. 그러므로 이와 같이 거의 자명한 '국가'가 한족 중국인의 역사적 기억·서술 공간 및 민족과 국가에 대한 정체성의 기초를 이루었다.

바로 이러한 이유로 중국은 매우 '특수'하다. 혹은 서구식의 근대 민족국가의 형성 과정이 매우 '특수'하다고 말할 수도 있다. 따라서 나는 서구 근대 민족국가의 개념과 정의를 가지고 간단히 역사상의 중국을 평가하는 것은 문제가 있다고 생각한다. 중국에서는 적어도 송대 이후(송대를 중국의 '근세'라고 하는 이유가 바로 이것이다.) 이 '중국'은 '전통제국 형태의 국가'라는 특색과 함께 '근대 민족국가'라는 의미도 가지고 있었다. 그것은 매우 현대적인 민족국가이면서 동시에 매우 전통적인 문명공동체처럼 보였다. 그러므로 전통제국과 현대국가를 이분법적으로 구분해서 보려는 이론이 있다면 이는 중국 역사에는 부합되지 않으며, 중국의 국가의식이라는 관념과 국가 생성의 역사에도 부합되지 않는다.

많은 사람들은 이론이 패션과 같아서 새로울수록 더 좋다고 믿는다. 그러므로 서구의 '민족국가를 넘어서기'라는 이론의 영향력이 점차 커지는 오늘날, 사람들은 '개별 국가사'에 대하여 부적절한 경멸감을 가지고 있으며, 개별 국가의 역사를 연구하는 것이 마치 '낙후'되었을 뿐 아니라 '민족주의'의 혐의가 있는 것처럼 여긴다. 그러나 내가 오히려 묻고 싶은 것은 서구 역사에 대한 이해의 방법을 아시아 혹은 중국의 역사에 그대로 적용할 수 있는가? 우리는 왜 '민족국가로부터 역사를 구출'해야만 하는가? 왜 '역사 가운데에서 민족국가를 이해'해서는 안 되는 것인가? 하는 것이다.

4. 동아시아사는 가능한가? 개별국가사가 여전히 의미 있는가?

서구 역사학자들에게 '개별국가사'란 근대 민족국가의 형성 과정에서 역사 쓰기를 통해서 구축된 국가정체성에 입각한 역사 저술일 것이다. 그러므로 그들에게 포스트모더니즘·세계화의 배경에서 '현대적 역사 서술을 넘어서는 것'은 매우 전복적인 의미가 있을 것이다. 아프리카나 인도 등 일찍이 식민 역사를 겪은 국가들의 경우, 개별국가사의 서술은 의심의 여지없이 식민 시대의 '국가'를 긍정하고 있는 셈이다. 그러므로 그들의 경우 '민족국가를 넘어서는' 역사 서술은 당연히 절대적인 진리다. 그러나 동아시아의 여러 국가, 특히 '중국'의 경우를 보자면 세계사를 중시하는 동시에 개별국가사를 강조하는 것도 여전히 필요하다.

왜 그러한가? 원인은 매우 간단하다. 역사는 문명사일 뿐만 아니라 정치사이기도 하다. 역사적으로 보면 문명 사이의 상호관계와 영향은 국가 사이의 정치적 지배와 강역의 분할과 동시에 존재하는 것이 사실이다. 민족국가의 역사로부터 보자면 국가형성의 과정이든 아니면 국가의 문화에 대한 영향이든 동아시아는 서구와 매우 다르다.

첫째, 동아시아에서는 '국가'와 '황권'을 초월하는 보편종교(예컨대 천주교 등)가 공동체 안의 상호소통과 일체감의 기초 혹은 매개 역할을 한 경우가 없다. 그러므로 각 국가에 속하는 민중들은 문화적으로 혹은 신앙의 면에서 상호일체성을 가질 토대가 없다.

둘째, 비록 중국도 위진남북조·몽고 시대·만청 시대와 같이 다민족이 융합된 경우가 있었지만 일본·조선과 중국 사이에는 대규모의 인구 이동이나 족군의 이동, 정권 교체 등이 없었다. 그러므로 삼국의 강역·민족·문화의 구분은 대체로 안정적이었고 분명했다. 정치에 영향을 주고 문화를 만들어내며 정체성을 구성하는 중대한 역사적 사건들은 기본적으로 '국가'/'왕조'가 주도했으며, 정치·종교·문화를 만들어내는 데 국가의 작용이 매우 컸다.

셋째, 19세기 이전 동아시아에서는 하나의 국가와 민족을 초월하여 서로 마음과 뜻이 통하며, 연합하여 일체를 이루는 지식인들의 집단[士人]이 없었다. 그러므로 각 국가의 입장은 상당히 강렬했다.

넷째, 비록 역사적으로 중국이 일찍이 종주국과 황제의 지위에 있었으나 실제로 중국은 주변 여러 국가에 대하여 전면적인 지배의 역량을 가지지 못했다. 중국과 주변 국가 사이에 관념적으로 화이라는 구분(종족)을 가지고 있었지만, 근세 이래 각 국가는 점차 사상 전통의 주체성(일본의 경우 '국학', 조선의 경우 '주자학' 등)을 세우고 언어의 독립성('언문' 혹은 '가나')을 강화했으며, 더욱이 역사의 독립성(일본의 神代史와 萬世一系, 조선의 단군전설)을 점차 구성해나갔다.

그러므로 내가 보기에 동아시아는 간단히 국가를 초월하는 '공동체'가 되기 어렵다. 개별국가는 역사적으로 볼 때 여전히 매우 중요하다. 우리가 항상 기억해야 하는 것은 동아시아의 역사 가운데 송·원 시대 이후의 중국·일본·조선은 이미 서로 점차 멀어져갔고, 특히

16~17세기 이후 삼국 사이의 차이는 점차 커져서, 정치·경제·문화의 진행 과정이나 결과 역시 상당히 달라졌다는 사실이다. 이것이야말로 세계 혹은 동아시아 역사의 서술 조류 가운데 내가 여전히 개별 국가사의 중요성을 강조하는 이유다.

사실 이는 민족(국가)주의 사학의 팽창이 아니라, 오히려 민족(국가)주의 사학에 대한 경계와 두려움이기도 하다. 왜냐하면 이러한 문제 제기에는 하나의 의도가 포함되어 있는데, 그것은 동아시아의 여러 국가들, 그중에서도 특히 고대[28] 중국의 역사 이해에 있어서 국가(정부) 권력이 지나치게 강대해지고 국족(민족) 의식이 지나치게 팽창하는 것에 대한 경계와 두려움이 있기 때문이다.

이러한 경계와 두려움은 주로 현실의 중국에 대한 것이라고 할 수 있다. 현재 중국에서 권력이 고도로 집중되고 중국 정부가 지나치게 방대한 것은 역사적 근원이 있는데, 이러한 역사적 근원에 대해서는 여전히 고대 중국 역사에 대한 소급과 정리가 필요하다.

근래 중국학계에서 일찍이 '전제'·'왕권'·'봉건' 등의 개념에 대한 토론이 있었다. 이러한 토론의 목적은 역사상의 '중국'/'왕조'가 정치·경제·문화의 각 방면에서 다른 '국가'들의 경우와 어떠한 차이가 있는가, 그 여부를 인식하기 위한 것이었다. 이 논쟁은 치엔무[錢穆]와 샤오공취안[蕭公權]의 1940년대 논쟁 이래 지금까지 계속되었다. 문제가 되는 것은 만약 단지 '개념'의 층차에 머물러 '정명(正名)'을 진행하고, '이론'으로부터 '변증'을 한다면, 진정한 결론을 영원히 얻을 수 없으

28) 이때의 고대란 근현대 이전을 모두 포괄하는 의미로 사용되었다.

리라는 것이다. 그러므로 나는 사람들이 중국의 몇 가지 역사적 현상에 주목해야 한다고 생각한다.

첫째, 종교와 황권의 관계이다. 동진 시대로부터 당대에 이르기까지의 '사문불경왕자론(沙門不敬王者論)'이라는 논쟁은 황권의 승리로 마무리되었고, 승려와 도사들은 점차 관방이 관리하게 되었다. 유가의 충효사상과 불교의 인과보응설은 결합되었고, 불교와 도교, 혹은 그 밖의 다른 종교들도 모두 기본적으로 황권의 지배 하에 놓였다(이는 일본·서구 종교의 상황과 다르다).

둘째, 지방과 중앙의 관계이다. 진대(秦代)로부터 국가는 봉건제도로부터 군현제로 변화했고, 군대는 당대 이후 점차 번진으로부터 중앙으로 귀속되었으며, 문화는 점차 지방의 차이가 없어지고 동일화되는 방향으로 나아갔다. 비록 지방에는 중심으로부터 벗어나려는 경향이 있긴 했지만, 대체로 여전히 동일한 상태에 놓여 있었다(이는 일본의 여러 '번(藩)'이나 서구 중세의 상황과도 다르다).

셋째, 중국의 대외관계이다. 화이 관념의 영향을 받은 중국의 독존관념과 조공체제 형성의 가장 큰 의의는 '황제'가 단지 중국 신민들의 천자일 뿐 아니라 만국 민중 공통의 주인이라는 것이고, 이러한 '천하공주(天下共主)'의 의식은 봉선제천·분음사지 등의 형식을 통해 부단히 강화되고 심지어 신비화되었다. 서양에 비해 동양에서는 '하늘 아래 왕토가 아닌 곳이 없고, 온 나라 안에 왕의 신하가 아닌 사람이 없다'거나 '하늘에는 두 태양이 있을 수 없고 나라에는 두 주인이 있을 수 없다'라는 등의 관념과 전통을 가지고 있었기 때문에 중국의 '황권-국가'는 강토와 신민에 대하여 강한 지배력을 행사했다.[29]

넷째, 중국 내부에 대한 민족관계이다. 역사적으로 본래 서로 다른 각 종족이 점차 혼융되어가면서, 특히 청대가 되어 점차 만·몽·회·장·묘족을 판도 안으로 끌어들여서 수많은 민족의 공동제국을 형성했다. 그리고 이 제국은 지금까지 지속되어 와서 현대 중국의 '민족국가'에는 여전히 전통 중국의 '제국의 기억'이 남아 있다.

일본의 '만세일계(萬世一系)'인 천황 전설과 비교하여 말하자면, 표면상 중국 역사는 각 왕조만으로 '일이관지' 할 수 없다. 예로부터 중국은 분열의 시기가 있었지만 진한제국의 통일로부터 하나의 강력한 중앙집권을 형성했고, 당송 이후 문화적 동일성을 점차 확립했으며, 명대에 이르러 한족을 중심으로 하는 통일 왕조를 재건하였다. 또한 대청제국의 시대에 만주족이 산해관을 넘어와서 몽고를 수편(收編)하고 토사제(土司制)를 유관제(流官制)로 변경했을 뿐만 아니라, 신장 지역을 평정, 서장에 군대를 주둔시키고 금병삭첨을 규정하여, 만·몽·회·장·묘·한족이 합쳐진, 하나의 대제국을 이룸으로써 현대 중국의 판도를 정했다. 이 '국가'는 이미 '역사'로 서술되었고, 그것은 포스트모더니즘 이론에서 말하는 단지 '상상의 공동체'[30]와는 다르다. 그러므로 중국에서는 '반고가 천지를 개벽한 이래, 삼황오제로부터 지금까지'라거나 '25사는 어디로부터 말해야 할 것인가' 등과 같은 말을 종

29) 이러한 역사적 현상은 모두 서구와 동아시아의 일본·조선과 대비해 보면, 분명히 그 사정이 중국과 다르다. 종교(예를 들어 천주교· 불교)는 고대 일본 혹은 서구에서의 지위가 고대 중국에서보다 높았다. 지방(혹은 제후·국왕·장군)의 역량 역시 고대 서구나 혹은 일본이 중국보다 더 강했다. 관원 혹은 지방 호족의 국왕(혹은 황제)에 대한 구속력도 고대 서구나 일본의 경우 중국보다 더 컸다.

종 들을 수 있고, 우리는 이 역사가 지나치게 단선적이고 지나치게 한족 왕조 중심이라고 느끼지만, 왜 이 '국가'가 하나의 '역사'로 서술되는가를 고려하지 않을 수 없다.

나는 세계사의 서술에 찬성한다. 그러나 개별국가사를 하나의 낡고 보수적이거나 혹은 무용한 역사 서술 방식이라고 여길 필요는 없다. 특히 정치사를 새로이 서술할 때 더욱 그렇다. 이는 목이 메일까봐 식음을 전폐하는 것과 다름이 없다. 마땅히 내가 정중하게 설명해야 할 것은 중국 역사 서술에서 이 '개별국가사'의 역사 서술 공간은 비록 '국가'이지만, 현대 민족국가의 변경·종족·정치에 따라 '역사'를 거꾸로 추론해서는 안 된다는 것이다. 그러므로 이는 두아라(Prasenjit Duara)가 말하듯이 '민족국가로부터 역사를 구출'[31]하는 것일 필요가 없다. 다만 이 개별국가사 가운데 '국가'에 관한 서술은 하나의 변함없는 경계선을 가지고 옛 일을 서술하는 것이 아니고, '역사'를 현대국가로부터 소급한 공간 경계로 제한하는 것도 아니다. 예를 들어 중국사에서 '중국'은 내가 이미 여러 차례 설명했듯이 다음과 같은 것이다. "역사상의 중국은 변화 과정 중에 있는 중국이다. 왜냐하면 각 왕조가 분합을 거듭하는 일이 늘 있었을 뿐 아니라, 역대 왕조의 중앙정

30) 상상의 공동체에 관해서는 班尼迪克. 安德森(Benedict Anderson)의 『想像的共同體: 民族主義的起源與散布(*Imagined Communities*: *Reflections on the Origin and Spread of Nationalism*)』(吳睿人 中譯本, 臺北: 時報出版公司, 1999). [이 책은 한국어 번역본이 있다. 『민족주의의 기원과 전파』라는 제목으로 1991년에 번역, 출간(윤형숙 옮김, 서울 : 나남, 1991)된 이후, 『상상의 공동체: 민족주의의 기원과 전파에 대한 성찰』라고 제목이 바뀌어 다시 간행되었다(2002, 2007)].

31) 杜贊奇, 앞의 책.

부가 지배했던 공간의 변계는 더욱 변화를 거듭해왔기 때문이다."[32) 더욱이 이 '중국' 안의 왕조·종족·변경 등은 역사상 계속 변천·교착과 융합을 거듭했다. 만약 개별국가사의 저자가 '민족'과 '국가' 본래의 역사적 변화를 주목한다면, 후대의 '국가'가 본래 있던 '역사'를 인질로 잡는 병폐에 빠지지는 않을 것이다. 이렇듯 개별국가사의 서술은 중국에서 여전히 의미가 있다.

5. 역사·문화와 정치라는 서로 다른 각도에서 이해하는 '중국'과 '중국사'

'중국'의 역사를 새롭게 서술하는 과정에서 나는 세 가지 점을 특별히 중시해야 한다고 생각한다.

첫째, 역사적 의미에서 볼 때 '중국'은 하나의 변화하는 '중국'이라는 점이다. 왜냐하면 각 왕조의 분합이 늘 있었을 뿐 아니라 역대 왕조의 중앙정부가 지배했던 공간적 영역은 종종 변화했기 때문이다. 어떤 지방은 '역사 이래 중국의 영토였다'[33)]라고 단순하게 말해서는 안 된다.

32) 『宅玆中國』(中華書局, 2011), p.31.

33) 이 점에 관하여 우리는 담기양(譚其驤)이 펴낸 『중국역사지도집(中國歷史地圖集)』에 반영된 각 시대 강역의 대소가 서로 다른 '중국'을 볼 수 있다. 한편으로 현대 중국의 정치 영토를 가지고 역사적 중국을 바라볼 필요가 없으며 고구려는 '당 왕조 관할 하의 지방 정권'이라고 여길 필요가 없다. 투루판[吐藩] 역시 당시에는 '중국(大唐帝國) 판도'에 들어가지 않았다. 현재의 동방·서장(東北·西藏)이 비록 중화인민공화국 정부 관할 범위 내에 있지만 역사적으로 그들이 반드시 고대 중국의 영토인 것은 아니다. 다른 한편으로 간단히 역사적 중국을 가지고 현

둘째, 문화적 의미에서 볼 때 '중국'은 상당히 안정된 '문화공동체'라는 것이다. 이러한 토대가 '중국'이라는 '국가'의 기초를 이루며, 더욱이 한족 중국의 중심 지역에서 이는 상당히 분명하고 안정적이다. '수레는 수레바퀴의 수치가 같고, 글은 문자가 같으며, 행동은 차례가 같은' 문명이 추진된 이후의 중국은 문화상의 동일성을 가지게 되었다. '중국(이 민족국가)의 해체'를 지나치게 강조하는 것은 불합리하다.[34)]

셋째, 정치적 의미에서 볼 때 '중국'은 '왕조'와 같지 않으며, 어떤 일가의 '정부'를 가리키는 것도 아니다. 정부, 즉 정권이 '국가'와 동일시될 수 있는가? 국가가 '조국'과 직접 동일시될 수 있는가? 이는 여전히 명확히 해야 할 개념이다. 정치적 공동체라는 의식은 문화적 공동체라는 의식에 영향을 주며, 심지어 역사적 공동체 의식을 말살하기조차 한다. 오늘날에도 어떤 사람들은 부지불식간에 정부를 국가로 이해하거나 역사적으로 형성된 국가를 절대적인 진리로 여기며 충성을 바쳐야 하는 조국이라고 생각한다. 그리하여 수많은 오해와 적의 및 편견이 생기는 것이다.

[번역] 이연승(서울대 종교학과)

대 중국을 다룰 필요가 없다. 역사적으로 안남(베트남)은 일찍이 중국의 내부였고, 몽고는 일찍이 청제국 관할 하에 있었다. 유구(琉球)가 일찍이 조공을 바쳤다고 하여 지금 베트남의 돌깁·외몽고와 내몽고의 분리·유구가 최종적으로 일본에 귀속된 것 등을 용인하거나 이해할 수 없다고 여길 필요가 없다. 마찬가지로 본래 고구려였던 동북 지역이 지금 중국의 판도에 귀속되었다고 해서 조선의 민족감정을 상한다고 여길 필요가 없다.

34) 적어도 송대 이후로 중국에는 문화상 이미 점차 형성되어왔던 하나의 '공동체'가 있었다. 이 공동체는 실제적인 것이고, '상상의' 것이 아니다.

중국 문화의 다원성

(叠加的､凝固的与断续的－从历史看中国文化的复数性)

거자오광[葛兆光]

1. 이끄는 말: 왜 중국 문화의 복수성을 다시 논해야 하는가?

나는 2007년, 홍콩의 한 학회에서 “중국 문화전통은 단수적인 것이 아니라 복수적인 것이다”라고 주장했던 바가 있다. 당시에는 약간의 염려, 즉 중국의 ‘팽창’에 따라 중국이 전통으로 다시 되돌아가고 국학을 강조하며 애국을 소리 높여 외치는 추세에 대하여 염려를 표하기 위한 것이었다. 당시, 나의 의문은 다음과 같은 것이었다. 지금 말하는 ‘국학’이 한족(漢族)만의 학문으로 협소해지는 것이 아닌가? 지금 말하는 ‘전통’이 한족 중국의 문화를 유가(儒家) 일가의 학문으로 협소하게 만드는 것은 아닌가? 이것은 일종의 위험한 극단적 추세가 아닌가? 즉 즈비그뉴 브레진스키(Zbigniew Kazimierz Brzezinski, 1928~)가 『전략적 사유(*Strategic Vision*)』라는 책에서 말했던 “굴기(崛起) 이후의 자신에 대한 착각"[1]이 아닐까? 만약 그렇다면 그것은 매우 쉽게 현재 중국의 소위 '한복 운동(漢服運動)', '염황을 제사하고 여와를 제사하는 것', '공자를 존경하고 경서를 읽는 것' 등의 사회조류와 결합하여, 어쩔 수 없이 전통문화를 존중하거나 공통의 정체성을 강조하게 되고, 소위 '문화자각(≒문화적인 자아 각성)'[2]이라는 논리 하에 문화민족주의, 심지어 국가주의를 추진하게 될 것이다. 그러므로 나는 여러 차례 반복적으로 중국 문화의 복수성, 즉 중국 문화의 복합성·포용성·개방성을 설명해왔던 것이다.

5년이 지나갔으나, 이 글을 쓰는 지금도 나는 여전히 이러한 생각을 가지고 있다. 여기에서 나는 중국 문화사의 관점에서 중국의 문화가 수천 년의 역사 속에서 부단한 중첩·응고·중첩·응고·재중첩·재응고의 반복적인 과정을 통하여 어떻게 복수성을 띠게 되었는지를 설명하고자 한다. 또한 중국의 문화가 만청·민국 초 이후의 백 년 동안 점차 단속의 사이에 놓여있었던 상황을 통하여 복수의 중국 문화전통이 오늘날 왜 개방적인 태도를 가지고 각종 외래문화를 재차 수용하여 중첩해나가야 하는지를 설명하려 한다.

---

1) 나는 이 책을 읽지 못했다. 2012년 2월 14일, 브레진스키는 일찍이 중국의 지도자 시진핑[習近平]과 만났으며, 이 책을 직접 건네주었다고 한다. "굴기(崛起) 이후의 자신에 대한 착각"이라는 말을 《南都周刊》 2012年 7期의 보도문인 「習近平在美國」이라는 글에서 인용하였다.

2) "문화자각"이란 페이샤오퉁[費孝通]의 관점으로, 일정한 문화, 역사권에서 생활하는 사람들은 그 문화에 대하여 스스로 잘 알고, 그 발전 과정이나 미래에 대해서 충분한 인식을 가지게 되는 것을 가리킨다. – 옮긴이

2. 무엇이 비로소 '중국적'인 문화인가?

만약 단지 한족 중국의 문화전통에 대하여 말하자면, 그것은 5가지 정도의 측면을 말할 것이다. 그러나 한족 중국의 문화라고 해도 그것은 단지 선진유가, 송명이학, 오경과 경학만은 아니다. 현재 중국 대륙의 '국학'과 '중국 문화'에 대한 이해는 왜 그렇게 협소한가?

'무엇이 중국 문화인가'라는 문제로부터 이야기를 시작해보겠다. 최근 몇 년에 걸쳐 나는 여러 차례 중국 문화를 논하는 일부 방법에 대하여 비판해왔다. 왜냐하면 중국 문화를 연구한 저작이나 논문들은 종종 일종의 개론적(혹은 거시적인) 방법을 이용하여, 유리한 입장에서 두루뭉술하게 소위 '중국 문화'를 소개했다. 그러나 나는 무엇이 중국 문화인지를 말하려면 '중국'이라는 두 글자가 매우 중요하다고 생각한다. 왜냐하면 '문화'란 모든 민족들이 다 가지고 있는 것이기 때문에, 이 문화는 중국에 있는데(혹은 비교적 명확한데), 그 밖의 다른 국가에는 없다(혹은 비교적 불명확하다)거나 혹은 화인(華人) 세계에는 있는데(혹은 비교적 명확한데), 기타 민족은 없다(혹은 비교적 불명확하다)는 사실을 분명하게 말해야만 비로소 비교적 '전형적'인 중국 문화가 된다. '비전형적'인 것을 모두 서술한다면 그것을 중국 문화라고 할 수 없는 것이다.[3)]

3) 새뮤얼 헌팅턴(Samuel P. Huntington)은 『文明衝突與世界秩序的重建(*The Clash of Civilization and the Remaking of World Order*)』(黃裕美 中譯本, 聯經, 1997) 중에서 "혈연·언어·종교·생활방식은 희랍인들의 공통점이었고, 그들이

그렇다면 무엇이 전형적인 '중국적' 문화인가? 여기에서 먼저 한족 중국의 문화를 위주로 토론한다면, 우선 예로부터의 한족 문화는 중국 문화의 근간이며 핵심이라는 것을 승인해야 한다. 나는 일찍이 어떤 강연에서 특별히 한족 중국의 문화를 드러낼 수 있는 것은 간단히 말하면 다음의 다섯 가지 정도로 귀납할 수 있을 것이라고 말한 적이 있다.

첫째, 한자의 읽고 쓰기와 한자를 이용한 사유다. 고대 전설 중에 창힐이 문자를 만들자 "하늘에서는 곡식이 비처럼 내렸고, 귀신은 밤에 울었다"라는 말이 있는데, 비록 이것이 신화이긴 하지만 중국 문화의 형성에 대하여 한자가 가지는 의미를 잘 설명해준다. 상형을 기초로 하는 한자를 사용하고, 또 지금까지 여전히 사용되는 이러한 문자를 가지고 사고하고 표현한다는 것은(기타의 여러 문화는 대체로 이미 더 이상 상형을 기초로 하는 문자를 사용하지 않는다) 한족 중국인의 사고방식과 의미표현에 있어서 확실히 심원하고도 거대한 영향력을 가지는 것이다.[4] 이는 중국 문화에 영향을 미칠 뿐 아니라 주변, 즉 소위

페르시아 사람들과 기타 비 희랍인들과 다른 점이었다"(p.36)라고 하였다. 그렇다면 한족 중국인은 마찬가지로 족군·언어·종교·생활방식 등의 문화적 요소들을 포함하고 있음으로 인하여 기타 다른 민족과 구분된다. 헌팅턴은 '문화'와 '문명'을 늘 혼용하고 있으며 그다지 뚜렷이 구분하지 않았다.

4) 한자와 표음문자는 다르다. 많은 글자들은 '상형'으로, 예컨대 日·月·木·水·火·手·口·刀 등이다. 더 많은 글자는 더 자세하고 복잡한 표현으로서, 진지하게 고안하여 무언가를 덧붙였다. 예를 들면 刀의 앞에 점 하나를 붙이면 刃이 되는데 이것은 칼등이 아니다. 나무 위에 손(手)을 올려놓은 采, 소가 네모 틀 안에 있는 牢 등은 '회의(會意)' 글자다. 회의가 사용하기에 불충분하자, 음성으로 서로 다른 표지를 삼았다. 이것이 '형성(形聲)'이니, 예컨대 江·河·松·柏 등이다. 그러나 기초는 여전히 '형(形)'으로, 많은 한자의 의미는 자형이나 글자의 구조로부터 추측할 수 있다. 또한 많은 글자의 의미는 상형의 글자 안에서 파생되어 나온

'한자문화권'에까지 영향을 미쳤다.

둘째, 고대 중국의 가정(家庭)·가족(家族)·가국(家國)의 구조 및 이러한 전통적 향촌질서·가족윤리·가국질서의 기초 위에서 발전해온 유가학설이다. 이는 국가·사회와 개인에 관한 유가의 모든 정치적 설계(그것은 희랍·로마의 도시국가 체제의 기초에서 발전해 나온 문화와 매우 다르다)[5]와 그로부터 나온 수신제가, 치국평천하의 사상[6] 등을 포함하는데, 이러한 것들이 고대 중국의 일상생활과 정치적 생활의 전통을 구성했다.[7]

다. 예컨대 "木"은 나무(樹)이지만, "木"이 "日"의 안에 있으면, 곧 태양은 동쪽에서 떠오르기 때문에 바로 동(東)이 된다. "日"은 태양인데, 그것이 "草"의 안에 떨어져 있으면 바로 "莫"(暮)이다. "手"는 힘을 상징하는데 손이 나무 방망이를 들고 있으면 바로 권력을 장악한 "尹", 위엄 있는 "父"가 되며, 아래에 "口"를 더하면 입은 움직이나 손은 움직이지 않는 "君"이 된다. 한자는 사람들의 사고와 상상에 많은 영향을 끼쳤고, 중국인으로 하여금 "글자를 바라보고 의미를 떠올리게 하는" 독서와 사고의 습관을 가지게 하였다. 중국인의 문자에 대한 숭배와 신앙에 대해서는 호적의 「名教」(『胡适文集』 제4冊, 제1卷, pp.51~62, 北京 : 北京大学出版社, 1998)라는 글을 참고할 수 있다.

5) 許烺光, 「東西方文化的差異及其重要性」에서는 중국 문화와 서방 문화의 차이 중 하나는 바로 서방 문화가 개인의 자아의뢰(Self-reliance)를 강조하고, 중국 문화는 군체의 상호의뢰(mutual reliance)를 강조한다는 것이라고 하였다. 『文化人類學新論』에 실려 있다(張瑞德 中譯本, 臺北, 聯經出版事業公司, 1980). 附錄, p.236.

6) 즉 '수신(修身)', '제가(齊家)', '치국(治國)', '평천하(平天下)'를 말한다. 존 페어뱅크(費正淸, John Fairbank)는 『美國與中國』(中譯本, 北京: 商務印書館, 1973)에서 성의·격물·치지로부터 수신·제가·치국·평천하에 이른다는 주장은 일찍이 고대 중국에서는 학자들의 신조였으나, "희랍인의 눈으로 그것을 보자면 일련의 기이하고 불합리한 추론일 뿐이다"라고 하였다. p.64.

7) 이런 측면에 대해서 페이샤오퉁의 『鄕土中國』(본래 1948년에 간행, 上海人民出版社, 2006년 重印本)과 쉬랑광[許烺光]의 『祖蔭下: 中國鄕村的親屬·人格與社會流動』(원서: *Under the Ancestor's Shadow*, 王芃·徐隆德 中譯本, 『許烺光著作集』 2, 臺北: 南天書局, 2001)의 연구를 참조할 수 있다.

셋째, 소위 '삼교합일'의 신앙세계다. 전통적 중국에는 "유가는 세상을 다스리고, 불교는 마음을 다스리며, 도교는 몸을 다스린다"라는 말이 있다. 유불도 각 종교는 공존하고 상보적이며 어떠한 종교도 절대적인 초월성이나 유일성을 갖지 않는다. 그리하여 세속의 황제권을 초월하는 권위는 없고, 서로 정치권력의 지배하에서 동시에 여러 가지를 받아들인다. 황제권의 절대적인 권위하에 있기 때문에 중국은 서구의 경우처럼 황제권과 대립하는 종교가 존재하지 않았고,[8] 불교·도교 및 후대의 천주교·기독교·이슬람교 등 모두 점차 주류적인 이데올로기와 윤리 관념에 복종하게 되었고, 자신의 종교적 성격과 사회에서의 지위를 변화시켜나가 황제권이 허가하는 범위 안에서 보조적인 힘을 발휘하였다. 동시에 이런 상황은 종교를 믿는 신자들로 하여금 분명하고 견고한 종교적 입장을 가지지 못하게 하여, 소위 '삼교혼융'이라는 실용적인 종교 관념을 형성하게 하였다. 비록 종교가 신앙의 절대적 권력을 갖지 않았지만 종교 간의 전쟁은 거의 없었고, 이는 대체로 세계 기타 지역이나 국가에서는 드문 현상이다.[9]

---

8) 이러한 전통의 형성은 동진에서 당대에 이르는 시기까지의 '사문부경왕자론(沙門不敬王者論)'에 대한 논쟁을 거쳐, 당대에는 결국 관방에서 종교신도는 반드시 부모와 군주에게 경의를 표해야 한다고 결정을 내렸다. 반드시 전통적인 '효'와 '충', 즉 고대 중국 전통의 가정윤리와 정치윤리를 받아들여야 한다고 한 것이다. 葛兆光, 『7世紀前中國的知識思想與信仰』(『中國思想史』 제1권), 제4編 제6節 「佛教征服中國?」(上海: 復旦大學出版社, 1998), pp.568~581.

9) 바로 '삼교합일'로 인하여 고대 중국은 정교합일(政教合一)이면서도 종교가 절대적인 영향력을 가지는 이슬람세계와는 다르고, 또 서방 중세기에 일찍이 정권(政權)과 길항관계를 형성하며 서방 정신과 문화의 근원이 되었던 기독교·천주교와도 다르다.

넷째, 우주를 이해하고 해석하는 '천인합일' 사상·음양오행학설 및 이런 학설의 기초에서 발전해 나온 지식·관념과 기술[10]이다. 이런 학설의 근원은 매우 이르며,[11] 후세에 중의(中醫)·풍수·건축 등에 영향을 미쳤을 뿐 아니라,[12] 심지어 정치나 심미의식 등에도 영향을 끼쳤다.[13]

다섯째, '천원지방' 우주론의 영향 하에 형성된 고대 중국의 매우 특수한 천하관 및 이런 천하관의 기초 위에서 발전해 나온 세계를 다루는 도상(圖象)이다. 이런 천하사상하에서 고대 중국은 조공체제를 기초로 하는 국제질서를 형성했다.

만약 이 다섯 가지를 기독교 문명, 혹은 이슬람세계와 비교한다면, 심지어 동아시아나 남아시아에서 신봉하는 불교나 유가 율령을 사용

---

10) '음양'은 일월(日月)·천지에 비유되기도 하고, 또 군신·상하를 상징하기도 한다. 음양으로부터 조금 더 나가 이끌어져 나온 것은 냉난(冷暖)·습조(濕燥)·존비(尊卑)·귀천(貴賤), 그리고 일련의 조절(調節) 기술(技術)을 암시하기도 한다. '오행'은 고대 중국에서 우주 가운데 가장 기본적인 다섯 종류의 기본원소인 '금목수화토(金木水火土)'였다. 그러나 오행은 우주·사회·사람의 신체 중에도 그에 어울리는 사물과 현상이 있다. 심지어 인간의 다섯 품덕인 인의예지신(仁義禮智信)에 대응된다. 사람이 보편적으로 믿는 '오행'은 우주 간의 모든 것을 귀납하고 정리할 수 있다. 예컨대 오색(五色)·오성(五聲)·오미(五味)·오방(五方)·오장(五臟)·오사(五祀) 등이 그것이다. 그렇지 않다면 사회는 혼란스러워지고 우주 역시 무질서해질 것이다.

11) 오행설의 기원과 그 발생 원인에 대해서는 많은 논의가 있다. 현대 고고 자료로는 풍시(馮時)의 「上古宇宙觀的考古學研究」(《歷史語言研究所集刊》 제82本 제3分)에서 2006년 12월에서 2008년 8월 사이에 발굴된 안휘(安徽) 방부시쌍돈일호묘(蚌埠市雙墩一號墓)와 춘추 시대 종리국(鍾離國)의 묘(기원전 518년 오(吳)에서 사망)를 소개하였다. 이 묘의 발굴 보고서는 《考古》, 2009년 제7기에 발표되었다. 주목할 만한 것은 ① 묘의 봉토(封土)와 묘 안의 전토(填土)가 모두 청·백·적·흑·황 등 오색의 혼합이며, 오색·오방·오행 관념과 관계가 있다. ② 오색봉토 아래 흰 석영(石英)의 섬세한 가루를 쌓아올려 만든 둥근 옥기(圓璧)의 흔적이 있는데, 이는 개천(蓋天)의 관념과 관계가 있을 것이다.

하는 지역과 비교해본다면, 이 다섯 가지야말로 '중국'의 '문화'라는 것을 발견하게 될 것이다. 그러므로 나는 지나치게 보편적인 거시적인 개념과 공허한 말(예컨대 중국 문화는 '중용'을 강조한다거나 '윤리'를 중시한다거나 '가정'을 중요시한다거나 하는 등)로써 추상적이고 너무 평범하게 중국 문화를 정의하지 않기를 줄곧 희망해왔다. 더욱이 마땅히 지적해야 할 것은 이러한 문화의 근원은 복잡하며, 절대 '유가'와 '이학', '오경'과 '경학'으로 포괄할 수 있는 것도 아니고, 현재의 소위 '국학'으로 아우를 수 있는 것도 아니라는 사실이다.

12) 최근에 고고 발견에 관한 일부 조기의 문헌, 예컨대 호북 장가산(張家山)에서 출토된 『인서(引書)』에서는 다음과 같이 말한다: "국가를 다스리려면 '위로는 성신일월(星辰日月)에 합할 수 있고, 아래로는 음양사시에 합할 수 있어야(尚(上)可合星辰日月, 下可合陰陽四時)'하고, 사람들의 일상생활에서도 역시 '천지사시'와 대응하여 배합해야 하니, '몸의 욕구를 다스리려면 천지와 서로 (합하기를) 구해야 하는데, 이는 마치 고약(橐籥, 풀무)과도 같다'라고 하였다. 사계절과 같은 천지의 규율도 사람의 생활에 영향을 끼치므로 사람은 하늘과 같이, '봄에는 낳고 여름에는 기르며 가을에는 거두어들이고 겨울에는 숨는(저장하는) 것이 팽조의 도이다'라고 하였다. 만약 사람이 하늘의 '조습한서'와 상응한다면 영원함을 구하여 얻을 수 있다고 한다."

13) 고대 중국인의 생각에는 모든 면에서 '천(天)'을 본받아야 '천'의 신비와 권위를 누릴 수 있다고 여겼다. 그리하여 이러한 '천'의 의미는 제사의식에서는 신비한 지배력으로 변화되고, 점복의식에서는 신비한 대응관계로 변화되며, 시간의 흐름에서는 또 신비한 희망의 세계로 드러나서 사람의 신심을 지탱해주고 또 사람들을 위하여 다양한 곤액을 해결해준다. 일반 민중들뿐 아니라 이 세상의 권력을 장악한 천자와 귀족들도 합리성의 의거와 권력의 기초는 '천'으로부터 왔다고 믿었다. 진한 시대 황궁의 건축은 천의 구조를 본받았고, 한대의 묘실 천정에는 하늘의 별자리를 그렸으며, 한대 황가의 제사에서는 하늘의 신격들을 모두 제사하였다. 제사의 장소는 더욱 천제와 일치하는 구조를 모방하여 만들었다. 사람들의 마음속에 '천'은 무엇과도 비교할 수 없는 숭고한 지위를 가지고 있었다. 천은 자연의 천상이기도 했지만 궁극적인 경계이자 가장 높은 신격이었고, 자명한 전제와 의거가 되는 것이었다.

3. 도대체 무엇이 '중국'인가?

고대 중국은 여러 지역과 여러 족군, 여러 문화를 포함하고 있다. 비록 예악이 붕괴된 춘추전국 시대 이후, 진한 시대에 제1차 응고가 '문화 중국'의 형태를 만들었지만, 중고 시대 여러 종족들과 여러 문화의 중첩이 중국의 문화로 하여금 수많은 이민족의 색채가 뒤섞이게 했다. 그러므로 무엇이 중국적인 문화인가 하는 것은 매우 곤란한 문제다. 이미 복수의 문화전통을 이루었으므로 단수로 표현될 수는 없다.

그러나 문제는 여전히 해결되지 않았다. 왜냐하면 '중국'은 여전히 정의를 필요로 하는 개념이기 때문이다. 앞에서 말한 각종 문화현상이 비록 중국 역사의 수천 년을 관통하고, 계속 주류의 지위에 있었지만 여전히 단지 한족의 문화일 뿐이다. 이런 사실을 우리가 인정한다면, '중국'은 한족의 중국만이 아니므로, 앞에서 말한 '중국적' 문화전통을 간단히 '중국 문화'와 동일시할 수 없다.

점점 더 많은 고고(考古)와 역사의 증거가 예로부터 각 왕조(중국)는 당시 왕조 외부의 문화와 밀접하거나 소원한 교환관계를 가졌음을 드러내준다. 과거에 상대적으로 폐쇄적인 상고 시대라고 해도, 중국이라는 이 토지에서 주변의 문화·종족·종교·물품의 교류와 융합은 상당히 밀접했다. 상고의 삼대 가운데 각 왕조의 혈통이 고사 전설에서 말하는 '황제의 후예'와 같이 그렇게 단순할 수는 없다.[14] 예를

14) 『사기』(北京: 中華書局, 1959)에서 하(夏)나라의 시조 우(禹)는 "황제의 현손이며

들어 상대에 그 혈통은 정말로 '한족' 혹은 '화하족'이었을까? 푸쓰니엔[傅斯年, 1896~1950]은 그렇게 여기지 않았다. 그가 말하기를, 은나라 사람들은 '이인(夷人)'이었으며, 은상(殷商)이 건립한 왕조는 동이와 화하가 교류하고 융합한 결과라고 하였다.[15] 또 어떤 사람은 은상의 문화적 연원은 "후대의 퉁구스 족군 문화와 상당한 관계가 있다"[16]라고 하였다. 이러한 주장은 단지 추측이지만 그 당시 각종 문화의 교류와 융합은 분명히 매우 빈번하고 복잡했을 것이다. 현재 발굴되고 연구된 가장 성숙한 '은허'를 예로 들자면, 리지[李濟, 1896~1979]는 1932년에 안양 은허 고고에 관한 보고서에서 과거에는 하·상·주를 단선적이라고 생각했고, 순수한 고대중국의 은허문화라고 여겼지만, 사실은 다원적인 것으로서, 골복(骨卜)·귀복(龜卜)·잠상(蠶桑)·문신(文身)·흑도(黑陶)·옥종(玉琮) 등 동방에서 온 것도 있고, 청동(青銅)·공두분(空頭錛)·모(矛) 등 중앙아시아나 서아시아에서 온 것도 있고, 쌀농사·코끼리·물소·주석 등 남아시아에서 온 것도 있다고 하였다.[17] 화

전욱제(顓頊帝)의 손자다"라고 했고, 은(殷)나라 시조 계(契)는 제곡(帝嚳)으로부터 나왔고, 제곡 또한 황제의 증손이라고 하였다. 주나라 시조 후직(后稷)의 모친도 제곡의 원비(元妃)라고 하였다. 결국 모두가 황제의 후대라는 것이다. p.49, 91, 111.

15) 傅斯年, 「夷夏東西說」에 보인다.

16) 許倬雲, 『我者與他者: 中國歷史上的內外分際』(三聯書店, 2010), p.9.

17) 李濟, 「安陽最近發掘報告及六次工作之總估計」, 『李濟文集』 제2권(上海人民出版社, 2006). 그는 일찍이 중국고사연구자는 마땅히 "장성으로 자신을 봉쇄시키는 중국 문화관을 타파하고 우리의 눈, 우리의 다리를 이용하여 장성 이북으로 가서 중국 고대사의 자료를 찾아야 한다. 거기에는 우리의 더 오래된 고향이 있다"라고 말했다. 李濟, 「記小屯出土之青銅器(中篇) 後記」, 『李濟文集』 제5권. 그는 「中國上古史之重建工作及其問題」라는 글에서 중국 문화는 하나의 고립된 세계가 아니

하의 예악이 성숙한 주대가 되었다고 해도 남만·북적·서융·동이는 여전히 빈번히 화하에 들어왔다. 과거의 전설 가운데 '단발문신'의 월족(越族)이나, '무당과 귀신을 믿고 음사를 중시했던' 초인(楚人) 역시 점점 주 왕조의 문화 범위 내에 들어오게 되었다.[18] 비록 '예악'이 주대 문화공동체의 공통적 상징이 되었지만 북방의 삼진(三晉)·동쪽 변방의 제로(齊魯)·남쪽의 형초(荊楚)·서쪽의 융진(戎秦)·중원의 정위(鄭衛) 등은 각자의 문화를 발전시켰다.[19] 다만 봉건 제후제도의 구속력으로 인하여 다함께 복잡하고 다원적이며 느슨한 주대 문명을 구성했던 것이다. 내가 보기에 동일하고 질서정연하며 경계가 뚜렷한 '주(周) 문화'는 아마 대개는 후대의 기억을 소급하여 덮어씌우고 상상한 것일 것이다. 마치 주례를 주공이 제작한 것이라고 보는 것과 마찬가지다. 사실 대체로 주 문화의 핵심이라고 말할 수 있는 것은 주로 두 개 전통의 교직(交織)으로, 바로 '예악 전통'과 '무사(巫史) 전통'이다. 지금

라, 그 근원은 "흑해로부터 중앙아시아 초원, 신강의 준가르, 몽고의 고비사막을 거쳐 만주를 발견하는 곳에 이르기까지"라고 하였다. 『李濟文集』 제1권.

18) 『좌전』 선공 3년(기원전 606년) 초나라 군주가 육혼(陸渾)의 융(戎)을 정벌하였다는 기사가 있는데, 육혼의 융은 오늘날 하남의 숭현(嵩縣), 즉 동주의 왕도 낙양 부근에 있었다. 이를 보면, 초(楚)·융(戎)과 화하(華夏)는 지역적으로 교착하고 있었음을 알 수 있다. 초나라 군주는 주 왕조의 상징물인 구정(九鼎)을 기유(覬覦)하고자 했던 것인데, 이는 당시 각 족군들은 모두 이미 동일한 정치공동체인 '중국'(周)의 구성 부분이었음을 말해준다.

19) 다음과 같은 주장도 있다. 음양·오행·팔괘의 관념은 세 가지 서로 다른 점술, 즉 귀복(龜卜)·괘복(卦卜)·매복(枚卜)의 기술로부터 기원한 것인데, 이 세 가지는 각각 중국의 동방·서방·남방의 서로 다른 문화를 대표하며, 동주(東周), 즉 전국 말기에 비로소 점차 종합되기 시작하여, "1차 내부적인 대융합"이 있었고, 아울러 다양한 도덕과 정치의 해석이 부가되었다는 것이다. 龐朴, 「陰陽五行探源」, 《中國社會科學》 1984년 제3기에 실려 있다.

보면 춘추전국 시대 공자 이전, 사람들은 소위 '문화' 혹은 '전통'에 대하여 사실 '자각적'인 상태가 아니라 그저 '자유로운(自在)' 상태에 놓여 있었고, '혼돈'의 조화란 사실 각종 '칠규(七竅)'의 차이를 포함하고 있었다. 바로 그렇기 때문에 '예악붕괴'의 시대는 곧 '문화계몽'의 시대가 될 수 있으며, 이 시대가 도래하자, "백가가 각각 자기 길을 달려가면서 돌아올 줄 모르니 결국 합치되지 못하겠구나!"[20]라고 했던 그 분화 현상이 초래되었고, 공자·묵자·노자 등의 학자들과 유·묵·도 등의 조류들, 게다가 각종 각양의 상호충돌적인 지식·신앙과 풍속이 바로 이 다원적이고 분열적인 시대에 생겨났다. 이는 바로 위잉스[余英時, 1930~] 선생이 말한 바와 같이 "도술이 천하(의 학자들)에 의하여 분열되는(道術將爲天下裂)" 시대야말로 중국 사상의 "축심 시대(Axial Age)"이고, 후대의 각종 사상과 문화에 대하여 무한한 자원을 제공해 주는 시대이기도 하다.[21]

그러므로 진한 통일 왕조가 계승하고 또 확대해나갔던 '중국'[22]은 본래 여러 종족·사상·문화와 지역을 뒤섞어 혼합한 것이었으며, 이러한 것들이 상호 혼융·교착하는 공간이었다. 그러나 한족 '중국'의 민

20) 『장자』 「천하편」, "悲夫, 百家往而不反, 必不合矣!" - 옮긴이

21) 余英時, 「綜述中國思想史上的四次突破」, 본래 2007년 나고야 일본중국학회 59차 대회에서 강연한 「我與中國思想史研究」라는 글이었고, 『中國文化史通釋』에 실렸다(香港: 牛津大學出版社, 2010). 또, 余英時, 「天人之際」, 『人文與理性的中國』(『余英時英文論著漢譯集』, 上海古籍出版社, 2007). 특히 p.107을 참조할 것.

22) 『사기』 권6 「진시황본기」에서 「과진론」을 인용하여 진제국의 통일은 "남으로 백월(百越)의 땅을 취하여 계림군(桂林郡)과 상군(象郡)의 두 군으로 만들었다", "몽염 장군으로 하여금 북쪽에 만리장성을 쌓아 변방을 지키게 하고, 흉노를 700여 리 밖으로 몰아냈다"라고 하였다(中華書局校點本, 1959), p.280.

족 정체성·국가의식과 문화의 추세는 오히려 진한 대통일 시대에 이러한 복잡한 요소들이 최초로 응고되어 형성된 것으로, 『여씨춘추』에서 『회남자』에 이르는 사상의 겸용(즉 소위 백가를 포함하는 '잡가'), 『춘추번로』에서 『백호통의』에 이르는 사상의 정합(즉 파출백가의 '王覇道')이 '중국적' 문화세계를 형성하기 시작하였고, '중국적' 문화의 정체성도 점차 '흉노'·'서역'·'서남이' 등의 압력 하에 떠오르기 시작하였다.[23)]

진대(秦代)에 "모든 도량형을 통일하고, 수레의 규격을 통일하였으며 문자도 통일하는"[24)] 정책을 추진하였고, 한대(漢代)에 '파출백가, 독존유술'[25)] 정책을 시행함으로써, 상상과 전설 중의 '구주(九州)'를 중심 지역으로 하는 '중국'이 출현하기 시작했고, '화하'를 핵심으로 하는 한민족이 형성되기 시작했으며, 천하의 중앙이라는 의식, 음양오행의 관념, 왕패도(유법)를 혼합하는 정치, 한자 쓰기의 습관, 종족윤리의 질서 등을 기초로 하는 '중국 문화'가 그 형태를 이루기 시작했음을 우리는 인정해야 한다. 그 시대의 '중국'은 『사기』「진시황본

23) 한대(漢代) 동경(銅鏡) 명문(銘文)에서는 항상 '호로(胡虜)' 혹은 '사이(四夷)'의 대조하에서 '국가(國家)'라는 글자 모양이 출현한다. 예를 들면 다음과 같다: "侯氏作鏡四夷服, 多賀國家人民息, 胡虜殄滅天下服, 風雨時節五穀熟". 그리고 사마천의 『사기』「대완열전」·「흉노열전」 등을 보면 이미 주변의 이국과 이족들의 존재를 통해서 '중국' 의식이 싹트고 있음을 설명해주고 있다.

24) 『사기』 권6 「진시황본기」, p.239.

25) 『한서』 권58 「동중서전」에 동중서가 상서하여 건의한 내용을 기재하고 있다. "육예의 학과에 속하지 않는 것과 공자의 학술에 속하는 않는 것은 모두 그 길을 끊어버려 나란히 나아가지 못하게 해야 합니다"라고 하였다. 그 목적은 "통치의 기강이 하나가 될 수 있고, 법도가 분명해져서 백성들이 무엇을 따라야 할지 알게 되는 것"이었다. 즉 한제국에 동일한 정치와 문화를 건립하는 것이었다. p.2,523.

기」에서 말했듯이 "제국의 영토는 동으로는 바다 및 조선에 접하고, 서로는 임조(臨洮)·강중(羌中)에 이르며, 남으로는 북향호(北向戶: 북을 향하여 창을 열면 태양의 극남방(極南方)을 볼 수 있다는 뜻)에 이르고, 북으로는 황하를 요새로 삼아 음산(陰山)에서 요동(遼東)까지 연결"[26]되는 상황이었다. 또 사마천이 『사기』 「화식열전」에서 "한나라가 흥성하자 해내(海內)가 모두 하나가 되었다"라는 말에 이어지는 중국에 대한 묘사에서, 고대 중국의 '중국'에 대한 이해는 사마천의 시대에 서쪽으로는 관중(關中)·파촉(巴蜀)·천수(天水), 남쪽으로는 번우(番禺)·담이(儋耳), 북쪽으로는 용문갈석(龍門碣石)·요동(遼東)·연탁(燕涿), 동쪽으로는 해대(海岱)·강절(江浙)에 이르는 지역으로, 이는 이미 대체로 '강역'을 그려내고 있으며 이는 '중국'의 초보적 형성을 알려준다.[27]

400여 년에 이르는 양한(兩漢)은 '중국'의 문화세계를 거의 확립했다. 그러나 그렇다고 해도 중국과 주변의 문화 접촉과 융합은 여전히 멈추지 않았다. 실제로 진·한으로부터 위·진 남북조와 수·당에 이르기까지, 사방에서 집결해오고 서로 교류하고 융합하는 양상은 더욱 명백해졌다. 특히 동한 이후 수·당에 이르기까지는 각종의 이질적 문화가 중국 문화를 새로이 주조해가는 중요한 시기였다. 다음과 같이 거친 방식으로 간단히 서술하는 것에 대해 양해를 구한다.

① 민족이라는 측면에서 말하자면, 진한 시대는 서방과 서역 36국·북방과 흉노·남방과 백월이, 남북조 시대에는 선비족(鮮卑

26) 『사기』 권6 「진시황본기」, p.239.
27) 『사기』 권129 「貨殖列傳」, pp.3,261~3,270.

族)·강족(羌族)이 매우 자주 교왕했고, 각종 종족들이 서로 융합하였다. 서진 시대에는 초조하기 그지없던 한족 문인 사대부 강통(江統)이 「사융론(徙戎論)」을 써서 사람들에게 이 종족 혼융과 잡거의 상황을 경고하고자 하였다. 수당 시대에 이르러 돌궐·투루판이 갑작스레 흥기하고, 페르시아·천축 사람들이 이주해왔으며, 소그드인·위구르인·사타인[28]들이 도처에 존재했으므로 중국은 이미 여러 종족들이 혼융된 문화공동체였다.[29] 사소한 몇 가지 예를 들어보자면, 인도의 구담씨(瞿曇氏)는 당 왕조의 관원이 될 수 있었고,[30] 페르시아 사산(Sassanian) 왕조의 군주와 귀족·승려 역시 대당제국의 신민이 될 수 있었다.[31] 이런 이족들 혹은 이국인들은 후에 모두 중국으로 융합되

28) 6세기 말 이래 알려진 터키계 유목민의 부족 이름. 톈산 산맥 주위에 자리 잡고 서돌궐국을 이루었다. －옮긴이

29) 蘇其康의 『文學·宗教·性別與民族—中古時代的英國·中東·中國』(臺北: 聯經出版事業公司, 2005) '丙篇(pp.237~365)'을 참조하라. 특히 pp.237~241을 보라.

30) 하나의 예를 들어보자. 1977년 서안의 장안현에서 발견한 인도인 구담씨(瞿曇氏)의 묘지(墓志)에는 위에 "법원의 발상은 본래 중천(中天竺)으로부터 시작되었다. 복이 내려 중화에까지 이르러 상국(上國, 여기서는 당나라를 말함)에서 뚜렷해졌다. 그러므로 대대로 경조인(京兆人)이 되었다"라고 되어 있다. 인도에서 온 이 구담씨는 부처와는 본래 하나의 종성(種姓)이고, 수당지제(隋唐之際)에 중국에 간 이후, 오대(五代)에 걸쳐 계속 장안에 거주하였고 그들에게 익숙한 천문역법과 점성의 학을 가지고서 중국의 관원이 되었고, 저저로는 『개원점경(開元占經)』이 있으며, 『구집력(九執曆)』을 번역하였다. 《文物》 1978년 제10기에 실린 조화산(晁華山)의 「唐代天文學家瞿曇譔墓的發現」이라는 글을 참조할 것.

31) 페르시아 사산왕국의 마지막 군주인 야즈다기르드(Yazdagird)의 아들인 페로즈(Peroz)는 그 나라가 아랍인들에게 멸망당한 후, 중국으로 도주하여 당 고종 함형(咸亨) 4년(673)과 5년(675)에 두 차례 장안에 들어왔고 그 수행인들도 중국에서 '페르시아 사찰[波斯寺]'을 지었으니, 이것이 바로 조로아스터교(祆教)의 사원이다. 그의 아들과 수행했던 귀족·수행인·승려들은 수천 명이나 되었고 모두 따라와서 살았다. 方豪, 『中西交通史』 上册의 논술을 참고하라(長沙: 嶽麓書社重印

어 들어와서 경조(京兆) 사람 혹은 장안 사람이 되었다.[32] 바로 이역의 혈연들이 한족으로 융합되어 들어왔기 때문에 진인각(陳寅恪) 선생이 말했듯이 "변방 외부의 야만적이고 날쌔고 용감한 피가 중원 문화의 퇴폐적인 신체에 주입되어, 낡은 것은 제거되고 참신한 기풍이 다시 열려 광대하게 펼쳐지게 되었다. 그리하여 유례없는 세계 정세를 창조해낼 수 있었다"라고 했던 그러한 현상이 나타나게 되었다.[33]

② 물품의 교류에 관하여 말하자면, 에드워드 샤퍼(Edward H. Schafer)의 명저인 『사마르칸의 황금 복숭아—당대의 박래품 연구』(중역본 제목은 『당대의 외래문명』)[34]와 베르톨트 라우퍼(Berthold Laufer)의 명저 『이란계 중국문물고(中國伊朗編)[35]』[36]를 보면 중고 시대에 각종 진기한 물건들·약물·향료·포도·목숙(苜蓿)[37]뿐 아니라, 백희(百戲)·호무(胡舞)·호복(胡服)·호분(胡粉) 등이 중국에 들어와서 소위 "외래민족의 언어와 대상(隊商)과 단장이 오십 년 이래 경쟁하듯 혼란스럽네

本, 1987).

32) 『주서(周書)』 제4권 「명제기(明帝紀)」에서는 황제의 조서를 인용하여 "36국 99개의 성(姓)은 위씨(魏氏)로부터 남으로 이주하고 모두 하남(河南)의 백성이 될 것이다. 지금 주나라 황실은 이미 관중(關中)에 있으니 마땅히 경조인(京兆人)이라고 개칭해야 할 것이다"라고 하였다(中華書局校點本, 1971), p.55. 『수서(隨書)』 제33권 「경적지(經籍志)」 사부(史部)의 보계류(譜系類) 서(序)에 말하기를, "후위(後魏), 즉 북위(北魏)가 낙양으로 천도하자 팔씨십성(八氏十姓)이 있었는데 모두 황족 출신이었다. 또 36개 종족이 있었는데, 여러 나라에서 북위에 복종한 자들이었다. 92개 성(姓)은 대대로 부락의 장로였던 자로서, 모두 하남 낙양 사람이 되었다"라고 하였다(中華書局校點本, 1973), p.990.

33) 陳寅恪, 「李唐氏族之推測後記」, 『金明館叢稿二編』(三聯書店, '陳寅恪文集', 2001), p.344.

34) 謝弗(Edward H. Schafer) 저, 吳玉貴 역, 『唐代的外來文明』(陝西師範大學出版社, 2005).

(胡音胡騎與胡妝, 五十年來競紛泊)"(원진의 「법곡(法曲)」)라고 했던 현상이 나타났다.

③ 종교적 측면을 보자면, 인도와 서역에서 온 불교, 중국 본토에서 일어난 도교, 중앙아시아, 심지어 더 먼 지역에서 온 삼이교(三夷教: 배화교(火祆教)·경교·마니교) 등이 잇달아 중국으로 들어왔으며, 서역에서도 돈황에서도 아니면 장안에서도 각종 종교들이 서로 충돌하기도 하고 서로 융합하기도 하였다. 각종 문화의 교류와 융합 및 충돌의 정도가 어느 정도로 깊었던 것인가? 여기에서 하나의 예를 들어보자면, 8세기 중엽 대략 사천 성도(成都)에서 엮은 선종의 역사서인 『역대법보기(歷代法寶記)』에는 불교와 마니교·경교가 충돌했던 이야기가 실려 있는데, 계빈(罽賓, 지금의 신강)에서 남아시아·서아시아·유럽에서 온 삼교의 충돌이 있었다고 하며, 이 충돌에 관한 이야기는 이미 내지에 전해졌을 뿐 아니라 내지 종교의 발전을 자극하기도 하였다.[38] 더 중요한 것은 쏟아져 들어오듯 잇달아 중국에 들어온 각종 외래종교들이 한편으로 전통 유가에 위기감을 가져왔고, 다른 한편으

35) 이 책의 영어 제목은 *Sino-Iranica, Chinese contributions to the history of civilization in ancient Iran: with special reference to the history of cultivated plants and products*이다. 1919년 Chicago에서 출간된 Field Museum of Natural History. Anthropological series의 한 권이다(vol.15, no.3). -옮긴이

36) 勞費爾(Berthold Laufer) 저, 林筠因 역, 『中國伊朗編』(商務印書館, 1964 제1판: 2001 제2쇄)

37) 소채(蔬菜)의 하나. 거여목. 숙(蓿). 학정초(鶴頂草)라고도 함. 소나 말의 사료로 사용함. -옮긴이

38) 榮新江의 『歷代法寶記』에 대한 연구를 참고하라. 『中古中國與外來文明』(三聯書店, 2001), p.343쪽 이하에 실려 있다.

로 위기감 중에서 생산된 저항 가운데, 점차 서로 섞여가면서 새로운 사상과 문화를 형성했다는 사실이다.[39]

그러므로 요사이 점점 더 많은 학자들이 과거에 고대 중국을 '폐쇄적'·'내향적'·'보수적'이라고 보는 주장에 반대하고, 근대 중국을 서구의 충격에 대하여 중국이 피동적으로 대응했다는 관점에 대해서도 반대하며, 중국의 일관된 개방성을 강조하기 시작하였다. 2000년에 나온 두 권의 책은 매우 흥미로웠다. 하나는 미국학자인 발레리 한센이 중고 중국사 연구서를 새로 출간했는데 서명이 『개방적 제국(*The Open Empire*)』이었다. 그녀는 고대 중국은 하나의 외향적이고 생기발랄한 제국이었다고 했다.[40] 같은 해에 또 다른 미국학자인 조안나 웨일리 코엔(Joanna Waley-Cohen)은 그의 근대 중국사 저작에서 조기 중국의 세계주의를 토론하였고, 정치·종교·상업 각 방면에서 중국사

39) 瞿總之의 「讀〈日本之再認識〉」에서 말하기를, "당대에도 순수한 중국은 아니었다. 왜냐하면 당대는 민족 대혼합의 시대였고, 당대의 각 지방에서는 일본·신라의 유학생·승려와 페르시아의 상인·인도의 바라문승(婆羅門僧)·남양(南洋)의 곤륜노(崑崙奴: '곤륜'은 당대 인도 반도와 남양 군도의 범칭이었고, '곤륜노'는 중국에 이주하여 살았던 곤륜인들의 통칭) 및 기타 중국인과 더불어 섞여서 살았다. 소위 중국인이라는 것은 제실 황친에서 공·경·대부·학사, 병졸에 이르기까지 한말 이래의 각 이민족의 피가 뒤섞여 있었다. 모든 풍속은 모두 뒤섞여 공존했고 심지어 언어 문자 역시 변화의 색채가 있었다"라고 하였다. 그는 아래에서 원진(元稹)과 백거이(白居易)의 예를 나열하면서, 원진은 탁발씨(拓跋氏)의 후예이며, 백거이도 역시 구성호(九姓胡)의 하나라고 하였다. "종족의 관계로 인하여 시의 풍격도 한인들과는 다소 차이가 있다." 『銖庵文存』(遼寧教育出版社, 2001), p.129에 보인다.

40) *The Open Empire: A History of China to 1600*(New York: London, Norton&Company, 2000). 中文本, 『開放的帝國: 1600年前的中國歷史』(梁侃、邹劲风译, 南京 : 江苏人民出版社, 2009). [한국어로는 『열린 제국: 중국』(신성곤 옮김, 까치, 2005)이라는 제목으로 번역되었다. －옮긴이]

가 폐쇄적이고 내향적이라는 주장을 반박하였다.[41)]

4. 송·명의 한(漢) 문화와 원·청의 이질적 문화

이러한 문화사의 혼융과 중첩 상태는 송대에 하나의 전환점을 맞았다. 각종 외국의 압력 하에 '중국' 의식은 점차 부각되었다. 조정·사대부·관료가 힘을 합하여 '도덕을 하나로 하고 풍속을 같게 하고자' 하는 노력, 즉 한족 중국 문화의 동일성과 배타성을 새로이 건립하고 다시금 한족 중국의 문화전통을 응고시켜서, '내'와 '외'·'나'와 '타자'의 문화 영역을 형성하였다. 그러나 이 문화의 새로운 전통은 몽원과 만청이라는 두 차례의 이민족 왕조에 의하여 영향을 받았으며 또 다시 '중첩'을 겪었다. 그렇다면 우리는 송·명 두 왕조가 가진 한(漢) 문화의 색채와 몽원·만청 두 왕조가 가진 이질적 문화의 충격을 어떻게 이해하고 평가할 것인가?

나는 이 논문에서 일찍이 '송대에 중국 의식이 부각되었다'는 문제에 대하여 토론하면서, 고대 중국은 본래 종족·문화·종교에 대하여 개방적이고 중첩적인 상황이었는데, 송대에 점차 상황이 변화되었고, 중고 시대에 수많은 이민족 색채가 중첩된 한족 중국 문화를 거치면서 이 시대에 제2차 재건·정리·재차 응고를 통하여 지금까지 영향을

41) *The Sextants of Beijing: Global Currents in Chinese History*(New York; London: W. W. Norton & Company, 2000).

미치는 중국 문화전통을 형성하였다고 설명했다. 물론 이것은 매우 낡기도 하고 참신하기도 한 새로운 전통이었다.[42)]

8세기 중엽 이래, 돌궐·페르시아·소그드·위구르·투루판·사타 등 각종의 비한족인들이 전란으로 인하여 대량 중국으로 들어왔으며, 10세기 중엽의 오대십국 시대에 이르기까지 각종 이족들이 잇달아 내지에 들어왔다. 그리하여 족군의 문제뿐 아니라 종교의 문제도 가져왔고, 이는 전통적으로 중심에 거주하던 한족 문명에 매우 커다란 위협이 되었다. 송대에 초보적으로 통일을 이루었지만, 송대의 북방 이민족 정권인 요(遼, 거란)·하(夏, 당항강[43)])·금(金, 여진) 및 후대의 몽고 등이 모두 한족 정권을 호시탐탐 노리고 있었다. 일본학자인 니시지마 사다오[西嶋定生]가 말했듯이, "송대에는 비록 통일국가가 출현했지만 연운 16주[44)]는 거란이 점령했고 서북방에 서하가 나라를 세워 송과 대항관계에 있었으며, 거란과 서하는 모두 대등하게 송과 더불어 황제를 칭하였다. 또한 송 왕조는 요나라에 매년 재물을 보냈고, 서하와는 전쟁 상태를 지속하였으며, 이때에 동아시아의 국제관계는 이미 당나라가 군주를 칭하고 주변 여러 나라를 책봉하여 번국으로 만들던 당대와는 크게 달라졌다. 이런 상황으로 본다면 동아시아는

---

42) 葛兆光, 「'中國'意識在宋代的凸顯—關於近世民族主義思想的一個遠源」, 원래 《文史哲》 2004년 제1기에 실렸고, 지금 『宅玆中國: 重建有關'中國'的歷史論述』(北京: 中華書局, 2011)에 수록되어 있다.

43) 당항족(黨項族)이라고도 하며, 서한 시대 서강족(西羌族)의 한 갈래이므로 당항강(黨項羌)이라고도 한다. ―옮긴이

44) 燕雲十六州: 북경(燕)·대동(雲)을 중심으로 장성 남쪽에 있는 탁(涿)·계(薊)·단(檀)·순(順)·영(瀛)·막(莫)·울(蔚)·삭(朔)·응(應)·신(新)·규(嬀)·유(儒)·무(武)·환(寰)·유(幽)·운(雲)의 16주를 말한다. ―옮긴이

이때부터 중국 왕조를 중심으로 하는 국제질서를 승인하지 않기 시작했다."[45] 그리하여 자기중심적인 천하주의가 좌절되자 자기중심적 민족주의가 흥기하기 시작했다. 이는 매우 흥미로운 현실세계와 관념세계의 차이를 보여준다. 즉 민족과 국가의 지위가 날로 떨어지는 시대에 민족과 국가의 자아의식은 오히려 날로 강해지는 것이다.[46]

이러한 상황은 중국 문화사의 거대한 변화에 영향을 주었으니, 바로 전력을 경주하여 한족 문화를 지키고, 널리 확장하는 것이다. 이민족 문화에 대한 고도의 경계심은 어느 정도 이 시대의 '국시(國是)', 즉 상하 일치적인 사상과 문화 공감대가 되었다. '중국'은 주변의 '외국'에 둘러싸여서 자신의 공간도 유한한 경계선 안의 것임을 뚜렷이 알게 되었고, 그로 인하여 문화적으로도 점차 하나의 '국가'를 형성하기 시작하였으며, '한문화'는 '이질적 문화'의 압박하에서 더 이상 당대 혹은 당대 이전처럼 자신만만하게 자신의 영지를 개방하여 대규모로 이질적인 것을 받아들이지 않았고, 점차 자신만의 독특한 전통과 분명한 경계선을 확립해갔다.[47]

이렇게 한족 왕조의 권력을 새로이 강화하고, 한족 중국의 문화전

45) 西嶋定生, 『中國古代國家と東アジア世界』 제6장 「東アジア世界と日本史」(東京大學出版會, 1983), p.616.

46) 이 변화는 상당히 중요하다. 이것은 전통 중국의 화이 관념과 조공체계를, 관념상 실제적인 책략으로부터 상상의 질서로, 진정한 제도상의 거고임하(居高臨下: 높은 데에 거하면서 아래의 존재들에게 임함)로부터 상상세계 속에서의 자아 위안으로: 정치상, 과거의 오만한 천조대국의 태도에서 실제적으로 대등한 외교방략으로: 사상상, 사대부 지식계층의 천하·중국·사이에 관한 관념의 주류 역시 천하의 모든 곳은 왕의 땅이 아닌 곳이 없다는 천하주의로부터 자아의 상상적 민족주의로 변화되었다.

통을 지키고자 하는 사조는 중당 시대에 이미 시작되었다. 한유(韓愈) 이래 정치상·문화상 모두 '존왕양이'라고 할 만한 이런 추세는 위기감이 매우 깊은 지식 군체에서 떠올랐다. 천인취에[陳寅恪] 선생은 한유가 ① 유가의 도통을 건립하고, ② 장구의 번쇄함을 제거했으며, ③ 불교와 도교를 배척하여 정치의 풍속을 구했고, ④ 배불로써 이하(夷夏), 즉 이적과 화하의 구분을 밝혔고, ⑤ 문체를 바꾸어 선전(宣傳)에 유리하게 하였고, ⑥ 후진들을 장려하여 학설의 전파를 촉진시켰다는 등의 여섯 가지 방면에서 의의가 있다고 지적하였다. 문화사의 측면에서 말하자면, 이는 한족 문화의 권위를 새로이 건립하고 이족 문화의 침범을 배척하는 것이다.[48] 이러한 문화적 조류는 지속적으로 송대에 만연되어 있었다. 우리는 송대 전기에 조정에서 예의를 재건하였고 경학자들은 『춘추』학으로 존왕양이를 고취하였으며 사학자들은 당대의 흥망과 오대 사회의 문제에 대하여 진지하게 반성했다. 이런 분위기 속에서 석개의 「중국론」으로부터 구양수·장형(章衡)·사마광의 '정통'에 대한 토론이 출현하게 되었다. 이는 도대체 어떠한 사상적 흐름이고 어떠한 문화조류인가? 동시에 송대 사대부는 새로운 국제질서의 도전에 직면했던 것 외에, 국내의 합법성 위기라는 충격에도 직면하였다. 원인은 매우 간단하다. 이 새로운 왕조는 이미 태생적으로 권력을 누리던 귀족 정권이 아니었기 때문에, 조송 왕조는 왜 합법적인지, 황제는 왜 신성하고 권위를 가지는지 모두 특별히 새로 논증

47) 鄧小南, 『祖宗之法』 제2장, 「走出五代」 가운데, 호한(胡漢) 문제의 해소에 관한 서술을 참조할 것(北京: 三聯書店, 2006). 특히 pp.92~100을 참조할 것.
48) 陳寅恪, 「論韓愈」, 『金明館叢稿初編』(上海古籍出版社, 1980), pp.285~297.

을 해야 했던 것이다. 이것이야말로 송 왕조가 건립된 초기로부터 한편으로 봉선제를 바쳐 하늘에 제사하고(祭天) 분음에서 제사하며(祀汾陰) 천서 사건을 조작했으며, 다른 한편으로 삼대(三代)로 되돌아가 예악을 제작하고 새로운 정책을 제정하며, 사대부와 더불어 천하를 다스린다는 것을 보증했던 까닭이다. 특히 고대 중국이 시종일관 삼대를 최고 이상으로 여겼기 때문에 송대는 황제(예컨대 진종과 휘종)가 문화적 복고갱신에 매우 열정적이었을 뿐 아니라 관료와 사대부도 보수적이든 진보적이든 할 것 없이(예컨대 왕안석과 주희) 적극적으로 '도덕을 하나로 하고 풍속을 같게 하는 것'을 지지했다. 이 이상은 일반 사신(士紳)들까지도 부추겼으며, 사람들에게 이 제국의 문화적 경계선과 사상의 이정표를 새로이 건립하는 데에 특히 명백히 영향을 주었다.

5. '중국 문화': 한족과 비한족의 문화가 융합된 것

송대는 한족 중국의 문화를 건립하였고, 문화의 새로운 전통을 형성하였다. 그러나 그 이후의 역사에서 또 두 차례 거대한 변화가 있었으니, 몽고와 만청이 한족 문화 지역에 들어와 한족 중국을 통치하였으며 또 중국에게 기타 민족의 혈연과 이족의 문화를 중첩하게 하였다. 명대 초기에 일찍이 관방의 지지 하에 '몽고화를 제거하자'는 운동을 추진하였으나 17세기 중엽 이후에 만청이 입관하여 대청제국을 건립하자, 중국에 더 많은 비한족의 문화를 중첩하게끔 하였을 뿐 아니라 중국으로 하여금 본래의 강역을 널리 확장하게 하였다. 그렇다면 소위 '중국 문화'란 만(滿)·몽(蒙)·회(回)·장(藏)·

묘(苗)족의 문화를 모두 수용한 것이 아니겠는가?

바로 이러한 배경에서 송대는 국가(조정)와 사신(士紳, 지방) 양쪽에서 추진하기 시작하여, 점차 한족의 전통과 유가의 윤리를 중심으로 하는 문화적 동일성을 새로이 건립하였다. 이는 내가 『중국 사상사』 제2권에서 말했던 것과 같이, 국가는 '제도'를 이용하여, 그리고 사신은 '교화'로써 양쪽이 일치하여 추진하는 과정에서 유가의 원칙이 절대적인 윤리도덕으로 확정되어갔으며, 이러한 원칙에 따라 건립된 질서 있는 생활의 제도 역시 공통적으로 인정되었고, 점차 각 지역으로 확대되었다. 가정·종족질서의 기초인 '효', 국가질서의 관념적 기초인 '충'은 모든 것을 포괄할 수 있는 윤리가 되었고, 원래 정교(政敎)의 밖에 있는 종교(예컨대 불교와 도교) 역시 반드시 황권의 존재에 주의하지 않으면 안 되었다. 예로부터 유가의 의식(儀式)인 예의 제도 역시 점차 각 지역의 민중생활 안으로 확대되어 새로운 습속이 되었고, '문화'로부터 거절당한 생활습관과 기호들은 잘못된 것으로 확정되었는데, 예컨대 소위 과도한 음주나 미색을 탐한다거나 재물을 모으는 것, 강렬한 개성의 표현, 즉 주색재기(酒色財氣)는 점점 부끄러운 습관으로 낙인찍히게 되었다. 현대어로 말하자면 한족 중국의 국가 공간 안에서 윤리도덕의 동일성은 점차 구축되었고, 보편적으로 승인되는 문화세계가 형성되기 시작하였으며, 중국인의 일상생활의 토대를 견고하게 건립하였다.[49)]

'중국 문화'는 송대에 재차 응고하여 '한족 중국의 문화'를 형성하였고, 앞에서 말했던 '중국적' 문화의 특성은 사실 바로 이 시대에 재차 만들어지고 기초를 갖추었으며 일상화되었다. 국제학계가 모두 승인한 '당·송변혁설'이 지적하듯이, 당·송 사이에 중국에는 거대한 변화가 생겨서 송대 중국의 문화와 이전의 한·당 중국 문화는 사실 매우 다르다. '타자'가 생겼기 때문에 '배타성'이 생기기 시작했고, 그로 인하여 '중국적' 문화가 되었고, '한족의' 전통이 되었다. 의문의 여지없이 이 문화는 후에 중국 문화의 핵심과 주류가 되었다. 그러나 이것이 중국 문화의 전체는 아니며, 불변의 중국 문화도 아니다. 그런데 '중국'에 대하여 말하자면 역사는 상당히 기이하여, 송대는 한족 중심의 문화를 건립했고, 재차 유가를 기초로 하는 윤리를 확정했으며, 한족의 중국의식을 형성했다.

그렇지만 강조해야 할 것은 송대에 한족 중국의 문화를 새로이 건립했고, 새로운 전통을 형성했지만 이후의 중국역사는 또 두 차례 거대한 전환과 변화를 맞이했다. 중국 문화에 대해 말하자면, 몽고와 만청이 두 차례 한족 문화 구역에 진입하여 한족 중국을 통치하였고, 또 중국에 더 많은 혈연과 이족의 문화를 가져왔으며, 중국의 원래 강역을 상당히 확장시켜 주었다. 이 시대에 소위 '중국적' 문화전통은 점점 더 구분하기가 쉽지 않게 되었다.

13~14세기의 몽고 문화는 정권이 바뀜에 따라 한족 문화에 진입하였다. 중국 문화세계에 대한 몽고 문화의 영향은 매우 깊었으나, 지금까지도 이런 '몽고화'에 대한 연구는 매우 불충분하다. 후에 주원장이

49) 葛兆光, 『7至19世紀中國的知識思想與信仰』(『中國思想史』 제2권), 제2편 제3절 「國家與士紳雙重支持下的文明擴張: 宋代中國生活倫理同一性的確立」(上海: 復旦大學出版社, 2000), pp.356~386.

말한 "원이 화하에 있었으나 실제로는 화하의 법도가 아니었고, 따라서 93년의 통치에 화하의 풍속은 타락하게 되었고 아름다운 화하의 도는 붕괴되었다"[50]라고 하였다. 비록 이것은 다소 과장이 섞인 것이지만, 소위 '상하 등급이 없고', '변발에 좌임을 하는' 등 이족의 풍속은 확실히 그 영향이 매우 깊었다.[51] 당시 화북의 한족 중국인들은 사대부들조차 이미 호한의 구분에 대하여 그다지 민감하지 않게 되었다고 한다. 소위 "천하에 오염이 나날이 심해지니, 비록 학문하는 사대부들조차 이러한 뜻을 잘 알지 못하는구나"[52]라고 하는 것은 이미 "송대의 유풍이 다 사라져갔던"[53] 상황을 초래하였다.

이족의 문화는 다시금 한족 문화 안으로 중첩되었다. 몽고인의 '변발추계(辮髮椎髻)'·'호복호무(胡服胡舞)'·'호성호자(胡姓胡字)'는 한족 중국에서 근 1세기 동안 유행하였으며 사람들은 "습관이 된 지 이미 오래되고 편안해져서 더 이상 괴이하게 여기지 않게 되었다."[54] 그리하여 초원민족이 가져온 '말을 달리며 검을 차는(馳馬帶劍)' 풍속이나 상하분별이 없는 예의, 그리고 도시에 진입한 이후의 사치스러운 생활 등도 한족 문화전통에 위협이 되었다. 심지어 몽고족·회회(回回)족과 한족이 통혼하게 되자, 혼례나 상례 등의 예속도 한족의 가족윤리에 영향을 미쳤다. 1세기에 걸친 몽고 통치를 겪고 나서, 송대에 기울

50) 朱元璋, 「大誥序」, 『全明文』 제1册, p.586.

51) 『明太祖實錄』 권176, pp.2665~2666.

52) 劉夏, 「陳言時事五十條」, 『劉尚賓文續集』 제4. 『續修四庫全書』 영인본, 1326册, p.155.

53) 王禕, 「時斋先生俞公墓表」, 『全元文』 55册, p.618.

54) 『明太祖實錄』 권30, p.525.

인 '도덕을 하나로 하고 풍속을 동화하고자' 하는 노력은 거의 효과를 거두지 못하고 사라져 버린 듯하다. 이민족 문화와 한족 문화의 교착과 융합은 이미 매우 심각한 정도에 도달했던 것이다. 한족의 전통적 관념 가운데 가장 중요한 문화적 상징(의관·풍속·언어)에서, 가장 중요한 사회질서(사농공상·농촌종족)에서 모두 문제가 생겼다. 그러므로 한족이 다시금 정권을 잡은 명대 초기에 새로운 정권은 황권의 추진하에 일찍이 '몽고화를 제거하자'는 운동을 펼친 바 있다. 그리하여 호복을 입지 않고, 호성을 쓰지 않고, 다시금 유가의 예의를 건립하고 유가의 질서를 회복하며, 문화의 중심을 중국의 15개 성으로 되돌려서 명대의 중국은 또 다시 한가(漢家)의 천하를 회복하는 듯하였다. 명대인들은 일찍이 명대 초기의 문화변혁은 "새로운 일대의 제작으로서, 백년의 누습을 크게 씻어내고, …… 진정 저 멀리 삼대의 성세를 추구하니 한·당·송이 능히 미칠 수 없는바"[55]라고 여겼다. 마치 중국의 문화세계는 다시금 응고되어, 또 다시 한족 문화의 경계를 단단히 지키는 것처럼 보였다.[56]

그러나 역사는 또 다시 굴절되었고 한족 중국의 문화전통을 다시 건립해가는 과정을 단절시켰다. 1644년 만청이 산해관을 넘어 들어온 이후, 중국은 점차 만·한·몽·회·장·묘 등 여러 종족을 포용하게 되어, 하나의 '다민족 대제국'을 이루었다. 각 이족의 문화, 예컨대 종교신앙·생활방식·사상관념·언어형식 등이 또 다시 '대청(大淸)'이라는

55) 『皇明條法事類纂』, 제22. 『中國珍稀法律典籍集成』 乙編 제4册, p.978.

56) 이상은 모두 復旦大學 歷史學科 張佳의 박사논문 「洪武更化: 明初禮俗改革研究」(復旦大學, 2011)을 참조한 것이다.

이 대제국 문화체계 안으로 수용되었다. 1911년 중화민국이 성립하기에 이르기까지, 나아가 1949년 중화인민공화국이 성립하기에 이르기까지 변함없이 사람들은 「청의 황제 퇴위 조서(淸帝遜位詔書)」에서 제창한 "만·한·몽·회·장, 오족을 합한 완전한 영토를 일대 중화민국으로 한다"라고 했던 것을 받아들였고, 국가는 대청제국이 남긴 국토 강역을 계승했다. 그렇다면 '중국적'이라고 부를 수 있는 이 같은 문화는, 다시금 내가 앞에서 말한 다섯 가지 특징을 가진 한족 중국 문화를 이미 깨뜨리는 것이다.

그렇다면, 중국 문화의 '복수성'은 만·몽·회·장·묘의 문화를 모두 수용한 것인가? 현재 중국에서 흥기하는 국학열, 전통열이 당면한 문제는 바로 여기에 있다. 그것은 본래 복수의 문화인데 단수를 선택하는 것이다.

6. 중국 문화의 복수성: 한족 중국의 문화를 핵심으로 하는 다문화공동체

(다)민족국가로서의 '중국'의 특수성을 다시 말한다. 이런 특수성은 중국 문화의 복수성을 이룬다. 비록 '중국'은 중심부(황하와 장강 중하류)로부터 사방으로 점차 확장되어간 (다)민족국가이지만, '문화'는 한족 중국의 문화를 핵심으로 점차 각종 문화가 융합되어 형성한 문화공동체이다. 그러므로 '왕조'의 강토를 역사적 공간과 문화적 범위로 사용할 수 있지만 소위 '한화(漢化)' 혹은 '화화(華化)'의 주장을 견지할 필요가 없다.

지금 중국에서는 많은 사람들이 '국학'을 제창하고 있다. 어떤 사람은 '국학'은 바로 오경(五經) 유가의 학문이라고 하고, 또 어떤 사람은 '국학'은 호적(胡適)이 당시에 제창했던 '국고지학(國故之學)'이라고도 하며, 어떤 사람은 현재 중국은 이미 여러 민족을 포괄하였고, 대청제국을 계승하였으며 중화민국은 방대한 강역을 형성하였으므로 마땅히 '대국학(大國學)'이 있어야 한다고도 말한다. 따라서 나는 여기에서 다시금 '중국'을 언급하지 않을 수 없는 것이다. 2011년에 나는 『택자중국(宅玆中國)』이라는 책을 출판했는데, 그 첫 번째 편의 서론은 바로 「'중국' 관련 역사 서술의 재정립」으로서, 말하고 있는 것은 현재 중국에 관한 역사 서술이 수많은 도전에 직면하고 있으며, 따라서 우리는 특별한 (다)민족국가인 '중국'이 동시에 하나의 문화세계일 수 없는가 하는 점을 고려하지 않을 수 없다는 것이었다.

나의 생각으로는 우리가 협애한 민족주의 혹은 국가주의에 반대하고 역사 연구에서 완고한 '국가 경계'를 넘어서기를 희망한다고 해도, 동시에 '국가'(혹은 '왕조')가 '문화'를 만들어나가는 역량은 매우 강력하다는 점에 주목해야 한다. 이는 동아시아 여러 나라의 특색으로서, 중국·일본·한국 등의 나라에서의 정치적 역량은 서구에서보다 훨씬 강했고, 국가의 강역도 서구보다 훨씬 더 안정적이었다. 서구 민족국가는 모두 근대에 이르러 비로소 점차 형성되었지만 중국의 중심 지역은 이미 진(秦)나라 때부터 매우 분명했다(변두리는 부단히 변화하였지만). 일본·조선·월남·유구의 종족과 문화적 공간 역시 마찬가지다. 국가 강역을 넘어서며, 황권을 능가하는 종교가 없고, 편리한 자유 이동이나 교류의 조건이 없으며, 더욱이 국가를 초월하는 동아시아 지식인공동체 같은 것이 없다. 동아시아에서는 대소·내외·자타의 경계가 매우 분명했고, 국가(왕조)의 작용이 매우 커서, 문화를 구획하고 정체성을 만드는 작용을 할 정도였다. 이는 서구의 경우처럼 여러 종족들이 서로 왕래하고 각국의 왕실이 통혼하며, 지식도 서로 유동적이어서 고희랍 로마의 문화전통을 공동으로 향유했던 것과는 다르다. 서구의 종교적 역량은 매우 커서 교황 권력이 세속 왕권의 위에 있었고, 사람들은 하나의 신앙세계를 같이 향유했다. 그러므로 나는 중국·조선·일본·월남 등, 동해와 남해의 커다란 원을 이루는 구역을 '서로 에워싸고 있으며 교착했던 역사'로 보고 이 지역을 연결하여 연구하는 것을 찬성하기는 한다. 그러나 학계가 '민족국가로부터 역사를 구출'하기 위하여, 국가·왕조·황제의 '구획'의 역사와 문화를 '만들어 온' 작용을 소홀히 하는 것에 대해서는 우려를 표한다. 또 새로운 역사학의 이론을 적용하기 위하여 연원이 유구한 민족국가(혹은 다민족국가)인 중국이 하나의 안정적인 역사 공간이었고 또 하나의 안정적인 문화세계였다는 사실을 소홀히 해서는 안 된다.

의심의 여지없이 하나의 문화세계로서의 '중국'도 역시 고정불변의 것은 아니고, 점차 중심(황하와 장강 중하류)으로부터 사방으로 확장해간 공간이며, '중국 문화' 역시 단일한 문화가 아니라, 한족을 핵심으로 점차 여러 종족의 문화를 융합하여 이루어온 공동체다. 그러나 문제는 두 가지 방면에서 보아야 한다. 하나는 진한(秦漢)·송대·명대에 있었던 세 차례의 문화세계의 응고로 인하여 그것은 점차 한족 중국 문화의 주축과 주변을 형성해왔고, 특히 송대와 명대에는 '중국'(한족 중국)에 관한 의식 및 '외국'(주변의 만이(蠻夷)와 이역(異域))에 관한 인식이 점차 형성되어, '화(華)'와 '이(夷)' 사이에 명확한 구분이 생기기 시작했다. 이는 송·명 두 왕조 때에는 조정과 사대부가 협력하여 추진하여 상당히 안정되고 견고해졌으며, 중국의 핵심 지역(즉 전통적으로 말하는 중국 18개 성)으로 하여금 시종일관 이러한 문화를 고수하게 하였고, 점차 주변으로 확산하고 전개하여 특징이 매우 명백한 '문화세계'를 형성하였다. 이런 점에서 보자면, 한족 중국의 문화는 이 문화세계의 중요한 핵심이고, 흉노·선비·돌궐·몽고·만족뿐 아니라 일본·조선·안남 할 것 없이 모두 일찍이 이 한족 문화의 영향을 받았다. 그러나 다른 한편으로 보면, 우리는 '한화(漢化)'나 '화화(華化)'를 고집할 필요가 없음을 나는 강조하고 싶다. 과거에 천위안[陳垣] 선생은 「원대 서역인들의 화화에 대한 연구」라는 글에서 몽고가 중국을 점령한 후에 서쪽과 북쪽에서 왔던 이족 사람들이 오히려 한인들에 의하여 화화되었다고 주장했다. 얼마 전 타계한 허빙디[何炳棣, Ping-ti Ho] 역시 일찍이 만청이 '한화(漢化)'했기 때문에 중국을 통치할 수 있었다고 주장했다. 이런 주장에 대해서는 그 배경과 그들의 심경을 잘 파악해야 할 것이다. 진원 선생은 뼛속깊이 한족 중국의 민족주의자로서, 그의 『자치통감』에 대한 「호삼성(胡三省) 주해 연구(通鑑胡注表微)」나 「남송 초기 하북 지역의 신도교 연구(南宋初河北新道教考)」는 모두 항전 시기에 민족이 멸망 위기에 처했을 때 쓴 것으로서 민족의 자존감을 강하게 지니고 있다. 허빙디 선생 역시 이국에 거주하면서 민족 문화의 역량을 강조했던 미국 국적을 가진 중국인으로서, 로우스키(Evelyn S. Rawski)와의 논전에서 한족 중국인의 감정 색채를 뚜렷이 지니고 있었다.[57)]

문화의 침투·교류와 융합·영향 등은 늘 교착적이다. 역사적으로 볼 때, 한편으로는 원나라 때 서역인들의 한화(漢化) 경향이 매우 심했고, 만청의 한화 색채도 농후했지만, 몽고 통치 하의 중국 한족 전통의 변화 역시 매우 컸고, 만청제국 역시 한족 중국에 지대한 변화를 가져다주었다는 것을 우리는 발견할 수 있다. 유행하는 '현대성'으로 말해보자면, 내가 보기에 중국의 도시상업·오락 및 시민생활 방식의 발전이 매우 빠른 것은 어쩌면 몽원과 만청이라는 두 차례에 걸친 이민족 통치 시대에 이루어졌던 것 같다. 무슨 원인이었을까? 한족의 유가 문화는 향촌질서를 기초로 하며, 도시의 생활방식과 질서는 한족의 유가세계에서는 비판받는 것이었다. 그러나 몽원 시대에 도시는 매우 빨리 발달했는데 바로 유가윤리가 잠시 그다지 강한 제어력을 갖지 못했기 때문이었을지도 모른다. 몽고인들은 완전히 유가 사상을 가지고 생활세계를 다스리지 않았다. 한 가지 예를 들자면 원대에 희곡이 매우 발달하였는데, 이는 도시의 발전과 큰 관계가 있고, 사대부의 가치 관념에 변화가 생겼던 것과도 관계가 있다. 사대부들이 높은 관직에 오르지 못하고 시민이 되자 그들은 도시에서 생활하게 되었고, 잠시 '치국평천하'의 가치 관념에서 벗어나서 일부는 '유민(遊民)'이나 시민(市民)·청객(清客)·낭인(浪子) 등의 행렬에 들어가게 되었

57) 羅友枝(Evelyn S. Rawski), "Presidential Address: Reenvisioning the Qing: The Significance of the Qing Period in Chinese History", *The Journal of Asian Studies*, Vol. 55., No.4(Nov. 1996), pp.829~850; 何炳棣(Ping-ti Ho), "In Defense of Sinicization: A Rebuttal of Evelyn Rawski's Reenvisioning the Qing", *Journal of Asian Studies*, Vol.57. No.1, 1998. pp.123~155; 中譯本, 「捍衛漢化: 駁伊芙琳, 羅斯基之〈再觀清代〉」, 《清史研究》(北京: 2000년 제3기)에 실림.

으니 그들이 희곡의 창작과 연출 감상의 흥미를 촉진시켰을 것이다. 또 예를 들어 만청 왕조 역시 어떤 의미에서 잠시 유가윤리가 일상생활 세계에서 가지는 제어력을 약화시켰다(표면상으로는 청조 황제가 여전히 유가학설을 창도했지만). 앞에서 말했듯이 허빙디는 일찍이 청대의 한화를 특히 강조하여, 미국 국적을 가진 일본계 학자인 로우스키와 변론하였는데, 두 사람은 각자 나름의 근거가 있었으나 한쪽만을 지나치게 강조했던 것은 모두 옳지 않다. 나는 수많은 조선의 사절단이 북경에 조공이나 새해 인사를 하러 왔던 기록 자료를 읽었는데, 많은 기록들은 만주인들이 중국을 지배하고 있었기 때문에 현재 우리들이 말하는 '자본주의'와 '현대성'이 청대 도시 안에서 크게 발전했음을 증명해주고 있었다. 예를 들어 상업의 기풍이 크게 성행하여, 대학사들도 모두 융복사(隆福寺)에 가서 장사를 했고, 한족의 풍속은 점차 쇠락하여 조선의 사신들은 북방의 중국에서도 남녀가 서로 섞이고, 주인과 종 사이에 구분이 없으며, 생활이 사치스럽고 오락이 성행하며, 상례에 음악을 사용하고, 관공(關公)과 불타에게는 공양하되 공자는 푸대접하는 등의 상황을 목도하였다. 이런 현상들은 조선인들로 하여금 만청이 입관한 이후 한족의 문화전통이 쇠락했다고 느끼게 하였다.

그러므로 한편으로 한족은 이민족을 동화시켰지만, 반대로 다른 측면을 발견할 수 있다. 즉 이민족 통치가 한족 유가윤리의 제어력을 약화시켰던 것이다. 이것은 한족이 호화(胡化)된 것인가? 아니면 호족이 한화(漢化)된 것인가? 현재의 중국 문화가 단지 전통적인, 공자 시대로부터의 한족 문화일 뿐인가? 아니면 다양한 '호인(胡人)'의 요소가 융합되어 들어간 새로운 문화인가?

7. 거듭되는 중국 문화의 단속(斷續) 양상

만청 이래, 서구 조류의 충격 하에 중국 문화는 단속(斷續)을 거듭하였다. 현재 본래 협의의 중국 문화를 고수하고 있는가? 아니면 광의의 중국 문화를 재건하고 있는가? 문화 및 문화적 정체성의 기초는 무엇인가? 문화의 전통적 형식에 국한되지 말라. 더 중요한 것은 문화의 현대적 가치이다.

전통은 부단히 이어져오면서 오늘날의 생활에 영향을 미친다. 경전도 역시 부단히 새로이 해석되며 오늘날에도 여전히 우리의 정신적 근원의 하나를 이룬다. 중국은 서구와는 다르다. 서구의 역사에서는 중세기 신학의 만연으로 인하여 문화가 일찍이 단절되기도 하였다. 그러므로 고전을 새로이 정리하고 발굴하여 '문예부흥'이라는 과정을 진행했던 것이다. 서구 근대는 본래 고희랍 로마전통과 기독교 신앙의 기초 위에 세워진 문화로서, 각 민족국가의 건립에 따라 일찍이 각자 분화되거나 응취되며 그 형태를 이루었다. 그러나 근세에 중국은 국가가 핵심으로부터 사방으로 확산되었고 문화는 일원으로부터 다원으로 발전되었다. 그 가운데 중국 고대에 한족 중국의 전통과 경전은 수천 년 이래 부단히 연속되었고 단절되었던 적이 없다. 왜냐하면, 첫째, 성현과 경전의 권위는 일찍이 확립되어 지속적으로 정치와 상호융합하였는데, 이것이 문화와 관념의 연속성을 보장했다. 둘째, 왕조의 권력과 각종 고시제도에 힘입어, 주류적인 독서인들은 시종일관 이러한 지식에 대한 시험을 통해야만 상층부로 진입할 수 있었고, 또 그로 인하여 자신의 신분과 지위를 확립할 수 있었다. 그리하여 독서인은 그 존재를 유지해갔던 것이다. 셋째, 중국의 관학과 사학, 예컨대 사숙(私塾)이나 향교(鄕校)와 같은 교육은 늘 매우 강대하였고, 게다가 정치제도 역시 항상 그것을 지지해주었다. 그러므로 내가 몇 해 전에 말했던 바와 같이 적어도 만청·민국 초에 중국인들은 여전히 전통·역사·문화의 연속선상에 있었던 것이다.

15세기 이후, 서구의 조류가 동으로 밀려들고, 19세기 이후 열강의 견고한 선박과 날카로운 대포로 인하여 점차 전통 중국의 정치와 문화의 향방은 변화되었다. 특히 1895년 이후, 중국은 전체적으로 급속도로 서구화되어, '부강을 추구'하는 초조함과 긴장이 부단히 급격한 조류를 형성하였고, 신해혁명·5·4 운동 및 항일전쟁·중화인민공화국의 성립 및 문화혁명 등을 거치면서 점차 수천 년 이래의 문화전통이 변화되었다. 이는 "과거는 하나의 이방이다(The past is a foreign country)"라는 서구의 말처럼, 전통문화는 우리로부터 점차 멀어져갔다. 지금 일반인들은 당시 장즈동[張之洞]의 말에 모두들 동의할 것이다. 19세기 근대 서양 문명이 중국에 들어와서 중국으로 하여금 한 차례 '이천 년간 없었던 대 변화의 국면'을 겪게 하였고, 중국은 마치 전통과 '단절'된 듯하였다. 다음에서는 내가 앞에서 말했던 다섯 가지 방면에 대하여 각각 몇 가지 예를 들어보겠다.

① 중국이 여전히 한자를 사용하기는 하지만, 현대 한어 중의 문자·어휘·어법은 크게 변화했다. 오늘날의 한어는 몽원·만청 시대의 구어로부터 많은 영향을 받았을 뿐 아니라 더 중요한 것은 5·4 신문화 운동이 제창했던 백화문은 전통적 구두어(口頭語言)를 서면어(書面語言)로 바꾸었고, 상당히 많은 현대 혹은 서구의 새로운 낱말

을 찬입시켰다. 신문·편지 혹은 말할 때에도 이미 '경제(經濟)'·'자유(自由)'·'민주(民主)' 등의 말이 많은데, 얼핏 보면 서로 다들 아는 것 같지만, 이들은 의미가 다른 옛날 말이다. 또, '의식 형태(意識形態, ideology)'·'電腦网絡(컴퓨터 네트워크)'·'ㅇㅇ주의(某某主義)'·'하강(下崗, '초소를 떠나다'라는 말인데, 지금은 퇴근하다, 혹은 퇴직하다 라는 의미로 사용된다)' 등 예전에는 없었던 새로운 용어들도 많이 있다. 만약 언어가 여전히 의미를 이해하고 전달하는 방식이라면, 현대 한어를 통하여 이해되고 표출되는 세계는 이미 전통적인 것과는 크게 달라졌다.

② 비록 현대 중국이 전통적인 가정과 가족의 조직을 유지하고 있고, 중국인들은 지금도 가정을 매우 중시하고 혈육 간의 정을 중시하며 어른들에게 복종하기는 하지만, 가정·사회·국가의 결성관계는 변화하였다. 오늘날 중국은 너무 많은 현대적 도시·현대의 교통·통신을 가지고 있어서, 그것은 이미 전통문화의 기초를 와해시켰다. 과거의 생활 공간은 사합원(四合院)[58]·원림(園林)·농사(農舍) 등이고, 사람들의 관계도 가정·방대한 가족·가족과 혼인관계에 있는 가족 등이었으며, 혈연이 형성된 친족관계와 가정·가족들 사이의 혈육 간의 정은 상당히 중요하고 또 의지하고 신뢰할 수 있는 것이었다. 소위 "피는 물보다 진하다"라는 말은 이런 관계를 말해준다. "남녀유별, 장유유서"의 기초 위에 건립된 윤리적 질서는 가정·가족과 방대한 가국

58) 가운데 정원을 두고, 북쪽에 본채, 동쪽에 동쪽행랑채, 서쪽에 서쪽사랑채, 남쪽에 '안방의 맞은편 채'가 '口'자형으로 둘러싸고 있는 북경의 전통 주택 양식. —옮긴이

(家國)이 서로 조화롭게 공존하게 해준다. 페이샤오퉁은 『향토중국』[59]에서 중국과 서양의 기본 사회단위는 다르고, 중국의 구조는 한 번씩 단단히 묶어나간 땔감의 묶음 속의 장작개비처럼 각자 그 자리에 있는 것이 아니라, 마치 돌멩이를 던지면 수면 위에 둥근 파문이 한 층 한 층 생겨나가는 것과 같은 식이라고 말했다. 그러나 현대의 도시·교통과 매개는 전체를 다 변화시켰다. 현대의 법률은 또 남녀평등·일부일처·자유결혼과 이혼 등을 규정하고 있어서, 과거와 같은 밀접하고 상호의뢰적인 마을·향당·가족관계는 이미 문주화 사조와 도시화 과정 안에서 점차 사라졌다. 그러므로 전통사회에 세워진 유가윤리와 국가의 학설은 이미 점차 그 토대를 잃어버렸다.

③ 만청 이래 유가는 서양 민주사상의 충격하에서 점점 정치 이데올로기라는 중대한 임무를 감당할 수 없게 되었고, 불교와 도교 역시 서양 과학사상의 충격하에서 '미신을 파타하자'는 분위기에 얽혀서 점차 진정한 신앙세계에서 탈퇴해갔고, 많은 종교적 실천도 더 이상 실질적인 의미를 가지지 못하게 되었다. 비록 현재 유불도 삼교와 이슬람교·기독교 등 기타 합법적인 종교들이 여전히 정치권력의 통제하에서 조화롭게 공존하고 있지만, 이러한 '합일'은 당대 이래와 같은 관념·지식·신앙상의 상호수용이나 용납이 아니라 고도의 정치적 통제하에서 서로 분리된 양상이다.

④ 천인감응과 음양오행을 기초로 한 관념·지식·기술은 근대 서

59) 이 책은 『중국사회의 기본구조』(이경규 역, 일조각, 1995)라는 제목으로 번역, 출간되었다. —옮긴이

양 과학의 충격으로 점차 약해졌으며, 각각의 서로 다른 영역으로 분화되어 점차 정치세계와 자연세계의 일반적 해석으로부터 사라져갔다. 그리하여 단지 과학이 아직 도달하지 못하는 일부 영역, 예컨대 의료(중의)·지리(풍수)·음식 등의 영역에서만 여전히 보류된 채 남아 있다. 현대 중국인들은 이미 과거의 음양오행 관념을 그다지 고수하지 않으며, 심지어 전통적인 시간 관념에 따라서 사계절이나 24절기의 의미를 믿지도 않는다. 중국은 왕조와 황제의 기년을 사용하지 않으며, 서양의 양력(세계력)을 사용한다. 전통적인 관념에 따르면 "하늘이 변치 않으면 도 역시 변치 않는" 것인데, 역법이 바뀌었으니 이는 바로 '정삭을 바꾼' 것과 마찬가지의 큰 이변이다.

⑤ '베스트팔렌 조약(The Peace Treaty of Westphalia)' 이래 근대 서구에서 기초를 마련한 국제질서와 조약관계는 서양이 동양에 진입함에 따라 본래 있었던 중국의 천하 관념과 조공체제를 파괴해버렸을 뿐 아니라 중국과 세계 각국의 관계를 새로이 설정하였다.[60] 현재 중국은 여전히 '천하 중앙의 왕조'라는 상상을 유지하고 있다고 해도, 쉬

60) 徐中約(Immanuel C. Y. Hsu), 『中國加入國際社會(*China's Entrance into the Family of Nations, The Diplomatic Phase, 1858~1880*)』(Harvard Univ. Press. 1960). 제1쪽에서 지적하기를, "본래 '국제사회'란 서구의 기독교 국가들을 말했지만 그 후에 부단히 팽창하였고, 그 질서도 그들의 국제질서가 되었다. 그러나 그것이 원동 지역으로 발전되었을 때 중국이 영도하는 또 다른 '국제사회(another family of nations)'를 만나게 되었다. 이 두 가지 상호 배타적인 질서(these two mutually exclusive systems) 사이에 충돌이 발생하게 되었다. 그 결과는 중국적 질서는 차례로 침입해 들어오는 서구의 질서에 의해 잠식되었다. 그리하여 '유교적 세계제국(Confucian universal empire)'은 '근대 민족국가'로 변화되었다"라고 하였다.

쉬원[許倬雲, 1930~]이 말했듯이, "중국중심론으로 인하여 수천 년 이래 중국은 다른 여러 나라들과 평등한 관계로 공존하는 것에 적응할 수가 없었다. 근대에 이르기까지 중국인들은 이러한 심리적 장애에서 벗어나기가 어려운 것 같다."[61] 그러나 어찌 되었든 세계는 변화하였고, 이러한 세계화 시대에 고대 전통 중국 문화 가운데 천원지방 우주관 하의 세계인식과 조공체계 하의 국제질서는 이미 다시는 효력을 발휘하지 못하게 되었다.

8. 결어: 중국 문화전통의 복수성에 대한 인식의 재정립

현재 중국에 나타나는 전통문화열 혹은 국학조류의 배경과 심정은 충분히 이해가 된다. 내가 생각하기에 그 가운데 세 가지 배경과 심정은 매우 중요하다. ① 첫째, '출발점으로 돌아가자'는 것으로서, 근대 이래 우리들의 관념·제도·신앙을 뒤덮고 있는 서구 문화를 초월하여 전통문화 자원으로 돌아가서 현대 중국의 가치를 재건할 수 있는 토대를 찾아보자는 것이다. ② 둘째, '정체성을 찾자'는 것으로서, 바로 신앙이 결여된 시대에 '중국' 국민의 역사·문화·가치, 특히 국가의 응집력을 새로이 건립하자는 것이다. ③ 셋째, '학술의 새로운 길'로서, 백 년가량 중국에 영향을 끼쳤던 서양의 학술제도로부터 벗어나서, 지식의 분류든, 표현하는 술어든, 아니면 연구제도에서 새로운

61) 許倬雲, 『我者與他者: 中國歷史上的內外分際』(三聯書店, 2010), p.21.

방향을 찾는다는 것이다. 이런 배경과 심정 자체는 아무런 문제가 없다. 문제는 전통은 고정적인 것이 아니고 중국 역시 단수가 아니라는 것이다. 내가 지적하고자 하는 것은 다음과 같다.

첫째, 문화는 역사 과정에서 형성되며 역사는 문화에 대하여 지속적으로 '더하기'와 '빼기'를 한다. 소위 '더하기'란 부단히 진입해오는 외래문화에 대하여 전통적 자원을 빌려 창조적인 해석(예를 들면, 중고 시대 중국 지식인들이 인도의 불교와 지식에 대하여 '격의'를 하여 외래의 관념으로 하여금 중국사상이 되게 했던 것)을 하는 것이고, 소위 '빼기'란 중국의 고유한 문화 가운데 일부 내용이 소모되어 사라지거나 혹은 개조되는 것(마치 고대 중국에 서로 잘 들어맞지 않는 윤리질서의 풍속에 대하여 개조를 가하거나 혹은 현대 중국이 과학으로 미신을 비판하는 등과 같은 것)을 말한다. 그러므로 하나의 고정적이거나 불변하는 문화전통은 없다.

둘째, 내가 일깨우고자 하는 것은 고대 중국의 역사는 중국 문화가 복수적임을 말해주고 있으며, 고대 중국 문화 가운데에는 일찍이 여러 종족군과 여러 종류의 문화적 요인이 있었다. 비록 진한제국은 점차 한문화(漢文化)의 주축을 이루어갔지만, 중고 시대에 이민족과 이질적 문화의 중첩을 거치면서 이미 상당히 복잡하고 풍부한 내용으로 융합되어 들어왔다. 송대에 이르러 국제 환경과 외재적 압력으로 인하여 국가와 사신의 노력을 통하여 한족 중국 문화는 응취되어 형태를 갖추었고, 중국 문화세계의 '내·외', '자·타'의 경계를 뚜렷이 드러냈다. 그러나 몽원 통치 시대에 중국에는 다시 이족이 융합되어 들어왔고, 문화는 또 다시 중첩되어 뒤섞여 융합된 문화를 형성하게 되었다. 명대 초기에 '몽고화를 제거하자'는 움직임을 거쳐서 한족 중국의 문화가 비록 다시금 응고되었지만 대청제국이 건립된 후에 강역과 족군은 다시금 확대되었고 문화는 또 다시 중첩되고 혼융되었다. 고대에 이미 하나의 '많은 흐름들이 취합된' 문화공동체를 이루었고, 현재의 중국이 또 이미 하나의 (다)민족국가이므로, 우리는 중국 문화의 복수성을 인정할 수밖에 없다.

셋째, 만청에서 민국 초기에 중국 문화는 '이천 년간 미증유의 대변화의 국면'을 거쳤으며, 중국의 문화전통은 단속 사이에 처하게 되었다. 지금 우리는 마땅히 새롭게 전통을 인식하고 발굴해야 한다. 그러나 우리는 전통이라는 것이 항상 부단히 변화하는 과정에 있음을 이해해야만 한다. 오늘날 어떻게 현대적 가치를 가지고 새롭게 전통문화를 조립해낼 것인가 하는 것은 깊이 숙고할 가치가 있는 중요한 문제다. "전통은 죽은 사람들의 살아 있는 자원이고, 전통주의는 살아 있는 사람들의 죽은 족쇄와 같다"라고 과거의 어떤 사람이 말했던 바와 같이, '근본주의' 혹은 '원리주의'적인 방식으로 융통성 없이 사태의 변화를 무시하며 상상 중의 문화전통을 고수한다면, 이는 제자리를 답보하는 것이다.

나는 현재 팽창하고 있는 중국이 매우 강렬하게 중국의 전통·중국적 색채·중국의 가치 등을 '높이 드날리려' 하는 초조함을 절실하게 느낀다. 사실 만청·민국 초 이후, 점점 더 긴장감을 느끼면서 '부강을 추구하려는' 강렬한 희구가 있었고, '천조대국'이라는 역사적 기억은 확실히 중국이 최근 백 년 이래 부단히 "양복을 집어 들어 입어보고서, 하나를 벗고 다른 하나를 바꾸어 입어보게 되는" 원인이 되었다.

마오쩌둥은 당시에 "일만 년은 너무 기니, 조석을 다툴 뿐이다"[62]라고 하였다. 이것은 '낙후되면 당해야' 하며, '가난하고 약하면 이 지구촌에서 제거되어야 한다'는 사실을 통감했기 때문에, 현재 중국이 점차 '우뚝 일어나게' 되자, 급박하게 세계에 우리 자랑스러운 대국은 '세계 민족의 숲'이라는 대열에 진입해야 하고, 마땅히 '문화상'으로도 보편적인 지위를 점해야 함을 증명하고자 하는 것이다. 그러므로 내가 염려하는 것은 바로 중국의 '전통열'과 '국학열'이다. 이러한 조급한 심정으로 인하여 '전통열'과 '국학열'이 민족주의 혹은 국가주의적 학술 형식이나 특정 목적을 위한 동원의 역량으로 변하게 해서는 안 된다고 생각한다.

[번역] 이연승(서울대 종교학과)

62) 마오쩌둥[毛澤東]이 1963년 1월에 지은 만강홍(滿江紅) 「和郭沫若同志」라는 사(詞)에 보이는 "天地轉, 光陰迫, 一萬年太久, 只爭朝夕"에서 따온 것이다. -옮긴이

China와 Kitai
서방에서 본 중국의 역사상

김호동

1. 문제제기

오늘날 국제사회에서 중국을 부르는 공식적인 명칭은 '(People's Republic of) China'이다. 국제연합이나 올림픽과 같은 자리에서 중국은 언제나 이 이름으로 불리고 있다. 그러나 중국을 가리키는 이름으로 이러한 공식적인 명칭만 존재하는 것은 아니다. 한국과 일본에서는 '中國'이라는 한자식 명칭을 그대로 사용하고 있지만, 러시아, 몽골, 우즈베키스탄, 카자흐스탄 등지에서는 어원이 같은 Kitai, Kitad, Khitai 등의 명칭을 쓰고 있다. 따라서 현재 국제사회에서 중국을 가리키는 이름으로 널리 쓰이고 있는 것은 대체로 中國, China, Kitai 세 가지가 있는 셈이다.

물론 중국의 이 세 이름은 어제 오늘에 생겨난 것이 아니라 오랜 역사적 뿌리를 갖고 있다. '中國'이라는 이름은 이미 일찍부터 한국, 일본, 베트남 등 한자를 사용하던 동아시아 지역에 전해져 지금까지 줄곧 사용되었으며, 지금도 한자를 자국의 발음에 따라 'Jungguk', 'Chūgoku', 'Trung Quốc'으로 표현하고 있다. 또한 동아시아에서는 '中國'이라는 명칭이 한자로 그대로 전해져 사용되었기 때문에 이 말에 내포된 함의, 즉 정치적으로 강력하고 문화적으로 높은 수준의 거대 제국이며 동시에 국제적인 정치질서의 핵심이라는 의미까지 거의 그대로 전달되었다. 그러나 China와 Kitai라는 명칭은 그렇지 않다.

주지하듯이 China와 Kitai라는 명칭은 각각 진(秦)과 거란[契丹]에서 비롯된 것이다. 진은 기원전 2세기에 221년부터 207년까지 불과 15년만 존속했던 극단명(極短命)의 왕조였고, 거란은 몽골계 유목민으로서 916~1125년 북방의 초원을 통치했던 국가이지만, 장성 이남에서는 소위 '연운십육주(燕雲十六州)', 즉 오늘날 하북성과 산서성 북부의 북경에서 대동에 이르는 좁은 띠와 같은 지역만을 지배했다. 따라서 진은 중국을 통치한 시간이 지극히 짧았고, 거란은 중국을 지배한 지역이 지극히 작았다는 점에서, 이 두 왕조의 명칭이 중국을 대표하는 명칭이 되어 오늘날까지 사용되는 것은 기묘한 현상이라 아니할 수 없다.

그렇다면 어찌해서 한(漢)이나 당(唐)과 같이 통치의 범위도 넓고 기간도 길었던 대표적인 왕조가 아니라 진이나 거란과 같은 왕조의 이름이 중국을 대표하는 명칭이 되었을까. 중국인들의 입장에서 본다면 이러한 왕조의 명칭이 중국의 이름이 되기를 원한 것은 아니었을 것이다. 중국의 이름을 선택하여 부르고 정착시킨 것은 외국인들이었다. 이렇게 볼 때 역사적으로 중국의 대외적인 이미지 역시 중국인들이 원하는 대로 만들어지는 것이 아니라, 그들의 의지와는 무관하게 역사적 상황과 계기에 따라 형성되고 고착된다는 사실도 알 수 있다. 즉 밖에서 바라본 중국의 모습은 중국인들 스스로 자신을 보는 자화상과는 다를 수밖에 없다.

필자는 이 글에서 한자 문화권이 아닌 지역의 외국인들이 중국을 칭해서 불렀던 China와 Kitai라는 두 명칭의 역사적 유래와 변화 과정을 분석함으로써 이 의문에 대한 일단을 찾아보고자 한다. 중국의 명칭에 대해서는 물론 그동안 적지 않은 연구들이 있고 필자가 여기서 언급하는 내용들은 대부분 이러한 선학들의 연구에 힘입은 바가 크다. 다만 과거의 연구들은 명칭 자체의 분석, 특히 언어적·어휘적인 분석이나 명칭의 기원과 관련된 논의에 초점이 맞추어져 있었기 때문에,[1] 이 글에서는 중국에 대한 여러 명칭들이 시대에 따라 어떻게 생성·부침했으며 또 그 의미는 어떻게 변화해 갔는가 하는 점을 추적함

1) 고전적인 연구로는 Henry Yule, *Cathay and the Way Thither*, Vol.1 (London: the Hakluyt Society, 1895, revised by Henri Cordier); Berthold Laufer의 "The name China," *T'oung Pao*, Second Series, 13-5(1912), pp.719~726; P. Pelliot, "L'origine du nom de 'Chine'", *T'oung Pao*, Second Series, 13-5(1912), pp.727~742가 있다. 이 두 사람의 글에 대한 비평은 Léonard Aurousseau의 글(*Bulletin de l'Ecole française d'Extrême-Orient*, 13, 1913, pp.33~36)을 참조하시오. 최근에도 중국에서 이와 관련된 글들을 쉽게 찾아볼 수 있는데 예를 들어 다음과 같다. 葛方文, 「中國名稱考」, 《華東師範大學學報》(1981年 第6期); 韓振華, 「支那名稱起源考釋」, 陳佳榮, 錢江 編 『韓振華選集之一: 中外關係歷史研究』(香港: 香港大學亞洲研究中心, 1999), pp.1~12; 陳得芝, 「從"支那"名稱來源諸"新說"談起 — 關于學術規範與研究方法問題」, 《中華文史論叢》, 2006-2; 湯弘·李誠, 「1700年"支那"語源研究綜述」, 《中華文化論壇》 2012-4.

으로써, 그러한 변화가 중국의 역사적 현실과 어떻게 조응되어 갔는가를 살피고 나아가 오늘날 우리가 '중국'이라고 부르는 국가·지역·민족이 외국인들에게는 어떻게 비쳐지고 인식되었는가를 확인해보려고 하는 것이다. 그리고 이러한 분석을 통해 과거 서방의 외국인들이 인식했던 '중국'이라는 것이 중국인들 스스로가 갖고 있던 자화상은 물론 한자 문화권에서 우리가 익숙하게 생각해왔던 중국의 모습과도 상당한 거리가 있다는 사실을 보여주고자 한다.

2. 진·한대: Seres와 Chin

외국인들이 중국을 가리켜 부른 명칭 가운데 가장 오래된 것은 아마 Seres일 것이다. 이 말은 기원전 400년경 그리스의 크테시아스(Ctesias)의 글에서 처음 보이지만 그 신빙성에는 문제가 있다고 여겨진다. 그러나 기원전 1세기경부터는 베르길리우스(Virgilius), 호라티우스(Horatius), 세네카(Seneca), 스트라보(Strabo), 멜라(Mela), 플리니(Pliny) 등 그리스 로마의 많은 문인들의 글에서 세레스라는 이름이 언급되었다.[2] Seres 혹은 세레스 사람들이 사는 지역을 가리키는 Serica

2) 서구 고전시대 작가들의 중국에 관한 언급은 Henry Yule, 앞의 책, Vol.1, pp.183~205; Geroge Coedès, *Textes d'auteurs grecs et latins relatifs à l'Extrême-Orient depuis le IVe siècle avant J.-C. jusqu'au XIVe siècle*(Paris: E. Leroux, 1910) 등을 참고하시오. Coedès의 책은 耿昇 譯, 『希臘拉丁作家遠東古文獻輯錄』(北京: 中華書局, 1987)으로도 출간되었다.

와 같은 말의 어원은 흔히 한자어 絲를 옮긴 것이라는 주장이 제기되었고, 한국어의 '실(sir)', 몽골어의 širkäg 등도 絲라는 말에서 비롯된 것이기 때문에 세레스와 같은 어원을 갖는 것으로 추정되기도 한다.[3)]

그러나 세레스 혹은 세리카라는 지방에 대한 이들 고전 작가의 글들을 살펴보면 "비단이 생산되는 동방의 먼 나라"라는 정도의 일반적인 설명 이외에 별다른 구체적인 내용을 추출해내기는 힘들다. 예를 들어 "아시아의 가장 먼 동쪽에는 인디언, 세레스, 스키타이가 있는데, 인디언과 스키타이가 가장 외진 곳에 자리 잡았고 세레스는 그 중간에 있다"라고 한 기원후 1세기 중반경 폼페이우스 멜라의 글[4)]이나, 세레스는 "숲 속에서 부드러운 [양털같은] 것을 채집하는 것으로 유명하다. 잎에서 자라는 이 흰 색의 비단실을 물에 적신 뒤 빗질한다"라고 한 플리니의 글[5)]이 좋은 예이다. 일찍이 헨리 율(Henry Yule)은 세레스에 관해 여러 고대 문헌들에 서술된 내용들을 종합하여 그 특징을 다음과 같이 정리하였다.

> 쎄레스인들이 사는 곳은 광활하고 인구가 조밀한 나라이며, 동계(東界)는 대양에 면하고, 사람이 살 수 있는 세계의 끝이며, 서계(西界)는 이마우스(Imaus)와 박트리아(Bactria) 변경 근처까지 뻗어 있다. 사람들은 매우 유화하고 검약한 기질을 가진 개화인이며, 이웃과의 충돌은

3) Paul Pelliot, *Notes on Marco Polo*, Vol.1(Paris: Adrien-Maisonneuve, 1959), pp.264~265.
4) Henry Yule, 앞의 책, Vol.1, p.cliii.
5) 위의 책, p.197.

삼가지만 친밀한 교제에는 좀 소심한 편이다. 그러나 생사(生絲)를 주산품으로 한 견직물이나 모피, 그리고 양질의 철 등 자신들의 생산품을 처분하는 데는 결코 인색하지 않다.[6)]

즉 세레스인들이 사는 곳은 지리적으로 동방에 위치해 있으며 비단을 생산하는 곳이라는 정도만이 공통된 내용일 뿐 그 이상 구체적으로 지역을 명시하기는 어렵다. 따라서 율은 세레스라는 말은 “대체로 중앙아시아와 그 이동에 대한 포괄적인 범칭에 불과”했다고 결론을 내리고 있다.[7)] 백 보를 양보해서 세레스가 ‘동방에서 비단을 생산하는 곳’이기 때문에 중국을 가리킨다고 보아야 한다는 주장을 받아들인다고 하더라도, 그것은 단지 비단이라는 물품을 통해서 지칭되는 지역·주민일 뿐이지 중국이라는 하나의 국가를 가리키는 명칭이라고 보기는 어렵다.

그런 의미에서 외국인들이 중국을 가리키는 최초의 명칭은 Thīna라고 할 수 있다. 이 말은 세레스보다는 시대적으로 조금 내려가지만 늦어도 기원후 1세기경이면 사용되기 시작하였다. 이 단어는 『에뤼트레아 해(海) 항해기』라는 글 속에 처음으로 나타난다. 에뤼트레아 해는 홍해(紅海)를 가리키는 것으로 추정되는데, 이 글은 이집트에서 홍해를 거쳐 인도양에 이르는 항로와 항구 및 주요한 상품들에 대해 기록하고 있다. 여기서 언급된 Thīna 지방은 인도양 가장 북쪽에 위치

6) 위의 책, pp.14~17; 인용문은 정수일 역주, 『중국으로 가는 길』(사계절, 2002), pp.53~57.

7) 같은 곳.

해 있고, 거기서 생산되는 serikon이라고 불리는 다양한 직물들이 박트리아를 거쳐 바리가자(Barygaza)로 운반되며, 또한 갠지스 강을 건너 말라바르 해안의 리뮈리케(Limyrike)라는 곳에도 도착한다는 내용이다.[8] 2세기 프톨레마이오스(Ptolemaios)의 글에도 Thīnai라는 명칭이 사용되었고, 6세기 코스마스(Cosmas)의 글에는 Thinīsta(n)이라는 이름이 보인다. 이러한 고대의 작가들은 중국에 관한 명칭 및 정보를 인도양을 경유하는 해양 루트를 통해서 입수했던 것으로 추정된다.[9]

Thīna라는 명칭의 기원에 관해서는 그동안 다양한 견해가 제시되었다. 예를 들어 일찍이 리히트호펜(F. von Richthofen)은 통킹만 부근의 옛 지명인 日南('Jih-nan')에서 비롯된 것이라고 한 적이 있는데, 라우퍼(B. Laufer) 역시 광동성의 해안이나 그 이남의 지역을 가리키는 고대 말레이어에서 기원한 것이라고 추정했다.[10] 최근 웨이드(G. Wade)는 고대 중국의 서남부에 있던 야랑(夜郎)이라는 국가에 대해서 현재 그곳의 주민인 이족(彝族, Lolo)은 토착어로 'ʐina'라고 부르고 있다는 점에 착안하여, Thina는 바로 고대 야랑국(夜郎國)의 자칭(自稱)이었다는 신설을 제기하기도 했다.[11] 그러나 오늘날 대다수의 학자들은 이 명칭의 기원이 '진(秦)'이라는 사실을 받아들인다. 한 학자는 Thin 다

8) Lionel Casson, *The Periplus Maris Erythraei: Text With Introduction, Translation, and Commentary*(Princeton: Princeton University Press, 1989), pp.91, 238~239; J. Needham, *Science and Civilization in China*, Vol.1 (Cambridge: Cambridge University Press, 1954), pp.168~169.

9) Paul Pelliot, "CIN," 앞의 책, p.267.

10) Laufer, "The name China," pp.719~726.

11) Geoff Wade, "The Polity of Yelang(夜朗) and the Origin of the Name 'China'," *Sino-Platonic Papers*, No.188(2009), pp.1~26.

음에 -a(e)라는 모음이 첨가된 것이 '진'에 대한 복건·광동 지방의 고대 발음이 전해졌기 때문이라고 추정하기도 했다.[12)]

이미 펠리오가 지적하였듯이 진이 망하고 한이 들어선 뒤에도 흉노나 서역 등지에 있던 중국인들은 스스로를 '진인'이라 불렀고 또 그렇게 불렸음을 입증하는 사례들이 고대 한문자료에 보인다.[13)] 한 가지만 예를 들어보면 『한서(漢書)』 「흉노전(匈奴傳)」에 "선우가 나이가 어리고 즉위한 지 얼마 되지 않았는데, [선우의] 어머니 연지가 부정을 저지르고 나라가 분열되어 늘 한나라의 군대가 쳐들어올까 걱정하였다. 이에 위율이 선우를 위해 모의하였다. '우물을 파고 성을 쌓으며 누각을 세워 곡식을 저장하여 진인(秦人)에게 지키게 합시다. 한나라 군대가 와도 우리를 어떻게 할 수 없습니다[單于年少初立, 母閼氏不正, 國內乖離, 常恐漢兵襲之. 於是衛律爲單于謀 '穿井築城, 治樓以藏穀, 與秦人守之. 漢兵至, 無奈我何']'"라는 구절[14)]이 보인다. 이에 대해 안사고(顔師古)는 "진나라 때 흉노로 도망쳐 간 사람들이 있었는데, 지금 그 자손들은 여전히 진인이라고 부른다(秦時有人亡入匈奴者, 今其子孫尙號秦人)'"라는 주를 붙였다.[15)] 진나라가 멸망한 뒤에도 중국·중국인들이 진·진인으로 불렸음을 알 수 있다.

이처럼 Chin(a)/Thin(a)라는 명칭은 외국에 거주하는 중국인들에

12) 林梅村, 「中國與羅馬的海上交通」, 『漢唐西域與中國文明』 所收(北京: 文物出版社, 1998), p.311.

13) P. Pelliot, "L'origine du nom de 'Chine'," *T'oung Pao*, Second Series, 13-5(1912), pp.727~742; Pelliot, "CIN," p.268.

14) 『漢書』(中華書局本), p.3,782.

15) 위의 책, p.3,783.

의해서 전파되기도 하였지만, 이와 동시에 중국을 방문하는 외국인들에 의해서 전달되기도 하였다. 한무제가 흉노와 전쟁을 준비하고 수행하는 과정에서 장건(張騫)을 서방에 사신으로 파견하고 또 하서회랑을 개척하여 중앙아시아의 여러 도시들과 접촉을 갖게 된 이후 한나라 조정을 찾는 사신이 많아지게 되었다. 예를 들어 『한서』「서역전(西域傳)」은 "이사 장군이 대완을 정벌한 뒤 서역이 두려움에 떨었고 많은 [나라들이] 사신을 보내어 공물을 헌상했다(自貳師將軍伐大宛之後, 西域震懼, 多遣使來貢獻)"라고 기록하였고,[16] 후한대에 들어가면 사신뿐만 아니라 외국의 상인들의 방문도 빈번해져서 『후한서(後漢書)』「서역전」에서 "장사하는 오랑캐와 외지의 상인들은 매일같이 관새를 방문하였다(商胡販客, 日款於塞下)"라고 하는 상황에 이르게 된 것이다.[17]

이들 상인은 비록 '호(胡)'라고 불렸지만 흉노가 아니라 중앙아시아에 거주하던 정주민, 즉 소그드(Soghd)인을 가리킨다는 사실은 의심할 여지가 없으며,[18] 소그드인들의 중국내 교역활동에 대해서는 이미 널리 알려져 있는 바이다. 흥미로운 사실은 스타인(A. Stein)이 돈황의 봉수대에서 발견한 '고대 서한(Ancient Letters)', 즉 중국 내 소그드 상인이 본국 사마르칸트로 보낸 서한들 가운데 하나(제2서한)에서 중국을 가리켜 Čynstn이라고 표기한 점이다.[19] 펠리오에 의하면 소그드

16) 위의 책, p.3,873.

17) 『後漢書』(中華書局本), p.2,931.

18) 森安孝夫, 「唐代における胡と佛教的世界地理」, 『東洋史研究』 66-3(2007), pp.538~506 참조.

19) H. Reichelt tr., *Die soghdischen Handschriftenreste des britischen Museums*, II Teil(Heidelberg: Carl Winters Universitätsbuchhandlung, 1931), pp.14~15.

어의 Čynstn이라는 말은 Čyn과 -stan이 결합된 말로 'Čyn의 땅'이라는 뜻이다. 소그드어는 물론 이란계통의 언어이며, 고대 페르시아어인 파흘라비 문헌에서도 Čen과 Čenastān이라는 이름이 발견된다. 3~4세기 한문으로 번역된 불경에 보이는 진단(震旦)이라는 말도 실은 소그드어의 Čynstn에서 s음이 탈락된 것을 음사(音寫)한 것으로 추정된다. 고대 인도의 산스크리트어 문헌에도 이미 일찍부터 진이라는 왕조명에 기원한 Cīna와 Cīnasthāna이라는 이름이 보인다.[20)]

이상에서 살펴본 바와 같이 중국의 진·한대에 해당되는 시기에 중국은 서방 각국에 Thina(i), Thinīsta(n), Čen, Čenastān, Čyn, Čynstan 등의 이름으로 알려졌으며, 이것이 모두 진이라는 왕조명에 뿌리를 두고 있음은 두말할 필요도 없다. 그리고 이러한 명칭은 육로와 해로를 통해 공히 전달되었던 사실도 확인할 수 있었다. 그러나 당시의 사람들이 이러한 이름으로 부르던 나라에 관해서 얼마나 구체적인 정보를 갖고 있었는지에 대해서는 알기 어렵다. 아마 당시 중국의 사정에 대해서 가장 구체적인 내용이 언급된 것은 스타인이 발견한 서한들일 것이다. 작성연대에 이론이 없는 것은 아니나 대략 4세기 초로 추정되는 이 편지들 속에는 낙양(洛陽, Sarag)이 파괴되고 장안(長安, Khumdan) 역시 훈(Hun)족의 공격을 받아 황제가 도주했다는 사정이 적혀 있고, 아울러 중국내 주요한 무역의 거점과 소그드 상인들의 활동에 관해서도 언급되어 있어, 소그드인들의 동방교역의 네트워크를 아는 데 도움을 준다.[21)]

20) P. Pelliot, "CIN," p.271.

이러한 정보는 당시 중국과의 직접적인 접촉이 훨씬 적었던 남아시아나 서아시아 혹은 지중해 지방의 주민들이 갖고 있던 중국에 관한 지식과 견주어 보면 훨씬 더 구체적이고 정확한 것이다. 그러나 이러한 편지는 모두 사신(私信)이었기 때문에 사회적으로 널리 공유될 수 없다는 한계를 지녔다. 그렇기 때문에 편지 속에 보이는 중국에 관한 언급들도 주로 자신들의 활동과 직접 연관된 것에 그치고, 중국이라는 나라 그 자체에 대한 정보, 예를 들어 지리적 경계, 주민들의 풍습, 제도와 종교 등에 관한 언급은 찾아보기 어렵다. 그런 점에서 당대 이전에 서방세계에서는 Thin(a) ~ Chin(a)라는 나라의 명칭이 비교적 널리 알려지기는 했지만 그 나라에 관한 구체적인 정보는 여전히 암흑 속에 묻혀 있었고, 중국에 대한 인식도 지극히 초보적인 상태에 머물러 있었다고 할 수 있다.

3. 수·당대: Tabɣach의 출현과 Chin의 습용(襲用)

당대, 즉 8세기에 들어오면 중국에 대한 새로운 이름이 등장하게 된다. 19세기 말 몽골리아의 오르콘 강가에서 돌궐제국의 빌개 카간(Bilgä Qaghan)과 퀼 테긴(Kül Tegin)을 기리는 두 개의 커다란 비석이 발견되고, 이어서 동쪽 호쇼 차이담이라는 곳에서 톤유쿠크

21) È. de la Vaissière, *Sogdian Traders: A History*(tr. by J. Ward, Leiden: Brill, 2005), pp.43~70.

(Tonyuquq)라는 재상(宰相)의 공적을 기리는 또 하나의 비석이 발견되었다. 이 세 비석은 모두 8세기 전반에 세워진 것인데, 그 비문에서 당시 당조(唐朝)가 통치하던 중국을 가리켜 '타브가치(Tabɣach)'라는 새로운 명칭을 사용하고 있다. 즉 톤유쿠크 비문에 "빌개 톤유쿠크, 나 자신은 타브가치 나라에서 태어났다. 튀르크 백성은 타브가치에 예속되어 있었다(Bilgä Tonququq bän özüm Tabɣach ilingä qïlïntïm. Türk bodun Tabɣachqa körür ärti)"(西面 1행)라는 구절이나, 퀼 테긴 비문에 "타브가치 카간(=황제)의 이종사촌인 창 장군이 [장례식에 참석하러] 왔다(Tabɣach qaghan čïqanï Čang sängün kälti)"(北面 13행)[22]라는 구절이 보인다.

타브가치라는 말의 기원에 대해 한때 '당가자(唐家子)'를 운운한 사람도 있었지만 현재 학자들 대부분은 그것이 유목집단의 명칭인 Taɣbach(=탁발(拓跋))에서 나온 것이라는 점을 거의 의심하지 않는다. 즉 비문에 기록된 Tabɣach는 Taɣbach라는 단어의 중간에 있는 두 개의 자음 ɣ와 b가 도치된 결과이다. Taɣbach는 원래 Särvi(선비(鮮卑), 실위(室韋))라는 이름의 유목민에 속했던 집단으로서 북중국을 정복하고 북위(北魏)라는 왕조를 세운 것으로 알려져 있는데, 이들이 언어상으로 투르크계인지 아니면 몽골계인지에 관해서는 이론이 존재한다.[23] 그러나 북방 유목민들 사이에서 과연 언제부터 타브가치라

22) 탈라트 테킨, 이용성 역, 『돌궐비문연구』(제이앤씨, 2008), p.117, 171.

23) 탁발의 언어에 관해서는 Peter Boodberg, "The Language of the T'o-Pa Wei," *Harvard Journal of Asiatic Studies* 1-2(1936), pp.167~185; Louis Bazin, "Recherches sur les parlers T'o-pa," *T'oung Pao*, Second Series, 39-

는 말이 중국을 가리키는 새로운 명칭으로 사용되기 시작했는지는 불분명하다. 북위가 북중국을 정복하고 지배하기 시작한 것은 4세기 말에서 5세기 초이지만, 그 당시에 중국을 타브가치라고 부른 자료는 발견되지 않는다. 6세기 후반 돌궐 제1제국기에 세워진 소그드어 비문에는 중국이 여전히 c(yn)st'n으로 표기되고 있다.[24)]

물론 돌궐 제2제국기의 비문들에는 타브가치라는 표현이 보이므로 늦어도 8세기 초가 되면 타브가치가 중국의 명칭으로 사용되기 시작했다는 것은 분명하지만, 우리는 이보다 더 일찍 그 말이 사용되었음을 보여주는 증거를 갖고 있다. 즉 7세기 전반 비잔틴의 역사가인 테오필락테스 시모카타(Theophilactes Simocatta)의 글에 "Tourkoi라고 불리는 사람들이 거주하는 유명한 도시"로서 Tauɣast라는 명칭이 사용되고 있기 때문이다.[25)] 여기서 Tauɣast가 Taɣbach의 변형임은 의심의 여지가 없고, 비잔틴 측이 매우 빈번한 외교관계를 갖고 있던 서돌궐(西突厥)로부터 그에 관한 이야기를 전해들은 것으로 추정된다. 특히 서돌궐의 사신으로 비잔틴을 왕래했던 사람들이 소그드인들이었다는 점을 생각한다면,[26)] 타브가치라는 말을 소그드인들도 사용했

4/5(1950), pp.228~329 등 참조.

24) S. G. Kliashtornyi, "The Sogdian Inscriptions of Bugut Revised," *Acta Orientalia Academiae Scentiarum Hungaricae*, Vol.26, No.1, p.85.

25) Gyula Moravcsik, *Byzantinoturcica*, Vol.2(Berlin: Akademie Verlag, 1983), pp.302~303; Gerard Clauson, *An Etymological Dictionary of Pre-Thirteenth-Century*(Oxford: The Clarendon Press, 1972), p.438.

26) 비잔틴-서돌궐 간의 외교관계에 대해서는 Édouard Chavannes, *Documents sur les Tou-kiue(Turcs) Occideentaux*(Paris: Librairie d'Amérique et d'Orient, 1900); 内藤みどり, 『西突厥史の研究』(東京: 早稲田大學出版部, 1988),

다는 사실을 미루어 짐작할 수 있다. 돌궐제국이 붕괴한 뒤 몽골리아를 제패한 위구르인들 역시 타브가치라는 말을 동일한 의미로 사용하였으며,[27] 나아가 당시 예니세이 강 유역에 살던 키르기스인들도 동일한 단어를 중국을 가리키는 명칭으로 사용하였다.[28]

최근에는 돌궐이 당조를 가리켜 타브가치라고 부른 사실에 주목하여, 그것은 돌궐인들이 당을 타브가치로 인식했음을 보여주는 것이며, 당을 한인 왕조가 아니라 탁발 왕조로 보아야 한다는 주장이 제기되었다.[29] 이미 오래전에 진인각(陳寅恪)이 '관롱집단설(關隴集團說)'을 주창한 이래 당 지배집단이 혈연적으로나 문화적으로 한과 선비가 혼합되어 있었음은 주지하는 바이지만, 당제국을 건설한 핵심집단을 아예 '탁발'이라고 규정한 것은 아니었다.[30]

돌궐인들이 당 황실의 종족적 배경을 어떻게 생각했느냐 하는 문제는 차치하더라도, 또 한 가지 주목할 만한 사실은 그들이 타브가치를 대단히 적대적인 존재로 인식했다는 점이다. 돌궐 비문에는 다음

p.365 이하를 참고하시오.

27) Talat Tekin, "The Tariat(Terkhin) Inscription", *Acta Orientalia Academiae Scentiarum Hungaricae*, Vol.37, No.1–3(1982), pp.43~68; G. J. Ramstedt, "Zwei uigurische Runeninschriften in der Nord-Mongolei", *Journal de la Société Finno-Ougrienne*, Vol.30, No.3; 丁載勳, 『위구르 유목제국사, 744~840』(문학과 지성사, 2005), p.408.

28) S. E. Malov, *Eniseiskaia pis'mennost' Tiurkov: teksty i perevody*(Moscow: Izdatel'stvo AN SSSR, 1952), p.33 ("Tabɣač Qanɣa").

29) 森安孝夫, 『シルクロードと唐帝國』(講談社, 中國の歷史 5, 東京: 講談社, 2007), pp.164~165.

30) 陳寅恪, 『唐代政治史述論稿』(上海: 古籍出版社, 1982), pp.48~49; 雷依群, 「論關隴集團」, 《史學月刊》(1999年 第六期), pp.32~36.

과 같은 기사가 보인다.

(중국 백성은) 금은, 비단을 어려움 없이 그렇게 (우리에게) 준다. 중국 백성의 말은 달콤하고 비단은 부드럽다고 한다. (그들은) 달콤한 말로 부드러운 비단으로 속여 먼 (곳에 사는) 백성을 그렇게 (자기들에게) 가까이 오게 한다고 한다. (이 백성이) 가까이 자리 잡든 뒤에 (중국 백성은) 악의를 그때에 생각한다고 한다. …… (중국 백성의) 달콤한 말에 부드러운 비단에 속아, 튀르크 백성(아!), 너는 많이 죽었다.

—퀼 테긴 비문 남면 5~6행[31)]

무지한 사람들(아!) 너희는 그 말을 받고 (중국 백성에게) 가까이 가서 많은 사람이 죽었다. 그곳[으로] 가면, 튀르크 백성(아!) 너는 죽을 것이다. 외튀캔 땅에 [앉]아서 (중국 등지로) 카라반을 보낸다면, [너는] 전혀 걱정이 [없다].

—빌개 카간 비문 북면 6행[32)]

타브가치에 대한 돌궐인들의 이러한 적대적인 인식은 당과 돌궐의 역사적 관계를 생각하면 결코 이상한 일은 아니다. 특히 돌궐인들은 630년 일릭 카간(Ilig Qaghan, 頡利可汗)이 생포된 뒤 당에 복속하게 되었고 내몽골 지방으로 사민되어 반세기에 걸쳐 '항호(降戶)'의 신분으

31) 탈라트 테킨, 이용성 역, 앞의 책, pp.82~84.
32) 위의 책, pp.125~126.

로 살아야 했다.[33] 그 뒤 여러 차례의 부흥 운동을 벌였으나 실패를 거듭하다가 마침내 682년 톤육쿡(Tonyuquq, 阿史德 元珍)과 손을 잡은 쿠틀룩(Qutluq, 骨咄祿)의 거병이 성공을 거두게 되고, 부중들을 이끌고 고비사막 이북으로 귀환하여 외튀캔 산지를 중심으로 제국을 부활시켰다.[34] 이러한 역사적 경험을 갖고 있는 돌궐인들이 제2제국 건설 후 정치·경제·신앙적인 측면에서 독자성을 강조하고 '내셔널리즘'적인 경향을 강하게 보인 것[35]도 전혀 이상한 일은 아니며, 이러한 반당의식(反唐意識)은 비문들을 통해서 강하게 표출된 것이다. 비문에는 과거와 같은 굴종과 복속의 역사를 되풀이해서는 안 된다는 반성과 함께 타브가치는 호시탐탐 자신들을 현혹하여 남쪽으로 유인한 뒤 멸망으로 이끄는 존재라는 경고가 보인다. 7세기 말 혹은 8세기 초에 처음으로 중국을 지칭하는 새로운 명칭으로 등장한 타브가치는 이처럼 적대적인 의미를 내포하는 것이었다.

돌궐인들이 타브가치에 대해서 가졌던 인식과 이미지는 그 당시 당제국이 그리던 자화상과는 분명히 거리가 먼 것이었을 것이다. 제국 초기의 적극적인 대외정책에 힘입어 그 강역은 북아시아는 물론 중앙아시아로까지 확대되었고, 당태종은 '호월일가(胡越一家)'·'화이일가(華夷一家)'를 운운하며 초원의 군주에게 주어지는 카간(可汗)의 칭호까지

33) 朴漢濟, 「唐代 六胡州 州城의 建置와 그 運用: '降戶'安置와 使役의 一 類型」, 《中國學報》 59(2009), pp.187~223.

34) 岩佐精一郎, 「突厥の復興に就いて」, 『岩佐精一郎遺稿』(和田清 編, 東京: 三秀社, 1936), pp.77~167.

35) 護雅夫, 「突厥碑文箚記 – 突厥第二可汗國における'ナショナリィズム'」, 《東洋史研究》 34-4(1976), pp.483~513.

겸하여 스스로를 '황제천가한(皇帝天可汗)'이라 칭하기까지 하였다. 사실 당제국에 대한 오늘날 학자들의 평가를 보면 역시 그 개방성과 국제성에 크게 주목하고 있다.[36] 당의 입장에서 보자면 '당의 평화(Pax Tang)'라고 부를 만한 시대였던 것이다.

그러나 당시 당제국과 이웃했던 사람들의 평가와 인식은 이와 크게 상치되는 것이었다. 돌궐인들은 당제국에 대해 '일가(一家)'라고 생각하기는커녕 자신들이 중국의 지배를 받을 당시를 회고하며 "타브가치 백성에게 귀족이 될 만한 그들의 아들은 사내종이 되었다. 귀부인이 될 만한 그들의 딸은 계집종이 되었다"[37]라고 비분강개하였다. 뿐만 아니라 서역으로 들어가는 관문이라 할 수 있는 투르판에 있던 고창국(高昌國)의 국왕 국문태(麴文泰)가 복속을 강요하는 태종에게 보낸 시는 이웃나라의 눈에 비친 당의 모습이 어떠했는지를 단적으로 보여준다. "매는 하늘을 날고 꿩은 쑥밭에 산다. 고양이는 마루에서 놀고 쥐는 구멍 속에서 편히 지낸다. 이처럼 각자 그 거처할 곳을 갖고 있다면 어찌 살지 못하겠는가(鷹飛于天 雉棲于蒿 猫遊于堂 鼠安于穴 各得其所 豈不活耶)."[38] 고구려 출신의 장군 고선지(高仙芝)가 750년 석국(石國), 즉 타시켄트를 공략하여 슬슬(瑟瑟)이라는 큰 보석 10여 개와 낙타 5~6마리분의 황금·명마·보석을 노략한 뒤 그 국왕을 사로잡아 장안

36) Park Hanje, "From Barbarians to the Middle Kingdom: The Rise of the 'Emperor–Heavenly Qaghan' and its Significance," *Journal of Central Eurasian Studies*, No.3(2012), pp.23~68.

37) 탈라트 테킨, 앞의 책, p.92.

38) 『舊唐書』 卷198 「高昌傳」, p.5295.

으로 보내 처형케 하여 현지인들의 분노를 샀고, 그들이 아랍 측에 구원을 요청하여 그 다음 해에 저 유명한 탈라스의 전투가 벌어진 것은 주지하는 바이다.[39] 이처럼 당제국과 정치군사적으로 충돌을 벌였던 내륙 지역의 여러 민족들은 타브가치 중국에 대해서 매우 적대적이고 부정적인 이미지를 가질 수밖에 없었던 것이다.

그렇다면 해로를 통해서 중국과 교류를 계속했던 인도양과 서아시아 지역에서는 어떠했는가. 9세기 이후에 쓰인 다양한 자료들은 그전부터 사용되던 Chin이라는 명칭이 여전히 널리 습용되고 있음을 보여준다. 다만 이 지역의 새로운 패자로 등장한 아랍인들은 자신들의 문자로는 č음을 표시할 수가 없기 때문에 s음으로 바꾸어 Sīn/Ṣīn이라고 표기하였을 뿐이다. 예를 들어 9세기 중반, 이븐 후르다드비흐(Ibn Khurdadbih)는 『道路諸國志(*Kitāb al-masālik wa al-mamālik*)』라는 글에서 중국을 '씬'(Ṣīn)이라 부르며 그곳에 이르는 도정을 다음과 같이 묘사하고 있다. "루킨(Lukin)에서 한푸(Khānfū, 廣府=廣州)까지 해로는 4일 거리이고 육로는 20일 거리이다. 한푸는 씬(Ṣīn)에서 가장 큰 항구이다. 한푸에는 각종 수과(水果), 채소, 밀과 보리, 쌀, 감자 등이 있다. 한푸에서 한주(Khānjū, 杭州)까지는 8일 거리이며, 한주의 산물 역시 한푸와 동일하다. 한주에서 칸투(Qānṭū, 江都=揚州)까지는 20일 거리이며, 칸투의 산물도 한푸·한주와 동일하다 …… 씬 전체에는 인구가 조밀한 도시 300개가 있고, 그 가운데 비교적 유명한 것이 90개 있다. 씬의 변경은 바다에서 시작되며, 티베트(Tubbat)와 투르크(Turk)

39) 위의 책, 卷104「高仙芝傳」, p.3,203~06.

를 거쳐 서쪽으로 인도(Hind)에 도달한다."[40] 이븐 후르다드비흐의 이 기록은 당대 말기의 상황을 반영하는 것이며, '씬', 즉 중국의 경계는 "바다에서 시작"되어 서쪽 혹은 서북쪽으로 티베트와 투르크인들의 땅에 이를 때까지로 이해하고 있었음을 알 수 있다.

해로를 통해 중국에 도래한 아랍·페르시아인들이 입수한 정보는 851~2년경에 아부 자이드 알 하산 알 시라피(Abū Zayd al-Ḥasan al-Sirāfī)가 쓴 『중국과 인도에 관한 사정(*Akhbar al-Ṣīn wa al-Hind*)』, 그리고 10세기 초 '상인 술레이만(Sulaymān)' 등의 전언에 기초한 그 속편에 가장 상세하게 전해지고 있는데, 그 내용을 보면 앞서 살펴본 '타브가치'와는 달리 '씬'에 대해서는 아무런 적개심을 찾아볼 수 없다. 오히려 무수한 도시와 촌락의 번영한 모습, 발달된 경제생활, 문자와 제도의 정비를 통한 정치적 안정 등 상당히 호의적인 내용들로 가득 차 있다. 심지어 인도와 비교해 보아도 중국은,

> 훨씬 더 쾌적하고 더 아름답다. 인도의 대부분에는 도시(라고 할 만한 것도) 없지만, 한편 중국인들은 각지에 성채가 있는 규모도 장대한 도시를 갖고 있다. 중국 지방은 (인도 지방보다) 훨씬 더 건강하고 병도 훨씬 적으며, 공기가 양호하기 때문에 중국에서는 두 눈이 다 멀거나 한 눈이 먼 사람 및 병에 걸린 사람들은 거의 찾아볼 수 없다. 그러나 인도 지방에서는 이러한 것들이 많이 보인다.[41]

40) Ibn Khurdādbih, *Kitāb al-masālik wa'l-mamālik*, ed. by M. J. de Goeje, (Bibliotheca Geographorum Arabicorum pars. 6, E. J. Brill, 1889), Arabic text, 68~70. cf. 宋峴 譯注, 『道里邦國志』(北京: 中華書局, 1991), pp.71~72.

이처럼 해로를 통해 중국과 접촉했던 남아시아의 인도인 그리고 서아시아의 아랍·페르시아인들은 Chin 혹은 Sin이라는 이름으로 중국을 불렀으며 상당히 호의적인 이미지를 갖고 있었던 사실이 확인된다. 이렇게 된 것은 그들이 중국과 영토를 접하지 않았고 무력적인 충돌을 벌일 일도 없었고, 해로를 통한 쌍방 간의 교류가 교역과 선교와 같은 경제적·종교적 접촉이 그 주된 내용을 이루었기 때문일 것이다.

한편 당대의 인도 측 문헌에는 Mahachin/Mahasin이라는 새로운 명칭이 보이기 시작하였는데, 이는 Chin/Sin'이라는 말에 산스크리트어로 '커다란'을 뜻하는 maha가 결합된 것이다. 당시 통상 Khanfu, 즉 광주(廣州)에 입항하여 그 부근에서 상업활동에 종사하던 사람들은 광주 혹은 좀 더 넓게 남중국 일대를 Chin/Sīn이라고 불렀는데, 이들이 후일 내륙을 통해 여행·교역을 하다가 마침내 제국의 중심지는 남쪽이 아니라 북쪽의 장안 부근이라는 사실을 깨닫게 되고, 따라서 그런 의미에서 장안 근처의 북중국을 마하친이라고 불렀던 것으로 보인다. 의정(義淨)이 『고승전(高僧傳)』에서 "지나는 곧 광주이다. 막가지나는 곧 경사이다(支那即廣州也. 莫訶支那即京師也)"라고 한 것이라든가,[42] 『속고금역경도기(續古今譯經圖記)』에 "인도의 풍속에 따르면 광부는 지나를 지칭하며, 황제의 수도를 마가지나라고 부른다(印度國俗呼

41) 家島彦一 譯注, 『中國とインドの諸情報』 卷1(第一の書)(東京: 平凡社, 2007), pp.74~75; J. Sauvaget tr., *Relation de la Chine et de l'Inde*(Paris, 1948), p.26.; 穆根來, 汶江, 黃倬漢 譯, 『中國印度見聞錄』(北京: 中華書局, 1983), pp.24~25.

42) 王邦維 校注, 『大唐西域求法高僧傳校注』(北京: 中華書局, 1988), p.103.

廣府為支那, 名帝京為摩訶支那)"라고 한 것이 그 예이다.[43] 이 말은 원래 인도인들 사이에서 사용되던 것이 아랍인 및 페르시아인들에게도 전해졌고, Mahachin/Mahasin을 줄여 Machin/Masin으로 표기되는 경우도 많았다.

4. 요·송대: Kitai의 등장과 명칭상의 혼란

10세기에 들어서면서 당제국은 무너지고 중국의 역사는 다시 분열의 시대로 들어가게 된다. 이에 상응하여 중국에 대한 명칭도 혼란의 양상을 보이기 시작하는데, 12세기 초에 쓰인 마르바지(Sharaf al-Zamān Ṭāhir al-Marvazī)의 글에서 이러한 변화의 단초를 발견할 수 있다. 그는 『동물들의 특성(*Ṭabā'ī al-ḥayawān*)』(1120년경 저술)이라는 저술에서 중국, 투르크, 인도 등의 지역에 대해서 비교적 상세히 묘사하고 있다. 그 내용은 대체로 아랍의 지리학자들이 그동안 축적해 놓은 지식에 근거한 것으로 7세기에서 11세기에 걸친 다양한 정보들이 포함되어 있다. 흥미로운 사실은 그가 중국에 대해 설명하면서 그곳이 '(1) Ṣīn, (2) Qitāy(일반인들은 Khiṭāy라고 부른다), (3) Yughur라는 세 부분(aqsām)'으로 나뉘어 있다고 기록한 점이다.[44] 물론 이는 (북)

43) Pelliot, "CIN," p.272.

44) V. Minorsky tr., *Sharaf al-Zaman Tahir Marvazi on China, the Turks and India: Arabic text(circa A.D. 1120)*(London: Royal Asiatic Society, 1942), p.14.

송, 거란[契丹], 위구르[回鶻]에 상응하는 것이며 당제국 붕괴 이후 중국의 분열상을 반영하고 있다. 마지막의 Yughur는 투르판(高昌) 지역에 자리 잡았던 위구르 왕국을 지칭하는 것으로 보인다.[45] 또한 마르바지는 Ṣīn의 언어와 종교가 Qitāy 및 Yughur와는 완전히 다르다고 하여,[46] 이 세 영역이 정치적으로뿐만 아니라 민족적으로도 전혀 이질적이었음을 분명히 지적하고 있다.

그런데 마르바지는 Qitāy, 즉 거란제국(907~1125)에 관한 정보를 언제 어떻게 입수한 것일까. 이와 관련하여 흥미로운 사실은 당시 이슬람권의 대 학자인 알 비루니(al-Birūnī, 973~1048)의 글에서도 키타이에 관한 언급이 발견된다는 점이다. 그는 1030년 직후에 쓰인 『마수드의 규범(*al-Qānūn al-Mas'ūdī*)』이라는 글에서 "키타이 칸이 보낸 사신들을 조사했다"라고 기록하였는데, 1027년 이 사신들이 가즈니(Ghazni)에 있던 술탄 마흐무드(Sulṭān Maḥmūd, 재위 998~1030)를 방문했을 당시 비루니는 그 궁정에 함께 있었고 그들로부터 동방에 관한 정보를 얻을 수 있었다고 적었다. 따라서 당시 그들을 조사한 '공식적인 기록'이 존재했을 것이고 앞서 언급한 마르바지 역시 그러한 자료를 이용한 것으로 추정된다.[47] 따라서 우리는 '키타이'라는 명칭이 늦어도 11세기 전반까지는 이슬람권에 소개되었음을 알 수 있다.

---

45) Minorsky는 이것을 감숙 지방에 있던 위구르인들로 보았으나 주일량(周一良)은 이를 비판하고 투르판 지방의 위구르인이라는 견해를 제시하였다. cf. Chou Yi-liang, "Notes on Marvazī's Account on China," p.19.

46) Minorsky tr., 앞의 책 p.17.

47) 위의 책, pp.68~69.

마르바지는 거란의 황제 성종(聖宗, 재위 982~1031)이 가즈나 왕조의 군주이자 당시 서아시아의 맹주였던 술탄 마흐무드에게 보낸 서한 전문의 아랍어 번역문을 게재하였다. 이 서한은 1024년에 쓰인 것으로서, 이를 소지한 거란의 사신은 서쪽의 목적지를 향해서 가다가 도중에 투르판을 경유하였는데, 그곳의 위구르 군주 역시 그 기회를 이용하여 술탄 마흐무드에게 사신을 파견하고 서한을 보내게 되었다. 이렇게 해서 거란과 투르판의 사신들은 일행이 되어 1027년 마흐무드의 궁정에 도착하였다. 마르바지의 글에는 거란의 군주 성종의 편지와 함께 위구르 군주의 서한의 내용도 함께 전재되어 있다.[48] 마르바지가 전하고 있는 이 두 편지의 내용은 술탄 마흐무드에 대한 폄하적 호칭과 위협적인 언사, 거란의 사신이 갖고 온 선물의 상세하고 정확한 목록 등을 그대로 기록하고 있어, 아마 원문을 거의 문자 그대로 직역한 것으로 추정된다.

그런데 이 서한은 당시 육로를 통한 동서 간의 관계가 냉담하고 심지어 적대적인 양상으로 전개되고 있었음을 보여준다. 성종은 이 서한에서 술탄 마흐무드를 "후라산의 아미르 마흐무드 카라 칸(amīr-i Khurāsān Maḥmūd Qarā Khān)"이라고 폄하하여 부르고 있다.[49] 당시 바그다드에 압바스조의 칼리프가 있기는 했지만 그의 권위는 사실상 명목적인 것에 불과했다. 반면 술탄 마흐무드는 중앙아시아의 사만

48) 마르바지가 전재한 이 서한의 내용은 K. Wittfogel & Feng Chia-sheng의 *History of Chinese Society Liao(907~1125)*(Philadelphia: The American Philosophical Society, 1949), pp.51~52에도 소개되어 있다.

49) Minorsky tr., 앞의 책, p.19.

조를 붕괴시키고 동남쪽으로는 '성전사(ghāzī)'들을 이끌고 인도로 들어가 힌두사원을 파괴하여 이름을 떨쳤다. 그의 중심지는 비록 아프간의 가즈니에 있었지만 그의 영향력은 바그다드를 위시하여 서아시아 전역에 미칠 정도였다.[50] 따라서 성종이 그를 칭하여 '후라산의 수령(amīr)'이라고 부른 것은 대단히 모욕적인 언사가 아닐 수 없다.

성종은 여기서 한발 더 나아가 '하늘의 주(主, rabb al-samā)'가 지상의 많은 왕국들을 자신의 지배 아래 두게 하였기 때문에 그들이 사신을 보내어 '서한과 선물들(al-kutub wa al-muhādāt)'을 보냈는데 유독 마흐무드만은 그렇게 하지 않았다고 질책하였다. 이어 그는 마흐무드가 그 지방에서 명성을 높이고 있다는 이야기를 들었는데, 그렇다면 마땅히 '하늘 아래 그보다 더 높은 사람이 없는 최고의 군주(al-khān al-a'ẓam)'인 자신에게 그러한 소식을 써서 알려야 할 '의무'가 있다고 하였다. 그렇지만 오히려 자신이 먼저 사신을 보내는 것이니 그 목적은 '연합의 길을 열고 우호의 연대를 강화하기' 위함이라고 천명하였다.[51]

물론 이러한 고압적인 언사를 담은 서한을 접한 술탄 마흐무드로서는 기분이 좋을 리 없었을 것이다. 마르바지에 의하면 그는 거란과 진지하게 소통해야 할 필요성을 느끼지 못했고, 거란 측 사신에게 구두로 이렇게 말했다고 한다. "평화와 휴전은 전쟁과 싸움을 방지하는 목적을 가질 때 비로소 가능한 것이다. 우리는 서로 긴밀한 관계를 가져야 할 만큼 서로를 연대시키는 믿음도 없다. 엄청난 거리는 우

50) C. E. Bosworth, *The Ghaznavids: Their Empire in Afghanistan and Eastern Iran*(Beirut: Librairie du Liban: 1973), pp.44~47, 114.
51) Minorsky tr., 앞의 책, p.19.

리들 사이에 여하한 배신이 생길지라도 안전을 제공해주고 있다. 나는 당신이 이슬람을 받아들이기 전에는 당신과 긴밀한 관계를 가질 필요를 느끼지 못한다. 이것이 전부이다."[52] 앞에서 당대에 '타브가치'라는 명칭이 육로를 통해 교류하던 내륙 지역에서 사용되었고 그것이 내포하는 함의도 매우 적대적이었다는 점을 지적했는데, 이러한 현상은 거란제국이 성립된 뒤에 출현한 '키타이'라는 명칭의 경우에도 거의 동일하게 적용될 수 있는 셈이다.

그렇다면 해로를 통한 동서 간의 접촉은 어떠했으며 과거에 사용되던 '친/씬'이라는 명칭은 어떻게 되었을까. 마르바지는 이슬람권에서 동방으로 연결되는 루트를 소개하면서 먼저 육로로 세 가지 길을 소개하고,[53] 이어 "바다를 통해서 Ṣīn으로 가는 길"도 소개하고 있다. 특히 그는 한푸(Khānfū, 廣州)에 대해서 매우 상세한 보고를 하였는데, "이 도시의 주민들이 하는 말은 신뢰할 수 있고 확실하며 진실하다"라고 하며, 또 "그들의 왕은 상인들에게 친절하며 이 지방에 들어오는 어느 누구에게도 억압을 가하지 않는다"라고 하였다. 또한 그들이 외국에서 입항하는 선박과 선원 및 상인들을 어떤 방식으로 접대하

52) 위의 책, p.21.

53) 마르바지는 중앙아시아의 카슈가르(Kāshghar)에서 타림분지 남변을 따라 야르칸드(Yārkand)와 케리야(Keriyā)를 거쳐 사주(沙州, Sājū)에 이르게 되고 거기서 길이 나뉘는데, (1) 사주에서 동쪽으로 가면 감주(甘州, Qāmjū)를 거쳐 Ṣīn 왕국의 수도인 양주(揚州, Yanjūr)에 이르고, (2) 사주에서 서쪽으로 가면 위구르의 수도인 Qocho에 이르며, (3) 사주에서 동쪽으로 가 Khātūn-san(Khatun-cheng, 可敦城)과 Ūtkin(Ötkän)을 거치면 키타이의 수도인 Ūjam(?上京臨潢府)에 도착한다고 기록하였다. Khātūn-san, Ūtkin, Ūjam의 비정(比定)에 관해서는 Minorsky tr., 앞의 책, pp.73~75 참조.

고 처리하는지 상세하게 소개하고 있는데, "그들의 건강을 묻고 존경의 표시를 하며, 또한 토산 과일과 술을 대접한다"라고 쓰고 있다.[54] 마르바지는 이어서 쿰단(Khumdan, 長安)[55]에 대해서 언급하는데, 물론 당시 송조(宋朝)의 수도는 더 이상 장안이 아니었고 이것은 과거 아랍 지리학자들의 글에서 채록한 것으로 보인다. 쿰단에 대한 묘사 역시 한푸의 경우처럼 매우 우호적인 내용으로 가득 차 있다.[56]

이렇게 볼 때 마르바지라는 동일한 저자의 글에서 Qitāy와 Ṣīn이라는 두 지역이 얼마나 대조적으로 묘사되어 있는지가 분명히 드러난다. 그리고 이러한 차이가 물론 중국과 서방이 육로와 해로를 통한 접촉의 양상의 차이와 직결되어 있음을 알 수 있다. 즉 육로를 통한 교류가 정치·군사적인 성격이 강하게 나타난 반면, 해로를 통한 접촉은 상업적인 교류에 국한되었기 때문이다.

주지하듯이 Qitāy(契丹)와 Yughur(回鶻)는 원래 종족/부족의 명칭이지만 마르바지의 글에 나타난 용례를 보면 그가 그러한 사실을 인지하고 있었는지 분명치 않다. 그러나 '중국인'을 지칭할 때 Ṣīn이라는 단어 앞에 '사람(ahl)'을 붙여 ahl al-Ṣīn이라고 한 것처럼 '키타이인'과 '위구르인'을 칭할 때에도 ahl al-Qitāy wa Yughur라 한 것이라든지, '키타이로 가는 길(al-sālik naḥw Qitāy)'과 같은 표현은 키타이라는 말을 어떤 영역·왕국의 의미로 사용하고 있음을 시사한다. 즉

54) 위의 책, pp.21~22.
55) 장안에 대한 외래명칭인 Khumdan에 대해서는 葛承雍, 『唐韵胡音與外來文明』(北京: 中華書局, 2006), pp.328~341 참조.
56) Minorsky tr., 앞의 책, pp.21~22.

12세기 초 아랍인들은 중국에 대해서 종래 Ṣīn이라는 하나의 왕국이 있었다고 보았던 관점에서 바뀌어 이제는 언어와 종교가 서로 전혀 다른 Ṣīn, Qitāy, Yughur라는 세 왕국이 있다고 인식하게 된 것이다.

그런데 이처럼 중국의 북부 지방에 Qitāy라는 영역·왕국이 등장하여 Ṣīn과 공존하게 된 상황은 중국에 대한 명칭에 혼란을 가져오기 시작했다. 예를 들어 마르바지가 그의 글에서 Ṣīn에 대해서 설명하면서 "그들의 왕은 Tamghāj Khān이라 불리는데, 그가 바로 Faghfūr라고 불리는 사람이다"[57]라고 하였다. Tamghāj는 곧 Tabɣach를 옮긴 말이니 앞에서 설명했듯이 과거 돌궐·위구르인들이 중국을 가리키던 명칭이고, Faghfūr는 이란계 언어에서 '신(神)의 아들'을 뜻하며 '천자(天子)'를 그 의미대로 옮긴 말이다.[58] 따라서 원래 북중국을 지배하던 종족 타브가치(拓跋)에서 기원한 명칭이 수·당제국 시대에는 중국 전체를 가리키다가, 10세기에 들어와 중국 북방에 Qitāy라는 새로운 왕국이 등장하자 타브가치라는 말은 그 남쪽의 송을 가리키는 말이 된 것이다.

중국을 지칭하는 용어의 변용과 혼란은 이미 거란이 이슬람권과의 접촉이 이루어진 직후부터 생긴 듯하다. 중앙아시아의 카슈가르 부근 오팔(Opal)이라는 곳에서 출생한 마흐무드 카쉬가리(Maḥmūd Kāshgharī)는 1072~74년경 역사상 유명한 『투르크어 사전(*Divān al-lughat al-Turk*)』을 편찬하였는데, 거기서 그는 타브가치(TAWΓ'J)라는

57) 위의 책, p.15.
58) P. Pelliot, 'FACFUR,' *Notes on Marco Polo*, Vol.2, pp.652~661.

단어에 대해서 다음과 같은 설명을 달았다.

> Tawɣāch는 Māṣīn을 가리키는 명칭이다. 그곳은 Ṣīn 너머에 위치해 있으며 (그곳까지는) 4개월의 여정이다. Ṣīn은 원래 세 부분으로 되어 있었다. 상(上)(al-'awliyā), 즉 동쪽에 있는 Tawɣāch, 중(中)(al-wasiṭa)에 있는 Xiṭāy, 하(下)(al-sufla), 즉 카슈가르 부근에 있는 Barxān이 그것이다. 그러나 지금 Tawɣāch는 Māṣīn으로, Khiṭāy는 Ṣīn으로 알려져 있다.[59)]

즉 원래 하나였던 Ṣīn이 Tawɣāch=Māṣīn, Khiṭāy=Ṣīn, Barxān의 셋으로 나뉘어 있다는 것이다. 여기서 Barxān은 카슈가르 북방 천산 산맥 중의 이식쿨 호 부근에 있던 Barsxan에 해당되는 것인데,[60)] 당대에 그곳까지 지배했기 때문에 이곳이 과거 Ṣīn의 일부였다고 간주된 것이다. 따라서 중국의 본령에 해당되는 곳은 북부의 Khiṭāy=Ṣīn와 남부의 Tawɣāch=Māṣīn으로 나뉘게 된 셈이다. 카쉬가리의 이러한 설명은 우선 앞서 살펴본 마르바지의 글에서 중국의 북부에 Khiṭāy가 있고, 남부에는 Tawɣāch의 칸이 통치하는 Ṣīn이 있다고 한 서술과 배치된다. 나아가 당대에 광주를 중심으로 하는 남중국을

59) R. Dankoff tr., *Compendium of the Turkic Dialects*(*Dīwan Luɣāt at-Turk*), part.1, p.341; 아랍어 원문은 *Kitābu Dīvāni lügāti't-Türk*(Tipkibasim, Ankara: Kültür ve Turizm Bakjanligi, 2008), p.228 참조.

60) V. Minorsky tr., *Hudud al-Alam*, pp.292~293; 內藤みどり, 앞의 책, pp.38~40.

Sin, 장안을 중심으로 한 북중국을 Mahasin〉Masin이라고 불렀던 것과도 정면으로 상치된다.

이처럼 과거 Ṣīn이라는 단일한 명칭으로 불리던 중국이 7세기경에 등장한 Tabɣāch=탁발(拓跋)이라는 새로운 이름과 10세기에 나타난 Qitay=거란[契丹]이라는 또 다른 이름이 함께 사용되면서 혼란이 발생하게 되었다. 이러한 혼란은 물론 당제국 붕괴 이후 중국의 정치적 분열과 연동하여 일어난 것이다. 그렇지만 명칭의 혼란이 야기된 또 다른 원인은 중국과의 교류가 육로와 해로를 통해서 각각 이루어졌고 거기서 확보된 정보들이 상호소통되지 못한 상태에서, 과거의 지식과 새롭게 입수된 정보가 뒤섞이며 혼선이 빚어졌기 때문이기도 하다. 이러한 혼란은 몽골인들이 중국을 지배하던 시대에도 계속되었다.

5. 원대: Kitai와 Chin의 분립과 병존

거란제국은 1125년 멸망하고 북중국의 패자는 주르첸(Jurchen, 女眞)으로 바뀌었지만, Qitan/Qitay라는 명칭은 계속해서 북중국을 지칭하는 용어로 사용되었다. 특히 12세기 몽골 고원에 분포하던 몽골계 유목민들은 Qitan/Qitay의 복수형으로 Kitad라는 명칭을 사용했는데, 이는 북중국 금나라 치하의 주민들을 가리키는 말이었다. 『원조비사(元朝秘史)』에는 다양한 용례가 보인다. 예를 들어 53절에 "도중에 타타르 주인 사람들이 암바가이 카한을 붙들어 키타드의 알탄 가한(Kitad-un Altan Qahan)에게로 데려갔다"라는 구절이 보이는데, 알탄 카한은 금국의 황제를 지칭한다. 247절에도 "그 뒤에 칭기스 카한은 양의 해(1211년)에 키타드 사람들(Kitad irgen)에게 출정했다"라는 기사가 보인다.[61] 몽골과 여진 사이에 벌어진 격렬하고 잔혹한 전쟁을 생각할 때 13세기 초 몽골인들의 눈에 비친 Kitad가 결코 우호적인 모습으로 그려지지 않았으리라는 것은 쉽게 짐작할 수 있다.

몽골인들은 북중국의 주민을 가리킬 때 '자쿠트(Jaqut)'라는 또 다른 명칭을 사용했다는 사실이 『원조비사』를 통해서 확인된다. 펠리오는 이 단어의 기원에 대해서 송조를 지칭하는 '조관(趙官)'이라는 말을 몽골식 복수형으로 음사(音寫)한 것으로 추정했는데[62] 확정적인 견해라고 보기는 어렵다. 아무튼 Kitad는 금나라 치하의 주민들만을 지칭한 것에 비해 Jaqut는 Kitad, Tangut, Jürched, Solangqa 등을 포괄하는 명칭으로 이해된다.[63] 몽골인들은 Kitad 혹은 Jaqut라는 말로써 북중국을 지칭했는데 남중국, 즉 남송 치하의 영역을 가리킬 때는 '낭기야스(Nangqiyas)'라는 용어를 썼다. 이것이 '남가(南家)'라는 말의 몽골어 복수형이라는 점에 대해서는 이론이 없는 듯하다.[64]

---

61) 『元朝秘史』는 小澤重男의 『元朝秘史全釋』(上·中·下) 및 『元朝秘史全釋續攷』(上·中·下; 이상 東京: 風間書店, 1984~90), Igor de Rachewiltz tr., *The Secret History of the Mongols: A Mongolian Epic Chronicle of the Thirteenth Century*(2Vols., Leiden: Brill, 2004) 등 참조.

62) P. Pelliot, "CATAI," 앞의 책, Vol.1, p.228~229.

63) I. de Rachewiltz, *The Secret History of the Mongols*, Vol.2(Brill: Leiden, 2004), pp.1032~1033.

64) A. Mostaert & F. W. Cleaves, *Les Lettres de 1289 et 1305 des ilkhan Arγun et Öljeitü à Philippe le Bel*(Cambridge: Harvard University Press, 1962), p.55, pp.73~75.

주지하듯이 몽골은 1234년 금나라를 멸망시키고 1276년에는 남송을 병합함으로써 10세기 초 당제국이 붕괴된 뒤 거의 400년 만에 중국의 정치적 통합을 이룩하였다. 당시 한인 지식인들은 특히 쿠빌라이의 남송 병합에 대해 '대일통(大一統)'을 이룩한 역사적 사건으로 특필하였으며,[65] 오늘날 중국의 학자들도 '다민족 통일국가'의 기틀을 놓은 사건이라고 하면서 그 역사적 의미를 강조하고 있다.[66] 사실 중국은 쿠빌라이의 대통합 이후 명과 청의 통일제국을 거치면서 현재에 이르기까지 과거와 같은 대분열을 다시는 겪지 않게 되었다.

그러나 중국이 몽골의 정치적 헤게모니 아래에서 대통합을 이루었지만, 남과 북으로 나뉘어 별도의 이름으로 불리는 현상은 사라지지 않고 계속되었다. 몽골인들은 중국을 통치하는 동안 내내 남과 북을 구별하여 Nangiyas와 Kitad라는 명칭을 사용하였으며, 이는 심지어 이란을 통치한 몽골인들도 마찬가지였다.[67] 그런데 이러한 현상은 몽골인들에게만 국한된 것이 아니라 인도와 이란의 주민들에게서도 마찬가지로 발견된다는 점에서 흥미롭다.

14세기 초 라시드 앗 딘이 저술한 『집사(*Jāmi' al-tavārīkh*)』의 제2부

65) 虞集, 「經世大典序錄」, 『國朝文類』(四部叢刊 初編), 권40, p.419("世祖皇帝削平江南而大统, 始一輿地之廣古所未有"); 王惲, 「上世祖皇帝論政事書」, 『元代奏議輯錄』(浙江古籍出版社, 1998), p.199("欽惟皇帝陛下聖文神武, 以有爲之資, 膺大一統之運, 長策撫馭, 區宇民數, 遠邁漢·唐, 其所渴者特治道而已").

66) 韓儒林 主編, 『元朝史』 上册(北京: 人民出版社, 1986), pp.293~296; 李治安, 『忽必烈傳』(北京: 人民出版社, 2004), pp.754~791.

67) A. Mostaert & F. W. Cleaves, *Les Lettres de 1289 et 1305 des ilkhan Arghun et Öljeitü a' Philippe le Bel*(Cambridge, Mass.: Harvard-Yenching Institute Scripta Monolica Monograph Series I, 1962), p.55, pp.72~74.

〈표 1〉

	한인(漢人)	몽골인	인도인	이란인
북중국	Khān zhū khūn tūī	Jāūqūt	Chīn	Khitāy
남중국	Manzī	Nangīās	Mahāchīn	Māchīn

는 세계 여러 민족들의 역사를 기록한 것인데, 그 가운데 중국을 다룬 것이 바로 『키타이와 마친의 황제들의 역사(*Tārīkh-i pādishāhān-i Khitāy va Māchīn*)』라는 것이 있다. 이에 관해서는 이미 필자가 상세히 논한 바 있기 때문에[68] 여기서는 다시 되풀이하지 않겠지만, 거기서 라시드 앗 딘이 한인, 몽골인, 인도인, 이란인이 북중국과 남중국을 가리키는 명칭들로 기록한 것만 소개해보면 〈표 1〉과 같다.

〈표 1〉이 보여주듯이 라시드 앗 딘은 당시 여러 민족들이 중국의 북부와 남부를 별도의 명칭으로 불렀다고 주장하였는데, 이것은 도대체 우리에게 어떤 사실을 말해주는가. 우선 혼란의 여지를 없애기 위해 먼저 지적해 두어야 할 사실은 라시드 앗 딘의 글 어디에도 '중국'이라 옮길 만한 표현이 없다는 점이다. 위에서 북중국·남중국이라고 한 것도 필자가 편의상 그렇게 부른 것뿐이다. 그렇기 때문에 그는 자신의 책의 제목에 '키타이와 마친'이라는 두 개의 지명을 병칭하였다. 그리고 이러한 현상은 라시드 앗 딘이라는 한 개인에게만 국한된 것이 아니라 당시 이슬람권의 모든 저작에서 공통으로 발견된다.

68) 金浩東, 「라시드 앗 딘(Rashīd al-Dīn, 1247~1318)의 『中國史』 속에 나타난 '中國' 認識」, 《東洋史研究》(동양사학회, 2011).

원대의 한인들은 북중국과 남중국을 가리켜 한지(漢地)와 강남(江南)이라는 용어를 사용했다. 〈표 1〉에서 한인들이 사용했다고 하는 두 개의 용어 가운데 북중국을 가리키는 말이 무엇인지 정확하게 재구성하기는 어려우나 한지라는 표현과 연관된 것은 분명해보이며, 남중국을 가리킨다고 하는 Manzī는 물론 만자(蠻子)를 옮긴 말이다. 강남이라는 말이 가장 자주 사용되었지만 『원전장(元典章)』 등에서 강남 지방을 가리켜 '만자전지(蠻子田地)'라고 표현한 사례가 자주 발견되는 것[69]을 보면, 라시드 앗 딘의 주장은 상당히 정확한 정보에 기초한 것이라고 할 수 있다.

물론 한인들은 이처럼 중국의 북부와 남부를 가리키는 별도의 용어를 사용하였지만, 이와 동시에 두 지역을 모두 포괄하는 표현도 갖고 있었다는 점에서 이슬람권의 경우와는 달랐다. 즉 당시 '중국'이라는 표현도 자주 사용되었고 그것은 정치·문화·지역적으로 하나의 단위로 인식된 것이었다. 쿠빌라이 치세에 허형(許衡)이 「시무오사(時務五事)」에서 "북방의 풍속으로 중국의 법을 고쳐서 통용케 하려면 30년이 아니면 성공을 거두기 힘들 것입니다[以北方之俗改用中國之法也, 非三十年不可成功]"라고 한 것이나,[70] 서세융(徐世隆)이 "폐하께서는 황제로서 중국을 통치하고 계시니 중국의 일을 행하는 것이 마땅합니다.

69) 예를 들어 "大德八年三月二十四日, 欽奉皇帝聖旨: 蠻子田地裏有的行中書省爲頭各衙門官人每·令史每根底 ……", 陳高華 等 點校, 『元典章』 卷1(北京: 中華書局, 2011), p.154; "至元二十二年二月 …… 如今, 蠻子田地裏覷着呵, 城子裏每達達·回回·畏吾兒每裏, 一個家有底也有, 無的也無 ……"(p.246); "元貞元年二月, 中書省奏 :「漢兒·蠻子田地裏, 有理會得陰陽人的數目 ……"(p.316) 등을 참조.

70) 『國朝文類』 卷13.

그 일의 큰 것으로는 제사가 으뜸이며, 제사를 드리려면 반드시 깨끗한 종묘가 있어야 할 것입니다[陛下帝中國, 當行中國事. 事之大者, 首惟祭祀, 祭祀必有淸廟]"라고 상주를 올린 것이 좋은 예라고 할 수 있다.[71)]

〈표 1〉은 중국에 대한 호칭이 부르는 주체에 따라 서로 일치하지 않았다는 사실을 보여줄 뿐만 아니라, 여러 명칭들이 서로 섞여서 사용되고 있었음을 말해준다. 몽골인들이 북중국을 칭할 때 Kitad와 Jaqut라는 단어를 혼용했다는 사실은 앞에서 언급하였다. 라시드 앗딘은 'Manzi'라는 명칭은 한인들이 남중국을 가리킬 때 쓰는 것이라고 했지만, 주베이니('Ata Malik Juvaynī)나 카샤니(Abū al-Qāsim 'Abd Allāh b. Muḥammad al-Qāshānī)와 같은 13~14세기의 무슬림 역사가들의 글에서도 'Manzi'라는 단어가 같은 뜻으로 기록된 용례를 찾아볼 수 있다.[72)] 또한 카즈비니(Ḥamd Allāh Mustawfī Qazivīnī)도 1340년에 저술한 지리서에서 Khitāy에 대해서 "그 도읍은 Khān Bālīgh이다"라고 하면서, Chīn에 대해서는 "몽골인들은 이 지방을 Manzī라고 부르며, 아랍인들은 Ṣīn이라고 부른다 …… 그 도읍은 Māchīn이다"라고 하여[73)] 마치 Chin과 Machin이 동일한 지역인 것처럼 서술하였다. 그런가 하면 아랍 측 역사가인 우마리(Ibn Faḍl Allān al-'Umarī,

---

71) 蘇天爵 撰, 『元朝名臣史略』(姚景安 點校, 中華書局, 1996), 卷12, p.252.

72) *Genghis Khan: the History of the World Conqueror*(tr. by J. A. Boyle; Manchester: Manchester University Press, 1997 new edition), p.596; Persian text by Muḥammad Qazwīnī(London: Luzac and Company Ltd., 1958), part 3, pp.71~72; *Tārīkh-i Ūljāītū*(ed. Muhīn Hamblī, Tehran: 1384), p.202.

73) *The Geographical Part of the Nuzhat al-qulūb composed by Hamd-Allāh Mustawfī of Qazwīn in 740(1340)*, tr. by G. Le Strange(Leyden: E. J. Brill, Imprimerie orientale, 1919), p.250.

1301~49)는 Khitāy라는 명칭은 주로 북중국을 가리키는 것으로 사용하면서 남북 중국 전체를 포괄하는 개념으로 '씬 지방(Bilād al-Ṣīn)'이라는 용어를 사용하고 있다.[74)]

13~14세기 유럽인들도 중국의 남부와 북부를 다른 이름으로 불렀다. 유럽은 1230~40년대에 바투가 이끄는 몽골군의 공격을 받고 경악하였고, 교황은 카르피니(John of Carpini)를 사신으로 몽골리아에 파견하였다. 그는 1245~47년 여행을 마치고 돌아가 기록한 글에서 금나라 치하의 북중국을 가리켜 'Kitai', 그리고 그곳의 주민을 'Kitai 사람'이라고 불렀다.[75)] 그 후 얼마 지나지 않아 1253~55년 몽골리아를 방문하고 돌아간 루브룩(William of Rubruck)도 중국을 지칭하여 Cataia라는 명칭을 사용하였다. 그런데 그는 '대(大)카타이(magna Cataia)'라는 표현을 사용하면서 그곳이 "고대에는 Seres로 알려졌던 곳"이며 비단을 생산하던 지역이었다는 설명을 덧붙였다. 그리고 그는 대카타이에 대해서 "많은 지방으로 이루어져 있는데 그 가운데 상당수는 아직도 몽골인(Mo'al)들에게 아직 복속하지 않고 있다. 그곳과 인도 사이에는 바다가 놓여 있다"라고 하였다. 이러한 내용으로 볼 때 루브룩의 '키타이/카타이'는 중국의 북부만이 아니라 남송 치하의

74) K. Lech tr., *Das mongolische Weltreich Al-'Umarī's Darstellung der mongolischen Reiche in einem Werk Masālik al-abṣār fī mamālik al-amṣār*(Wiesbaden: Otto Harrassowitz, 1968), p.105, p.111 등.

75) Wyngaert ed., *Sinica Fransiscana*, Vol.1(Quaracchi-Firenze, 1929), p.55; C. Dawson ed., *Mission to Asia*(Toronto: Toronto University Press, 1980), pp.20~21.

남부까지 포함한 전체를 가리키는 것으로 보인다.[76)]

그런데 루브룩이 카르피니와는 달리 키타이라는 말로써 중국 전체를 가리켰던 것은 그가 새로운 정보에 기초해서 그런 것이 아니라 중국에 대한 지리적 무지에서 비롯된 것일 가능성이 높다. 그는 중국에 관한 사정을 "Cataia에서 온 어떤 네스토리우스파 사제"[77)]로부터 전해 들었을 뿐이며, 카라코룸에서 1254년 겨울만 머물고 난 뒤 그 다음 해 봄에 귀환하였다. 그가 'Caule와 Manse'라는 지역에 대해서 언급할 때 그 주민들이 "겨울에는 얼어붙는 바다 안의 섬들에 사는 사람들"이라고 한 데에서도 그의 지리적인 지식의 한계를 알 수 있다.[78)] 물론 Caule와 Manse가 '고려'와 '만자'(즉 남송)를 가리키는데, 그 묘사가 정확하지도 않을 뿐더러, Manse가 실은 그가 언급한 '대카타이'와 동일한 영역이라는 사실도 인지하지 못했던 것이다.

1320년대에 인도양을 거쳐 남중국으로 들어간 뒤 1324~27년 칸발릭(=북경)에 머물다가 이탈리아로 돌아간 선교사 오도릭(Odoric of Perdenone)은 중국남부 지역을 '만지(Manci)'라고 부르며 동시에 '상(上)인도(India superior)'라고도 하였다. 여기서 India는 오늘날의 인도가 아니라 인도양과 중국의 동남 연해까지 포괄하는 넓은 개념이었다는 점을 유의할 필요가 있다.[79)] 그는 칸발릭을 중심으로 하는 북

76) Wyngaert ed., 위의 책, p.236; P. Jackson tr., *The Mission of Friar William of Rubruck: His Journey to the Court of the Great Khan Möngke 1253~1255*(London: The Hakluyt Society, 1990), p.161.

77) Jackson tr., 위의 책, p.152.

78) 위의 책, p.203.

79) Henry Yule tr., *The Book of Ser Marco Polo*, Vol.2(London: John Murray,

중국을 카타이(Catay)[80]라고 불렀다. 한편 13세기 말 북중국에 온 뒤 1307년에는 교황청으로부터 칸발릭 대주교로 임명을 받고 수십 년간 그곳에 체류하면서 선교활동을 했던 몬테 코르비노(John of Monte Corvino)가 로마로 보낸 서한에는 '카타이'를 "대칸이라 칭해지는 타타르인들의 황제가 다스리는 왕국"이라고 하였다.[81] 이는 키타이/카타이를 북중국에만 국한하지 않고 카안 통치하에 있던 중국 전역을 지칭하는 사례로서 주목할 만하다.

13세기 말 중국에 와서 17년간 체류하고 베니스로 돌아간 마르코 폴로 역시 그의 유명한 『동방견문록(東方見聞錄)』에서 유럽의 선교사들의 글에 보이는 것과 마찬가지로 북중국을 Cathay, 남중국을 Manzi라고 칭하였다. 동시에 그는 중국의 동남부에 위치한 바다를 일컬어 '친(Chin)의 바다'라고 하면서, 그 바다에 위치한 섬들의 주민들이 Chin이라고 할 때 그것은 곧 Manzi를 의미한다고 하였다. 폴로는 중국 전체 혹은 일부를 칭할 때 Chin이라는 말을 사용하지는 않았지만, 해로상에 위치한 지역에서 Chin이라는 말이 중국의 명칭으로 사용되고 있었음을 알려주고 있다.[82]

이러한 사실은 14세기 전반 해로를 통해 중국을 방문한 무슬림 여

1926), pp.425~427. 예를 들어 John Marignolli와 같은 선교사 역시 세 개의 India를 언급하며 그 가운데 하나인 India Maxima가 곧 Manzi라고 하였다.

80) *Sinica Fransiscana*, Vol.1, p.457, p.471; H. Yule tr., *The Travels of Friar Odoric*(Grand Rapids, Michigan: William B. Eerdmans Publishing Co., 2002 repr.), p.119, p.135.

81) C. Dawson ed., 앞의 책, pp.224~231.

82) Henry Yule tr.(1926), 앞의 책, pp.263~266.

행가 이븐 바투타의 글을 통해 확인할 수 있다. 그는 남중국을 Ṣīn이라 부르고 북중국을 Khiṭā라고 불렀다. 그의 인식에 의하면 Ṣīn은 Ṣīn Kalān(=Ṣīn al-Ṣīn), 즉 광주에서 시작하여 항주(杭州)에서 끝나며, Khiṭā는 수도가 위치한 Khān Bāliq은 물론 Qarāqurum과 Bish Bāligh까지 포괄하였다. 이븐 바투타는 동시대 유럽인들처럼 중국의 남부와 북부에 대해서 별도의 명칭을 사용했지만, 중국의 남부에 대해서 유럽인들이 몽골인들의 용례에 따라 '만지'라고 부른 것에 반해 그는 인도양 지역에서의 용례에 따라 Ṣīn이라고 칭하였다.[83)]

몽골제국 시대에 중국에 대한 명칭들을 살펴볼 때 해로·육로를 막론하고 중국의 남부와 북부를 서로 다른 이름으로 부르고 있었던 점이 가장 중요한 특징이라고 할 수 있다. 물론 드물기는 하지만 유럽의 선교사들이 Cathay라는 표현으로, 혹은 이븐 바투타가 Ṣīn이라는 말로 남북 중국을 포괄하는 의미로 사용한 사례가 보이긴 하지만, 이것은 중국을 하나의 정치·문화적 단위로 보았기 때문이라기보다는 몽골의 대칸의 지배 아래 있는 영역이라는 점에서 그렇게 불렀던 것으로 보아야 할 것이다.

그렇다면 남송이 멸망한 뒤 중국의 남부와 북부가 단일한 군주의 통치를 받는 하나의 제국의 영역이 되었음에도 불구하고, 여러 지역을 구분하여 두 개 혹은 그 이상의 명칭을 계속해서 사용한 이유는 무엇일까. 아마 그 까닭은 당시 몽골인들이 중국을 정복하기 전부터

83) H. A. R. Gibb & C. F. Beckingham tr., *The Travels of Ibn Baṭṭūṭa A.D. 1325~1354*, Vol.4(London: The Hakluyt Society, 1994), pp.888~910; 정수일 역, 『이븐 바투타 여행기』(창작과 비평사, 2001), 권2, pp.322~346.

북중국과 남중국을 별개의 영역으로 인식했고, 두 지역이 모두 정복되어 하나의 제국 영역 안으로 들어온 뒤에도 이러한 인식은 변하지 않았기 때문이었다. 물론 카안이 직접 통치하는 지역이 10여 개의 省(shīng)으로 나뉘어 있었고 이들 각각에 대한 명칭도 있었지만, 이러한 행정적인 단위를 넘어서 중국의 남부와 북부를 별개의 영역으로 파악하고 별도의 명칭을 사용하는 관행은 계속되었던 것이다.

6. 명대: Kitai와 Chin의 통합 및 중국 명칭의 확정

몽골의 중국 지배가 종언을 고하고 명나라가 들어선 뒤 이러한 상황은 일전하게 된다. 주원장을 정점으로 하는 새로운 한인 지배집단은 과거 몽골인들의 이분법적인 중국관을 받아들이지 않았다. 그리고 이러한 변화는 명대에 중국을 방문한 외국인들의 글에도 반영되기 시작하였다. 여기서는 이러한 글들 가운데 몇 가지 대표적인 사례를 추출하여 분석해 보기로 한다. 15세기 초 티무르조의 기야쓰 앗 딘 나까쉬(Ghiyāth al-Dīn Naqqāsh)가 쓴 보고서,[84] 16세기 초두 오스만제국에서 저술된 『키타이 나마(*Khitāī-nāma*)』,[85] 마지막으로 16세기 말 중국

---

84) 원문은 Ḥāfiz al-Abrū의 *Zubdat al-tavārīkh*에 수록되어 있으나, 후일 'Abd al-Raẓẓaq Samarqandī가 자신의 *Maṭlā al-ṣa'dayn*에서 그 내용의 대부분을 다시 전재하였으며, 영역본으로는 K. M. Maitra의 *A Persian Embassy to China*(Lahorea: Behari Lal, Verma, 1934)가 있다.

85) 이란의 Iraj Afshar가 카이로 사본을 저본으로 삼아 영인본·활자본을 출간한 *Khatāy-nāmih: A Persian Text Describing a Voyage to China by Ali*

에서 활동했던 제수이트(Jesuit) 선교사 마테오 리치의 『비망록』이 그것이다. 이 세 자료는 각각 작성된 시기가 달라서 시대의 차이에 따라 중국에 대한 인식이 어떻게 변화하는가를 아는 데에 도움이 되기도 하지만, 이들이 만들어진 지역이 서로 달라 명대 중국에 대한 서방의 인식을 포괄적으로 파악하는 데에도 도움이 된다.

먼저 티무르조의 경우를 살펴보자. 명을 원정하러 가다가 도중에 사망한 티무르(1336~1405)도 생전에 '부마(駙馬) 첩목아(帖木兒, 테무르)'라는 이름으로 명에 사신을 보냈고, 그의 사후 계승자인 샤 루흐(Shah Rukh, 1377~1447) 때에는 양국 간의 사신 왕래가 더욱 빈번해졌다. 영락제의 명을 받아 진성(陳誠)과 이섬(李暹) 등이 티무르조에 수차례 사신으로 다녀온 뒤 『서역행정기(西域行程記)』와 『서역번국지(西域番國志)』를 찬술한 것은 주지하는 바이지만,[86] 중국 측 자료에도 '살마아한(撒馬兒罕, Samarqand)'과 '합렬(哈烈, Herat)' 등지에서 파견한 사신들의 내방이 자주 기록되고 있다.[87] 따라서 티무르조에서 몽골의 중국 지배가 종료된 뒤 중국의 사정에 대해서도 비교적 소상한 정보를 확보했을

Akbar Khatāi in 1516~1517(Tehran: Fārūs, 1357)가 가장 중요하다. Lin Yih-Min, *Ali Ekber'in Hitayname adlı eserinin Çin kaynakları ile mükayese ve tenkidi*(Taipei, 1967)와 Aly Mazahéri, *La route de la soie*(Paris: Papyrus, 1983)는 각각 터키어와 프랑스어 번역본이며, 이 밖에 'Abu Talib Mir 'Abidini, "Khataynamah", *Ayandah* 16(1991), pp.707~18 및 K. L. Hemmat의 "Children of Cain in the Land of Error: A Central Asian Merchant's Treatise on Government and Society in Ming China", *Comparative Studies of South Asia, Africa and the Middle East* 30/3 (2010), pp.434~448도 참조할 만하다.

86) 『西域行程記·西域番國志』(周連寬 校注, 北京: 中華書局, 1991).

87) 『明代西域史料: 明實錄抄』(京都: 京都大學文學部內陸アジア研究所, 1974) 참조.

가능성은 충분하지만, 이를 잘 보여주는 자료는 찾기 어렵다.

이런 점에서 기야쓰 앗 딘의 기록은 매우 중요하다고 할 수 있다. '화가(畵家, Naqqāsh)'라는 별명으로 알려진 기야쓰 앗 딘은 티무르의 아들이자 계승자인 샤 루흐(Shāh Rukh)가 영락제에게 보낸 사신단의 일원으로 중국을 다녀온 인물이다. 마치 진성이 서역에 사신으로 다녀온 뒤 기록을 남긴 것처럼 그 역시 자신이 속한 사신단의 행정(行程)은 물론 도중에 보고 들은 것을 비교적 자세히 기록으로 남긴 것이다.[88)]

그의 일행은 1419년 11월 당시 티무르제국의 수도가 있던 헤라트(Herat)를 출발한 뒤, 사마르칸트와 타슈켄트를 경유하여 모굴 칸국의 우와이스 칸(Uways Khan)이 머물던 천산 산맥 중간의 율두즈 초원을 거친 뒤 투르판과 하미를 지나, "키타이 사람들(Khitāyān)의 첫 번째 도시이자 첫 번째 초소(qarāūl)"가 위치한 사주(沙州)[89)]에 도착하였다. 이어 그들은 감주(甘州, Qamchū)와 선덕부(宣德府, Ṣondīfū)[90)]를 거쳐 마침내 1420년 12월 14일 영락제의 신도(新都) 북경(北京)에 도착하였다. 티무르조 사신단은 1421년 5월 18일에 북경을 출발하여 마침내 1422년 8월 다시 헤라트로 귀환함으로써 거의 3년에 달하는 여정을 마쳤던 것이다.

---

88) 명과 티무르조의 관계에 대해서는 최근 장문덕(張文德)의 『明與帖木兒王朝關系史研究』(北京: 中華書局, 2006)가 자세하다.

89) 사본에는 SKCW로 표기되어 Maitra는 이를 Sakchou로 읽고 숙주에 해당되는 것으로 보았다(p.17). 그러나 하미(Qāmul)에서 4일 만에 도착한 것으로 보아 이는 사주(=돈황)로 보아야 할 것이고, 본문은 SACW가 되어야 마땅하다.

90) 원본에는 ṢNDYNFW로 표기되어 있으나 ṢNDYFW로 읽어야 옳다. Cf. Maitra, *A Persian Embassy to China*, p.46.

이 사신단은 5개월 동안 북경에 머물면서 영락제를 몇 차례 알현하였고 외국에서 온 다른 사신들을 만났으며, 그들이 귀환하기 바로 직전에 자금성이 벼락으로 인해 대화재가 일어나는 사건까지 목도하였다. 기야쓰 앗 딘이 남긴 기록에는 왕복의 여정뿐만 아니라 외국 사신들에 대한 명 조정의 영접과 처우가 자세히 묘사되어 있어 사료적 가치도 매우 높다고 할 수 있다. 그 자신이 화가였던 만큼 각종 불상과 궁전의 외면적 특징이나 채색 등을 생생하게 묘사하기도 하였다. 영락제가 외국의 사신단들을 알현할 때 거행된 의식의 엄청난 규모와 화려함과 황제가 내려준 많은 양의 '상사(賞賜, sangshī)'에 대해서 언급하고, 나아가 범죄자들을 처리하는 방식과 법률의 운영에 대해서도 설명하였다.[91]

물론 그의 일행은 중국어를 알지 못했고 명의 조정에서 일하는 무슬림들의 통역을 통해서 의사소통했기 때문에, 중국의 사정에 관한 기초적인 정보도 그들에게서 들었을 것이다. 기야쓰 앗 딘에 의하면 아랍어, 페르시아어, (차가타이) 투르크어, 몽골어 및 중국어에 능통한 핫지 유수프(Ḥājjī Yūsuf)라는 인물이 통역을 담당했다고 한다.[92] 티무르조의 사신들은 이러한 언어소통의 문제뿐만 아니라 체류기간 동안 자유롭게 여행하기도 어려웠기 때문에 당시 명제국이 통치하던 여러 지역에 관한 구체적인 정보를 얻기는 어려웠을 것이다. 기야쓰 앗 딘은 중국과 중국인을 가리켜 Khitāī와 Khitāyān이라 불렀고 황제에 대

91) Maitra, 앞의 책, 49ff.
92) 위의 책, pp.59~60.

해서는 '파디샤(pādishāh)'라는 페르시아어에서 최고의 군주를 칭하는 일반적 명칭을 사용했을 뿐이다.

흥미로운 사실은 1420년 음력 12월 말 때마침 완공된 자금성에서 황제를 알현하게 되었는데, 그때 궁성 안에는 "키타이의 여러 곳, 친과 마친(Chīn va Māchīn), 칼막(Qalmāq), 티베트(Tibet), 카물(Qāmul), 카라호자(Qarākhōja), 해안 지방 및 기타 이름을 알 수 없는 지방들에서 온 10만 명(!)의 사람들"[93)]이 모였다고 한다. 여기서 칼막은 오이라트(Oirat)를 가리키며, 카물과 카라호자는 모두 오늘날 신강에 있는 하미(Hami)와 투르판(Turfan) 부근의 지명이다. 이들 지역이 당시 모두 명의 강역 밖에 위치해 있었다는 사실을 생각하면 '친과 마친' 역시 '키타이'의 외부에 있는 지역이라고 보는 것이 자연스러울 것이다. 친과 마친에 대해서는 앞에서도 논의하였듯이 개념상 상당한 혼란이 있었기 때문에, 기야쓰 앗 딘이 말한 이 지역이 어디라고 단언하기는 어렵다. 그러나 수도 북경에 머물던 그가 명제국을 키타이라고 불렀다면 친과 마친이 북중국을 가리키는 말이라고 볼 수는 없고, 그렇다면 과거 친 혹은 마친이 남중국을 가리키던 말로 사용되었기 때문에 기야쓰 앗 딘도 그런 의미로 사용한 것이 아닐까 추측된다.

물론 남중국 역시 명의 영역 안에 이미 들어온 상태였지만, 티무르조의 사신단은 명의 남쪽 강역이 어디까지 확대되었는지 정확하게 알지 못하는 상황에서 여러 외국에서 온 사신들을 나열하면서 '친과 마친'이라는 지역의 명칭도 삽입한 것이 아닐까 생각한다. 다시 말해서

93) 위의 책, p.84.

과거 몽골 지배 시대와는 달리 명조에 들어와 남북 중국이 하나의 제국체제 안에 통합되었음에도 불구하고 아직 그에 관한 확실한 지리적 지식이 부재한 상태에서 과거 키타이의 남쪽에 있던 친 혹은 마친이라는 지명이 관습적으로 사용된 것이 아닐까.

이처럼 티무르조에서 중국에 대해 과거에 사용하던 표현들을 관용적으로 계속 쓰는 현상은 그 뒤에도 상당 기간 지속된 것으로 보인다. 이를 보여주는 좋은 사례들을 우리는 명대 중후기에 편찬된 『화이역어(華夷譯語)』의 일부를 구성하는 『회회관역어(回回館譯語)』에서 발견할 수 있다. 회회관이란 영락 5년(1407)년 세워진 사이관(四夷館)에 소속된 기관으로서 이 『역어』는 거기서 사용된 페르시아어-한어(漢語) 교재였다. 현재 여러 종류의 사본들이 남아있지만[94] 거기에 수록된 페르시아 단어의 숫자는 1684개에 이르며, 그 밖에 독해를 위한 샘플로서 서역제국에서 보내온 '내문(來文)'들이 첨부되어 있다.[95]

이에 의하면 명제국의 서방에 위치한 모굴칸국과 티무르조에서는 몽골 지배기에 사용되던 지명과 용어들을 다수 그대로 습용하고 있음이 확인된다. 예를 들어 북경은 여전히 Khānbāliq로 불리고, 운남(雲南)은 Qarayānī(Qarajāng), 섬서(陝西)는 Kinjānfū라고 불렀다. 그런데 한 가지 주목할 만한 점은 Khitāī(黑他衣)가 '한인(漢人)'으로, Chīn(赤尹,

94) Cf. 胡振華, 「珍貴的回族文獻『回回館譯語』」, 《中央民族大學學報》(1995年 第2期), pp.87~90.

95) 本田實信, 「『回回館譯語』」, 『モンゴル時代史研究』(東京: 東京大學出版會, 1991), pp.457~533.

癡音)이 '중국(中國)'으로 대역되어 있다는 사실이다.[96] 『역어』의 찬자는 이 두 단어를 달리 번역하여 마치 다른 의미를 지닌 것처럼 하였지만, 앞의 기야쓰 앗 딘의 글이 보여주듯이 Khitai와 Chin이라는 두 단어는 모두 중국과 그 주민에 대해서 적용한 말이었다. 따라서 이 사실은 명대 중기가 되면 중앙아시아와 서아시아의 무슬림들은 명대 중국에 대해서 Khitay와 Chin이라는 두 가지 명칭을 사실상 같은 의미로 사용했음을 보여준다고 할 수 있다.

이러한 사실은 오스만제국에서 1516년 사이드 알리 키타이(Sayyid 'Alī Khitāī)라는 인물이 집필한 『키타이 나마』라는 글을 통해서 확인된다. 저자의 생애에 관해서는 알려진 바가 많지 않으나, 아마 중앙아시아에서 출생했다가 이스탄불로 이주한 것으로 보인다. 그가 과연 중국을 방문했느냐 하는 점에 대해서는 회의적인 견해를 표명한 학자도 있지만, 글 속에 상당히 상세하고 정확한 묘사가 포함되어 있고 자신이 방문했다는 진술도 하고 있어 그의 방문은 사실로 받아들여야 할 것 같다.[97] 그의 책은 모두 21개 장으로 나뉘어져 중국으로 가는 도로, 종교, 도시, 군대, 상점, 법제, 학교, 농업, 사원 등 다양한 주제에 관해서 서술하고 있다.

제목에서도 알 수 있듯이 저자는 중국을 '키타이'라고 부르고 있지만, 그와 동시에 '친'이라는 명칭도 사용하고 있으며, 이 양자로써 동일한 대상을 지칭하였다. 예를 들어 제13장의 제목은 "키타이 왕국

96) 위의 책, p.467, 491, 495.
97) Hemmat, 앞의 논문, p.436.

(mulk-i Khiṭāī)의 12개 구역에 관한 설명"이라고 되어 있는데, 그러고 나서 바로 이어지는 본문에서는 "친 왕국(mulk-i Chīn)의 12개 구역" 이라는 표현을 사용하였으며, 한 곳에서는 "친 왕국, 즉 키타이 왕국(mulk-i Chīn ya'nī mulk-i Khiṭāī)"이라고 하였다.[98] 즉 명이 건국한 뒤 반세기 지난 뒤에 중국을 방문한 티무르조의 사신들은 여전히 '친과 마친'이라는 지역이 '키타이'와는 별개의 지역으로 존재하는 것처럼 인식했지만, 그로부터 다시 1세기라는 시간이 흐른 뒤인 16세기 초가 되면 키타이와 친은 동일한 지역·왕국을 가리킨다는 사실이 분명히 인식되었던 것이다. 이러한 인식의 변화가 가능했던 것은 중국에 대해서 보다 구체적인 정보를 갖게 되었기 때문이 아닌가 생각된다.

예를 들어 그는 중국이라는 나라가 12개의 구역(qism)으로 이루어졌다고 하며 그 이름들을 다음과 같이 열거하고 있다. (1) Shangsī(陝西), (2) Manjāstān(南京), (3) Khānbālīgh(京師), (4) Ḥ̣YZA(?), (5) Fūkinshī(福建), (6) Lamṣīn(江西), (7) Khansāī(浙江), (8) Yūnan(雲南), (9) Kawlī(高麗), (10) Jāwa(자바), (11) Khotan(호탄), (12) Yīlānfū.[99] (9)~(12)까지의 지역은 명의 강역이 아니었음은 분명한데, 이들 지역이 포함된 것은 저자가 부정확한 정보의 소스를 활용했기 때문일 것이며, 그의 글에는 적지 않은 오류가 있음을 알 수 있다. 그럼에도 불구하고 과거에 비해 중국의 강역과 도시, 도로와 역참, 제도와 종교 등에 관해서 훨씬 더 자세한 정보를 담고 있다는 사실도 부인할 수

98) Afshar ed., 앞의 책, p.114, 117.

99) 위의 책, pp.114~121.

없다. 그전까지 이슬람권에서 서로 별개의 왕국·지역으로 인식되어 오던 키타이와 친을 동의어로 사용한 것도 이처럼 중국에 대한 종합적 지식의 확충에 기인한 것이었다. 그가 이 지역 안에 거주하는 사람들을 '키타이인(人)(Khiṭāyān)' 혹은 '친인(人)(Chīnyān)'이라는 이름으로 부르는 것도 이러한 통합적인 인식을 뒷받침하고 있다.

키타이와 친이 같은 나라를 가리킨다는 사실은 유럽인들도 머지않아 깨닫게 되었으며, 이는 1583~1610년까지 중국에 체류했던 마테오 리치가 남긴 비망록을 통해 확인할 수 있다.[100] 마테오 리치는 당시 북경에 머물던 무슬림들을 만나 이야기해본 결과, 그들은 자신이 Cathay에 머물고 있으며 중국의 수도는 Cambalu라고 믿고 있었다는 사실을 알게 되었다. 그는 다음과 같이 기록하였다. "그들(=예수회 수도사들)이 북경에 도착하자 오랫동안 의심을 품어왔던 것에 대한 진실이 마침내 분명하게 드러나기 시작했다. 즉 중국(Sinas) 왕국은 일부 작가들이 대(大)카타이라고 부는 것과 동일한 것이며, 북경은 대칸, 즉 현재 중국의 군주의 도읍이라는 것이다. 바로 그러한 작가들은 그 도시를 캄발루(Cambalu)라고 부른다. 우리의 이러한 믿음에 대해 만약 어떠한 의심이 든다면, 우리는 그와 같은 사실을 아주 결정적으로 입증할 것이다."[101]

---

100) 리치의 비망록은 N. Trigault가 편집하여 『예수회 중국선교기(*De Christiana expeditione apud Sinas suscepta ab Societate Jesu*)』라는 이름으로 1615년 독일의 아우크스부르크(Augsburg)에서 출판되었다. Louis J. Gallagher tr., *China in the Sixteenth Century: The Journals of Matthew Ricci: 1583~1610*(New York: Random House, 1953) 참조.

101) 위의 책, p.311.

그러나 무갈제국의 수도에 주재하고 있던 예수회 소속의 책임신부(the Father Visitor)는 마테오 리치에게서 이러한 사실을 보고받고도 믿으려 하지 않았다. 때마침 인도에 있던 고에스(Bento de Goes, 1592~1607)는 아르메니아 상인으로 위장하여 1603년 카슈가르로 들어갔다. 거기서 더 동쪽으로 가서 찰리시(Cialis)에 도착했을 때 마침 북경에서 귀환하는 다른 캐러밴을 만났고, 그들로부터 북경에서 마테오 리치를 만났으며 자신들이 '캄발루(Cambalu)'에 있었다는 이야기를 듣게 된 것이다. 이로써 고에스는 마테오 리치가 인도로 보낸 편지에서 주장한 내용이 사실과 다름이 없음을 확신하게 되었다. 고에스의 캐러밴은 하미와 가욕관을 거쳐 숙주(肅州)에 도착했으나 거기서 명 정부의 허가를 받지 못한 채 발이 묶여 있다가 마침내 1607년 병사하고 말았다. 그의 행적은 숙주에 있을 때 그가 북경으로 보낸 편지들을 통해서 드러나게 되었고, 카타이가 곧 중국이라는 발견 역시 그렇게 해서 알려지게 되었다.[102] 이렇게 해서 중국의 서방에 있던 나라들, 즉 이슬람권과 유럽은 마침내 1600년경까지는 Cathay가 곧 Sin 혹은 Chin과 동일한 왕국이라는 사실을 깨닫게 된 것이다.

102) 위의 책, pp.514~521; H. Yule, *Cathay and the Way Thither*, Vol.4 (London: The Hakluyt Society, 1915), pp.235~236.

7. 결론

이상에서 우리는 중국에서 진·한 통일제국이 출현할 즈음부터 시작하여 명제국 말기에 해당하는 1600년경에 이르기까지, 중국의 서방 지역, 즉 한자를 사용하지 않는 중앙아시아, 남아시아와 서아시아 및 유럽 등지에서 '중국'이라는 나라를 어떻게 인식하고 있었는가 하는 문제를 주로 그들의 전적(典籍)에 보이는 중국에 대한 명칭을 중심으로 살펴보았는데, 이 논의를 통해서 도출된 몇 가지 결론을 정리해보면 아래와 같다.

우선 이들 서방 지역에서 중국에 대한 명칭의 변화와 그에 따른 인식의 변화를 추적해본 결과 대체로 몇 개의 시기로 구분될 수 있으며, 그것은 중국사가 통일과 분열을 거듭하면서 그리는 커다란 추이와 서로 연동되고 있음을 알 수 있었다. 이 글에서는 이를 (1) 진·한대, (2) 수·당대, (3) 요·송대, (4) 원대, (5) 명대라는 다섯 시기로 나누어서 고찰하였다. 여기서 남북조에 해당되는 시기는 별도로 독립시켜 논의하지 않았는데, 그것은 그 시기에만 독특하게 관찰되는 명칭과 현상이 보이지 않은 채, (1)과 (2)의 두 시기에 보이는 특징들이 오버랩 되며 나타났기 때문이다.

우선 진·한대에는 Seres와 Chin이라는 두 명칭이 보이는데, Seres는 사실상 '비단'과 연관되어 만들어진 말이고 비단이 생산되는 곳이라는 의미를 지니고 있기 때문에, 그것이 반드시 지리적으로 중국을 가리키느냐 하는 것에 대해서는 의문이 생길 수 있다. 더구나 고전 작가들의 글에 보이는 Seres의 지리적 위치와 범위 또한 매우 모호한 것이 사실이다. 그런 의미에서 진이라는 왕조명에서 비롯된 Chin은 외국인들이 중국에 대해 사용한 최초의 명칭이라고 할 수 있다. 이 명칭은 육로를 통한 교역에 종사한 소그드 상인들은 물론 해로를 통한 중국에 도래했던 남아시아·서아시아의 상인들에 의해서 서방으로 전달되었다. 그러나 당시 이들이 남긴 기록은 극히 소략하기 때문에 중국에 대해서 구체적으로 어떤 인식을 갖고 있었느냐 하는 의문에 답하기는 어려운 실정이다.

그러나 수·당대에 들어가면 중국에 대한 기록이 상당히 증가하는데, 물론 그 이유는 당제국이 들어선 뒤 외국과의 접촉이 부쩍 증가되었기 때문이다. 중국의 명칭과 관련해서 이 시기에 보이는 가장 큰 특징은 중국을 가리키는 두 개의 다른 이름이 사용되기 시작했다는 점이다. 즉 해로를 통해서 중국과 접촉한 아랍·페르시아 상인들은 그 이전부터 사용되던 Chin이라는 명칭을 계속 사용한 것에 반해서, 내륙아시아의 돌궐·위구르와 같은 유목민들은 물론 심지어 소그드인들까지도 중국을 가리켜 Tabɣach라는 새로운 이름으로 부르기 시작하였다. Tabɣach가 탁발에서 기원한 것은 분명하기 때문에 이 명칭의 출현도 실은 북위 시대로까지 거슬러 올라갈 가능성은 충분하다.

수·당제국 출현과 함께 남북 중국이 통합되었지만 중국에 대한 명칭은 오히려 두 개의 상이한 이름이 분립·병존하였다는 사실은 매우 아이러니컬하다고 아니할 수 없다. 그러면 왜 이런 현상이 생기게 되었는가. 그 이유는 각각의 명칭을 사용하는 주체들의 활동 영역에 분명한 차이가 있었기 때문이었다. 즉 당과 접촉을 가졌던 돌궐 등 유목민들의 활동 무대와 범위는 내몽골 지방에 국한되어 있었고, 실크

로드를 경유하여 중국에 들어온 소그드 상인들 역시 북중국에서 주로 활동하였다. 소그드인들의 이주 경로와 취락 분포를 추적한 최근의 한 연구는 장안과 낙양을 남방 한계선으로 하여 모두 그 북방에 집중되었음을 보여준다.[103] 한편 해안으로 들어온 인도나 아랍·페르시아의 상인들은 광주를 중심으로 하는 남중국에 머물렀던 것이다. 따라서 이들이 사용했던 중국의 명칭인 Tabɣach와 Chin은 그 내용이 사실상 일치하지 않았으니, 예를 들어 장안이라는 도시를 두고 내륙에서 온 사람들은 Khumdan이라 불렀지만 해양에서 온 사람들은 Mahacina라고 불렀던 사실에서도 잘 드러난다.

그런데 우리가 주목해야 할 점은 중국에 대한 상이한 명칭, 그리고 그것이 의미하는 지리적 범위의 차이뿐만 아니라, 중국에 대한 인상·인식도 크게 달랐다는 사실이다. 해로를 통해 남중국에 와서 교역에 종사했던 사람들이 남긴 기록을 보면 중국은 온화한 기후와 외모 단정한 주민들은 물론 정치적으로 안정되고 경제적인 번영을 구가하는 나라로 묘사되어 있어 매우 우호적인 모습이 그려지고 있다. 반면 Tabɣach라는 이름을 사용한 사람들은 중국을 적대적·위협적인 존재로 인식했고 경계해야 할 대상으로 생각했는데, 이러한 인식은 당의 지배를 받았던 돌궐인들이 남긴 비문에 극명하게 반영되어 있다. 상인으로 활동했던 소그드인들이 얼마나 이러한 인식을 공유했겠느냐 하는 점은 좀 더 탐구해보아야 할 문제이다. 그러나 서안 출토 소

103) 榮新江, 「北朝隋唐粟特人之遷徙及其聚落」, 『中古文明與外來文明』(北京: 三聯書店, 2001), pp.37~110. 특히 p.39의 지도를 참조하시오.

그드인 살보(薩寶)들의 묘에서 소그드인과 돌궐인의 긴밀한 관계를 보여주는 자료들이나,[104] 최근 당의 건국은 물론 후일 안사(安史)의 난(亂)과 관련하여 소그드인들의 군사적 활동에 주목하는 연구들[105]은 소그드인들의 대중국관(對中國觀)이 돌궐·위구르 등 유목민들과 궤를 같이 했을 가능성도 시사한다.

요·송대에 들어가서도 중국 명칭의 이러한 분열 현상은 계속되었다. 당제국 붕괴 이후 정치적 분열은 오히려 이러한 명칭과 인식의 분열 현상을 더욱 심화시켰을 뿐이다. 수·당대와 비교할 때 차이점이라면 북중국을 가리키는 이름으로 Tabγach 대신에 Kitai라는 새로운 명칭이 등장한 것이다. 이는 물론 거란이 제국을 건설하여 장성 이남의 일부 지역을 정복하고, 내륙 교통로를 통해서 거란과 접촉을 갖게 된 중앙아시아와 서아시아의 주민들이 그 이름으로 중국을 칭하게 되었기 때문이다. 한편 해로를 통해서 중국에 온 상인들은 여전히

104) 이에 관한 전반적인 내용은 榮新江·張志淸의 『從撒馬爾干到長安: 粟特人在中國的文化遺迹』(北京: 北京圖書館出版社, 2004)을 참조하고, 사군묘(史君墓)에서 발견된 석탑의 채색화에 나타난 소그드와 돌궐의 수령에 대한 해석은 F. Grenet & P. Riboud, "A Reflection of the Hephtalite Empire: The Biographical Narrative in the Reliefs of the Tomb of the *Sabao Wirkak* (494~579)," *Bulletin of the Asia Institute* 17(2003), pp.133~143; Albert E. Dien, "The Tomb of the Sogdian Master Shi: Insights into the Life of a *Sabao*," *The Silk Road* 7(2009), pp.42~50 참조.

105) 石見青裕, 『唐の北方問題と國際秩序』(東京: 汲古書院, 1998), pp.17~63; 杉山正明, 『疾驅する草原の征服者』(東京: 講談社, 2005); 吉田豊, 「ソグド人と古代のチュルク族との関係に関する三つの覚え書き」, 『京都大學文學部研究紀要』 第50號(2011), pp.1~41 참조. 특히 森部豊의 『ソグド人の東方活動と東ユーラシア世界の歷史的展開』(吹田: 關西大學出版部, 2010)는 소그드인들의 군사적 활동을 유라시아 동부 전체로 시야를 넓혀서 분석한 연구로서 주목할 만하다.

Chin이라는 명칭을 사용했다. 전대와 비교했을 때 나타나는 또 한 가지 차이점은 명칭의 혼란이다. 이는 그때까지 출현했던 다양한 명칭들 즉 Chin/Sin, Machin/Masin, Tabɣach, Kitai 등이 혼용되면서 생겨난 현상이었다.

이러한 현상은 원대에 가서도 해소되지 않고 더욱 고착되었다. 1276년 남송의 멸망으로 중국 전역이 몽골의 지배 아래 통합되었음에도 불구하고 명칭의 분열 현상이 더욱 고착된 까닭은 무엇일까. 그것은 제국의 통치집단인 몽골인들 그리고 이들과 밀접한 관련을 맺고 있던 중앙아시아나 서아시아의 투르크·이란 계통의 주민들, 나아가 마르코 폴로와 같이 유럽인들조차도 중국에 대해서 당초부터 '하나의 중국'이라는 관념을 갖고 있지 않았기 때문이다. 몽골인들은 '키타이'와 '만지/낭기야스'라는 두 개의 지역·왕국을 정복했다고 생각했을 뿐이었다. 몽골인은 물론 그들과 협력했던 외국인('色目人')들은 몽골제국이 중국의 한 왕조라고 생각하지 않았고, 당·송과 같은 왕조의 계승자라고 생각하지도 않았다. 따라서 남송의 멸망으로 중국이 본연의 모습대로 하나가 되었다고 하는 것은 당시 한인들 및 한자 문화권에 속하는 사람들의 생각이었을 뿐이다.[106)]

북중국과 남중국을 아울러서 하나의 객체로 인식하고 그것을 하나의 명칭으로 부르게 된 것은 명대에 들어온 뒤의 일이었다. 명의 건국집단이 한인이었기 때문에 정치적 통일로 인한 하나의 중국의 탄생

106) '원조'에 대해 한인과 몽골인들의 개념상의 차이에 대해서는 필자의 「몽골제국과 '大元'」, 《歷史學報》 192집(2006), pp.221~251 참조.

에 대해 하등의 이론이 있을 리 없었지만, 당시 중앙아시아와 서아시아에서 쓰인 글들에도 중국이라는 객체에 대한 인식과 명칭의 통일이 나타나게 된다. 그리고 이는 명대 중후반 중국을 찾아온 제수이트 선교사들의 글에도 보이는 현상이다. 즉 1600년경이 되어야 비로소 종래에 분립·병존하던 Kitai와 China가 실은 다른 것이 아니라 동일한 대상이라는 사실이 확인된 것이다. 아울러 이 '하나의 중국'에 대한 지식과 인식의 폭도 구체적이고 정확한 모습을 띠게 되었다.

이렇게 볼 때 '중국'이라는 것이 의미하는 역사적 실체가 무엇이든 간에, 인식의 대상이 되는 그 실체와 또 그것을 표상하는 적절한 명칭이 적어도 서방의 지역에서는 상당한 우여곡절을 겪으면서 변해왔으며, '하나의 중국'에 대한 비교적 정확하고 현실에 부합되는 인식과 명칭도 비교적 늦은 시기에 형성되었다는 사실을 확인할 수 있다. 이는 한자로 기록된 문헌에 익숙한 동아시아에서는 거대하고 강력한 중화제국에 대한 이미지가 상당히 일찍부터 굳어진 것과는 대조적인 현상이라 아니할 수 없다. 다시 말해 서방에서 바라본 중국의 역사상 혹은 '타화상(他畵像)'은 중국인들 스스로 그렸던 자화상과는 물론 달랐지만 한국이나 일본과 같이 중국의 '주변'에서 바라본 모습과도 커다란 차이가 있었던 것이다. 이러한 인식의 차이는 어느 쪽이 맞다 혹은 그르다라고 말할 수 없는 부분이며, 중국이라는 역사적 존재를 전체적으로 균형 있게 이해하려고 할 때 함께 고려할 요소인 것이다.

3
한국에서 보는 현대 중국과 유교

'중국'론에 대한 비판적 고찰

차태근

1. '중국'론 제기의 맥락과 의미

오늘날 우리가 사용하는 중국이라는 개념은 근대적 의미에서의 정치적 개념이다. 그것은 1911년 신해혁명 이후 중화민국이라는 근대적인 정치적 국가를 기저로 하면서 그 후 또 한 번의 정치혁명을 통해 형성된 중화인민공화국을 지칭하는 용어로서 사용된다. 그럼에도 불구하고 중국이라는 기표가 대표하는 진정한 기의가 무엇인가에 대해서는 끊임없이 문제가 제기되었다. 그 이유는 신해혁명을 통해 형성된 중국이 정치적으로 이중적 성격을 지닌 국가였기 때문이었다. 즉 중국은 먼저 한족의 반청 운동을 통해 출현한 민족국가임을 표방하면서, 다른 한편으로는 5족(族) 공화라는, 다양한 민족이 구성하는 다민족 공화정체였기 때문이다. 물론 이 양자의 표방 사이에는 일정한 시간적 갭과 신해혁명 주체의 변화라는 역사적 맥락이 가로놓여 있다. 즉 20세기 초 혁명파와 입헌파는 각각 한족 중심의 18개성의 '본부(本部)중국'론(소민족주의)과 만주족 등 청조의 민족구성을 모두 포괄하는 '대중국'론(대민족주의)으로 대립하였다. 그러나 민족혁명을 기치로 한 신해혁명으로 처음 '본부중국'론이 우세하기는 하였지만, 혁명의 진행 과정에서 입헌파가 대거 참여하고 또 혁명 이후 기존의 다민족 제국체제의 해체 및 그로 인한 신생 민족국가의 위기가 증폭되면서 중화민국은 다민족 연합에 기초한 5족 공화로 전략적 전환을 모색하지 않을 수 없었던 것이다.[1)] 그러나 그 후 '민족정체성 정치'에 대한 지속적인 억압을 바탕으로, 한족을 중심으로 한 정치공동체론, 또는 국가 내의 다양한 민족구성에 차별적인 권리를 부여하는 민족정책을 통해서 민족원리와 평등한 공화원리는 줄곧 갈등을 빚으며 병존했다.

그러나 '중국' 자체가 자주 의제화되는 것은 단순히 근대 중국의 양면적 성격으로 인한 정치적 문제 때문만은 아니다. 여기에는 민족담론 자체를 이해하는 방식과, 그와 밀접한 연관을 지닌 역사에 대한 이해의 문제가 복합적으로 연계되어 있다. 즉 근대 국가와 연관된 민족주의는 기본적으로 근대적인 것이기는 하지만, 민족을 하나의 역사적 과정에서 '자연화'된 실체로 인식할 것인가 아니면 정치적 목적 하에 인위적으로 구성된 산물로 볼 것인가? 또 고대부터 사용되어 온 중국

1) 신해혁명 시기 민족문제와 5족공화론의 형성에 대해서는 張永, 「從十八星旗到五色旗-辛亥革命時期從漢族國家到五族共和國家的建國模式轉變」, 《北京大學學報》(哲學社會科學版) 卷39, 第2期(2002년 2월), pp.106~114.

이라는 용어가 민족, 특히 한족의 정치적·문화적 공동체와 맺는 관계를 어떻게 이해할 것인가? 중국은 역사적으로 한족을 중심으로 한 특정 정치적·문화적 족군의 통치구역을 의미하는가 아니면 다양한 족군과 민족들이 중원을 무대로 서로 경쟁하며 역사적으로 형성한 집단 전체를 아우르는 개념인가? 더 나아가서는 중국, 중화, 화하(華夏) 등의 개념과 그와 상대적인 호칭(만(蠻), 융(戎), 이(夷), 적(狄))이 실제 가리키는 대상은 무엇인가? 근대 국가는 기본적으로 민족국가를 기반으로 해야 하는가? 즉 최선의 정치체제는 민족을 단위로 한 민족국가인가? 등.

이러한 문제는 실은 중국만이 아니라 근대의 다민족 국가들이 일반적으로 직면한 문제이다. 다만 중국의 경우는 다민족적인 정치적 공동체라는 점 이외도 전 세계에 상당한 경제적 기반을 갖춘 문화권력의 주체로서의 화인(華人)공동체가 존재할 뿐만 아니라 역사적으로 존재했던 다양했던 변경과 국경을 한 영토 안에 포괄하여 지니고 있다는 점에서 그 논쟁과 분쟁의 요소는 더 심각하다고 할 수 있다.

최근 제기되는 중국론은 상기와 같은 근대 중국 자체가 지닌 문제의 맥락이 내외적으로 동시에 부각되면서 더욱 집중적인 조명을 받고 있다. 중국 내적으로는 티베트·위구르의 분리독립 운동이 지속되고, 개혁·개방 이후 통치 이념으로서의 사회주의 이념이 약화되고 있으며, 대외적으로는 사회주의 체제의 개혁 과정에서 소련연방이 해체되었고, 또 한편으로는 중국이 대국으로 부상하는 것을 경계하는 중국의 위협론이 제기되고 있다. 뿐만 아니라 두 중국(대만과 대륙)의 통일 문제를 비롯하여 여러 다양한 정치적 구성원을 하나로 묶어낼 수 있는 정치적 공동체에 대한 재구상, 즉 정치체제의 개혁에 대한 논의의 필요성이 점차 제기되는 것을 계기로 그동안 은폐되거나 억압되었던 민족관련 제반문제들이 동시에 제기되고 있다.

물론 이러한 현상 이면에는 학술적 측면, 즉 역사 구성주의적 관점과 포스트콜로니얼의 영향하에서 중국 민족의 역사적인 연속체 내지 준 자연화된 실체라는 관념에 대해 비판이 제기되고, 중국 또는 중국성(Chineseness)을 근대적 구성물로 간주하는 관점의 부상과도 상호연관이 있다.[2] 결국 근래 제기되는 중국담론은 20세기 초 이후 진행된 근대담론의 핵심문제, 즉 민족 및 국가문제, 역사문제, 문화문제 등에 대한 재검토의 일환으로 진행되고 있다고 할 수 있다. 그런데 여기서 주목할 것은 그러한 모든 담론이 단순히 지식과 인식의 문제에 그치는 것이 아니라는 점이다. 이 문제는 20세기 전후시기 이래 새롭게 확정된 동아시아 국가들의 국권 범위를 재설정하려는 국가적 차원의 행동과 상호조응 하고 있거나 일부 호응관계를 이루고 있다. 따라서 중국론은 단순히 중국에 대한 인식의 문제가 아니라 동아시아의 근대적 질서에 대한 재사고의 의미를 지니고 있다고 할 수 있다.

2) '중국성'에 대한 논의, 특히 그 개념에 대한 비판적 논의 상황에 대해서는 朱崇科, 「「去中國性」: 警醒、迷思及其他—以王潤華和黃錦樹的相關論述爲中心」, 《二十一世紀》(網絡版, 二○○三年八月號, 總第17期); 張隆溪, 「擲地有聲—評葛兆光新著《宅茲中國》」, 《開放時代》(2011年 第7期) 참고.

2. 근대적 개념으로서의 '중국'

현재 사용되는 중국이라는 호칭은 앞서 말한 바와 같이 근대 이후 특정한 정치체제를 갖춘 국가를 지칭하지만, 실제로는 국가로서의 중국 이전에 존재했던 역대 왕조들의 총칭으로 사용되기도 한다. 고대 문헌에서 중국이란 용어는 서주(西周) 시대부터 나오지만, 처음 그 용어가 지시하던 것은 주(周)나 은(殷)의 수도이거나 혹은 제하(諸夏)집단의 정치지리적인 의미로 사용되었다. 즉 그것은 여전히 주변에 대한 중앙이라는 방위를 가리키는 지리적 함의를 지니고 있었다. 그 후 전국 시대부터 정치지리적(political-geographical) 의미 이외에 문화적인 의미와 유사 종족적인 함의로 사용되는 등 맥락에 따라 각기 다른 의미로 사용되었다.[3] 이는 중국이라는 용어가 중국어 담론에서 역사적으로 적지 않게 사용되었지만, 줄곧 안정적인 의미를 획득하지 못했으며 특히나 일정한 종족과 영토로 구성되는 근대적인 국가의 의미로 사용되지는 않았다는 것을 의미한다.

그런 가운데 19세기 말 20세기 초 국호 문제가 제기된 것은 다른 '문명' 국가와의 관계 속에서 자신의 통일적이고 규정 가능한 정체성에 대한 필요성 때문이었다. 19세기 중국에 대한 호칭은 매우 다양했다. 일단 공식적으로는 (대)청국이 사용되었지만, 중국이나 중화와 같은 용어가 습관적으로 사용되기도 했고, 외국인들의 경우는 진단(震旦) 혹은 지나(支那)라고 부르거나 일본인은 지나나 남경(南京), 영국

3) 張其賢, 「中國與天下概念的探源」, 《東吳政治學報》 第27期(2009), pp.169~256 참고.

인은 China, 프랑스인은 la Chine 등으로 호칭하였다. 이러한 호칭상의 혼란은 통일적인 중국의 부재의 현상으로, 그 존재의 의미를 불안하게 하는 요인으로 간주되었다. 즉 국가라는 것이 내적인 공감에 기초한 승인 이외도 대외적으로도 승인을 받아야 비로소 그 실제의의를 얻는다고 볼 때, 내외적으로 통일적인 국명의 부재는 바로 주권의 주체로서의 자격의 미비를 의미하는 것이었다. 그리하여 19세기 말 중국 지식인들은 자국의 국가명이 부재하는 것에 대한 깊은 우려와 불안감을 지니고 있었다.[4] 그 대표적인 예로서 국명의 문제에 대해 처음 심도 있는 문제의식을 보여준 사람은 바로 황준셴(黃遵憲)이었다. 현재의 국가명이 20세기 초 혁명의 산물이기는 하지만, 그 국명 자체는 혁명 이전의 황준셴의 문제의식에서 출발하고 있는 만큼, 1887년 황준셴의 다음과 같은 설명은 주목할 필요가 있다.

지구상의 각 국가를 살펴보면 영국, 프랑스 같이 (자국 역사상의) 국가 전체를 통칭하는 명칭을 사용하고 있는데 오직 중국만이 이러한 명칭이 없다. 서북 각 번부에서는 한(漢)이라 부르고, 서남의 여러 섬들에서는 당(唐)이라 부르며, 일본도 당 혹은 남경(南京)이라고 부르는데 남경은 명(明)조를 가리킨다. 이는 한 왕조의 호칭을 딴 것으로 왕조에 관계없이 모든 역대를 총칭하기에는 부족하다. 인도인은 진단(震旦) 혹은 지나(支那)라고 부르고, 일본도 또한 지나라고 부르기도 한다. 영국

4) Lydia H. Liu, *The Clash of Empires: The Invention of China in Modern World Making*(Harvard University Press, 2004), pp.75~81.

인은 차나(差那, China), 프랑스인은 차능(差能, la Chine)이라 부르는데, 이 역시 타국이 중역한 음으로 결코 우리 국가가 본래 지니고 있던 이름은 아니다. 근세에 외국인을 상대로 자칭하기를 매번 중화(中華)라고 하고 있는데, 동서인 모두가 이를 비판하며 전지구의 모든 국가가 각기 중심에 거하고 있는데, 자신을 아름답게 높이고[華], 타자에 대해서는 야만인(夷, 19세기 서구에서는 이(夷)를 야만인으로 해석했다)으로 간주하는 것이니 이는 자신을 존중하고 타자를 비하시키는 뜻이 없지 않다고 하였다. …… 당시 중국을 에워싸고 있던 것은 대부분 만·이·융·적(蠻·夷·戎·狄)으로 이웃의 국가라 부를 만한 것은 아니었다. 중국이라 함은 본래 중국의 먼 변방에 대한 상대적인 호칭으로 그렇게 부른지가 오래되었다. 그 변방을 오늘날에 적용하면 외국이라 해도 무방하다. 맹자(孟子)와 순(舜) 임금이 동이(東夷) 출신이고, 문왕(文王)이 서이(西夷) 출신이라고 한 것을 보면, 이(夷)는 결코 폄하하는 말이 아니며, 화(華) 또한 반드시 존중의 의미로 쓰인 것이 아님을 알 수 있다. 내가 고찰해본 바로는 우리나라는 고래로 일통(一統)을 이루어왔기 때문에 국가명이 없다. 국가명이란 이웃국가에 대한 상대적인 호칭이며, 경전과 전적에 따르면 타족에 상대적인 명칭은 화하(華夏)였다.[5]

---

5) 이 부분에 대한 원문은 다음과 같다. "考地球各國, 若英吉利, 若法蘭西, 皆有全國總名。獨中國無之。西北各藩稱曰漢, 東南諸島稱曰唐。日本亦曰唐, 或曰南京。南京謂'明', 此沿襲一代之稱, 不足以概歷代也。印度人稱曰震旦, 或曰支那。日本亦稱曰支那。英吉利人稱曰差那, 法蘭西人稱曰差能。此又他國重譯之音, 並非我國本有之名也。近世對外人稱, 每曰中華, 東西人頗譏彈之, 謂環球萬國各自居中, 且華我夷人, 不無自尊卑人之意。余則謂: 天下萬國, 聲名文物莫中國先, 歐人名爲亞細亞, 譯義爲'朝', 謂如朝日之始升也。其時環中國而居者, 多蠻夷戎狄, 未足以稱鄰國。中國之云, 本以中國之荒服邊徼言之, 因襲日久, 施之於今日, 外國亦無足怪。觀孟子舜東夷文王西夷

이상의 내용을 요약하면 첫째, 중국은 오랫동안 일통의 세계를 이루어왔고, 또 주위에 타자로 삼을 만한 국가가 없었기 때문에 국가명이 없다. 둘째, 현재 쓰이고 있는 여러 호칭은 국명으로 적합하지 않으며, 중국인이 대외적으로 많이 사용하는 중화라는 명칭은 스스로를 높이고 타자를 낮추는 의미가 있어 외국의 비판을 받고 있다. 셋째, 한 시대의 특수한 왕조명과 구분되는 국명이 있어야 하며, 중국의 역사적인 전적(典籍)에 비추어 볼 때 타 종족에 대한 상대적인 호칭으로 적합한 명칭은 화화(華夏)이다. 이 중에서 주목을 끄는 것은 바로 당시 중국인들이 외국인을 상대할 때 자국을 중화라고 불렀으며, 그에 대해 외국인들이 항의를 했다는 점이다. 이에 황준셴은 외국인에 대해 이(夷)라고 호칭하는 것이 결코 그들을 폄하하는 것이 아니라고 하면서도 중화 자체가 외국의 비판을 사고 있는 이상 국명으로는 부적합하다고 보고 있다. 그럼에도 황준셴 본인은 정작 앞의 인용문에서 자기 지시어로 줄곧 '중국'이라는 호칭을 사용하고 있는데, 실은 중화이든 중국이든 외국의 견지에서 볼 때 한 국가의 명칭으로 승인하기에는 모두 부적합한 것이었다.

이러한 국가명에 대한 의식은 1901년 량치차오[梁啓超]에게서도 보여준다. 그는 황준셴과 동일한 문제의식하에 당시 통용되던 중국에 대한 호칭을 세 가지로 구분하였다. 첫 번째는 제하(諸夏), 한인(漢人), 당인(唐人)과 같이 특정 왕조의 명칭과 결부된 호칭이고, 두 번째는 황

之言, 知夷非貶辭, 亦知華非必尊之辭矣。余考我國古來一統, 故無國名。國名者, 對鄰國之言也。然征之經籍, 凡對他族則曰華夏。" 黃遵憲, 『日本國誌』(卷四, 「鄰交志上一」), 光緒十六年羊城富文齋刊板(실제 출판은 光緒21년인 1895년), p.1.

준센도 언급했던 외국인의 중국에 대한 호칭이며, 세 번째는 중국 또는 중화였다. 이 중에서 첫 번째와 두 번째는 일개 성씨의 왕조와 외국인의 임시방편적 호칭으로서 이를 국가명으로 취하는 것은 적절치 않으며, 세 번째 역시 교만하게 자존자대(自尊自大)한다는 비난을 받을 수 있지만, 세계 각 민족이 모두 자존자대하고 있고 또 중국인에게 습관처럼 익숙해져 있기 때문에 부득이하게 중국이라 호칭한다고 하였다.[6] 여기서도 확인할 수 있듯이 중국이라는 호칭은 이미 습관적으로 쓰이고 있었지만 이는 당시 국가의 명칭은 아니었다. 특히 량치차오가 이러한 국가명의 문제를 제기한 것은 바로 역사를 서술함에 있어 역사의 주체 문제에 대한 사고를 통해서였다. 즉 국가는 다양한 변화 속에서도 시간적으로 연속적이며 하나의 중심적인 주체가 존재해야 하는데, 그 주체는 특정 시기의 왕조가 대신할 수는 없으며 그것을 초월한 역사적인 존재여야 한다. 여기서 왕조를 넘어선 주체는 바로 인민이나 그것이 구성하는 공동체인 민족이 될 수밖에 없다. 량치차오는 이를 중화민족 혹은 중국민족이라고 명명하였다. 그가 말하는 중화민족은 대상이 명확히 규정된 것이 아니어서 때로는 한족을 지시하거나 또 여러 민족의 총칭으로 사용되기도 하였는데, 그럼에도 여러 민족을 하나로 융합한 대민족의 구성 주체는 한족이 되어야 한다고 보았다.

그러나 신해혁명 이후 국가명인 '중화민국'을 처음 공식적으로 명명한 것은 장타이옌[章太炎]이었다. 그는 '중국'이란 호칭은 사방의 변

6) 任公, 「中國史敍論」, 《淸議報》 90冊(光緖27年7月21日).

경지대와 구분하여 상대적으로 부르는 호칭으로 '한토(漢土)'에만 적용하여 국가명으로 삼는 것은 부적절하다고 보았다. 그러면서 앞서 황준셴과 량치차오가 언급한 중국과 화하에 대해 논하면서 '중국'은 중심과 밖으로써 원근의 구분을 나타내는 데 반해 화하(華夏)는 종족과 지역에 기반한 국가의 의미를 동시에 지녔다고 보았다. 그러면서 중화(中華)를 국명으로 취할 것을 제안했는데, 그 명칭에는 지리적 정치 단위로서의 국가나 혈통의 종족성 이외에 문화를 지닌 종족이라는 의미가 함축되어 있다고 보았다. 물론 중국의 장기적인 역사 과정에서 종족적인 측면에서는 여러 혈통이 혼합되었지만 동일한 문화를 중심으로 중화를 형성해왔다는 것이다.[7)] 이와 같이 장타이옌의 중화민국이라는 호칭 속에는 문화적이고 종족적으로 연속적인 민족이 실재해왔다는 의미가 함축되어 있다. 이는 민족기원론에서 일반적으로 보이는 특징으로, 기원에 대한 탐색은 단순히 기원 자체에 대한 확인에 그치지 않고, 그 후 다양한 변환, 즉 화하, 한인(漢人), 당인(唐人), 화인(華人), 중국인 등 자칭 혹은 타칭의 호칭 속에 하나의 민족 연속체가 존재한다고 가정한다. 그러나 왕밍커[王明珂]가 지적하듯이 그러한 논리는 서로 다른 시기에 불리던 자칭 혹은 타칭의 칭호는 그것이 내포하거나 배제하는 바가 각기 다르다는 점을 간과하고 있다.[8)] 이는 중국이라는 현재의 국명이 가정하고 있는 역사적 근거에 문제가 있음을 의미하며, 그 호칭으로서 규정하고자 하는 개념(국가명의 의미) 역

7) 太炎, 「中華民國解」, 《民報》 15(1907年7月), p.2413.
8) 王明珂, 『華夏邊緣-歷史記憶與族群認同』(允晨文化, 民86), p.86.

시 연속적이고 통일적인 민족에 대한 근대 시기의 발명 과정에서 형성되었다는 점을 말해준다. 최근 제기되는 중국성, 혹은 중국인에 대한 부정과 문제제기는 바로 이러한 '중국' 개념에 대한 회의에 기반하고 있다.[9)]

3. '중국': 역사와 민족공동체

이와 같이 중화민국이라는 국가명은 근대 정치적·민족적 정체성을 구성하려는 시도의 산물이다. 즉 19세기 말 이래로 국가명은 단순히 국가로서 으레 요구되는 명칭이 아니라 국가체제를 근대적으로 전환하면서 동시에 그 정체성과 주체를 구성해야 하는 문제였다. 이러한 정체성과 주체를 구성하기 위해 근대의 많은 담론들이 제공되었으며, 그중에서도 가장 중요한 역할을 한 것은 민족과 역사에 관한 담론이었다.

20세기 초 중국에서의 민족담론은 소위 국가의 위기하에서 이를

9) 이에 관해서는 최근 '중국성(Chineseness)'의 탈자연화를 주장하는 다음 글 참조. Rey Chow, ed., *Modern Chinese Literary and Cultural Studies in the Age of Theory: Reimagining a Field*. Durham: Duke University Press, 2000; Allen Chun, "Fuck Chineseness: On the Ambiguities of Ethnicity as Culture as Identity," *Boundary* 2, Vol.23, No.2(Duke University Press, Summer, 1996), pp.111~138. 특히 알렌 춘(Allen Chun, 陳奕麟)은 신해혁명 전에는 동족이라는 개념이 없었으며, 또 국가를 족군을 기준으로 구분하는 정치체제로 간주하는 관념도 존재하지 않았다. 즉 중국인은 동일민족이라는 관념은 기본적으로 근대적이며, 심지어 국가개념 자체에서 기원한다고 주장하였다.

극복하기 위한 국민의 주체의 형성과 그 응집력을 도모하기 위해, 즉 국민을 효율적으로 동원하기 위한 수사로서 제기되었다. 우선 자기 운명의 주체로서 국민이 형성되기 위해서는 국민의 평등한 권리가 요구되었고, 이는 종족 간의 불평등 문제에 대한 해소를 요구하는 것이었다. 두 번째는 그렇게 형성된 국민의 응집력인데, 이를 위해서는 동일한 문화와 역사를 공유하는 집단으로써 국민의 단위로 삼을 필요가 있었다. 그러나 근대 중국에서 민족주의가 이른바 대외적인 제국주의가 아닌 자기 속의 타 종족을 겨냥하면서 문제는 더욱 복잡해졌다. 앞에서 장타이옌도 지적한 바와 같이 이른바 중화 역시 혈통적으로 끊임없이 혼종되는 과정을 거치면서 형성되었기 때문이다. 그럼에도 민족주의의 시각에서는 중국에서의 민족의 기원을 설정하고 그것이 체질이나 습성, 언어, 문화 등에 있어 지속적인 유전을 이루었다고 주장한다. 그리고 그러한 민족서사를 위해 황제(黃帝) 신화를 비롯하여 수많은 민족영웅들의 계보가 만들어졌다.[10] 즉 민족서사에 필요한 역사적 자원을 발굴하고 그것을 선택적으로 편집하여 하나의 체계적인 서사를 구성함과 동시에 집단적인 과거기억을 창출해냈다. 그런 의미에서 중국의 근대민족은 민족주의 운동에 의해 구성되거나 발명되었다고 보는 일련의 관점들은 타당하다고 볼 수 있다.

그럼에도 불구하고 중국의 민족문제는 20세기 이후 줄곧 논쟁적인

10) 청말 민족국가를 수립하기 위해 '국족'의 구성작업에 대해서는《民族社會學研究通信》(제65기, 2010년 4월 30일) 중 "清末民初"國族"構建研究專輯"에 실린 沈松僑의 다음 두 편의 논문 참고. 「我以我血薦軒轅-黃帝神話與晚清的國族建構」, pp.1~36; 「振大漢之天聲-民族英雄系譜與晚清的國族想像」, pp.37~72.

문제로 남아있다. 특히 20세기 후반 이후 민족을 근대의 구성물이나 학습효과, 혹은 엘리트를 중심으로 한 국가의 위로부터의 기획의 산물로 보는 관점들은 20세기 초 이후 기존의 민족담론의 근거를 약화시키는 논리를 제공해왔다. 그러나 이러한 논리는 주로 전근대 사회의 민족의 원형에 대한 탐구가 아니라 근대 시기에 와서 특수한 형태의 민족주의가 출현하게 된 조건들을 중점적으로 분석하고 있다. 민족 혹은 민족주의에 대한 논쟁의 핵심은 사실 서로 다른 가정에서 출발하고 있는데, 전근대 사회에서 민족이라는 것이 이미 존재했다고 보는 관점은 몇 가지 민족적 성분을 가지고 역사적으로 추적하여 그 흔적을 추구하는 반면, 민족을 근대의 구성물로 보는 논자들은 민족주의는 근대적인 특수한 현상이라고 보고 그 특수한 조건을 분석하는 데 중점을 두고 있는 것이다. 최근 발표된 거자오광[葛兆光]의 『택자중국(宅玆中國)』은 바로 이러한 민족논쟁이 지닌 문제점을 잘 보여준다.[11)]

거자오광의 기본적인 출발점은 바로 기존의 민족사 연구에 대해 비판적인 근래 서구의 인식틀에 대한 반성이다. 특히 그가 염두에 두고 있는 것은 '지역 연구 방법', '포스트모던' 혹은 '포스트콜로니얼', '몽고시대사'와 '신청사(新淸史)' 등으로서, 거자오광에 따르면 이러한 연구경향은 단일한 통일적인 중국이나 중국 중심의 관념과 역사에서 벗어나 중국 역사·중국 문명·중국 사상에 동일성이 존재하는가? 라는 질

11) 葛兆光, 『宅玆中國』(中華書局, 2011)(거자오광 지음, 이원석 옮김, 『이 중국에 거하라—중국은 무엇인가에 대한 새로운 탐구』, 글항아리, 2012).

문을 제기하였다.

거자오광은 중국의 역사에서 민족공동체의 존재를 부정하고 단순히 근대적 상상의 결과로 보는 이러한 관점에 대해 비판적이다. 그는 중국 역사학자 프라센지트 두아라(Prasenjit Duara)가 그의 저서 『민족국가로부터 역사 구출하기』에서 보여준 입장이[12] "민족적·종교적·지방적 역사의 차이를 지나치게 강조한 것은 아닌지, 혹은 '중국' 더 나아가서 '한족의 중국'이 지닌 역사적 연속성과 문화적 동일성을 지나치게 경시한 것은 아닌지" 문제를 제기한다. 나아가 그는 "중국"이라는 민족국가와 유럽의 민족국가 사이에는 역사적 차이가 존재한다고 주장한다. 특히 민족국가를 근대에 비로소 출현한 '상상의 공동체'로 보는 베네딕트 앤더슨(Benedict Anderson)의 시각은 서구역사에 대한 분석에 기반한 것이며, 중국에서 근세적 '민족국가'로서의 한족의 중국 형성은 이미 송대에 확립되었다고 주장한다.[13]

거자오광이 특히 송대를 기점으로 한 사회변화에서 주목하는 것은 근대적 사회와의 유사성 외에도 영토와 문화, 정치에 있어서의 한족

12) 프라센지트 두아라에 의하면 민족을 역사의 주체로 삼아 서술하는 방식은 근대적 국가의 형성 과정의 산물로서, 실제 역사의 또 다른 흐름을 억압하고 은폐하는 과정을 통해서 구성된 것이다. 프라센지트 두아라 저, 문명기, 손승희 옮김, 『민족으로부터 역사를 구출하기: 근대 중국의 새로운 해석』(삼인, 2004).

13) 이러한 주장은 나이토 코난[內藤湖南], 미야자키 이치사다[宮崎市定] 등 일본의 교토학파의 입장과 유사하다. 교토학파는 시종일관 서양 근대성과의 경쟁적인 구조 속에서 자신의 동양 근대성에 관한 서사를 구성해왔다. 유럽의 '세계사'라는 틀을 전복시키고 타파하기 위해 교토학파는 '국민주의(nationalism)'의 입장에서 출발하여 11세기를 아시아 초기 근대의 시작으로 간주하였다. 內藤湖南, 「概括的唐宋時代觀」, 『內藤湖南全集』 第八卷(筑摩書房, 1976, 昭和51 10月10日); 宮崎市定, 「東洋的近世」, 『宮崎市定全集6』(岩波書店, 1992).

공동체의 형성이다. 그에 의하면 송대 이후 중국은 문화적 동일성, 공동의 역사, 같은 윤리를 가지고 있었고, 엄밀한 국가기구와 정치제도를 가지고 있었다. 게다가 관할 공간이 매우 명확했으며, 국제환경·영토변경·무역경제·국민의 일체감 등 각 방면에서 중국은 초보적인 '국가'의식을 가지게 되었다. 특히 문화적 의의에서 보자면, 한족 지역을 중심으로 한 국가영토와 국가의식은 송대 이래 중국의 '국가'를 상대적으로 조숙하게 하였다. 뿐만 아니라 송대에 국가·중앙의 엘리트와 신사(紳士)라는 세 주체가 협력하여 추진했던 유가(이학)의 제도화·세속화·상식화는 유가윤리의 문명의식을 도시로부터 향촌까지, 중심에서 주변부까지, 상층에서 하층에까지 확대, 전개시켰으며, 이로써 중국은 일찍이 문명의 동일성을 갖추게 되었다. 그러므로 거의 자명한 '국가'가 한족 중국인의 역사적 기억·서술 공간 및 민족과 국가에 대한 정체성의 기초를 이루었다.

이와 같이 거자오광이 19세기 이전 역사 과정 중 송대에 이르러 한족공동체의 형성이 정점을 이루는 것으로 설명하고 있지만, 그렇다고 그가 다른 역사 시기에는 민족의 원형이 부재하다고 보는 것은 아니다. 오히려 그는 전체 역사 과정에서 한족의 문화적 공동체 의식은 지속되었다고 본다. 이에 대한 근거로 그가 제시하는 논리는 '중심부'론과 기존의 '동화'론이다. 특히 그는 중국역사의 유동성과 종족의 복합성, 타종족에 의한 지배의 역사를 의식하면서, 다음과 같은 근거를 바탕으로 중국이란 계속 교체되고 변화해온 왕조나 정부와 달리 상대적으로 안정적이고 지속적인 정치공동체이자 문화공동체라고 주장한다.

첫째, 역사적 의미에서 볼 때 '중국'은 하나의 유동적 개념이다. 왜냐하면 각 왕조의 분합이 늘 있었을 뿐만 아니라 역대 왕조의 중앙정부가 지배했던 공간적 영역은 더욱 종종 변화했기 때문이다. 그러나 이것이 곧 중국이라는 개념을 역사적으로 뒷받침할 수 있는 중심 영토가 부재함을 의미하는 것은 아니다. 따라서 거자오광은 "주변경계에 항상 변화가 있었지만 중앙 지역은 상대적으로 안정되었고 기본 강역을 갖춘 정치·민족·문화 구역을 형성하였으며 하나의 역사세계를 구성하였다"라고 말하고 있다.

둘째, 중국 문화는 역사 과정에서 형성된 것으로 하나의 고정된, 불변의 문화전통이 아니며 복수적이다. 즉 한족 문화 외에도 다양한 외래문화와의 융합 과정에서 중국 문화가 형성되었다. 그렇다고 해서 중국 문화는 단순히 혼종 문화이고 명확한 문화공동체 의식이 없었음을 의미하는 것은 아니다. 비록 '중국'은 중심부(황하와 장강 중하류)로부터 사방으로 점차 확장되어간 (다)민족국가이지만, '문화'는 한족 중국의 문화를 핵심으로 점차 각종 문화가 융합되어 형성한 문화공동체이다. 즉 '정복 왕조', 혹은 '이민족 통치' 시대(예컨대 남북조·오대·몽고·만청)가 있었지만 한족문화를 위주로 하는 문화전통은 시종일관 그 지역에서 지속되었고, 명확한 문화공동체 의식과 문화주류를 이루었다. 그러므로 이는 하나의 문명체(文明體)다.

거자오광의 이러한 주장은 중국의 연속성과 통일성을 문화주의적으로 해석하는 청말 시기 캉유웨이[康有爲] 등의 문화론적 화이관(華夷觀) 내지 민족관과 기본적으로 일치한다. 문화를 중심으로 정체성을 설명하는 방법은 인구·지역·정치 구조면에서의 다양성과 지속적인 변화 등으로 인한 연속적인 합법성에 대한 부정을 극복하기 위해 족군 정체성과 왕조 교체를 초월한 문화적 연속성을 중시한다. 즉 중국 역사서술에서의 문화주의적 방식은 주로 중국을 민족동일성이 결여된, 제국전통(유교적 문화정체성과 제국언어로서의 한자)으로 유지되는 사회로 간주한다. 즉 민족의 구성요소로 문화를 강조하는 것이다. 그러나 거자오광은 지역과 혈통을 함께 고려한 문화의 민족성을 강조하며, 한족을 중심으로 한 다원적인 종족의 융합을 강조하는 페이샤오퉁[費孝通]의 '중화민족' 관점과 유사한 민족관을 보여준다.[14] 즉 중국은 다양하고 변화하는 과정에서도 끊임없는 융합 과정을 거쳐 한족을 중심으로 한 중심적인 영토와 문화를 안정적으로 유지해온 민족공동체라는 것이다.

14) 페이샤오퉁 이래 최근 민족에 대한 연구시각에 대해서는 다음 참조. 費孝通,『中華民族多元一體格局』(中央民族學院出版社, 1989); 費孝通主編, 『中華民族研究新探索』(中國社會科學出版社, 1991); 陳連開, 『中華民族研究初探』(知識出版社, 1994); 陳連開主編, 『中國民族史綱要』(中國財政經濟出版社, 1999); 張磊, 孔慶榕主編, 『中華民族凝聚力學』(中國社會科學出版社, 1999); 盧勳, 楊保隆主編, 『中華民族凝聚力的形成與發展』(民族出版社, 2000); 盧曉衡主編, 『三教圓融 兩岸一體』(北京: 經濟管理出版社, 2003); 馬戎,『民族社會學導論』(北京大學出版社, 2005). 한족 단일체가 아니라 다양한 종족의 혼합체로서의 '중화민족'을 처음 제기한 것은 량치차오[梁啓超]였다(「歷史上中國民族之觀察」, 《新民叢報》(第65-66號, 1905年 3-4月)). 그 후 '하나의 중화민족론'에 대한 주장이 본격적으로 제기된 것은 일본의 중국침략과 더불어 한족과 비한족을 분리시키려는 일본의 선전이 한창 진행되던 시점인 1939년인데, 구제강(顧頡剛)은 이에 맞서 '중국본부(中國本部)', '오대민족(五大民族)' 등 용어는 중국을 분할시키려는 제국주의의 개념이며 '중화민족'은 하나라고 주장하였다. 顧頡剛, 「"中國本部"一名亟應廢棄」, 《益世報》 발간, 《星期評論》(1939.1.1.); 「中華民族是一個」, 《益世報》 발간, 《邊疆周刊》 第9期(1939.2.13.). 당시 이에 관한 논쟁 및 토론에 대해서는 《民族社會學研究通訊》 第122期(2012.10.31) 참고.

그러나 문제는 거자오광의 이러한 한족 중심의 민족관점이 자신이 비판적 대상으로 삼고 있는 일본의 최근 몽고시대사 연구나[15] 서구의 최근 청사연구에서 제기하는 문제에 대해 적절한 설명이 이루어지고 있는지는 의문이다. 스기야마 마사아키[杉山正明]는 원사(元史)가 아닌 몽골시대사 관점에서 몽골제국을 연구한다. 이를 위해 그는 한어 자료만이 아니라 페르시아어 자료들을 활용하여 중국 중심의 원조중국(元朝中國)을 비판하고, 원(元)을 대몽골제국의 일부로서 설명한다. 또 이블린 러스키(Evelyn S. Rawski)나, 마크 엘리엇(Mark C. Elliott), 파멜라 크로슬리(Pamela Crossley) 등을 중심으로 한·청제국과 중국은 별개이고 중국은 청제국의 일부일 뿐이라고 보는 청사연구의 새로운 관점은 중국 중심적 틀에서 탈피하여 기존의 한화(漢化) 혹은 동화의 관점을 비판하고 대신 만주족 중심의 적응과 문화변용이라는 시각에서 접근하고 있다.[16] 즉 이들은 청대는 한족과 다른 고유의 정체성을 유

15) 일본의 몽골시대사 연구에 대해서는 스기야마 마사아키[杉山正明]의 『モンゴル帝国の興亡(上·下)』(東京: 講談社, 1996, 임대희·김장구·양영우 옮김, 『몽골세계제국』, 서울: 신서원, 1999)과 『遊牧民から見た世界史』(東京: 日本経済新聞社, 1997, 이진복 옮김, 『유목민이 본 세계사』, 서울: 학민사, 1999) 참고.

16) 서구의 최근 청사연구에 대해서는 이블린 러스키(Evelyn S. Rawski), *The Last Emperors: A Social History of Qing Imperial Institutions*(University of California Press, 1998, 구범진 옮김. 『최후의 황제들: 청황실의 사회사』 까치, 2010); Elliott, Mark C., *The Manchu Way: The Eight Banners and Ethnic Identity in Late Imperial China*(Stanford University Press, 2001, 이훈·김선민 옮김, 『만주족의 청제국』, 푸른역사, 2009); Pamela Crossley, *Translucent Mirror: History and Identity in Qing Imperial Ideology*(Berkeley: University of California Press, 1999); 劉鳳雲, 劉文鵬編, 『清朝的國家認同: "新清史"研究與爭鳴』(中國人民大學出版社, 2010) 참고.

지하였으며, 청황제는 복수의 다양한 신분(만주족 족장, 몽고의 칸, 한족의 황제, 티베트의 문수보살)을 지니면서 한족 중심 지역에 대한 통치는 청제국의 일부일 뿐이라고 주장한다. 뿐만 아니라 이들 제국의 중심활동 지역은 한족의 중심 거주지역인 '중원-강남'이 아니라 동북에서 서북 지역을 가로지르는 광대한 지역이었다는 점에서 한족 왕조와는 차별성을 지닌다고 본다. 이들의 이러한 주장은 일단 몽고의 원과 만주족의 청과 같은 특수한 왕조(혹은 제국)에 국한되지만, 역대 정복민족의 한족에의 동화를 통해 중화민족을 이루어왔다는 기존의 관점에 대해 심각한 문제를 제기한다고 볼 수 있다.

물론 이에 대한 반론도 없지 않지만,[17)] 거자오광의 서술 속에서는 송대의 조숙한 '근대적인 국가'가 이후 중국 역사에서 어떻게 변화했는지, 또 어떻게 지속되었는지에 대한 설명을 찾아 볼 수 없다. 특히 원대는 물론이고 명대[18)] 이후 청대에 이르러 송대와는 다른 민족구성과 문화, 영토의 경계, 다원적인 정치구조 등을 어떻게 설명할 것인가? 더구나 중국 근대 민족국가가 전통사회로부터 전승받은 것은 송대가 아닌 청 왕조(제국)라고 할 때 근대 국가와 송대의 특수한 역사

17) 예를 들어 허빙디[何炳棣]는 청조가 유가를 통치이념으로 삼고 유가화를 추구했다는 점에서 청조는 기본적으로 한화(漢化)되었다고 본다. 何炳棣, 「捍衛漢化」, 劉鳳雲, 劉文鵬編, 위의 책, pp.19~52.

18) 첸무(錢穆)에 의하면 명 초기에 많은 한족 지식인들은 오히려 원대를 지지하는 모습을 보여주었다. 그리하여 첸무는 중국인 정체성의 연속성이라는 관념에 대해 부정적 태도를 취하고 있다. 이는 명대에 의한 원의 멸망이 근대적인 민족주의와는 다른 양상임을 말해준다. 錢穆, 『中國學術思想史論叢』 卷6(臺北: 東大圖書有限公司, 1978), pp.77~200. 물론 근대의 민족주의 역시 얼마나 많은 한족이 민족의식을 바탕으로 반청 운동을 지지했는지는 더 심도 있는 분석이 요구된다.

적 현상을 직접 연계시키는 것은 문제가 없지 않다. 즉 근대 중국은 반청 민족 운동을 통해 성립했지만, 이는 청제국 이전의 명대의 유산을 정통성으로 삼은 것이 아니라 여전히 청제국의 유산을 그대로 계승하였다. 그러한 의미에서 근대 중국은 반청 민족국가 체제라기보다는 한족 중심의 다민족 국민국가라고 보는 것이 사실에 더 부합한다.[19] 그러나 여기서 중요한 것은 근대 중국이 한족 중심의 단일 민족국가인가, 다민족 국민국가인가? 또는 현대 중국은 마땅히 어떤 민족 구성을 바탕으로 국가를 건설해야 하는가와 같은 문제가 아니다. 어떤 형태의 민족구성체이든 그것은 20세기 이후 중국 근대국가의 현실적 요구에 부응하여 끊임없이 구성되고 있는 개념이다. 그리고 민족 구성 문제와 관련하여 중국이 끊임없이 문제화되는 까닭은 제국에서 국민국가로 이행하는 과정에서 제국의 주요 체제를 계승하면서 어떻게 근대적 국민국가 체제로 완전히 전환 가능한가 하는 문제가 여전히 미결의 상태이기 때문이다.

19) 하지만 거자오광이 중국역사에 근거하여 제기하는 또 다른 문제점, 즉 민족주의가 근대시기, 특히 18~20세기 초 시기의 산물이라는 관점에 대해 그 이전 시기에 이미 역사적인 필요성에 의해 근대적 민족의식이나 국가가 출현하기도 했다는 지적은 경청할 만하다. 설사 19세기의 민족주의와는 많은 점에서 차이점이 있다고 하더라도 근대 시기의 현상을 특화시키려는 시도는 근대인의 전형적인 사고방식으로 재고할 필요가 있다. 다만 부정할 수 없는 것은 설령 전근대 시기에 이미 민족이라는 것이 존재했다고 할지라도 그것이 근대적인 정치 운동의 핵심으로 자리 잡게 된 것은 근대의 산물이다. 현재를 포함한 근대 민족주의는 세계사적인 현상이며, 세계 정치구조의 특징이라는 점에서 전근대의 민족의식과는 구분되어야 한다.

4. 제국-(민족)국가 체제

거자오광이 송대를 '민족국가'에 가까운 체제로 보는 시각은 전통 중국사회를 제국으로 보는 기존의 관점과 일정한 차이점을 보여준다. 제국과 민족주의는 근대 이후 역사 연구에서 자주 사용하는 핵심개념이다. 근대 서구에서 민족국가는 기존의 제국으로부터 탈피되어 나온 결과물로 간주한다. 그리하여 19세기 서구는 중국과 관계를 모색함에 있어 우선 중국의 제국체제를 변화시키고자 하였으며, 중국 역시 민족주의의 대외팽창으로 간주하던 제국주의의 전 세계적 확장에 대응하기 위해 민족국가를 위로부터 역사적으로 재구성하고자 하였다. 왜냐하면 국제법은 주권국가를 주체로 하고 영토는 주권을 완전히 행사할 수 있는 범위로 규정되었는데, 중국의 전통적인 정치지리의 체계는 국제법의 요구에 정확히 부합하기 어려운 면이 적지 않게 존재했으며 이로 인해 영토의 주권분쟁이 제기되었기 때문이었다. 따라서 중국은 종족과 문화와 역사의 차이점에 근거한 다원적인 정치체제를 획일적인 주권이 적용되는 통일적인 국민국가 체제로 전환해야 했고, 또 국민국가도 바로 다수의 한족을 중심으로 한 민족국가 체계를 기반으로 삼아야 한다고 보았다. 이를 간단히 요약하면 제국체제에서 민족을 근간으로 한 국민국가 체제로의 전환을 의미한다.

그러나 제국과 민족국가가 완전히 양립 불가능한 이원적인 정치체제인가는 여전히 논란의 여지가 있다. 즉 근대 이후 모든 국가는 두 정치체제 가운데 하나를 선택해야 하며 또 다른 제3의 길은 없는 것인가? 이와 관련하여 기존의 전통 중국에 대한 서술방식은 두 가지

형태로 요약된다. 하나는 중국을 근대적 민족-국가와는 다른 '제국'으로 서술하는 것이고, 다른 하나는 근대적 국가의 성격을 지닌 '민족-국가'(조기 근대성)로 서술하는 것이다. 즉 기존의 역사서술의 주요 핵심은 바로 전통 중국은 부단히 변화하는 '민족-문명-공동체'로서 경계가 불분명한 '제국'이었는가 아니면 본래부터 경계가 분명하고 일체감이 명확했으며 일관된 전통이 있었던 '민족-국가'였는가라는 문제였다. 앞서 언급한 몽골과 만주족의 국가에 대한 새로운 연구경향은 중국역사 서술에 있어서 복수의 민족성의 역사를 강조하는 한편 역사의 과정 안에서 이민족의 한족에 대한 역방향적인 영향[反影響]을 강조하고 있다. 특히 그들은 제국의 성질을 강조하면서 한족의 '중국'의 연속성과 중심성을 부정한다. 이와 비교하여 거자오광은 상대적으로 민족-국가의 특징을 강조하는 경향을 보이지만, 중국의 민족국가의 특징을 서구의 근대적 민족국가나 단일 언어와 민족, 문화로 구성된 일본 등의 민족국가와의 차이점 또한 지적하고 있다.

중국은 근대 민족국가를 수립할 때 처음부터 끝까지 전통 왕조의 연장선에 있었으며, 끊임없이 변화하면서도 전통적인 유산을 이어받았다. 따라서 중국의 전통적 제국과 현대적 국가를 두 시대로 구분하는 이론은 중국 역사에 부합하지 않으며, 중국의 국가의식과 국가생성의 역사에도 들어맞지 않는다. 중국은 제국(帝國)에서 민족국가로 나아갔던 것이 아니라 끝없는 '제국'이라는 의식 속에서 유한한 '국가'의 관념을 지녔던 것이고, 동시에 유한한 '국가'의 인식 속에 끝없는 '제국'의 상상이 보존되어 있었던 것이다. 근대 민족국가는 전통적 중앙제국으로부터 탈피해 나왔지만, 근대 민족국가에는 아직도 전통적 중앙제국의 의식이 남아 있기 때문에 그것은 뒤얽히고 공생하는 역사이다.[20]

이와 같이 거자오광은 제국과 (민족)국가의 관계 속에서 그중 어느 한 범주에 전통 중국을 귀속시키지 않고 양자가 중첩된 양상으로 중국을 설명하고 있다. 이는 제국과 민족국가를 전근대와 근대적 형태로 이원화시키는 서구의 관점으로는 중국의 전통사회든 근대사회든 그 고유 특성을 파악할 수 없다는 점을 강조하는 것으로 보인다. 물론 이러한 주장은 원대나 청대의 역사, 더 나아가 현재 중국의 역사적 현실이 제기하는 한족 중심의 문화와 민족성의 문제점에 대한 반응이라고도 볼 수 있다. 그러나 중요한 것은 이러한 관점이 중국학자 사이에서 자못 공감을 얻고 있다는 점이며, 그 대표적인 인물이 바로 왕후이[汪暉]이다. 사실 거자오광의 관점은 중국 전통제국 속에 근대적 국가 형태가 병존하고 있다는 왕후이의 주장을 반복하고 있는 듯하다. 왕후이는 제국으로서의 중국서사와 민족-국가로서의 중국서사라는 기존의 이원적 서사방식에 대해 비판하였다. 여기서 이른바 제국서사란, 전통 중국을 비근대적이고 전제주의적(반민주적) 정치형식이자, 광활한 지역에 걸쳐 있는 (비도시적, 비상업적 혹은 비공업적인) 농업 문화와 관련된 생산형태, 그리고 다민족적이고 문화정체성에 의지하는 (그러나 비민족적이고 정치정체성이 없는) '상상의 공동체'와, (형식

20) 거자오광, 이원석 옮김, 『이 중국에 거하라—중국은 무엇인가에 대한 새로운 탐구』(글항아리, 2012), p.316.

적인 평등이나 조약체계가 아니라) 조공체계에 기반한 자기중심적 세계체제 혹은 대륙으로 기술하는 것을 말한다. 이와 달리, 민족-국가로서의 중국서사는 중국이 적어도 북송(北宋) 시대부터 이미 민족주의적인 정체성 모델, 상업주의적 경제관계, 발전된 도시 문명, 고도로 발달한 행정 시스템, 사회적 계층을 뛰어넘는 사회적 유동 모델, 평민주의적인 사회문화, 유구한 과학기술전통, 세속화된 유학세계관, 사통팔달의 국제교류 형식 등을 지녔다고 보는 관점이다.[21)]

이러한 제국-(민족)국가의 이원론은 근대적 (민족)국가를 시대에 부합하는 유일한 합리적인 체제로 승인하는 것을 전제로 삼고, 그 이전 시기를 이와 대조적인 제국, 즉 부정적인 가치의 체제로서 규정함으로써 출현하였다. 따라서 제국은 하나의 독특한 통치 시스템으로서 평가되지 않고 극복해야 할 전근대적 구체제로 간주되었으며, 이는 다시 서구와 동양이라는 이분법 속에서 동양적 전제주의의 의미와 결합되었다. 이러한 개념하에서 제국-(민족)국가의 대비는 당연히 후자에 의한 전자의 극복으로 귀결될 수밖에 없다. 즉 현대 중국이 근대국가로서의 승인을 받기 위해서는 스스로 제국의 성격이나 지위를 부정하지 않으면 안 되는 것이다. 이에 대해 왕후이는 제국을 (민족)국가와는 구분되는 역사적이고 독특한 정치체제로 간주하고 중국사회를 제국과 (민족)국가의 혼종적인 것으로 파악하면서 제국에 대한 이해를 위해 새로운 시각을 제시하였다.[22)]

21) 汪暉, 『現代中國思想的興起』 上卷 第一部(三聯書店, 2004), "도론(導論)" 참조.
22) 위의 책, 같은 곳.

왕후이에 의하면 모든 전근대제국과 비교하여 중화제국의 규모 및 그 안정성은 보기 드문 예외적 현상이다. 바로 그 '예외'적 성격으로 인해 '전근대 시기'에 중화제국은 장기간 지역, 인구, 정치통일의 안정성을 유지할 수 있었다. 뿐만 아니라 21세기에도 중국은 여전히 이 세계에서 유일하게 19세기 제국의 영토규모, 인구와 정치문화를 주권국가와 민족범주 내부의 사회에서 유지할 수 있었다. 모든 제국이 주권국가의 형식으로 분열된 것과 달리 중국 근대의 민족 운동과 국가건설은 전(前) 19세기 혼합형의 보편주의 제국체제의 일부 특징과 내용을 민족-국가의 내부구조 속으로 직접적으로 전환해내었다. 따라서 전통 중국이든 현대 중국이든 그 성격과 정체성을 파악하기 위해서는 제국과 (민족)국가의 역사적 중첩이라는 측면을 주목하지 않을 수 없으며, 제국체제로 인해 야기되는 여러 문제에 답하지 않을 수 없다고 보고 있다.[23)]

왕후이의 이러한 논리는 제국과 민족-국가라는 이원적인 틀 속에서 중국역사를 접근할 때 직면하게 되는 이론적인 곤경에서 벗어나기 위한 것처럼 보인다. 근대 국가는 민족-국가라는 명제에 기반한 현재의 세계질서와 중국의 국가적 성격을 현실적으로 부정할 수 없는 상황에서 그로 인한 중국의 문제점을 제국이라는 다민족적 체제를 통해 봉합하려는 의도로 읽힌다. 그러나 왕후이의 주장에서 주목할 것은 한족 중심의 민족주의가 더 강화되어가는 현재의 상황에서 중국 내의 다양한 민족을 포용할 수 있는 제국, 즉 일국 다체제의 가능성

23) 위의 책, 같은 곳.

에 대한 적극적이고 열린 사고를 보여준다는 점이다.

결국 중국의 전통사회든 아니면 현재의 중국이든 서구의 제국–민족의 개념으로는 정확히 설명하기도 어렵고, 또 문제를 해결하기도 어렵다. 몽골시대사나 신청사와 같은 연구경향은 기존 한족 중심의 역사서술 방식을 비판하고, 복수의 시각에서 중첩되는 역사를 접근하는 새로운 시각을 제공해주기는 하지만, 이 역시 기본적으로는 민족사라는 관점에서 벗어난 것은 아니다. 또 페이샤오퉁이나 거자오광과 같이 민족에 대한 역사적 탐색이나 재구성을 통해서 현실문제를 해결할 수 있는 새로운 시각을 제시한다고 볼 수도 없다. 따라서 문제해결은 한족중심론, 중화민족론, 족군과 민족의 구분을 통한 새로운 민족개념의 창출 등과 같은 민족에 대한 끊임없는 재구성과 재발견, 재조정을 통해서가 아니라 민족에 대한 대안적인 사고를 통해서, 근대에 대한 근본적인 반성 속에서 모색할 필요가 있다. 특히 현재의 중국이라는 국가의 민족구성은 단지 내부적인 요소만이 아니라 근대적인 타 민족–국가와의 관계 속에서 형성된 데에서도 알 수 있는 바와 같이, 중국의 문제는 세계체제가 기반하고 있는 근대적 세계질서의 문제와 더불어 사고되어야 한다.

유학의 탈중국화, 인성유학에서 인권유학으로

신정근

1. 문제제기

우리나라도 김유신과 김춘추가 함께 축국(蹴鞠)을 하며 놀았다고 하지만 현대 축구는 영국에서 기원한 것으로 널리 알려져 있다. "축구는 누구의 것인가?"라고 묻는다면 당연히 "영국이요"라고 대답할 것이다. 오늘날 세계인은 공 하나만 있으면 어디서든 즐거움을 주는 축구를 좋아하여, 축구는 스포츠 중에 단일 종목으로서 가장 뜨거운 인기를 누리고 있다. 사실 월드컵은 축구 공 하나로 세상을 축제의 장으로 만든다. 다시금 "축구는 누구의 것인가?"라고 묻는다면 세계인의 것이라고 대답할 수 있다.

세계로 널리 퍼진 뒤에 축구는 영국 스타일만 있는 것이 아니라 독일은 독일식으로 프랑스는 프랑스식으로 브라질은 브라질식대로 그리고 한국은 한국식대로 축구를 하고 있다. 축구의 규칙을 지키기만 한다면 어떤 나라가 왜 영국식이 아니라 각자 자기식으로 축구를 하더라도 그 누구도 항의하려고 하거나 심할 경우 제재하는 주체가 될 수가 없다. 누군가가 주체를 자처하려고 하더라도 아무도 그 권위를 인정하지 않을 것이다.

이제 대상을 바꾸어서 질문을 던져보자. "유학(儒學)은 누구의 것인가?" 기원을 아는 사람이라면 아주 당연히 "중국이요!"라고 대답할 것이다. 유학은 축구에 미치지 못하지만 동아시아를 넘어서 서서히 세계로 확산되고 있다. 이런 상황에서 다시금 사람들에게 "유학은 누구의 것인가?" 아니면 시제를 바꾸어 "유학은 누구의 것일까?"라고 묻는다면 당사자는 어떻게 대답할까? 선뜻 세계인의 것이라고 말하기가 쉽지 않다. 축구처럼 "세계인의 것이요!"라고 자연스럽게 대답하는 것을 막는 뭔가가 있는 듯하다.

유학은 전근대에 이미 중국의 범위를 훌쩍 벗어나 동아시아의 공유 자산 또는 보편 문명(문법)이라는 지위를 획득했다. 이러한 특성으로 인해 동아시아는 세계 문화의 권역별 분류에서 '유교 문화권'으로 불린다.[1] 물론 유교가 현대사회에서 동아시아의 공통분모로서 어떤 결속력, 공동 가치를 상징하는지 이견이 있을 수 있다. 하지만 유학은 동아시아를 다른 지역공동체와 구별 짓는 하나의 요인임을 부정할 수는 없을 것이다. 이런 점을 받아들여, '유학'이라고 하면 그 앞에 어떤

---

1) 헌팅턴은 그의 출세작이 된 『문명의 충돌』에서 일본을 유교 문명권에 넣지 않고 별도의 문명으로 분류하고 있다. 이희재 옮김, 『문명의 충돌』(김영사, 1997) 참조.

한정어도 붙이지 않고 너무나도 당연히 중국적인 것이다 라고 할 게 아니라, 한국 유학, 일본 유학, 베트남 유학이 가능함을 알아야 한다. 그리고 또 실제로 그렇기도 하다.

최근 미국 보스턴 대학의 네빌은 유학이 서양의 관점에 성공적으로 적용할 수 있고 또 중국의 문화와 전통에 한정될 필요가 없다고 주장하면서 'Boston Confucians' 또는 'Boston Confucianism'의 기치를 내걸었다. 이러한 사고의 밑바탕에는 플라톤과 기독교가 그리스와 유대인의 뿌리를 넘어서서 외부세계로 확장되어 삶의 제도로 자리 잡았던 전례를 상정하고 있는 것이다.[2)]

이런 맥락에서 보면 오늘날 유학은 중국의 기원설과 문화권의 분류 가치를 부정하지 않으면서, 즉 민족성과 지역성을 넘어서 세계성을 확보할 수 있는 방향으로 나아가고 있다고 할 수 있다.[3)] 이 글에서는 바

2) Robert Neville, *Boston Confucianism*(Albany, NY: State University of New York Press, 2000). 이 책의 서평으로는 Bryan W. Van Norden, "Reviews of Boston Confucianism", *Philosophy East & West*, 53(3): 413~417(July 2003) 참조. 네빌의 '초월성' 개념에 대한 연구로는 김성원, 「보스턴 유교(Boston Confucianism)의 초월성 개념에 관한 연구」, 《종교연구》 제47집(한국종교학회, 2007년 여름) 참조. 보스턴 유학의 연구 경향에 대해 삶의 맥락을 떠난 유학이 과연 진정한 유학일 수 있는가, 유학이 특정 역사 시기를 넘어선 보편성을 가지고 있는가와 관련해서 반론이 제기될 수 있을 것이다.

3) 마침 2013년 7월 27일 성균관대학교에서 개최된 〈國際儒學硏究 Consortium 籌備會議〉의 회의 취지문에서 로저 에임스(Roger Ames)는 유학은 세계적인 문화 자산이자 세계의 문화로 성장하고 있고 또 변신해야 한다고 주장했다. "베토벤은 '독일 사람들이 듣기 좋아하는 음악'이 아닌, 세계의 음악이다. 마찬가지로 유학은 중국이나 동아시아만의 것이 아닌, 우리 시대의 긴급한 문제들에 부응할 수 있는 세계적인 문화자산으로 빠르게 자리매김하고 있다. 유학은 세계의 문화로 새롭게 부각되고 있다"(자료집, p.2, 4, 6).

로 현대 유학의 연구가 중국성과 동아시아성을 넘어서야 하는지에 대해 더 이상 미룰 수 없는 임계 상황에 도달했다는 점에서 출발하고자 한다. 나아가 유학이 탈중국화를 해야 한다면, 그 방향이 인성유학을 넘어서 인권유학으로 나아가야 한다는 점을 논의하고자 한다.

19~20세기의 유학은 중국을 포함해서 동아시아의 근대 전환을 막은 또는 방해한 요인으로 지목되었다. 즉 낙후되어 폐기되어야 할 무용지물이었다. 유학은 자체적으로 자기 변신의 동력을 찾을 기회를 갖지도 못한 채 폐기물의 목록에 올라있었던 것이다. 21세기에 이르러 유학은 동아시아의 경제 성장과 민주주의 신장의 동력으로 재평가되고 있다. 유학에 대한 평가가 극에서 극으로 바뀐 셈이다. 유학은 19~20세기의 급변하던 상황과 달리 차분하고 진지하게 자기 변화의 방향을 모색해야 할 상황에 놓인 것이다. 19~20세기의 변화는 강요된 요구였던 반면, 21세기의 변화는 자발적 노력이라는 점에서 차이가 있다고 할 수 있다. 이 글에서는 앞으로 21세기 체제의 신유학은 먼저 탈중국화의 방향으로 나아가면서 인권유학을 지향해야 한다는 점을 논의하고자 한다.

2. 중국 '기원'론의 한계와 모순: 한국과 중국의 충돌 경험을 중심으로

현대사에서 한국과 중국은 네 차례에 걸쳐서 충돌을 겪었다. 첫째, 두 나라는 1950~1953년의 한국전쟁에서 적대국으로서 충돌한 적이 있다(군사 충돌). 둘째, 중국은 덩샤오핑이 1978년에 대중적인 계급투쟁에서 개혁개방으로 정책을 바꾸면서 연 10% 이상의 고도성장을 일구었는데, 그 이후로 두 나라는 교역 규모에서 매년 신기록을 세우고 있지만 국제 무역의 경제 분야에서 경쟁국으로서 첨예하게 맞서고 있다(경제 충돌).[4)]

셋째, 중국이 2001년에 연구하여 2002년부터 추진한 '동북공정(東北工程)'[5)]으로 인해 두 나라의 역사 인식이 정면으로 충돌했다. 동북공정은 현재 시점을 기준으로 해서 자국 안에서 전개된 모든 역사를 중국의 역사로 간주하여 정리하는 프로젝트라고 할 수 있다. 아울러 남북의 통일 이후에 펼쳐질 영토 문제를 사전에 대비하려는 포석으로도 볼 수 있다. 이 소식이 알려진 뒤 한국은 고조선, 고구려, 발해사에 대한 연구를 체계적으로 수행하기 위해서 동북아역사재단을 출범시켰다(역사 충돌). 넷째, 강릉단오제가 2005년 11월 25일 유네스코에 인류구전 및 무형유산 걸작으로 등재되면서 문화 전쟁이 시작되고 있다(문화 충돌).[6)]

4) 대한상공회의소가 2012년 8월 22일 발표한 「통계로 본 한중수교 20주년」 보고서에 따르면 교역량이 1992년에 63억 8,000만 달러에서 2011년에 2000만 달러로 35배 가까이 늘었다고 한다. 지난 20년간 한중교역이 없었더라면 한국은 매년 16억 달러(1조 8,152억 원) 적자를 냈으리라고 보았다. 이렇게 보면 중국은 한국 경제의 버팀목이라고 할 수 있다. 적성국가에서 핵심 교역 파트너로 엄청난 변신을 해냈다고 할 수 있다. 《동아일보》 2012년 8월 23일 기사.

5) 동북공정은 '東北邊疆歷史與現狀系列硏究工程'이라는 긴 명칭의 줄임말이다. 우리말로 옮기면 '동북 변경 지역의 역사와 현상에 관한 체계적인 연구 과제(프로젝트)'라고 할 수 있다.

6) 한국이 2005년에 강릉단오제를 유네스코에 인류무형유산으로 등재하자 중국은 이에 뒤질세라 자국의 무형유산을 조사 정리한 뒤에 2011년에 조선족을 내세워 아리랑을 국가급 무형유산으로 등재했다. 이 소식을 접한 한국은 이전부터 추진

네 차례 충돌은 각각 다른 얼굴을 갖는다. 군사 충돌에서 중국은 북한의 우방국으로 항미원조(抗美援朝)를 내세우며 한국전쟁에 참전했지만 한국과 중국은 이 일로 인해 관계가 전면적으로 단절되었다.[7] 이때부터 1992년에 수교를 맺기까지 오랫동안 우의를 유지해온 한중 교류의 역사상 전례가 없을 정도로 두 나라는 대치 상태에 있었다. 체제상의 차이로 양국의 관계가 악화될 수는 있지만 당분간 다시 1950~1992년의 상황으로 돌아갈 가능성이 드물어 보인다. 아울러 경제적으로는 중국과 한국은 상호 이해에 따라 충돌할 때도 있지만 한편으로는 협력하기도 한다. 양국 경제의 상호 의존도가 심해지면서 일시적인 악화가 있을지라도 완전한 단절은 엄청난 희생을 요구하는 만큼 비현실적이라고 할 수 있다.

이렇게 보면 첫 번째 군사 충돌과 두 번째의 경제 충돌은 정점을 지나서 내리막길에 있다. 그렇다면 한중의 관계는 앞으로 별다른 위기를 겪지 않고 탄탄대로를 걸어가게 될까? 아직 양국의 관계를 악화시킬 변수가 완전히 사라졌다고 할 수 없다. 세 번째와 네 번째 충돌에서 보이듯 역사와 문화 충돌의 가능성은 불씨가 꺼지면 언제 다시 타오를지 모르는 내연(內燃) 상태로 볼 수 있다. 백두산이 언제라도 폭발할 수 있는 것처럼 양국관계는 불안 요인이 완전히 꺼진 사화산

해온 정선아리랑의 인류무형유산 등재 시도를 확대하여 2012년 12월 5일에 아리랑을 인류무형유산으로 등재하기에 이르렀다.

7) 최근의 보도에 따르면 중국의 젊은 층을 중심으로 참전을 '항미원조'라는 교과서적인 사고보다 '소련을 위한 아르바이트'로 생각하는 움직임이 있다고 한다(《중앙일보》 2013년 7월 29일 1면). 이제 역사를 선악 구도가 아니라 기능주의로 바라보는 점에서 흥미를 끌 만하다.

이 아니라 언제 터질지 모르는 휴화산인 셈이다.

2005년 유네스코에 강릉단오제를 등재하는 과정에서 중국 정부와 애국 시민들은 "단오가 중국에 기원을 두고 있으므로 한국이 자국의 이름으로 인류무형유산에 등재하는 것은 옳지 않다"라는 주장을 피력했다. 사실 강릉단오제는 이름에 '단오'라는 말을 사용하지 있지만 중국에 기원을 둔 '단오'와는 완전히 다르다. 중국 기원의 단오는 일종의 세시 풍속의 절기 행사에 한정된다면 강릉단오제는 지역의 문화 축제이기 때문이다.[8] 즉 이름은 같지만 내용이 다른 '동명이의(同名異義)' 또는 '동음이의(同音異義)'인 셈이다.

그럼에도 불구하고 기원이 중국이니까 중국이 인류무형유산의 등재 주체가 되어야 한다거나 공동으로 등재해야 한다고 한다면, 기원만으로 모든 권리를 배타적으로 향유할 수 있고 또 향유해야 한다는 것을 주장하는 셈이다. 기원은 이후의 전개를 구속하며 새로운 전개를 낳는 원인이기 때문에 그에 상응하는 특권을 누리고 있다. 기원이 이후에 전개될 모든 가능성을 함축하고 있지 않다는 점에 새로운 이질적 전개를 배제할 수 없다. 강릉단오제가 바로 이러한 사례라고 할 수 있다. 내용을 따져보지도 않고 이름이 같다는 이유만으로 기원의 특권을 요구할 수는 없는 것이다. 모든 상황에서 예외 없는 기원의 특권을 요구한다면 그 기원은 인류 문화의 다양성을 낳은 시원이 아니

8) 강릉단오제에 관한 간단한 설명은 우리나라 문화재청 홈페이지의 문화유산정보 메뉴(http://www.cha.go.kr/cha/idx/SubMain.do?mn=NS_04.)를 보라. 체계적이며 학술적인 논의로는 황루시, 「강릉단오제 전승에 관한 검토」, 《인문학연구》 제17집(관동대학교 인문과학연구소, 2012년 12월) 참조.

라 그것을 해치는 방해 요인으로 전락하게 될 것이다.

이러한 맥락에서 21세기 유학의 전개 방향을 새롭게 검토해볼 만하다. 2002년 역사 충돌과 2005년 문화 충돌이 있기 전에 "유학은 누구 것인가?"라는 질문은 어리석은 물음이었다. 이미 답이 정해져있으므로 "당연한 것을 왜 물어?"라는 시큰둥한 반응이 나올 뿐이었다. 하지만 2002년과 2005년의 충돌 이후에 "유학은 누구 것인가?"라는 똑같은 질문을 한다면 이제는 다른 태도와 다른 대답이 나올 가능성이 생겨나게 되었다. 이런 맥락에서 보면 네 가지 충돌 중에서 문화 충돌은 유학(儒學)의 소유권 물음과 관련해서 시사하는 바가 적지 않다.

유학이 중국에서 기원했으므로 "유학은 누구 것인가?"라는 물음에 대해 "중국이요!"라고 대답할 수 있다. 하지만 유학이 중국에서 생성된 이래로 동아시아로 전래되어 삶의 제도가 되고 또 세계로 확산되는 즈음에서 여전히 중국의 것이라고 할 수 있을까? 계속 중국의 것이라고 하게 되면 유학은 자체의 덫에 걸리게 된다. 유학은 중국에서 기원한 역사와 문화의 문맥에 철저하게 구속되어 지역적 특성과 특수한 가치를 벗어나지 못하게 된다. 유학이 중국의 것으로부터 벗어나지 못하면 중국의 빛나는 문화유산이 되고 중국이 만들어낸 세계의 문화유산 중 하나가 될지언정 세계가 공유하는 문화유산이 될 수가 없는 것이다.

21세기 유학은 여전히 역사와 문화에 구속된 맥락 의존적 특성에 머물 것인지 아니면 맥락 의존적 특성을 벗어날 것인지 갈림길에 서 있다고 할 수 있다. 전자는 유학을 지나간 역사의 유물로 만드는 것이고 후자는 펼쳐질 역사의 자원으로 만들 것이다. 이런 측면에서 필자는 후자의 입장에서 유학의 '탈중국화'야말로 세계성을 갖는 길이라고 생각한다.

3. 유학 전개의 시기 구분과 체제 구분

유학 전개는 중국 내부를 중심으로 설명할 수도 있고 중국의 내외를 공동으로 설명할 수도 있다. 지금까지는 유학의 전개를 기원론에 근거해서 당연히 중국 내부를 중심으로 설명했다. 21세기 유학의 나아갈 방향을 재설정해야 하는 측면에서 볼 때 중국 중심의 시기 구분은 더 이상 타당하지 않다. 중국을 포함해서 주위의 나라와 세계가 유학과 관련해서 연관성을 맺으면서 어떤 구속성을 받는지 설명하려면 체제론을 도입하지 않을 수가 없다.[9]

1) 시기 구분론

우리는 춘추 시대의 역사적 인물로서 공자가 일구어낸 학문적 성취를 유학(儒學) 또는 유교(儒敎)로 부른다. 사실 공자는 자신의 학문 행

9) 나는 이 부분의 기본 논지를 먼저 「人文(人權) 儒學으로서 21세기 동아시아학의 성립 가능성 모색: 儒學, 聖學·道學, 中華學, 國學의 궤적과 함께」, 《대동문화연구》 제81집(대동문화연구원, 2013년 3월), pp.459~510에 발표했고, 이를 좀 더 정리한 글이 성균관대학교 BK21 동아시아학 융합사업단 편, 「인권유학으로서 21세기 동아시아학의 성립 가능성 모색」, 『학문장과 동아시아』(성균관대학교 출판부, 2013), pp.70~128에 실렸다. 이 절에서는 두 편의 논지를 바탕으로 삼으면서 새로운 논의를 보충하고자 한다.

위와 그 성취를 '유학(儒學)'으로 규정한 적은 없다. 『논어』 「옹야」의 "자네는 군자유가 되어야지 소인유가 되어서 안 된다!"라고 한 말을 보면 두 가지 사실을 알 수 있다. 우리는 먼저 공자가 자신과 유(儒)의 연관성을 인지하고 있었고 다음으로 그가 그 유(儒)의 방향 전환을 추구하고 있다는 점을 알 수 있다.[10)]

이외에도 유학의 가치에 동조하여 연구하고 실천하는 사람을 유가(儒家), 유림(儒林), 유자(儒者), 유학자(儒學者)라 부른다. 이 용어들은 동아시아에서 별다른 문제를 일으키지 않는다. 물론 조선 시대의 유학자들은 지리적으로 중국의 동쪽에 있다는 점에서 스스로 '동유(東儒)'라는 자의식을 가지고 있었다.[11)] 이런 자의식을 주목하면 앞서 살펴본 'Boston Confucianism'처럼 오늘날 전에 없었던 새로운 'ㅇ儒'(예컨대 서유(西儒), 신유(新儒) 등)나 'ㅇ Confucianism'(예컨대 Paris Confucianism 등)의 조어와 분화가 가능하다.

전국 시대 묵자와 순자의 공로로 '유학' 또는 '유술(儒術)'은 공자의 학문적 성취와 그에 동조하는 활동을 가리키는 말로서 일반화되기 시작했다.[12)] 그 뒤 『한서』와 『후한서』에서 일군의 학자와 그 활동을 「유

---

10) 「옹야」 13 子謂子夏曰: "女爲君子儒, 無爲小人儒!".

11) 이러한 자의식은 박세채(朴世采, 1631~1695)의 『동유사우록(東儒師友錄)』과 송병선(宋秉璿, 1836~1905)의 『패동연원록(浿東淵源錄)』을 거쳐서 하겸진(河謙鎭, 1870~1946)의 『동유학안(東儒學案)』에 이르러 정점에 이르게 되었다. 마지막은 임옥균·조장연 외 옮김, 『증보 동유학안』(나남, 2008)에 번역되었다. 흥미롭게도 중국에서 '東儒'는 지명으로 쓰인다. 이와 관련해서 http://jsnews.zjol.com.cn/jsxww/system/2011/01/28/013203862.shtml 참조.

12) 묵자와 순자는 같은 말을 다른 맥락에서 사용했다. 묵자는 공자와 유술(儒術)의 가치를 비판하는 맥락에서 순자는 공자와 유술의 가치를 계승하는 맥락에서 사

림열전(儒林列傳)」에서 수집하여 배치하면서 '유학'과 관련 어휘군은 창시자로서 공자와 그 추종자의 관계를 정식화하게 되었다.[13)]

이렇게 유학이 공자가 일군 학문적 성취만이 아니라 그 계승자들의 학문을 포괄적으로 지칭하게 되었지만 시대마다 다른 특성을 드러낼 수밖에 없다. 계승자들이 처한 시대 상황과 문제의식이 달라 그들만의 활동을 펼치게 되었기 때문이다.[14)]

예컨대 춘추전국 시대를 통일한 진제국은 자유로운 학문 활동이 정치적 안정과 정책의 권위에 부정적 영향을 준다고 판단해서 학문 활동에 상당한 제약을 가했다. 분서갱유(焚書坑儒)와 협서율(挾書律) 등은 바로 이러한 제약의 실체를 상징적으로 보여준 사건이다. 아울러 진제국이 붕괴하는 과정에서 아방궁에 보관된 황실 도서가 대부분 소실되었다.

한제국의 유가는 법률, 전쟁, 방화 등으로 인해 텍스트가 사라진 상황을 맞이하여 텍스트 복원에 열을 올렸다. 텍스트 복원 과정에서 금문(今文) 경학과 고문(古文) 경학의 대립이 있었지만 그들은 '춘추결옥(春秋決獄)'이라는 말처럼 모두 육경(六經)과 공자의 말씀을 현실을

용했다. 이와 관련해서 신정근, 앞의 논문(2013), pp.465~469 참조.

13) 한제국의 등장은 학문장에 춘추전국 시대의 환경과 비교할 수 없는 커다란 변화를 불러일으켰다. 춘추전국 시대의 제자백가는 정부와 정치 지도자로부터 상대적으로 자유로운 상태에서 개성 있는 학문 활동을 만끽했다면 한제국 이후 학자는 고대 문화와 공자의 학문을 계승하는 열성적인 탐구자이면서도 정부에 소속된 관료라는 이중적 특성을 지니게 되었다.

14) 이와 관련해서 「중국 철학사 새롭게 바라보기: 타자와 디아스포라에 내몰린 문화 정체성의 끊임없는 재구축 여정」, 신정근, 『철학사의 전환』(글항아리, 2012), pp.14~49 참조.

규제하는 기준으로 적용하고자 했다. 한의 유가는 텍스트의 생산보다는 텍스트의 해석과 적용에 열을 올렸다.

당제국에 이르면 유학은 이전처럼 주도적 지위에 있지 못하고 도교(道敎), 불교(佛敎)와 한편으로 경쟁하는 삼교(三敎) 정립 양상을 보이면서 다른 한편으로 종합화되는 삼교 합일의 양상을 보인다. 학자는 사회적 실천 또는 사회적 이상의 실현과 관련해서 분화가 발생했다. 즉 장기간의 과거 준비 기간을 거쳐서 관료로 데뷔하여 기량을 펼치는 유형도 있지만 개인적·사회적 이유로 관직에 나가지 못하거나 나가더라도 미관말직을 전전하는 유형도 있었다. 전자는 현실 정치를 성공적으로 운영하는 시스템에 관심을 두었고, 후자는 회재불우(懷才不遇)의 정서를 문학과 예술 작품으로 표현해냈다.

송명 시대는 한족과 비한족의 대결로 인해 문화 정체성이 심각하게 위협받았던 상황을 치유하고 극복하기 위해서 인간의 심성 문제에 천착하게 되었다. 송명의 유학자들은 내면의 성찰과 수양을 통해 사람이 비도덕적 광기와 욕망에 휘둘려서 삶을 위험하게 만드는 일을 근원적으로 일으키지 않게끔 도덕체계를 수립하고자 했다.

청제국은 송명의 주관주의 경향과 달리 회의할 수 없는 가장 확실한 근거의 확립에 초점을 두었다. 이로 인해서 이전까지 주목받지 못했던 음운, 음성의 언어만이 아니라 송명 이전의 학문 정신을 회복하고자 했다.

우리는 공자의 '유학'과 그 이래로 전개된 유학의 양상을 원시 유학, 한의 훈고학(訓詁學), 당의 사장학(詞章學), 송명의 성리학(性理學), 청의 고증학(考證學) 등으로 분류한다. 이러한 분류는 중국 유학의 형성과 전개를 설명하는 가장 보편적인 틀로서 널리 받아들여진다. 이를 분기(分期)로 말한다면 유학 5기라고 할 수 있다. 물론 현대의 연구자들이 유학의 전개를 3기나 4기로 구분하기도 한다. 예컨대 두웨이밍 등은 유학의 전개를 원시(공맹) 유학, 송명 성리학, 현대 신유학의 3기로 분류한다. 리쩌허우는 3기에 한당 유학을 보충하여 4기로 분류한다.[15] 3기설은 유학의 정체성을 심성 위주로 파악하려는 데에 특징이 있다. 4기설은 유학을 문화 심리로 읽어내면서 심성 위주의 독법에서 묻혀있었던 순자(荀子)와 한당 시대 유학자의 가치를 복권시키고 있다.

유학의 형성과 전개 과정을 몇 가지 시기로 구분하면 유학이 시대와 더불어 어떻게 변화 발전되었는지 잘 알 수 있지만, 결국 중국 이외의 세계가 유학을 어떻게 수용하여 변화 발전시켰는지 설명해낼 수가 없다. 따라서 유학의 전개를 중국을 넘어서 동아시아 또는 세계의 맥락에서 설명하려면, 기원의 특권을 주장하는 중국의 일국 중심론을 벗어나야만 한다.

2) 체제 구분론

'유가'와 '유학'은 영어로 표기하면 Confucian, Confucianism이 된다. 의미상으로 유학과 Confucianism은 동의어로 알려져 있지만 초점이 다르다. 전자는 공자 개인으로 환원되지 않는 역사적 집단으

15) 유학 3기설은 성균관대학교 학이회, 『유학 제3기 발전에 관한 전망』(아세아문화사, 2007) 참조. 유학 4기설은 리쩌허우, 노승현 옮김, 『학설』(들녘, 2005) 참조.

로 유(儒)의 학문이 부각된다. 반면 후자는 실제로 공부자(孔夫子)를 Confucius로 표기하게 된 관행에 연원하며, 또 공자교(孔子教)를 의미할 정도로 공자 개인이 부각되고 있다. 또 전자는 유학을 공자가 자기 이전에 있었던 유(儒)의 문화전통을 계승 발전시킨 역사성이 드러날 수 있지만 후자는 이전보다 공자에서 시작되었다는 개인성이 드러날 수 있다. 따라서 영어로 표기될 때 유학(儒學)이 현대 중국어 발음대로 '루쉐'가 되어야 할지 아니면 Confucianism이 되어야 할지 문제가 될 수가 있다. (한국어에서 '유학'으로 읽고, 일본어에서 '주가쿠'로 읽는다.)

우리는 동일한 학문 대상에 대해 다른 이름이 나타나는 현상을 어떻게 이해해야 할까? 유학이 중국 안에만 있다면 유학과 Confucianism처럼 이명동실(異名同實), 이의동실(異義同實) 현상이 생겨날 리가 없다. 유학이 중국이 아닌 다른 공간세계로 진입하게 되면 새로운 명명(작명) 과정을 통해 새로운 이름으로 갈아입게 된다. 유학이 전근대에서 근대로, 근대에서 21세기의 지식 정보화와 세계화라는 획기적인 전환의 시대로 나아가려면 새로운 이름을 필요로 할 수밖에 없다.

우리는 이제 중국이라는 일국 중심이 아니라 세계적 차원에서 유학의 형성과 전개 과정을 살펴보고 21세기 유학의 새 이름을 탐구해보기로 하자.

공자가 BC 6세기에 전통적 유(儒) 집단의 학문을 비판적으로 계승하면서 군자유(君子儒), 즉 유학을 창시했다. 이 당시 공자는 이민족과 야심가의 공격으로 기울어져가는 주 왕실을 수호하기 위해서 존왕양이(尊王攘夷)의 기치를 내걸면서 사회질서의 중심을 맡은 군자의 도덕적 소양을 강조했다. 이런 유학은 공자의 노력과 바람에도 불구하고 황하 하류 지역에 위치한 노(魯)나라에 한정된 지역학의 지위를 벗어나지 못했다.

BC 6세기 체제의 유학은 한제국의 등장으로 인해 변화를 겪지만 근본적으로 달라지지 않는다. 즉 유학은 지역학에서 전국학으로 지위가 크게 바뀌면서 연구와 확산의 환경이 호전되고 안정되었지만 사회질서의 수립을 근간으로 한다는 점에서 별다른 차이를 보이지 않았다.

위진남북조, 수당, 오대십국을 거치면서 한족은 장기간 중원 지역을 떠나있어야 했는데, 송은 잃어버린 고토(故土)를 회복하고 상처받은 문화의 자존심을 회복하게 되었다. 이러한 상황에서 유가는 치술(治術)에 치우친 BC 6세기 체제의 경향에서 벗어나 학문과 수양을 통해서 내성외왕(內聖外王)의 도덕 이상을 실현하고자 했다. 유가는 더 이상 초월적 성인을 모방만하는 것이 아니라 내 마음의 성선을 왜곡없이 실현하여 스스로 성인이 되고자 했다. 이로써 유학은 전과 다른 성학(聖學)과 도학(道學)이라는 이름으로 불리게 되었다. 아울러 한제국 이래로 유학은 전국학의 지위를 발판으로 중국을 벗어나 동아시아로 확산되었고, 960년 체제에 이르러 보편학의 위상을 가지게 되었다.[16)]

16) 송(宋)의 신유학이 지역학에서 전국적 학문으로, 이어서 세계의 보편학으로 변모하는 과정과 관련해서 권중달, 「원조(元朝)의 유학정책과 원말의 유학」, 《인문학연구》 18집(중앙대학교 인문과학연구소, 1991년 12월); 권중달, 「원대의 유학과 그 전파」, 《인문학연구》 24집(중앙대학교 인문과학연구소, 1996년 2월); 권중달, 「주원장 정권 참여 유학자의 사상적 배경」, 《인문학연구》 14집(중앙대학교 인문과학연구소, 1987년 12월); 이기동, 『동양삼국(東洋三國)의 주자학』(성균관대학교출판부, 2003) 참조.

이러한 도학(道學) 용어는 원(元)의 탁극탁(托克托)이 편찬한 『송사(宋史)』「도학전(道學傳)」으로 인해 널리 통용되게 되었다. 《이십오사(二十五史)》를 보면 17곳에서 「유림전(儒林傳)」 또는 「유학전(儒學傳)」을 두었지만, 『삼국지(三國志)』, 『송서(宋書)』, 『제서(齊書)』, 『위서(魏書)』, 『구오대사(舊五代史)』, 『신오대사(新五代史)』, 『요사(遼史)』, 『금사(金史)』에는 「유림전」도 없다.[17] 『송사(宋史)』에만 「도학전(道學傳)」과 「유림전」을 두고서 주렴계, 이정, 장재(張載), 소옹(邵雍), 이정(二程) 문인, 주희, 주희 문인의 학문을 '도학(道學)'으로 규정하면서 같은 시대의 다른 유학자와 구분하고 있다. 「도학전」에 따르면 도학 명칭은 없다가 이정(정호와 정이)과 주희의 학문 정체성을 지칭하기 위해서 만든 말이라고 한다.[18]

1644년에 역사와 문화의 변방이었던 청이 중원만이 아니라 유럽을 아우르는 대제국을 이루면서 960년 체제의 사람들은 공포와 희망을 느꼈다. 청의 강력한 군사력은 개별 국가의 안정에 두려움을 주었지만 그들이 짓밟은 중원의 문화 주권은 새로운 주인을 찾으리라고 보았기 때문이다. 청, 조선, 에도막부는 모두 문화 주권이 공간과 종족을 초월해있다는 주장을 통해 각자가 명을 계승한 유일한 문화 왕국이라는 점을 내세웠다.

17세기부터 서세동점(西勢東漸)이 시작되면서 동아시아를 비롯한 국

17) 권중달(1991), 위의 논문, p.156.

18) 『宋史』「道學傳」 道學之名, 古無是也. 三代盛時, 天子以是道爲政敎, 大臣百官有司以是道爲職業, 黨庠述序師弟子以是道爲講習, 四方百姓日用是道而不知. 是故盈覆載之間, 無一民一物不被是道之澤, 以遂其性. 于斯時也, 道學之名, 何自而立哉?

제 정세는 이전 체제와 또 양상을 달리하게 되었다. 19세기가 되면 동아시아도 강력한 외부와 버거운 투쟁을 벌이면서 동시에 내부에서 치열한 경쟁을 벌이게 되었다. 일본이 메이지유신을 시발점으로 동아시아의 주도권을 장악하고서 서세에 대한 공동대응을 명분으로 대동아공영(大同亞共營)의 기치를 내걸었다. 1894~1895년 청일 전쟁이 조선에서 일어나면서 새로운 체제의 서막을 열었다. 이때 유학은 개별 국가의 생존과 자존을 지키는 이데올로기의 역할까지 하게 되었다. 유학은 국학(國學)이라는 이름의 변신을 시도했던 것이다.

오늘날 지금도 1894~1895년의 국학체제가 여전히 힘을 떨치고 있다. 동아시아의 각국은 국학의 '진흥'이라는 명분 아래 유학 연구를 진행하고 있다. 또 학자는 공자가 호학(好學)을 강조했음에도 불구하고 '국학(國學) 대사(大師)'가 되는 것을 영광으로 여기는 실정이다.[19)]국학으로서 유학은 민족주의와 결합하여 국수주의, 즉 문화적 보수주의로 진행되는 선봉장 역할을 맡았던 것이다. 21세기에 이르러 세계화, 지식정보화가 진행되면서 국학으로서 유학은 변화를 요구받고 있다.

21세기 체제에서 유학은 충돌과 대립을 부추기는 국학의 시야를

19) 중국의 검색 사이트(www.baidu.com)에서 '국학(國學)'을 검색하면 '국학대사명록(國學大師名錄)'이라 하여 명단이 열거된다(http://baike.baidu.com/view/2592.htm). 『논어』에 충실히 하는 한 호학(好學) 대사는 가능하지만 국학(國學) 대사는 불가능하다. 그럼에도 불구하고 최고의 학인을 낯 뜨겁게 국학 대사로 예찬하고 있으니 안타까운 일이다. 『논어』에서 공자는 자신에 대한 어떠한 칭찬이나 호의적인 평가를 사양하지만 '호학(好學)'만은 사양하지 않을 뿐만 아니라 호학임을 자처했다. 「공야장」 子曰: 十室之邑, 必有忠信如丘者焉, 不如丘之好學也.

넘어서 공존과 연대를 가능하게 하는 방식으로 현실세계에 개입하게 될 것이다. 이때 개입은 부당한 간섭이 아니라 정당한 권리의 형태를 띠지 않을 수 없다. 이런 맥락에서 21세기 체제의 유학은 인권유학의 특성을 지닐 것이다. 다음 절에서 21세기 체제에서 유학이 왜 인권유학으로 거듭나야 하는지를 살펴보도록 하자.

전체적으로 보면 유학의 생성과 전개는 일국 중심의 흐름에서 벗어나 동아시아를 포함한 세계의 관점에서 재서술되어야 한다. 즉 원시 유학, 한의 훈고학, 당의 사장학, 송명의 성리학, 청의 고증학이라는 시기 구분론은 BC 6세기 체제의 유학, 960년 체제의 도학과 성학, 1644년 체제의 중화학, 1894~1895년 체제의 국학이라는 체제론으로 대체되어야 한다. 이때 유학이 중국사를 벗어나 세계사의 관점에서 공유자산으로 위상과 역할을 제고시킬 수 있기 때문이다.

4. 인성유학에서 인권유학으로

유학은 특히 960년 체제 이후로 사람의 심성을 바탕으로 도덕적 개인과 도덕적 사회를 일구려고 했다. 유학이 지배적인 교의의 자리를 차지하고 사람이 심성에 집중하더라도 도덕적 개인이 출현할 수 있지만 도덕적 사회의 등장을 확신할 수는 없다. 또 세속적 가치를 긍정하는 현대사회에서 심성의 순수화는 도덕적 실패자를 낳을 뿐이다. 이러한 측면에서 21세기 체제 아래에서 유학은 변화의 길을 찾지 않을 수가 없다.

1) 인성유학의 작동 체계

공자는 인성을 사회적 속성으로 보았지만 맹자는 성선(性善)을 도덕의 전제로 설정했다. 그 뒤로 도학과 성학으로서 유학은 순자의 성악(性惡)에 대한 문제제기에도 불구하고 맹자의 성선을 가장 근본적인 출발점으로 삼았다. 이러한 인간 이해는 자기 구속성을 가질 수밖에 없었다. 성선이 도덕적 전제임에도 불구하고 현실의 인간은 성선에 부합하는 행위를 하지 않을 뿐만 아니라 심할 경우 성선에 반하는 행위를 한다. 즉 인간은 성선의 존재이면서 성선대로 살지 못하는 불안한 상황에 놓이게 된 것이다.

사실 공자도 성선을 직접 말하지 않았지만 군자와 소인의 도식을 통해 상반된 행위를 하는 인간 유형을 구분한 적이 있다. 맹자도 성선을 주창했지만 사람이 성선대로 살지 않는 심리적 경향을 해명하기 위해서 대체(大體)와 소체(小體)를 구분한 적이 있다. 사람이 대체의 성향에 따르면 성선이 실현되지만 소체의 성향에 따르면 성선이 발현되지 않을 수 있는 것이다. 그 후에도 960년 체제의 성학과 도학에서는 본연지성(本然之性)과 기질지성(氣質之性), 천리(天理)와 인욕(人欲)의 구분을 통해서 성선임에도 불구하고 성선대로 살지 못하는 인간의 한계를 지적했다.

성선의 발현이 가능하려면 어떻게 해야 할까? 결국 성선에 주목하지 못하게 하는 요소의 작용을 억제하는 전략을 채택할 수밖에 없다. 이 전략은 행위자가 자기 자신을 대상으로 삼아 내면의 흐름을 주시하여 천리가 인욕을 압도하도록 하는 '수양'을 통해 이루어진다. 이 수양은 천리를 늘 현재시키고 인욕의 작용을 무화시킨다는 '존천리멸 인욕(存天理滅人欲)'의 구호로 귀결되었다.

960년 체제의 성학에서는 왜 천리와 인욕의 부드러운 동거를 기획하지 못하고 다소 자극적일 정도로 천리의 극대화와 인욕의 소멸화를 목표로 삼았을까? 인욕이 그만큼 천리에 대항할 만한 힘을 가지고 있고 또 인욕이 현실화되면 위험스러운 결과를 낳을 수 있다고 보았기 때문이다. 바로 이 지점은 다음에 살펴볼 인권유학에서 인욕의 지위와 질적으로 구분되는 곳이라고 할 수 있다.

도대체 인욕의 정체가 무엇이기에 성학과 도학은 그에 대해 표현은 공세적이지만 실제는 수세적인 태도를 보이는 것일까? 인욕은 감각적 쾌락, 물질적 욕망을 가리키는데, 이들은 모두 배제적 소유를 특징으로 한다. 쾌락은 철저하게 '내'가 느끼는 것으로 누구와 함께 하기를 바라지 않는 것이며, 물질은 완전히 '내'가 가지는 것으로 누구와 나누기를 거부하는 것이다.

쾌락과 욕망은 소유의 배제적 특성만이 아니라 만족을 모르는 탐욕의 특징을 지니고 있다. 저생산의 사회에서 한 사람이 탐욕을 부리게 되면 새로운 자원의 증식이 없는 한 약탈성을 피할 수가 없다. 약탈성은 단순히 개인의 성향이 표출되는 것으로 끝나지 않고 계급적 특권에 따라 각자의 몫을 결정해놓은 사회질서와 충돌한다.[20]

우리는 쾌락과 욕망의 배제성과 약탈성을 『맹자』의 제일 첫 구절을 통해서 여실히 확인할 수 있다. 맹자는 자신의 이상을 펼치기 위해서,

20) 신정근, 「유교 지식인의 '사회' 개선의 의의」, 《동양철학연구》 26집(동양철학연구회, 2001년 9월); 신정근, 「사익 추구의 정당성: 원망의 대상에서 주체의 일원으로」, 《동양철학》 제32권(한국동양철학회, 2009) 참조.

과거 진(秦)나라에 맞설 정도였다가 당시 국세가 줄어든 양(梁)나라 혜왕을 찾아갔다. 혜왕은 그와 첫 만남에서 다짜고짜 "어떻게 하면 내 나라의 이익을 가져올 수 있습니까?"라는 질문을 던졌다.[21] 맹자는 혜왕의 간절한 바람과 달리 이익의 추구가 가져올 수 있는 위기 상황을 말하고 있다. 이익에 근거하면 모든 관계가 상호정복적 상황으로 이어지게 되고 최종적으로 부모와 자식이라는 가장 근본적인 인륜마저 저버리는 파국을 초래하게 된다는 것이다.[22]

맹자는 이익의 위험성을 과도하게 강조하는 것이 아니라 그 시대가 그만큼 이익의 추구가 낳는 결과를 흡수할 수 없음을 보여준다. 쾌락과 욕망, 특히 물질적 소유의 위험에 얼마나 예민하게 반응했는지 유가는 군주와 같은 리더는 '리(利)'라는 말을 하는 것을 금기시할 것을 요구할 정도였다.[23]

이러한 상황에서 960년 체제의 성학과 도학에서는 사회질서의 파괴로 이어질 수 있는 쾌락과 욕망을 억제하여 그로부터 해방되는 인간, 즉 성인이 되기를 요구했던 것이다. 이러한 요구는 이이의 『격몽요결』에서 잘 드러난다.

21) 「양혜왕」 상1: 孟子見梁惠王. 王曰: 叟! 不遠千里而來, 亦將有以利吾國乎?

22) 「양혜왕」 상1: 子對曰: 王! 何必曰利? 亦有仁義而已矣. 王曰何以利吾國, 大夫曰何以利吾家, 士庶人曰何以利吾身. 上下交征利, 而國危矣. 萬乘之國, 弑其君者, 必千乘之家. 千乘之國, 弑其君者, 必百乘之家. 萬取千焉, 千取百焉, 不爲不多矣. 苟爲後義而先利, 不奪不厭. 未有仁, 而遺其親者也. 未有義, 而後其君者也. 王亦曰仁義而已矣, 何必曰利?

23) 신정근, 『동중서: 중화주의의 개막』(태학사, 2004).

선천적으로 타고나는 사람의 외모의 경우 추한 것을 예쁜 것으로 바뀔 수 없고, 힘(체력)도 약한 것을 강한 것으로 바뀔 수 없고, 키도 작은 것을 큰 것으로 바꿀 수 없다. 이것은 이미 정해진 몫이 있기 때문에 고칠 수가 없다. 하지만 오직 마음과 뜻의 경우는 그렇지 않다. 어리석은 것을 지혜로운 것으로 바꿀 수 있고, 못난 것을 현명한 것으로 바꿀 수 있다. 이것은 텅 비어있지만 영명한 마음이 타고난 기질에 영향을 받지 않기 때문이다. 사람은 지혜로운 것보다 더 아름다운 게 없고 현명한 것보다 더 귀한 것이 없다. 그럼에도 불구하고 사람들은 왜 괴롭게도 현명하고 지혜로운 사람이 되지 못하고, 하늘로부터 타고난 본성을 훼손하고 깎아내고 있는가?"[24]

이이는 '이미 정해진 몫', 즉 이정지분(已定之分)을 변화시키는 어떠한 기도와 노력을 긍정적으로 고려하지 않는다. 반면 '하늘로부터 타고난 본성', 즉 천소부지본성(天所賦之本性)의 보호와 계발에 진력할 것을 요구하고 있다.

2) 인권유학의 정위

오늘날 한국 사회는 성형 중독의 현상을 보일 정도이다. 하지만 성형은 나에게 지금 없는 아름다움을 가지려는 욕망이다. 이 욕망이 위험할 수는 있지만 부당하다거나 잘못되었다고 말하지 않는다. 또 우

24) 『격몽요결』 「立志」: 人之容貌, 不可變醜爲姸, 膂力不可變弱爲强, 身體不可變短爲長, 此則已定之分, 不可改也. 惟有心志, 則可以變愚爲智, 變不肖爲賢. 此則心之虛靈, 不拘於稟受故也. 莫美於智, 莫貴於賢, 何苦而不爲賢智, 以虧損天所賦之本性乎?

리가 내면의 아름다움이 갖는 가치를 말하면서 성형을 원하는 사람을 말릴 수 있다. 하지만 성형을 바라는 사람은 '결여된' 아름다움 때문에 자신이 고통을 겪고 기회를 박탈당했다고 항변한다면 그 욕망을 반대할 수가 없다.

이이는 성형 의료기술이 없던 시대를 살았다. 이 상황에서 그는 성형을 '이정지분(已定之分)'에 어긋나는 것으로 보았다. 이이가 아니라 그 시대의 사람에게는 성형이 부질없는 꿈이자 환상으로만 충족될 수 있는 사태이다. 이이가 성형 의료기술이 가능한 시대를 살았다면 성형을 어떻게 생각했을까? 성형의 아름다움이 철저하게 개인적인 상황에만 한정된다면 이이도 그렇게 반대하지 않았을 것이다. 하지만 성형의 아름다움이 사회질서에 영향을 준다면 그도 역시 반대했으리라 본다.

오늘날 우리는 960년 체제의 도학과 성학에서 억압된 욕(欲)을 권리로 보장된 시대를 살아가고 있다. 따라서 이이의 '이정지분'을 이유로 성형 욕망을 금지시키거나 그것을 가치 전도의 어리석은 행위로 처분할 수는 없다. 또 남의 이익을 저해하지 않는 범위 안에서 사익의 추구도 인간의 권리로 보장되고 있다. 즉 욕망을 도리로 인정(착각)한다는 '인욕위성(認欲爲性)'의 논법으로 욕망의 가치를 부정할 수는 없는 것이다.

결국 21세기 체제의 유학은 이전 체제의 유학과 달리 욕망과 쾌락을 승인하는 바탕 위에서 재출발하지 않을 수가 없다. 이전 체제의 유학에서 욕(欲)의 지위를 부정적으로 보기만 했던 것은 아니다.[25] 대진은 『맹자자의소증』에서 오해된 맹자의 상을 걷어내기 위해서 해석학적 작업을 수행했다. 그중에서 그는 욕의 긍정을 중요한 작업으로 여겼다.

> 사람의 문제는 사사로움과 가림에 있다. 사사로움은 정욕에서 생겨나고 가림은 심지에서 생겨난다. 사사로움이 없는 것이 인이고, 가림이 없는 것이 지이다. 정욕을 끊어버리는 것이 인이라거나 심지를 없애버리는 것이 지라는 것은 결코 아니다. 이 때문에 성현의 도리는 사사로움을 부정하지 욕망을 부정하는 게 아니다. 노장과 불교에서는 욕망을 부정하지 사사로움을 부정하지 않는다. 저들은 욕망을 부정한다면서 오히려 사사로움을 이루지만 우리는 사사로움을 부정하여 천하 사람의 공통 감정을 소통시키고 천하 사람의 욕망을 이루도록 해준다.[26)]

대진은 960년 도학과 성학의 체제에서 늘 도덕적 개인을 위협하는 요인으로 보는 '사욕(私欲)'에 대해 재정의를 시도하고 있다. 그의 주장에 따르면 사욕은 한 단어가 아니라 이질적 요소를 결합시킨 부당한 조어이다. 이런 구분을 통해서 대진은 사(私)의 배제적 소유가 아니라면 욕(欲)은 성과 마찬가지로 부정될 근거가 없다고 본다. 그의 주장을 받아들인다면 오늘날 우리가 성애(性愛)라는 뜻으로 쓰는 말의 의미와 다르겠지만 '성욕(性欲)'의 조어가 가능해진다. 물론 대진이

---

25) 21세기 체제 이전까지 욕망의 지위를 둘러싼 논의는 『논어』 「안연」의 "克己復禮爲仁"에 대한 해석을 두고 극명하게 논란을 벌였다. 이와 관련해서는 자오지빈, 신정근 외 옮김, 『반논어』(예문서원, 1996), pp.554~571 참조.

26) 『孟子字義疏證』 「權」: 人之患, 有私有蔽. 私出於情欲, 蔽出於心知. 無私, 仁也. 不蔽, 智也. 非絕情欲以爲仁, 去心知以爲智也. 是故聖賢之道, 無私而非無欲. 老莊釋氏, 無欲而非無私. 彼以無欲成其自私者也, 此以無私通天下之情, 遂天下之欲者也.

노장과 불교를 '무욕이비무사(無欲而非無私)'로 비판하는 점에서 21세기 체제와 다른 삶의 지평에 있다는 것을 나타낸다. 대진이 고민했던 문제 설정 자체는 여전히 유효하다고 할 수 있다. 즉 "욕(欲)을 인정하면서 그것이 사(私)로만 이어지고 있는 공(公)으로 이어져서 공욕(公欲), 즉 통정(通情)과 수욕(遂欲)이 탄생할 수 있는 욕망의 구조를 어떻게 설계할 것인가?"

오늘날 우리는 대진이 비판했던 노장과 불교의 '무욕이비무사(無欲而非無私)'가 문제되지 않는 자유로운 상황에 놓여있다. 그것은 권리이기 때문이다. 우리는 이 권리가 다시 공욕(公欲)의 통정(通情)과 수욕(遂欲)으로 이어질 수 있는 길을 끊임없이 찾아가고 있다. 이 권리가 하나의 국가에만 한정되지 않고 국가를 넘어설 때 인권유학이 가능해질 수 있다. 이때 유학은 이이가 말한 의무 중심의 '천소부지본성(天所賦之本性)'이 권리 중심의 '천부인권(natural rights)'과 결합될 수 있는 지평을 찾는 데에 나름의 역할을 찾을 수 있을 것이다.

5. 맺음말

지금까지 필자는 유학과 중국의 폐쇄적인 결합이 21세기 체제의 유학이 나아갈 길이 아니라는 점을 논증해왔다. 지금 유학이 탈중국화의 도정에 서 있고 또 그렇게 되기를 요구받고 있다. 그 방향이 바로 '인권유학'이라는 것이다. 기존 체제가 군권(君權), 부권(夫權), 남권(男權), 황권(皇權)을 보편적 자연질서로 받아들이는 인성유학의 특성을 지녔다면 21세기 신체제의 유학은 명실상부하게 인권(人權)의 보편성을 옹호하고 신장시키는 방향으로 나아가지 않을 수 없다.

중국은 2013년 시작부터 언론과 영화 검열과 관련된 사건으로 커다란 갈등을 겪었다. 중앙 선전부가 1월 3일자 『난팡저우모[南方周末]』의 기사를 검열하고(《중앙일보》 2013.1.16), 21일에 처음으로 상영한 〈007 스카이폴〉 영화의 대사를 검열했다가(《한겨레》 2013.1.24) 다른 언론인으로부터 강한 반발을 불러일으켰다. 한국은 생존의 위기에 내몰린 노동자들이 마지막으로 철탑에 올라 외롭게 고공 농성을 벌이고 있다. 일본은 후쿠오카 원전 폭발 이후로 핵의 안전성과 미래성이 사회의 현안으로 대두되었다. 이러한 사안은 인간의 기본적인 권리와 밀접하게 관련이 되므로 우리는 '국민'이 아니라 '세계시민'으로서 국경을 넘어서 발언할 수 있다.[27)]

21세기의 체제에서 유학의 새로운 방향 정립과 함께 유가가 각각의 사태에 대해 어울리는 긍정과 부정의 발언한다면 인권과 유학이 결합하는 인권유학이 성립될 수 있다. 이처럼 국경을 넘어선 개입은 동아시아인, 나아가 세계시민의 공동체성을 키울 수 있다. 바로 이런 점에서 필자는 21세기의 신체제에서 유학이 되살아나려면 인권유학의 길을 가야 한다고 주장하는 것이다.

시기 구분에서 유학은 이질적인 요소를 수용해서 자신의 단점을 극복해왔다. 일종의 보유론(補儒論)이라고 할 수 있다. 예컨대 근대에 유학은 자신에게 없고 서학에 있는 과학과 민주 요소를 수용하여 신

27) 신정근, 앞의 책(2013), pp.123~124.

유학으로 거듭날 수 있는 발판을 마련했다. 이것은 유학이 중국 유학으로서 중심성을 잃지 않는 시도이다. 21세기 체제에서 유학은 보유론이 아니라 보세론(補世論)의 관점에 서는 것이다. 세계성이 유학보다 더 상위 범주이기 때문이다.

유교 전통 안에서 민주주의를 이야기할 수 있는가[1)]

김상준

1. 천라이 교수의 「중국 문명의 철학적 기초」에 대해

천라이 교수는 대가의 솜씨로 중국 문명의 철학적 사유기초를 6가지 항목으로 정리했고, 이를 "유기적 전체주의"라 집약했다. 중국 사유는 우주와 세계를 유기적, 전체적으로 질서정연한 조화 상태로 보았다는 것이다. 천 교수는 이러한 질서정연한 조화 상태를 공교롭게도 현재 중국 정부가 표방하고 있는 '화해(和諧)' 개념으로 풀이했다.

1) 2012년 11월 한국학술협의회의 제14회 석학연속강좌의 초청을 받아 천라이 교수의 발표인 「중국 문명의 철학적 기초」에 대해 토론하게 되었다. 이 글은 당시의 토론 내용을 정리한 것을 바탕으로 한다. 먼저 천라이 교수의 발표에 대한 토론 내용을 간단히 정리하였다. 이어 그 취지를 유교와 민주주의와의 관련성에 집중하여 분석해 보았다.

그럼에도 나는 천 교수의 정리가 매우 훌륭한 것이긴 하지만, 그가 주제로 삼은 '중국 문명의 철학적 사유기초'에 대해, 뭔가 아주 중요한 것을 빠뜨린, 그래서 마치 절반만을 이야기한 느낌을 주는 것이라고 생각한다. 단순히 '중국 문명'만의 이야기는 아닐 것이다. 천 교수가 말한 '중국의 사유'란 아시아 주변 문명에도 큰 영향을 주어왔기 때문이다.

그 '다른 절반'이 무엇일까? 먼저 질문의 형식으로 표현해보겠다. 중국 사유에는 이 세계의 불완전함, 불의(不義)함, 부정의함에 관한 사유가 있었는가? 천 교수의 발표문을 보면 그 단서를 찾기 어렵다. 중국 사유란 세계와 우주가 항상 조화로운 변화생생의 상태, 과정에 있다고만 한다. 그것이 조화로운 것은 그 안에 주재(主宰) 기능이 있기 때문이라 하였고, 그 기능은 결코 타종교의 '초월신', '인격신'과 같은 것이 아니라는 점을 특히 힘주어 강조했다. 대신 기(氣) 자체의 자기조절 기능과 같은 것으로 설명한다. 현대 우주론, 물질론을 연상시키는 설명이 많다.

천 교수의 발표문을 보면 그가 '초월신', '인격신' 같은 개념을 비현대적이고, 비과학적이고, 따라서 미신적인 것이라고 전제하는 느낌이 든다. 나는 이런 전제가 일면적이라 생각한다. 특정 종교의 입장에서 '초월신'이나 '인격신' 등을 옹호하거나 변명하려는 것이 아니다(나는 어떤 종교에도 속해 있지 않다). 다만 '초월신'이나 '인격신'(중국에서는 '상제(上帝)' '천(天)')이라는 관념이 생겨나온 배경을 너무 좁게 이해한 것이 아닐까? 초월에 대한 의식은 '현세의 불완전성, 불의와 부정의의 엄연한 존재, 아니 더 나아가 그런 결함의 편만(遍滿)에 대한 날카롭고 고통스러운 인식'이 존재했기 때문에 나왔다. 이렇듯 불의가 강물처럼 범람하는 세계 상태를 보면서, 이 세계와 우주를 그러면 어떻게 이해해야 하는가라는 심각한 물음이 이어졌던 것이고, 여기서 현실, 현세 자체를 상대화하는 의식, 즉 초월의 영역에 대한 관념이 출현했다. 그 이름은 문명권에 따라 다양했다. 그것이 인격신이었느냐 아니냐는 오히려 초점이 아니다. 따라서 초월, 초월신 등의 관념은 단지 현대 과학의 측면에서만 바라볼 것이 아니라, 윤리의 차원에서 이해해야 하는 것이기도 하다.

천 교수가 중국 사유기초로 제시한 '이 세계 자체로서의 완전성'이라는 주장은 중국 사유, 동양 사유의 한 측면일 뿐이다. 나는 중국 사유기초, 동양 사유기초에 현세의 불완전성에 대한 인식, 즉 윤리적 사유의 틀이 분명하고 강력하게 존재했고, 존속해왔다고 생각한다. 천 교수는 그가 제시한 '완전히 조화로운 우주, 세계'에 대한 관념틀이 현대 과학과 매우 잘 부합하는 지극히 현대적인 사유체계인 것으로 생각하지만, 바깥 서구세계에서는 오히려 이것을 오히려 지극히 문제적인 것으로 보았음을 부가한다. 한마디로 윤리의식이 없다고 본 것이다. 예를 들어 독일의 저명한 사회과학자인 막스 베버(Max Weber)가 본 중국 사유란 다음과 같은 것이었다. 여기서 베버는 유교를 이야기하고 있지만, 실은 중국 사유 일반을 이야기하고 있다.

> 유교는, 우리가 고찰해온 바와 같이, 현세와의 긴장대립을 절대적으로 극소화시킨 (그 의도에 있어서) 합리적인 윤리였다. …… 현세는 있을 수 있는 세계 중에서 최선의 세계이며, 인간의 본성은 그 소질에 있

어서 윤리적으로 선하다. …… 무조건적인 현세 긍정과 현세 적응이라고 하는 이 윤리의 내적인 전제는 순수하게 주술적인 종교의식의 완전한 존속이었다. …… [중국인들에게서 발견되는] '내부로부터의, 즉 어떤 중심적인 태도로부터, 총체적으로 조정된 생활태도의 통일성 결여는, 그들의 생활을 규율하는 수많은 인습의 구속과 큰 대조를 이룬다. …… 자연과 신, 윤리적 요구와 인간의 불충분함, 죄의식과 구제요구, 현세에서의 행적과 내세에서의 보상, 종교적 의무와 정치사회적 현실 간의 어떠한 긴장도 이 유교윤리에는 완전히 결여되어 있었다. 따라서 전통과 인습에 전혀 구속받지 않는 내면적 힘을 통해 생활태도에 영향을 미칠 수 있는 수단도 없었다. …… 엄격하게 의지적이고 윤리적인 합리화가 수반된, 또한 퓨리턴의 습성이 되어버린, 자연 그대로의 충동생활에 대한 그 독특한 제한과 억압은 유교도에게는 낯선 것이었다(Weber, *Religion of China*(*Confucianism and Taoism*), 1964[1922]: 227~244).

나는 베버의 이러한 주장이 중국을 크게 잘못 보았기 때문에 나온 것이라고 생각한다. 지극히 일면만, 그것도 지극히 편파적으로 본 것이다. 그러나 놀랍게도 천 교수의 중국 사유기초 정리 속에서 베버가 비판했던 그러한 중국 사유의 이미지가 고스란히 되풀이되고 있다는 느낌이다. 끝으로 다시 한 번 내 질의의 요점을 제기해 둔다. 과연 중국 사유에는 이 세계의 불완전성, 불의함, 부정의함에 관한 사유가 있었는가? 만일 있었다고 본다면 그것은 어떠한 형태로 존재했는가? 또한 그러한 불의함, 부정의함에 맞서는 끈질기고 지속적인 철학적,

실천적 분투가 존재했는가? 만일 존재했다면 그것은 어떠한 형태로 이루어졌는가?

"불의함, 부정의함에 맞서는 끈질기고 지속적인 철학적, 실천적 분투"란, 철학적으로는 비판적 윤리론이고, 정치적-실천적으로는 보다 정의롭고, 보다 자유롭고, 보다 평등한 세상을 위한 개인적이고 집단적인 실천 양식이 되겠다. 후자를 한마디로 묶으면 '민주주의적 실천지향성'이라고 할 수 있다. 물론 이러한 '민주주의적 실천지향성'은 앞서 말한 '비판적 윤리론'과 깊이 맞물려 있다. 나는 이 양자가 중국 사상 전통에 아주 분명하게 존재했다고 생각한다.[2)]

이러한 주장은 한국만이 아니라 중국에서도 큰 논란의 대상이 되는 것으로 안다. 중국의 혁명 구세대는 '민주주의'라는 말, 그리고 그 말이 불러일으키는 기억과 이미지에 커다란 애착을 가지고 있다. 그 애착이란 아마 1978년 개방 이후 신세대에 비해 오히려 훨씬 클 것이다. 중국 공산당이 '민주주의'와 '과학'을 내세운 1919년의 5·4 운동, 신문화 운동의 세례를 받고 탄생했기 때문이다. 그러니 중국의 노세대, 원로 혁명가들의 마음속에서 '민주주의'란 단지 정치교과서에 나오는 개념이 아니라 그들의 간난신고(艱難辛苦)의 투쟁의 삶이 응축된 기억이자 이념적 생활태도와 같은 무엇일 것이다. 그런데 그렇듯 민

2) 나는 이러한 주장을 졸저 『맹자의 땀 성왕의 피: 중층근대와 동아시아 유교문명』(아카넷, 2011)에서 상세히 개진한 바 있다. 그러나 이하에서는 이 책의 논지 전반을 요약하는 대신, 민주주의와 유교전통의 관계에 집중하여 정리해 보고자 한다. 그 내용은 필자가 2012년 5월, 다산학술재단에서 주최한 다산탄생 250주년 기념 국제학술회의에서 발표한 바 있다.

주주의를 강조했던 5·4 운동도, 이후의 중국 공산당도, 아니 중국 혁명 전체가 유교에 대해 극히 부정적인 태도를 가지고 있었다. 이러한 거부감은 1960년대와 1970년대 문화혁명기 '공가점타도(孔家店打倒)'의 구호로 격렬하게 표출된 바 있다. 그런데 바로 그렇게, 민주주의의 이름으로 거부되고 타도된 유교와, 루쉰[魯迅]이 '식인(食人)의 예교(禮敎)'라고 그토록 규탄했던 바로 그 유교와, 민주주의와의 관련성이라니? 이러한 주제 설정 자체에 격한 거부감을 갖는 분들이 한국과 중국에 아주 많을 것임은 어쩌면 오히려 당연한 일이다.

이러한 거부감을 이제 차분하게 다시 돌아볼 시간이 왔다고 생각한다. 물론 그 거부감엔 필자 역시 백분 납득할 수 있는 충분한 이유가 있었다. 그러나 역사는 그러한 격한 감정의 굴곡을 변증법적으로 지양하고 승화시켜 간다. 여러 가지 점에서 이 주제와 흡사한 지형도를 보여주는 것은, 〈이슬람과 민주주의와의 관련 문제〉일 것이다.[3] 그 관련에 대해서는 먼저 소위 '서방' 쪽에서 극히 냉소적인 전면 부정이 오랜 시간, 강력하게 존재해왔다. 널리 알려진 일이니 이에 관해 굳이 상론할 필요는 없겠다. 흥미로운 것은 이슬람권 내부의 '반서구화파'나 '이슬람 근본주의'에서도 그 연관을 극렬히 부정하고 거부

3) 이와 유사한 주제를 또 하나 들자면 〈힌두전통과 민주주의의 연관성〉이라는 논제가 있다. 그러나 이 문제는 '세계 최대의 민주주의로서의 인도'라는 독립 이후 인도현대사 자체가 많은 부분 해소해버린 것이다. 이 역시 원래는 격렬한 부정과 거부의 지형 위에 있었다. 그러나 이제 더 이상 그렇지 않다. 이 주제에 관한 필자의 분석은, 김상준, 「비서구민주주의-인도편」, 《녹색평론》 통권123호(녹색평론사, 2012년 3/4월); 김상준, 「비서구민주주의-이슬람편I」, 《녹색평론》 통권129호(녹색평론사, 2013년 3/4월) 참조.

해왔다는 점이다. 민주주의, 개인주의, 자유, 인권 등의 개념은 서방 세계가 이슬람권을 속박하기 위해 강요하고 있는 불순한 외래사조일 뿐이라는 것이다.

최근 십여 년간 논의 구도가 크게 달라졌다. 그 연관에 대해 진지하게 논하는 연구들이 늘어가고 있다. 굳이 2011년 이후 터져 나온 '아랍의 봄' 때문만이 아니다. 이미 터키나 인도네시아 이슬람계 정당들의 민주주의 제도 내의 안착, 그리고 '이슬람공화국' 신정체제 아래 이란 민주화 운동의 주목할 만한 약진(Green Movement)을 통해 이슬람 민주주의의 저력을 충분히 드러내 보였기 때문이다. '아랍의 봄'도 분명 이러한 약진의 연장선 위에 있다.

이로써 도저히 성립 불가능한 논제라고 생각되었던, 이슬람과 민주주의의 연관성이 진지하게 논의되기 시작하고 있다. 유교와 민주주의와의 연관이라는 주제에 대해서도 강렬한 반발과 거부감이 존재해왔다. 그러나 이슬람과 민주주의라는 주제에 대한 거부감에 비하면 오히려 부드러운 편이 아닌가 생각한다. 중국 혁명을 가로지른 일말의 지향이, 그리고 한국과 대만의 강인했던 민주화 운동과 그 성공이, 그리고 일본의 나름대로 안정적인 민주적 체제의 지속이, 동아시아 유교 문화와 민주주의와의 모종의 깊은 문화적 연관을 이미 암시하기 때문인 것일까? 이러한 시점에 필요한 태도는 전부 아니면 전무(全無)라는 단순논리가 아닐 것이다. 근본부터 차근차근 살펴보아야 한다고 생각한다. 그리고 그것이 어떤 지점의 어떤 방식의 연관이었는지를 깊고 세심하게 분석해보아야 한다. 이 글은 그러한 시도의 일환이 되겠다. 고금(古今)과 동서(東西)로 크게 우회한 긴 시간의 길 위에서 그 연관의 고리들을 새로이 발견해볼 것이다.

2. 유교, 스피노자, 민주주의

"다스리는 자(牧)가 민을 위해 있는가, 아니면 민(民)이 다스리는 자를 위해 있는가." 조선 후기의 저명한 관료이자 학자인 다산 정약용(1762~1836)이 그의 글 『원목(原牧)』에서 던진 질문이다. 그가 내린 분명한 답은 '목위민(牧爲民)', 즉 '다스리는 자가 민을 위해 존재한다'였다. 먼 옛적[太古]에는 고을에서 분쟁이 생길 때 현명한 사람에게 물어 해결하였고, 이러한 이를 추대[推]하여 고을의 대표로 삼았으며, 이러한 사람들이 모여 더 점점 넓은 지역을 대표하는 사람을 뽑아가서, 마지막 단계에 그들 중에서 임금을 뽑았다[選]고 하였다. 민이 먼저요, 목은 민의 필요에 따라 뽑은 자일 뿐이라는 것이다. 『탕론(湯論)』에서는 같은 요지의 근거를 들어 폭군 방벌(放伐)과 권력 교체를 정당화했다. 민에게 잘못하면 더 잘하는 사람으로 바꾸는 것[代]이 당연한 이치라는 것이다.

그렇다면 다산을 '민주주의자'였다고 말할 수 있는가. 우리가 오늘날 표준이라고 생각하고 있는 민주주의[4]가 제2차 세계대전 이후에야 전면화된 지극히 현대적인 현상임을 생각하면, 우선 분명 질문 자체

4) 성별, 재산과 무관한 보통-자유선거, 다당제, 언론사상 집회결사의 자유 등 기본권과 주기적 선거, 그에 따른 평화적 정권 교체를 보장하는 실효적 법체제 등이 그 '표준'의 최소항목이 될 것이다.

가 시대에 맞지 않는다는 점을 인정해야 할 것이다. 오늘날 민주주의는 근대적이고 진보적인 가치를 대표한다. 반면 다산은 진보적이라기보다 지극히 원론적인 유학자였다. 유가 경전 중에서도 가장 오래된 고경들로 늘 돌아갔던 복고적 개혁주의자였다. 그가 당대 조선의 '온 나라가 양반되기'라는 신분붕괴 현상에 한편으로—'온 나라가 양반되어, 온 나라에 양반 없게 하자'라고 아이러니를 섞어가며—긍정하면서도, 다른 한편으로는 심각하게 우려하는 양가(兩價)적 태도를 취했던 것은 그의 보수성을 말해준다. 유가의 종법(宗法) 친족주의를 결코 부정하지 않았다는 점도 그렇다. 신분제도와 종법주의에 대해 일관된 비판의 태도를 보이지 않았던 다산을 오늘날 우리가 생각하는 의미에서의 '일관된 민주주의자'라 보기는 어렵다.

다산이 『탕론』과 『원목』을 썼던 시점은 세계사적으로 프랑스 혁명을 전후한 때였다. '일관된 민주주의 사상'이란 이 당시 유럽에서도 '급진 계몽주의(radical Enlightenment)'라고 하는 조류의 소수의 일부 철학자들만이 품고 있었던 사유였다. 볼테르 등 다수의 소위 '주류 계몽주의(mainstream Enlightenment)' 조류에 속하는 사상가들조차 '일관된 민주주의자'라 할 수 없었다. 그들은 '모든 인민의 평등'이라는 사상에 반대했다. 민주주의가 아닌 개명된 군주제를 지지했다. 인종적·성적 평등이라는 사상은 더욱 받아들이지 않았다. 시대를 바꾸어 보겠다던 계몽주의의 주류-다수파가 그러했을진대, 보수적 군주주의자, 귀족주의자, 교회교권주의자들의 민주주의에 대한 반발과 저주가 얼마나 강했는지는 두말할 나위가 없다. 당시 인구의 압도적 다수를 점하던 농민의 대다수는 이러한 반계몽적 보수파의 영향권 안에 있었다. 이러한 상태에서 프랑스 구체제의 균형이 파괴되면서 발발했던 프랑스 혁명은 사회적 대폭풍을 일으켰고 급진 계몽사상도 이를 통해 급속히 확산될 수 있었다. 그러나 프랑스 혁명 이후에도 오랫동안 '일관된 민주주의'에 대한 반발과 저항은, 프랑스 내부에서만이 아니라 세계 도처에서 항상 강하고 끈질겼다. 이런 의미에서 '일관된 민주주의'란 오늘날에도 여전히 진행 중이자, 꿈틀거리며 진화 중인 '미완의 목표'라 할 것이다.

그러나 『원목』, 『탕론』에 여실히 드러난 밑으로부터, 중(衆)으로부터 권력이 형성된다는 생각[下而上], 대표자를 추대하고[推], 뽑고[選], 바꾼다[代]는 표현, 여기에는 분명히 '민주주의적' 발상이 담겨 있다. 이러한 발상을 다산은 유교의 경전 중에서도 가장 오래되었다는 『서경(書經)』에서 뽑아온 것이다. 또 이러한 고찰과 해석은 그를 뒷받침하는 유교 『고경(古經)』에 대한 방대한 지식과 근거가 있었기에 가능했다. 그렇다면 유교 자체를 현대적 의미의 '일관된 민주주의'와 연결하는 것은 시대착오적이라 할지라도, 유교 교의와 유교체제에서 오늘날의 민주주의 사상과 제도의 단초를 이루는 '민주주의적' 요소나 계기를 찾아본다는 것은 그다지 무리한 시도는 아닐 것이다.

그럼에도 오늘날 한국의 상황에서 유교라고 하면 지극히 전근대적이고 보수적인 인습이라는 고정관념이 너무도 강한 까닭에, 민주주의와 유교를 연결시켜 본다는 시도 자체를 어딘가 의심스럽게 보는 경향이 있다. 역사를 거스르는 복고주의를 민주주의라는 그럴듯한 말로 위장(僞裝)하려는 것이 아니냐는 의심이다. 이렇듯 문제의 지형, 문제를 보는 관점이 경직되어 있을 때, 방법론적인 '시점 전환' 또는 '타자(他者)의 시점'의 채택은 큰 효과를 갖는다. 여기서는 17세기 유럽에서 유교세계를 보았던 관점, 그중에서도 앞서 언급했던 유럽의 '급진 계몽주의'의 시점을 참고해 보기로 한다.

유럽 철학사에서 민주주의를 최초로 분명하게 지지하고 저작을 통해 이를 체계적으로 표현했던 이는 17세기의 화란인 스피노자다. 2001년부터 2011년에 걸쳐 화제 속에서 출간된 요나단 이스라엘(Jonathan Israel)의 '급진 계몽주의' 3부 연작[5]이 명쾌하게 밝힌 것처럼, 스피노자는 급진 계몽주의의 원조(元祖)이자, 태두요, 열쇠였다. '일관된 민주주의'는 급진 계몽사상의 주요 구성 부분이다. 여기서 강조하고 싶은 것은, 바로 그 스피노자의 급진적 사상 형성에 중국, 조선(corea)이라고 하는 극동의 '선진적 타자(他者)'의 발견이 커다란 자극이 되었다는 사실이다.

스피노자의 '극동 요인(要因)'은 그의 14세 연상의 노친우(老親友)인 아이작 보시우스(Issac Vossius)를 통해 작동했다. 보시우스는 스피노자와 같은 네덜란드인이자 가까이 살면서 자주 교유했다. 그는 1661년 출간된 *De septuaginta interpretibus*를 통해 성경에 묘사된 역사보다 중국의 고문헌의 역사가 더 오래되었다고 논증하여 유명해진 인물이다. 이 주장은 성경에서 묘사된 창세의 시점 및 그 이후의 구약의 모든 에피소드들에 대해 유럽인들이 품고 있던 맹목적

5) *Radical Enlightenment*(2001), *Enlightenment Contested*(2006), *Democratic Enlightenment*(2011), 모두 Oxford University Press에서 출판됨. 이 세 권의 내용을 압축한 것으로는 *Revolution of the Mind*(Princeton University Press, 2010) 참조.

인 '문자 그대로의' 믿음을 크게 흔들어 놓았다. '급진 계몽주의'의 출현의 신호탄이라 할 수 있는 스피노자의 『신학-정치 논고(*Tractatus Theologico-Politicus*)』는 보시우스의 문제의 저작 10년 이후에 출판된 것으로, 보시우스의 성경비판을 더욱 치밀하게 급진화시킨 것이었다.

보시우스는 당시의 중국과 조선이 '철학자들이 다스리는 나라', 또는 '플라톤적 공화국'이라고 했다. 당시 유럽에서 '철학자'라는 용어는 '신학자'와 대비되는 급진적인 용어였다. 그는 중국과 코리아의 고위 관료들은 철학자들로 이루어져 있고, 또 이들 통치 철학자들이 자신의 의무에 충실하지 못하면 인민들이 이들을 판정할 자유(freedom to judge)를 갖는다고 했다. 이어 이곳에는 유럽과 같은 세습귀족이 없고, 오직 배운자들(lettered)만이 귀하게 대접받는다고 썼다. 또한 이 나라의 왕이 잘못을 범하면 이 철학자들은 대놓고 비판하는데, 구약의 위대한 예언자들조차 감히 하지 못했던 수준이라고 하였다. 그가 평생의 연구를 모아 생의 말년인 1685년에 출간한 *Variarum Observationum Liber*에서 펼친 내용이다.[6]

한마디로 중국과 코리아가 유럽보다 한참 정치 선진국이요 철학 선진국이라는 이야기다. 당시 네덜란드는 아시아에서 가장 활발한 해상활동을 벌이고 있었고 그 결과 극동에 대한 정보가 가장 빠르게 유

6) 그 이전 출간한 *De Septuaginta Interpretibus*(1661), *De Poematum Cantu et Viribus Rhythmi*(1673)에서도 유사한 주장을 펼쳤다. 보시우스의 이들 저작들은 유럽에 우호적인 중국과 극동열을 일으킨 대표적인 저작들로 꼽힌다. Thijs Weststeijn, "Spinoza Sinicus: An Asian paragraph in the history of the radical enlightenment" in *Journal of History of Ideas*(2007), 64(4): 537~561, 참조.

입되고 있었다. 아랍어에 해박했던 보시우스는 중국을 이해하기 위해 중국어도 연구했다. 이렇듯 발견한 먼 극동의 타자 속에서 보시우스는 유럽을 개혁할 방향을 찾았다. 보시우스의 중국, 조선 이해가 어느 정도 이상화되어 있음은 사실이다. 특히 인민이 통치 철학자들을 판정할 자유를 갖는다는 대목은 사실과 다르다. 아마도 '이곳에서는 민심(民心)을 천심(天心)으로 안다'라든가, 어사의 민정감찰 제도에 관한 소식이 확대 해석되어 전해진 것이리라. 그러나 그 외의 다른 언급들은 유교 정체(政體)의 과거(科擧) 관료제와 비판적 간의(諫議), 대간(臺諫) 제도를 말하고 있는 것으로 실제 사실과 크게 다르지 않다.

17세기 유럽에 민주주의는 없었다. '신역사주의'를 제창하여 유명한 영문학자 스티븐 그린블라트(Stephen Greenblatt)가 최근 출판한 『요동(*Swerve*)』은 그 당시까지 유럽이 얼마나 혹독한 사상탄압과 종교폭정의 시대였던가 하는 것을 생생하게 잘 보여준다. 이러한 분위기 속에서 민주주의를 공개적으로, 명시적으로 옹호한다는 것은 매우 어려운 일이었다. 스피노자가 그런 일을 했고, 그 결과 극심한 비난과 공격의 대상이 되었다. 서구 전통 내에서 보자면, 일찍이 플라톤, 아리스토텔레스부터 민주주의를 비판했다. 헤로도토스와 투키디데스는 아테네가 민주주의 때문에 망했다고 썼다. 기독교가 유럽을 석권한 이후 긴 중세를 거쳐 스피노자의 시대에 이르기까지 감히 민주주의를 정면으로 분명하게 옹호한 유럽인은 아무도 없었다. 바로 이러한 때에 최초로 민주주의를 진지하게 고민했던 철학자들의 써클에 보시우스와 스피노자가 속해 있었다. 남아 있는 스피노자의 서한은 그들의 관계가 매우 친밀했음을 보여준다.[7)] 중국과 코리아의 유교 정치체제가 보시우스를 통해 스피노자의 민주주의론에 임팩트를 주었으리라 추정할 충분한 이유가 있다.

그러한 '바깥으로부터의 시각'은 민주주의란 오직 서구에서 들어온 것이라는 기존의 고정관념을 재고해보도록 한다. 오늘날 앞서 가고 있는 유럽 민주주의의 기원에 유교 정치체제의 임팩트가 있었다는 사실! 이는 민주주의 역시 문명 간 상호추동을 통해 형성되어 왔음을 말해준다. 스피노자의 시대에서 2세기가 지난 후, 이번에는 중국 유교세계가 그동안 앞서 발전한 유럽의 민주주의를 배우고 도입한다. 19세기 후반 강유위(康有爲)의 대담한 민주주의 사상은 양계초(梁啓超), 장건(張謇) 등 많은 유력한 유자들의 지지를 받았다. 청제국 말기(20세기 초)에 벌어진 입헌개혁 운동으로 구성된 전국의회[자정원(資政院): 1910년 설립] 의원의 90%, 지방의회[자의국(諮議局): 1909년 설립] 의원의 46%가 최소한 향시(鄕試)를 통과한 거인(擧人) 또는 그 이상급의 유자[紳士]였다. 청말 중국 공화파, 민주파의 다수가 유자 출신이었다. 일부 유자들은 결집하여 '진보당'을 창당[1913년]하기도 하였고, 국민당을 이끌었던 손문 역시 중국 민주주의에서 유교의 역할을 특별히 강조했다.[8] 유교와 민주주의가 그 원리상 근본적으로 서로를 배척

7) 1667년 3월 25일자, 스피노자의 서한 40. 스피노자의 여러 표준 저작집들에 서한이 포함되어 있다. 서한 번호는 모든 판본이 같다. 필자가 참고한 것은, *The Essential Spinoza*, Michael Lorgan ed.(Indianapolis: Hackett Publishing Company, 2006).

8) Wang Juntao, "Confucian Democrats in Chinese History", in Daniel Bell and Ham Chaibong ed., *Confucianism in the Modern World*(Cambridge: Cambridge University Press, 2003). 청말 자의국(諮議局) 설립과 구성, 그리고 그 배경적 중국 사유(황종희, 왕부지, 고염무 등)에 관한 뛰어난 연구로는, 민두

하는 것이었다면 이러한 현상이 발생할 수 없었을 것이다.

민주주의가 문명 간의 상호영향 속에서 발전해왔다는 것은, 민주주의가 인간조건과 인류 문명의 어떤 공통성에 기반하고 있음을 시사해준다. 이러한 시각은 민주주의를 장기적인 진화의 관점에서 바라볼 것을 요청한다. 민주주의를 민의 참여와, 토론과 합의에 따른 통치 또는 사회운영이라고 한다면, 그 기원은 고대 그리스 민주주의보다 최소한 2000년 이전 시리아-메소포타미아 고대국가로 올라간다. 고대 수메르어로 ukkin, 고대 아카드어로 puhrum라고 했던 다중(多衆)의 의회(assembly)가 존재하고 있었다.[9] 이러한 고대 의회의 원형은 인류사 훨씬 깊숙이 거슬러 올라간다. 구석기 시대 수렵-채집 시대의 인류의 생활형태가 그것이다. 당시의 집단 단위는 대략 150명을 한계로 했다. 여러 연구가 입증하듯 이 단계의 인류집단에는 '왕'도 '왕초'도 존재하지 않았다. 남녀, 노장청의 역할구분은 있었으나 신분적·계급적 차별의 형태가 아니었다. 자연스러운 집단합의가 사회운영 원리였다. 이러한 집단합의 체제가 자연에 가장 가까운 형태인지는 의문이다. 인류와 가장 가까운 침팬지집단에는 모든 것을 독점하는 '왕초'가 있기 때문이다. 동물학에서는 이를 '알파 수컷(alpha male)'이라고 한다. 그러나 수렵-채집 상태의 인류집단은 그렇듯 한 사람의 강자

기, 『중국근대사연구』(일조각, 1973), pp.228~338, 참조. 이 논문들에 담긴 민두기 선생의 시각은 오늘날 보더라도 매우 참신하고 뛰어나다.

9) 최초의 주창자는 덴마크 출신 미국 고고학자 Thorkild Jacobsen(1904~1993)이다. John Keane, *The Life and Death of Democracy*(New York: Norton Company, 2009), pp.101~123 참조.

(주로 가장 힘센 남성)의 출현을 허용하지 않았다. 이렇게 보면 평등 자체가 고도의 권력 형태다. 무소불위의 '왕초' 내지 폭군의 출현을 방지하는 고도의 상호견제망인 것이다.[10] 구석기 인류에 대한 이해의 심화는 평등주의가 인간집단의 근원적 속성에 속한다는 것, 그리고 민주주의란 이러한 근원적 인간조건에 뿌리를 두고 있음을 말해준다.

그러나 이후 신석기-청동기 단계에 접어들면 인류사는 압도적으로 '왕의 역사'가 된다. 그럼에도 BCE 5~6세기 전후 그리스에 민주주의가 가능했던 것은, 그리스가 당시 중근동-지중해 문명의 중심이었던 페르시아-이집트 제국의 먼 변방, 후진국이었다는 역설적 이유 때문이다. 바로 그러했기 때문에 그리스에 고대국가 이전 역사단계의 사회운영 방식, 즉 보다 평등주의적인 사회원리가 '부활'할 수 있었다. 플라톤, 아리스토텔레스를 위시한 많은 그리스 철학자들이 군주제가 민주주의보다 우월하다고 생각했던 것은 꼭 그들의 사고가 보수적이어서라기보다는, 당시 그리스와는 비교가 안 되는 '선진국'이었던 페르시아와 이집트가 강력한 왕권국가였다는 너무나 당연한 사실을 반영하고 있다고 하겠다. 민주정 시대 그리스 평등주의의 핵심은 한 사람의 절대강자, 그들이 폭군이라 불렀던 '왕'을 허용하지 않았다는 데 있다. 민주주의를 하면서도 그럴 조짐을 보이는 이가 나타나면 투표를 통해 추방해버렸다. 소위 도편추방(ostracism)이다. 그리스 민주주의는 대략 250년간 지속되었는데(508~260 BCE), 이후 이곳도 주

10) Christopher Boehm, *Hierarchy in the Forest: The Evolution of Egalitarianism*(Cambridge: Harvard University Press, 1999).

변의 거대제국에 복속되어 '왕의 시대'가 다시 시작되었다.

민주주의는 이러한 압도적인 '왕의 시대' 속에서, 각각 다른 문화적·문명적 조건 속에서 그 배아(胚芽)를 성장시켰다. 물론 그 압도적인 왕의 시대의 바다 위에 가끔씩 느슨한 공화제의 작은 섬들이 출현하기도 했다. 그러나 그것은 항상 극히 이례적인 소수였다.[11] 민주주의란 그러한 극소수의 예외들 속에서 잠깐 반짝 모습을 비췄다가 이내 군주제의 대해(大海) 속에 흔적도 없이 가라앉곤 했다고 보는 것은 단견이다. 유럽 민주주의의 기원을 이야기할 때 영국의 마그나 카르타나, 스페인의 코르테스(cortes), 프랑스의 3부회를 빼놓지 않는다. 군주의 무릎을 꿇렸던 교황 그레고리 7세나, 권력화한 교회에 저항한 존 위클리프(John Wycliff)나 얀 후스(Jan Huss), 또는 이러한 선각자들이 이끌었던 농민반란도 유럽 민주주의의 초석이었다. 모두 군주제 속에서 움텄던 민주주의적 요소들이다. 민주주의의 오늘과 같

11) 붓다가 출현했던 시대의 인도 북동부 일대에 10여 개의 도시 공화국이 존재했다는 것도 그 일례다. 이 주장은 영국인 라이스 데이비스(Rhys Davids)가 1903년 *Buddhist India*에서 처음 제기했다. 주로 팔리어 불교 고경을 연구하다 얻은 결론이었다. 그 후 Jagdish Sharma는 이 주장을 힌두교 베다 경전에 대한 연구로 보강·확장하여 1968년 *Republics in Ancient India: c. 1500 B.C.~500 B.C.*로 발표했다. 최근에는 조나단 키노여(Jonnathan Kenoyer)나 로미라 타파(Romila Thapar) 등 인도고대사 연구자들에 의해 인정되고 더욱 깊게 분석되었다. 사바(Sabha)나 사미티(Samiti)라는 이름의 합의체가 다스리는 도시국가들이었다고 한다. 이 중에는 군주가 존재하는 곳도 있고 이를 라자나(Rajanah)라고 하는데, 그 군주를 Vis라고 하는 합의기구에서 선출했다는 점에서 여타 군주국과 달랐다고 한다. 이들이 오늘날과 같은 공화국은 물론 아니었겠지만, 군주국과는 분명히 구분되는 보다 합의체적인 정치체제들이었다는 점에 대해서는 이론이 없다. 인도 문명의 특이한 상황, 즉 왕권이 강력하게 성장하지 못하는 환경이 이러한 체제의 탄생에 상당한 역할을 했을 것이다.

은 형태는 하루아침에 단숨에 이루지지 않았다. 오랜 세월 압도적으로 일반적인 권력 형태였던 군주제, 특히 그 정점인 군주와의 다양한 관계 형태 속에서 그 가능성들이 실험되고 자랐다. 마그나 카르타나 코르테스, 그리고 여러 농민반란의 주역들이 그랬듯, 이러한 가능성의 주체들이 스스로 민주주의자라는 자기의식, 또는 공화정-민주정을 수립한다는 명확한 목표를 가지고 있었던 것은 아니었다. 군주와의 관계 속에서 민의 역장(力場)을 넓히는 다양한 역사적 사건들을 통해 그러한 의식도 서서히 성장해온 것이다.

유교 문명 역시 마찬가지였다. 물론 유교 문명은 장구한 세월 동안 그 내부에 '공화제의 섬'을 허락하지 않았다. 유교사회는 언제나 강력한 군주제사회였다. 그러나 유교 문명의 군주제는 독특했다. 그 독특함 속에서 민주제와 공화제의 요소가 독특한 방식으로 성장하고 있었다. 17세기 보시우스가 중국과 코리아에서 엿보았던 것이 바로 그러한 측면이었다.

3. 조숙한 근대 국가와 사족(士族)의 정치적 무의식

유교권의 강한 국가, 강한 왕권의 기원은 진시황제의 중국으로 거슬러 올라간다. 미국의 정치학자 프랜시스 후쿠야마는 최근 저작에서 에두르지 않고 직설적으로 진나라는 이미 조숙한 "근대 중앙집권 국가(modern centralized state)"였다고 단언한다. 후쿠야마가 근대 국가라 했을 때 핵심적인 표징으로 삼는 것은 그가 "사촌들의 전횡

(tyranny of the cousins)"이라고 부른 왕가 일족, 귀족 가문들의 전횡으로부터의 국가 주권(당시에는 왕권)의 독립이다. 그런 의미에서는 오늘날의 아프가니스탄과 같은 사회도 근대 국가가 아니라 했다. 국가의 주권이 강력한 부족세력들 간에 분할되어 있기 때문이라는 것이다.[12)]

시황의 진제국은 수백 년 동안의 무자비한 전쟁의 결과 탄생했다. 진시황은 유력한 귀족 세력들을 무력화시켰다. 춘추전국 시대의 대부분의 기간 전쟁은 왕가 친족이나 유력 귀족의 종족집단의 군사적 동원에 의해 치러졌다. 왕은 그러한 유력 종족그룹의 대표자 정도였다. 진시황은 유력 종족들이 장악하고 있던 분권적 봉건구조를 일소했다. 이렇듯 중간 단위를 제거하고 농민들과 직접 결합구조를 만들었다. 농민들은 지방 유력 가문에 묶인 예농이 아니라 군주에 직접 묶인 소농이 되었다. 농민에게 땅을 주는 대신 개병(皆兵)의 의무가 주어졌다. 행정은 전쟁 동원을 위해 절대적으로 효율 위주로 편재되었다. 중간에 또 다른 권력자들이 끼어들 여지가 없었다. 법과 관료 파견을 통한 직접통치, 징세권과 징병권의 독점, 즉 군현제가 그것이다. 전국시대 후기에는 잔존한 나라들도 진나라와 비슷한 편재를 채택했다. 국가들 사이에 생사존망의 엄청난 압력이 작용하고 있었기 때문이다. 최종 승자가 된 진나라는 중원 전체를 군현제로 개편했다. 행정체제만 아니라 각종 계량형, 문자가 진나라식으로 통일되었다. 극히 조숙한 표준화(standardization)가 진행된 셈이다. 이러한 군주 직할 통치,

12) Francis Fukuyama, *The Origins of Political Order From Prehuman Times to the French Revolution*(New York: Farrar, Straus and Giroux, 2011), 제4, 7장.

표준화는 유럽에서는 17세기 절대주의 시대에나 가능했던 일이다. 그 절대주의라 하여도 시황의 진나라처럼 철저하지는 못했다. 진제국은 불과 20년 만에 무너졌지만 이 체제의 기본 골간은 후속 왕조들에서도 고스란히 유지되었다.

그러나 후쿠야마가 진시황 이래의 중국을 이미 근대 국가라고 했을 때, 그것은 중국의 조숙한 근대성을 칭송하기 위해서가 아니었다. 그 반대였다. 너무 일찍 강력한 국가체제가 성립했기 때문에 '동양적 전제주의(oriental despotism)'가 탄생했고, 그 결과 '법의 지배(rule of law)'도 '왕권에 대한 견제와 왕권의 민에 대한 책임(accountability)'도 성장할 수 없게 되었다는 것이다. 중국의 조숙한 국가 근대성이 오히려 민주주의로 가는 길을 일찍이 원천 봉쇄했다는 뜻이다. 이 체제에서 법이란 그저 황제의 자의적인 뜻을 실행하는 것이었고, 수치스러운 장형(杖刑)이나 유배, 잔혹한 사형의 위협에 늘 무력하게 노출되어 있던 관료들은 감히 왕권을 견제할 수 있는 세력이 결코 되지 못했다는 것이다. 그는 유교가 군주 전제를 다소 완화했을지 모르지만, 그것은 고작해야 군주에 대한 도덕 교육에 그치는 매우 미약한 것이었다고 하였다.[13)]

중국이 봉건형 귀족지배 체제를 일찍이 벗어났다고 하는 것은 국가 관료 선발에서 능력주의가 매우 일찍 시작되었음을 뜻한다. 춘추전국 시대부터 이미 시작되었고, 진한 시대를 거쳐 정착되었으며, 당송대(특히 송대)에 이르러 확고히 자리 잡고, 명청대에 절정에 이르렀

13) 위의 책, 제20, 21장.

다. 춘추전국 시대에 출현한 사(士) 신분의 먼 조상이 유력 신분일 수는 있었겠지만, 그들의 실제 신분 상황은 사실상 평민과 다름없었다.[14] 오늘날 전해지는 제자백가의 대부분은 제후의 일개 식객으로서 그 신분 상황은 지극히 한미(寒微)했다. 그 일부가 능력을 인정받아 높은 관직에 오르곤 했다. 유력 가문의 계승자들은 이런 구차한 방법으로 통치계급 내에 끼어들 필요가 없다. 그들 자신의 세력근거, 존재양식 자체가 통치요, 지배였다.

놀라운 일은 이런 한미한 신분의 사(士)들이 유력 가문들을 대신해 점차 국가 경영의 실권을 장악하게 되었다는 사실이다. 그러나 만일 이들이 군주의 자의(恣意)와 변덕에 따라 쓰였다가 짚더미처럼 버려지는 무력한 존재들이었다면, 굳이 후쿠야마가 뒤늦게 거들지 않았더라도, 오래 묵은 이론인 '동양 전제론'이 옳을 것이다. 그러나 이미 전국시대에도 사에게 자문을 구하고, 사를 중용하는 정치구조는 어느 정도 안정적인 것이었다. 사(士) 출신의 능력자를 높이 썼다가 일관성도 원칙도 없이 무참하게 짓밟는 군주가 존망을 건 필사적 군사 경쟁에서 살아남기 어려웠다. 진나라가 채택한 법가(法家)라 하여도 일단 정한 법에 대한 지속성의 보장을 전제로 한다. 그러나 그렇다고 하더라도, 신흥 정치 엘리트로서 사 신분과 그들이 획득한 직위의 안정성에

14) Yuri Pines, *Foundations of Confucian Thought Intellectual Life in the Chunqiu Period, 722~453 B.C.E.*(Honolulu: University of Hawai'i Press, 2002); Lother von Falkenhausen, *Chinese Society in the Age of Confucius(1000~250 BC): Archaeological Evidence*(LA: Cotsen Institute of Archaeology, UCLA, 2006).

대한 어떤 제도적 장치나 보장이 없는 상태에서는 그 위치가 위태로운 것이 아니었다고 하기 어려울 것이다. 그런 차원에서 보면 '동양적 전제주의'가 작동할 가능성은 늘 존재했다고 하겠다. 그러나 그런 문제가 실제로 해결되었다고 한다면, 동양 전제주의의 근거도 무너진다.

이 문제는 실제로 매우 일찍 해결되었다. 유교가 국가종교의 위치를 확고히 했던 전한(前漢)부터다. 이 과정을 간략히 살펴보기로 한다. 유교가 굵직한 역사적 사건의 주체로 선명하게 등장한 것은 그 유명한 '분서갱유(焚書坑儒)'다. 이 사실은 매우 상징적이다. 우선 분서갱유라는 사건 자체가 이미 진제국에 이르러서는 유가(儒家)가 사 신분을 대표하는 교의가 되어 있었음을 말해준다. 그리고 이 극적인 사건을 통해 진제국의 기괴하리만큼 강력한 황제 권력체제는 유교의 그만큼 강한 상징적 반대물이 됐다. 이 사건을 통해 유교는 '동양적 전제주의'의 가능태에 대한 분명한 반대자, 해독제로써 역사에 등장한 셈이다. 끝으로 거의 초인적·초월적 왕권의 상징인 진시황의 대극(對極)에 선 존재, 성스러운 수난자가 됨으로써, 유교는 전설(saga)이 되었다. 성스러운 수난의 전설은 반드시 다시 깨어나고 부활할 운명이다. 받았던 타격과 수난이 컸을수록 더욱 그렇다.

한(漢)제국이 들어선 후 서서히 힘을 회복해간 유교는 무제(武帝, 제위 141~87 BCE) 때부터 자신의 존재감을 분명히 드러내기 시작했다. 평민 출신 유자 공손홍(公孫弘)이 최초로 승상이 되었고, 태학(太學)과 유학 5경박사가 제국 공인의 기관이 되었다. 무제 때 50명 정원이었던 태학의 정원은 소제(昭帝, 87~74 BCE) 때 100명, 선제(宣帝, 74~49 BCE) 때 200명, 원제(元帝, 49~33 BCE) 때 1,000명, 성제(成帝, 33~7

BCE) 때 3,000명이 되었고, CE 1년 왕망(王莽)은 이 제한 자체를 풀어버린다. 이런 경향은 후한 때 더욱 가속화되어 순제(順帝, 125~144 CE) 때는 그 수가 3만여 명에 이르렀다 한다. 태학은 제국의 관료양성소, 최초의 제국대학이라 할 만하다. 교육을 받은 후 시험을 봐서 관료를 뽑았다. 후일 과거(科擧) 제도로 완성·정착되는 유교체제 관리시험선발 제도가 여기서 시작되었다.

태학만이 아니었다. '재능이 뛰어난 인재[茂才]'를 찾아 발굴해내라는 임무가 중앙과 지방의 관료망에 공식적으로 주어졌다. 이렇게 선발된 이들은 '랑(郞)'이라는 이름으로 황제의 측근에서 보좌하고 자문하는 역할을 했다. 이 인력풀은 통상 1,000여 명에 이르렀다. 전한 말기의 관료의 수를 13만으로 추산한다. 물론 여기에 태학생과 같은 관료 대기층과 경향 각지의 준비층을 고려하면 그 수는 훨씬 늘어난다. 이미 최초의 유교 국가인 한제국 때부터, 이러한 거대한 집단이 체계적인 커리큘럼을 갖춘 유교 시스템 안에서 재생산되고 있었다. 선발과정에 황제가 개입할 수 있었지만, 실제로 이러한 경우는 제한될 수밖에 없었다. 모든 인사에 황제가 개입할 수는 없는 일이다. 선발 시스템 전반의 기본틀과 내용이 유자들에 의해 구축되고 운영되었다는 점이 중요하다.[15)]

15) Denis Twitchett & Michael Loewe ed., *Cambridge History of China, Vol.1: The Ch'in and Han Empires, 221 BC~AD 220*(Cambridge: Cambridge University Press, 1989), 제7, 15장; Michael Loewe, *The Government of the Qin and Han Empires 221 BCE~220 CE*(Indianapolis: Hackett Publishing Company, 2006), 제5장.

후쿠야마는 힌두교·기독교·이슬람 문명권에서는 군주보다 상위에 있는 '법의 지배'의 전통이 존재했고, 그 근거는 종교적 교의체계라 하였다. 그런데 유교 문명권에는 한사코 '법의 지배'의 전통이 존재하지 않았다고 주장한다.[16] 유교를 포괄적 교리체계와 포교교직을 갖춘 종교로 보지 않기 때문일 것이다. 여기서 초점은 유교의 종교, 비종교 여부가 아니라,[17] 실제적으로 유교가 왕권을 얼마나 포괄적으로 계도하고, 규제하였느냐일 것이다. 유교체제를 후쿠야마가 말하는 힌두교·기독교·이슬람 사회와 비교해보면, 오히려 유교가 왕권을 위의 세 종교보다 더욱 강하게 규제했다고 할 수 있다. 불교와 비교해도 마찬가지다. 유교를 종교로 인정하는 입장에서도 흔히 유교는 독립된 교단(敎團)이 존재하지 않았기 때문에 왕권에 대한 정치적인 독자성이나 영향력이 약했다고 본다. 그러나 실제는 오히려 반대다. 독자적 교단이 있을 때는 현세 정치의 개입이 제1목표가 아니기 때문에 왕권에 대한 개입도 간접적으로 된다. 반면 유교는 현실 정치에 대한 개입과 교정이 제1의 목표였기 때문에 왕권에 대한 개입도 직접적이고 전면적이었다. 유교는 역사적으로 존재해온 모든 윤리종교 중에서 가장 강하고 치열한 정치종교였다.

유교 교리의 핵심에 있는 성왕론은 흔히 왕조체제, 군왕주의에 대한 열렬한 찬미로 오해되고 있다. 그래서 유교나 유학자라고 하면 용비어천가나 부르는 아부쟁이들이요 군주주의자라는 인식도 있다. 국

16) Fukuyama, 앞의 책, 제17장.

17) 필자는 유교 문명에서 유교는 오랫동안 종교의 역할을 했다고 본다. 이에 관해서는 김상준, 『맹자의 땀 성왕의 피』(아카넷, 2011), 제3장과 3장 보론 참조.

가종교가 된 이상, 이런저런 세력과 인물들이 꼬이기 마련이다. 그러나 성왕론 자체는 오히려 현실군주, 왕조체제에 대한 날카로운 비판의 날을 품고 있음을 분명히 보아야 한다. 성왕론은 모든 임금이 요순이라는 뜻이 아니다. 모든 임금은 요순이어야 한다는 것이다. 이 차이는 실로 막대하다.

『서경』에 묘사된 대로 요순은 도덕적으로나 정치적으로나 모든 점에서 완벽하다. 절대적인 평화주의자, 완벽한 정의의 화신이다. 이런 기준에 부합하는 군주가 과연 몇이나 되었을까. 뜻이 높은 유자일수록 그 기준은 더욱 높게 마련이었다. 그래서 예를 들어 주희(朱熹)는 한고조와 당태종을 위선자로 보았고, 그 치하에서 단 하루도 정의[道]가 이루어진 적이 없었다고 했다.[18] 이 두 군주는 무장(武將)군주, 창업군주다. 이렇게 폭력성 강한 카리스마적 군주를 정통 유자들은 싫어했다. 유교의 적, 진시황을 연상시키는 군주다. 또한 요순의 지극한 덕 중에 아주 중요한 것이 그들은 왕위를 사사로이 전하지 않았다는 것이다. 요순 모두 지극히 덕 있는 자를 찾아 왕위를 선양(禪讓)했다. 왕위를 세습하는 왕조를 개창하지 않았다. 후일 다산(茶山)의 『원목』, 『탕론』은 그 저자의 순전한 상상력의 산물이 아니었다. 여러 고경(古經)에 확실하게 근거한 주장이었다.

이렇듯 불온(不穩)하리만큼의 급진성은 단지 일부 유자들의 혼자만의 관념 속에 깊이 감추어져 있지 않았다. 이미 첫 유교 왕조인 한조(漢朝)에서부터 명백히 드러나기 시작했다. 전한 말기 황권의 무능과

18) 『주자대전』 권36, 「答同甫」.

황위 계승 불안정이 이어지자 한조의 천명이 다했다는 주장을 유포하거나 한발 더 나아가 대담하게 황제의 퇴위를 요구하는 유자들이 나타났다. 예를 들어 선제(宣帝) 때의 직유(直儒) 개관요(蓋寬饒)는 다음과 같은 글을 써 이를 공개했다.

> 일찍이 오제(五帝)는 천하위공을 하셨는데[제위를 선양하였는데], 3왕에 이르러 이를 세습하여 사유화한다. 가문의 재산은 아들에게 물려주지만, 공(公)의 자리는 가장 덕이 있는 자에게 돌아가야 한다. 이것은 4계절의 순환과 같다. 자기의 업(業)을 다한 자는 자리에서 물러나야 한다. 위(位)를 지킬 자격이 없는 사람이 그 자리를 차지하고 있어서는 안 된다.[19)]

이러한 과감한 의견표출은 유자들의 집단행동으로 나타나기도 했다. 선제의 전대(前代) 황제인 소제(昭帝)의 퇴위와 선양을 주장한 조정의 중신 규홍(眭弘)과 그의 당(黨)이 그러했다. 이 당시 이러한 동향은 극소수 일부 유자만의 돌출행동은 아니었다. 시대상황에 대한 심각한 우환의식이 널리 확산되면서 이러한 '불온한' 주장 역시 널리 퍼져갔다. 이러한 상태에서 얼마 지나지 않아 유자 왕망(王莽)이 너무나도 이상스럽게도 지극히 평화롭게 제위에 올랐다. 그는 태후 왕씨의 조카로서 황실의 인척이자 조정의 실권자이기도 하였지만, 『주례(周禮)』를 직접 발굴해내고 이를 풀이했던 저명한 유학자이기도 했다. 그는 당

19) Denis Twitchett & Michael Loewe, 앞의 책, p.773.

시 조정의 유교 관료들 사이에 신망이 높았고, 그들은 왕망의 제위 등극과 신왕조 개창을 자연스럽게 받아들였던 것으로 보인다.[20]

그러나 왕망의 신(新)제국은 14년 만에 비극적으로 종말을 고했고, 한 왕조는 광무제에 의해 다시 복구된다. 영낙없이 4백년 장구한 왕조사의 한가운데 단막극으로 끼어 있는 꼴사나운 왕위 찬탈자의 모습이 되었다. 이로써 유교사에서 왕망은 지극히 곤혹스러운 문제의 인물이 된다. 그러나 왕망 자신과 왕망이 『주례』의 이상의 복원을 주장하며 개창한 신왕조는 실은 유교의 감추어진 정치적 무의식을 여지없이 폭로한 셈이었다. 일찍이 동중서가 공자를 두고 '왕위 없는 왕[素王]'이라 하지 않았던가. 어떤 의미에서 실제 왕보다 더 높은 정신적 왕, 철학자 왕이다. 왜 소왕(素王)이 실제 왕이 되어서는 안 되는가. 그것이 진정으로 정의로운 것 아닌가. 공자가 왕이 되지 못했던 시대가 부정의한 것이 아닌가. 그러나 이후 모든 정사(正史)에서 왕망은 신하로서 왕위를 빼앗은 찬탈자로 격렬히 규탄된다. 유교는 왕권을 정신적으로 압도하고 계도할지언정, 신하로서 왕권을 찬탈할 수는 없다. 현실의 세력관계 속에서 유권은 왕권의 하위 파트너로 유지되어야 한다. 이것이 유교가 왕망의 사례를 통해 일찍이 얻은 교훈이었다.

〈정신적 상위 파트너이자, 현실 세력관계의 하위 파트너〉. 이것을 왕망 이후 유교와 왕권의 독특한 동거관계를 규정하는 유교의 공식 규범이자 원리가 되었다고 해도 좋을 것이다. 후한 이래의 유학은 왕

20) 위의 책, 제3장.

망을 격렬히 규탄했지만, 〈정신적 상위 파트너이자, 현실 세력관계의 하위 파트너〉라는 공식은 이론적으로 오히려 공고하게 만들었다. 주희가 『중용장구서(中庸章句序)』에서 전개한 유명한 도통론은 이를 명확히 드러낸다. 요임금이 순임금에게 전한 도통(道統)의 계보는 이제 공자 이래 현실 군주가 아닌 학자 성인의 라인으로 옮겨온다. 요순의 순정성, 정통성은 이제 왕권의 계승라인(피의 세습)이 아니라, 바로 자신들 유자의 계승라인(학의 전수)을 따라 전해진다. 정주학 사상의 핵심을 이루는 이 도통론은 유교의 급진적인 정치적 무의식이 여전히 왕성하게 작동 중임을 보여준다. 여기서 도통과 왕통은 여전히 날카로운 긴장관계에 있다. 도통은 왕통보다 우월하다. 유자는 왕권을 계도하고 견제해야 한다.

공자를 '왕위 없는 왕'이라 칭한 동중서는 유교를 국가종교로 세워놓은 '정치신학자(政治神學者)'였다. 정주학은 이 '왕위 없는 왕' 발상의 핵심을 도통론으로 승계·발전시켰다. 후일 청말의 강유위는 동중서의 사상, 그리고 그가 의거한 공양춘추의 3세론을 새롭게 풀이하여 유교 이념의 목표를 완전한 민주주의 체제-세계평화-세계시민사상과 등치시켰다. 거란(據亂)-승평(承平)-태평(太平) 3세론의 급진적 해석은 이미 전한(前漢) 시대에 크게 유행하고 있었다. 전한의 유자들은 태평을 교육 기회가 완벽하게 제공되어 모든 인간이 완전히 평등해진 사회로, 거란은 출생과 세습으로 인간이 서열화되는 사회로, 승평은 그 중간단계로 출생과 세습이 아닌 교육적 성취에 따른 차등이 존재하는 사회로 풀이했다. 그들의 궁극적 목표는 물론 태평세였고, 그들이 살고 있는 사회는 아직 승평의 초기 단계라 보았다.[21]

표현 방식은 약간씩 달랐지만, 동중서와 그를 이은 한조의 유자들, 송대 이래 정주학자들, 그리고 청말의 개혁유자들의 생각을 관통하는 핵심은 사실상 모두 같아 보인다. 아니, 의식적인 '생각'이었다기보다는, 의식의 표면 아래 마그마처럼 묻혀있으나, 의식의 형성에 강한 영향을 미치는 무의식, 정치적 무의식이었다고 할 것이다. 그것은 평등과 민주의 지향이었다.

4. 유교세계의 '국가 부르주아': 성취와 한계

유자들의 이러한 정치적 무의식은 사(士)라고 하는 신흥 중간 신분의 독특성에서 유래한다. 사는 위로는 봉건적 세족(世族)층, 아래로는 일반 평민층·농민층의 사이에 끼어 있다. 근대적 국가의 싹이 자라났던 춘추전국 시대는 이러한 사 계층의 수와 영향력이 크게 성장했던 때이기도 하였다. 이러한 사 계층은 한나라 이래 유교체제의 축이었다. 특히 중국의 송, 조선의 중종-선조 연간에 이르면 사 계층의 국가기구 진출은 선명해진다. 오너는 물론 군주다. 그러나 실제 경영권은 전문경영인이라 할 사족 관료층에 거의 일임되는 양상이다. 이 시기에 이르면 장원(莊園)을 경영하는 대토지 세습귀족은 크게 약화되고, 조정의 신료들은 영지(領地)가 아닌 봉급을 받게 된다. 그에 따라

21) Donald Munro, *The Concept of Man in Early China* (Stanford: Stanford University Press, 1969).

농민층 역시 장원, 영지에 예속된 예농적 농민이 아닌 소토지를 경작하는 소농이 지배적으로 된다. 집약적 가족노동에 기초하여 토지의 한계생산력을 극단적으로 끌어올리는 수도작 소농경작은 다양한 작물의 병작(竝作)과 틈새노동을 이용한 부업과 결합되어 있었다. 송대 강남(江南)을 중심으로 활발해진 상업작물 유통과 농촌부업을 통한 상업적 수공업의 발전은 오늘날 글로벌 히스토리 연구자들이 말하는 '최초의 상업사회'를 동아시아에서 창출했다. 밑으로는 소농체제와 상업사회, 위로는 봉급을 받는 전업(專業) 관료제가 결합되었을 때 동아시아는 초기근대로 진입해 들어간다.[22] 필자는 이러한 상황 속에서의 유자 관료층을 '국가 부르주아'라 부를 만하다고 생각한다.

유럽에서는 경제적 부르주아가 초기근대를 열었다. 부르주아의 어원은 유럽 중세도시의 거주민을 지칭하는 burgher다. 이들 중에서 도시와 인근 농촌 수공업-농업의 시장생산을 조직하고 유통망을 확대해간 선도적 초기 기업가층이 부르주아였다. 이들은 16세기 이래 아메리카-아프리카-아시아를 잇는 원거리 무역망의 개척에 적극적이었고 이를 통한 막대한 초기 축적을 통해 18세기 중후반 근대적 부르주아로 변모해갈 수 있었다. 이들 역시 귀족과 농민 사이에 끼어 있는 중간적 존재였다. 이 세력의 성장과 유럽 초기근대의 출현이 맞물린다. 반면 유교세계에서는 사(士)라고 하는 신흥중간층이 국가관료화하면서 크게 성장했다. 이들이 동아시아 초기근대를 이끌어갔던 세력이었다. 그러한 의미에서 유교세계의 신흥중간층, 사 계층을 그 역사

22) 김상준, 앞의 책, 제1, 9장 참조.

적 성격을 고려하여 초기근대의 '국가 부르주아'라 부를 수 있겠다는 것이다. 유럽의 부르주아가 그랬듯, 신흥세력인 유교체제의 국가 부르주아가 민주주의적 지향에 친화성을 가지고 있었다는 것은 오히려 자연스러운 일이다.

신흥 중간층으로서의 사의 특징은 이미 춘추전국 시대부터 여실히 드러나고 있었다. 개인주의적·자유주의적 성향의 도가(道家)나 효율적 중앙집권 체제를 지향한 법가(法家) 등 대부분의 제자백가 사상은 분명 주나라의 봉건적 구질서와는 다른 지향을 표현하고 있었다. 그러나 유가는 유독 주나라 구질서로의 복귀를 주창했다. 겉으로 보면 제자백가 중에서 가장 복고적이고 반동적으로까지 보인다. 이러한 유가가 결국 사(士)의 사상 지도(地圖)상의 북극성이자 맹주가 되었다는 것은 무엇을 뜻하는가? 신흥 중간층으로서의 사 계층의 특징과 불일치하는 것 아닌가?

유가의 승리에는 이유가 있다. 폭주하는 전쟁군주들에게 성공적으로 고삐를 채울 수 있었던 쪽은 결국 유가였기 때문이다. 법가는 통일을 이끌어 전쟁을 종식시킨 것처럼 보였다. 그러나 결국 어떤 의미에서는 전쟁군주보다 더 가공할 전제군주를 낳았다. 반면 유가는 전쟁이 아니라, 군주를 잡았다. 군주를 잡아, 전쟁도 전제적 공포도 잡은 셈이다. 큰 우환을 해결하고, 천하에 평화와 소강(小康)을 이루게 하였으니 사상계의 북극성이자 맹주가 되는 것은 당연했다.

유가의 왕권순치가 순전히 회고적·반동적 방식으로 이루어졌던 것도 아니다. 유가가 왕권을 순치한 두 축은 성왕론과 예론이다. 유교 성왕론은 앞서 논의했던 것처럼 겉보기와는 전혀 다르다. 성왕론에는 봉건적 왕조주의에 대한 부정의 싹이 담겨있다. 보수적이라기보다 오히려 급진적이었다. 유자들은 늘 왕에게 왕가의 사욕을 넘어 요순이 그랬듯 오직 천하의 공공성만을 고려하라고 요구했다. 그래서 유가에서 '요순(堯舜)'은 군주를 통제하는 고삐이자, 급진적 사유 지평을 열어주는 키워드가 된다. 예를 들어 맹자가 "인개가위요순(人皆可爲堯舜)"이라고 했을 때, 이는 보수적인 유교 왕권주의가 아닌 오히려 매우 래디컬한 유교 평등주의의 단초가 된다. 모든 이가 요순과 같은 성인이 될 수 있다는 것이니, 어떤 의미에서는, 신 앞에 모든 인간은 평등하다고 한 기독교나 이슬람보다 급진적이다. 후일 조선 동학(東學)의 창도자 최제우는 이 말을 "민개가위요순(民皆可爲堯舜)"으로 한 자 바꾸어 그 함의를 더욱 평민화, 급진화시켰다.

그러나 이념만으로 최상의 권력인 군주를 순치하기는 어렵다. 마음과 함께 몸과 행동이 따르게 해야 한다. 몸을 움직여 행하게[履] 만든다는 것이 『설문해자』에서 예(禮)의 뜻풀이이기도 하다. 구체적으로 어떤 방식으로 왕의 몸을 움직여 따르게 했는가? 그 핵심은 왕가 의례, 즉 종법(宗法)제의 재정비, 윤리화를 통해서다. 종법제란 은나라와 주나라의 왕가친족례를 지칭한다. 따라서 복고적이라는 혐의가 나온다. 그러나 실내용을 보면 그저 단순한 복고가 아니다. 교묘하고 심오한 변형이다. 공맹은 제후가 골육상잔을 그들의 시대 병폐의 핵심으로 보았다. 춘추전국 제국(諸國)의 제후가란 따져보면 그 대부분이 피와 혼인으로 맺어진 한 핏줄이다. 그런 친인척들끼리 서로 국가를 걸고 싸우고, 같은 나라 안에서는 아들이 아비를 죽이고, 삼촌이 조카를 친다. 이렇듯 골육 간에 국권을 뺐고, 왕위를 찬탈하는 물고 물리는 악순환의 고리를 끊는 것이 문제 해결의 요점이라고 보았다.

관건은 평화롭고 정당한 왕위계승의 문제다. 왕위계승의 서열, 그리고 왕족 간의 서열적 상호관계가 예법을 통해 바로 서야 한다는 것. 공자가 즐겨 말했던 은-주 예법이란 결국 이를 말하는 것이었다. 후일 정주학에 의해 표준화된 종법제란 엄격한 장자계승주의다. 그러나 공자가 이상화했던 은과 서주 시대의 실제 왕위계승 양상이 꼭 그러했던 것은 아니다. 그러나 춘추전국 시대에는 아무런 원칙도 근거도 없는 찬탈, 폭거, 살육이 너무도 많았기 때문에 '과거에는 이렇지 않았다, 좋았던 과거로 돌아가자'라고 했던 셈이다. 이러한 문제의식을 통해서 윤리적 관점이 생기게 된 것이고, 이를 선도했던 것이 유가였다.

은나라와 서주 시대는 유교적 윤리혁명 이전의 사회였다. 이때의 예란 왕가의 정치례 또는 군법에 가까운 군례(軍禮)였을 뿐, 여기에 어떤 윤리적 함의는 없었다. 예를 들어 서주 시대까지 효(孝)란 제후가의 계승자가 조상신께 올리는 제례(祭禮), 희생(犧牲)을 의미했다. 이것은 극소수 제후가, 귀족들의 특권적 정치행사였을 뿐이다. 그러나 논어에서 효란 부모에 대한 친은(親恩)의 감정과 부양의 의무를 뜻하는 것으로 그 의미가 크게 바뀌었다. 또한 이로써 효는 제후가의 특권의례가 아니라 사서인(士庶人) 일반에도 적용되는 덕목이 되었다. 윤리화와 평등화가 함께 작용했다. 효의 의미만이 아니라, 덕, 인, 예, 군자 등 유교의 핵심개념을 이루는 말들의 의미가 유가에 의해 크게 변형되었다.[23] 그 핵심은 윤리화다. 이 무렵 유라시아의 동서 문명권에

서 거의 동시에 일어났던 현상이었다. 칼 야스퍼스가 말한 축의 시대(Axial Age)였다.[24)]

유교가 국가종교로 정립된 이후, 왕권계승의 적법성, 적통성에 대한 관심과 개입은 유교가 왕권을 감찰하고 견제하는 중요한 수단의 하나가 되었다. 계승의 적법성, 적통성이란 후대 임금을 정하는 방식과, 선대 임금을 따르는 방식이 미리 정해진 원리와 규범에 엄격히 따라야 함을 말한다. 적장자에게 왕위를 물려주지 않거나, 선대왕과의 종법적 계승관계를 고치려 할 경우[25)]에는 반드시 유자들의 저항이 있었다. 이 문제를 둘러싸고 중국의 여러 한족 왕조들과 조선에서 빈발했던 정치투쟁을 조선에서 예송, 중국에서 예의(禮議)라고 한다. 예송, 예의란 왕권계승이라고 하는, 가장 민감한 왕권의 문제에 유교의 힘이 깊숙이 개입하고 견제한 결과 발생한 투쟁이다. 다시 말해, 예송과 예의가 빈발했던 왕조는 왕권에 대한 유교의 '입헌적 견제'가 강력했다고 보면 정확하다. 중국의 경우 한, 송, 명대가 그러했고, 조선의 경우는 인조 이후 조선후기가 그러했다.

왕권계승에 관한 예론은 오늘날로 말하자면 대통령 선출, 임무, 권한을 규정한 헌법 조문과 이에 관련된 여러 법률들을 말한다고 보면

---

23) Yuri Pines, 앞의 책, 제6장.

24) Karl Jaspers, *The Origin and Goal of History*(London: Routledge & Kegan Paul, 1953).

25) 예를 들어 후계가 없어 궐 밖에서 선택돼 들어온 군주가 이후 자신의 힘이 강해지면 결코 왕위에 오른 적이 없는 자신의 생부(生父)를 왕으로 추숭(追崇)하는 경우다. 그렇게 되면 죽은 선왕과 현재 왕위에 오른 왕과의 종법관계는 복잡하게 재조정되어야 한다.

되겠다. 종법제는 유교의 예론의 범주 안의 한 구성 부분이다. 따라서 유교의 예론체계 전체를 오늘날의 헌법체계와 비교해볼 수 있다. 유교 예론이란 한편으로 경국대전, 국조오례의와 같이 국가가 공식적으로 편찬 정리한 공식체제와 고전에 속하는 주요 예론서의 논의체계 양자를 포괄한다.[26] 이러한 유교 예법체제의 엄격한 원칙주의는 왕권의 자의성을 선명하게 제약했다. 유교사회의 입헌주의와 '법의 지배'가 관철되는 독특한 방식이었다.

그러나 유교의 예론, 종법제를 통한 왕권 규제는 그만한 반대급부를 내포하고 있었다. 봉건적 친족주의에 의지하게 된 것이다. 친족주의를 서주 시대까지의 군사적 친족주의에서 윤리적 친족주의로 변형시켰다고 하더라도, 종법원리란 결국 봉건적 계승원리, 친족원리다. 반면 과거제도가 정착된 유교 국가의 정체(政體)는 근대적 관료층과 봉건적 왕가의 절충체제였다. 유교체제는 봉건적 계승원리를 윤리화, 입헌화하여 봉건적 왕권의 자의성을 규제하는 데 일정하게 성공했다. 그러나 이러한 절충의 결과 사족층 자신이 봉건적 원리와 관행을 추수하게 되는 역류현상을 막을 수 없었다. 사족 내부의 종법제 확산과 세족(世族)화 현상이 그러하다. 근대적 관료층과 봉건적 왕가라고 하

26) 반면 유교체제에서 대명률·대청률과 같은 형률체계는 예론체계의 하위범주였다. 이는 오늘날의 헌법의 하위체계인 법률과 비교해볼 수 있다. 유교사회의 율(律)체제가 그 실행방식에서 서구전통의 법률주의와 크게 다르지 않았음을 밝힌 연구는 많지만, 그중 최근의 것으로는 Robert Marsh, "Weber's Misunderstanding of Traditional Chinese Law", *American Journal of Sociology*(2000), 106: 281~302, 참조. 중국과 조선의 예론과 예송에 대해서는 김상준, 앞의 책, 제3, 4, 10, 11장 참조.

는 대립물이 서로를 당기고 절충하면서 일정한 힘의 균형 상태를 이루게 되었다. 이것이 초기근대 유교체제의 절충성이었고, 여기서 유교세계 '국가 부르주아'의 정치적-존재적 한계도 규정되었다.

그 정치적-존재적 한계란, 그들이 국가-정치라는 틀을 결코 빠져나올 수 없었다는 데서 비롯한다. 그들은 자신의 학문적 능력으로 몸을 일으킨 근대적 존재다. 그러나 그 능력은 오직 국가에 의해, 과거를 통해, 인정되어야 하는 것이다. 또한 그들의 잠재적 근대성이란 오직 봉건적 존재인 군주와의 밀고 밀리는 힘 관계 속에서 소진되어야 하는 용도의 것이었다. 이러한 유교 '국가 부르주아'의 힘과 관심은 오직 유교 국가, 유교 정치의 구심적 역장에 집중되어 있었다. 그들은 철저한 정치 계급, 국가 계급이었다. 국가-정치의 밖은 그들의 세계가 아니었다. 이 점이 유럽 부르주아와 달랐다.

향촌에서 학문, 교육, 수양에 전념했던 유자들이 없었던 것도, 적었던 것도 아니다. 그러나 그러한 유자들이 국가-정치 바깥에 독립적인 또 다른 가치, 또 다른 지향의 중심을 세웠던 것도 아니다. 몸은 향촌에 은거하였더라도 그들의 관심, 또는 그들의 학문의 관심은 항상 국가-정치를 향하지 않을 수 없게 되어 있었다. 그들의 존재이유와 소명이 그러했다. 그들이 제자들에게 열성을 다해 강조한 것도 그러했다. 국가-정치라는 장(場)에서의 헌신을 통한 천하위공의 구현. 그렇기에 이들 역시 국가-정치의 구심적 회오리의 역장을 결코 벗어날 수 없었던 것이다. 이것은 그들의 진정한 강점이자, 동시에 치명적인 약점이기도 했다.

5. 유교의 정치적 무의식

유교사회 '국가 부르주아'의 사상적 기반은 성왕론, 즉 천하위공(天下爲公)의 공(公)사상이었다. 성왕론의 공사상은 왕조체제를 부정했다. 교육을 통한 신분의 소멸과 완전한 평등과 정의(태평세, 대동론)를 지향했다는 점에서 플라톤의 철인국가론도 한 단계 뛰어넘는 것이었다. 이 점에서 이들의 정치적 지향은 분명 '일관된 민주주의'와 친화성이 있었다. 이들은 사익을 극복하고 공동체 전체의 정의의 실현과 도덕적, 물질적 상승을 부단히 지향한다는 진지한 신념과 태도를 공유하고 있었다. 공맹과 정주(程朱)가 그러했고, 이를 따르는 유교 정통론자들이 그러했다. 이 목표를 위해 체계적으로 사유하고, 교육했으며, 심성을 도야하고, 동류(同流)를 상호격려했다. 이러한 공사상과 그를 지탱하는 방대한 지식, 그리고 국가경영의 실제 경험은 이들 유교 국가 부르주아의 정치적 자산의 가장 소중한 부분이었다.

그러나 이들이 그 목표를 이루기 위한 수단으로 채택한 예론은 종법제의 친족 봉건주의와 깊이 맞물려 있었다. 물론 정주학이 정립한 이상적 예론은 왕가와 사서인의 차별이 없는 평등한 예론이다. 그러나 종법원리는 제후가 종족권력의 봉건적 승계원리에서 왔다. 종법제의 '오족지친(五族之親)'이란 고조(高祖)까지의 4대 조상이 같은 매우 큰 종친 단위를 말한다. 유교 소농체제에서 이미 소가족화한 대다수 일반 농민들의 사정과는 전혀 어울리지 않는 대종(大宗)주의였다. 그럼에도 유자들은 '왕가(王家)례와 사서(士庶)례의 일치'라는 원론적 규준에 의거해 종법제도와 사대봉사(四代奉祀)를 보편화하려고 했다. 이런 방식으로 왕권의 특권성을 유교적 평등주의의 바다에 잠기게 하려고 하였는지 모른다. 그러나 왕조예법의 보편화라는 방식, 즉 봉건적 종족주의의 보편화라는 길을 통해 근대적 평등이라는 목표에 도달한다는 것은, 근본적으로 불가능했다기보다는 매우 어려운 일이었다. 예를 들어 조선의 경우에는 18~19세기의 '온 나라가 양반되기'라는 매우 역설적인 신분상승열, 즉 대중유교의 확산이라는 우회로를 통하게 되었다.[27)]

이러한 초기근대 유교체제의 근본적 절충성은 유교 '국가 부르주아'의 지평을 결정적으로 제약했다. 그들의 공사상과 요순선양론은 이미 고경에서부터 거듭 출현했음에도 불구하고, 그러한 공화주의적, 민주주의적 단서들은 대담하고 체계적인 공화주의, 민주주의 사상으로 나아가지 못했다.[28)] 그것은 늘 강한 동기로 존속하고 있지만, 선명하고 일관된 형태로 표현되지 못하는 정치적 무의식에 머물렀다. 이 글 서두에서 언급한 다산의 애매한 양가성 속에서도 우리는 그것을 읽을 수 있었다. 그들의 존재 자체가 봉건적 왕조제와의 절충이라는 틀 안에 한계 지워져 있었기 때문이다. 이들 유교 '국가 부르주아'는 왕권에 대한 부단한 계도와 규제라는 게임을 통해서만 존속할 수 있도록 프로그램 되어 있었다. 왕권에 대한 이러한 계도와 규제는 자유주의적(견제와 균형)이며, 공화주의적(성왕론, 선출론)이자, 민주주의적(민본, 하이상(下而上)의 이념, 민위요순(民爲堯舜))이기도 한 급진적 잠재성

27) 김상준, 위의 책, 제12, 13장 참조.

28) 황종희의 『명이대방록』과 같은 급진적 군주제 비판이 적지 않았지만, 그 대안의 상이 체계적으로 제시되었던 것은 아니다.

을 품고 있었다. 그러나 왕조, 왕권이 무너지는 순간, 그 자신이 딛고 서 있는 토대도 무너지게 되어 있던 것이 유교 '국가 부르주아'이기도 하였다. 아울러 이 유교 '국가 부르주아'의 정치적 무의식이란, 19세기 후반 20세기 초, 서세의 압도적인 우세 속에 그들의 유교 왕조, 유교 체제가 재생의 여지없이 허무하게 무너질 때, 비로소 프로이트가 말한 무의식의 '꿈-작업(dream-work)'에서 불연 깨어나 또렷한 의식의 세계로 튀어 오르게 되는 것이기도 하였다.

수직적 체인(體認)과 수평적 이해(理解)의 교직(交織)으로서의 유학

이광호

1. 들어가는 말

유학은 배우고 가르침을 통하여 진리의 인식과 실천을 지향하는 동아시아의 학문 체계이다. 훈고학, 사장학, 성리학, 양명학, 고증학 등 시대에 따라 그 이름을 달리하지만 유학은 항상 학이라는 이름으로 불리었다. 학은 학문을 줄인 말로서 학문이라는 이름과 병칭되었다. 유학이 학문이라는 것은 유학의 진리가 시대와 지역의 한계를 넘어 가르침과 배움을 통하여 전달과 접수가 가능하다는 것이다. 유학에서의 진리는 도며, 도는 이해의 노력과 실천의 노력을 통하여 인간이 도달할 수 있는 세계로 이해된다. 유학이 도를 진리로 삼는다는 것은 유학의 진리관, 학문관이 근대적 과학의 진리관이나 학문관과 다르다는 것을 의미한다. 과학의 진리관, 학문관과 다르다는 것은 유학에 진리관이 없고 그러한 진리에 도달하는 방법이 없다고 하는 것과는 전혀 다르다. 대상적 사실의 진리를 추구하는 과학이 관찰과 법칙의 발견, 실험과 검증을 통하여 보편성을 인정받는다면 유학의 진리는 사실을 포용하면서도 사실을 넘어 있는 형이상의 진리에 대한 인식을 지와 행을 통하여 드러내 보임으로써 학문적 연속성을 이어왔다.

근대 이후 서구적인 학문과 문화가 동아시아 지역을 지배하게 되며, 유학은 서구문화를 배우기 시작한 근대적 정신에 의하여 전면적으로 부정되고 비판받으며 학문으로서의 정체성을 상실하고 방황하기 시작하였다. 현대의 새로운 과학이 발달하고 근대정신의 한계를 넘어 자연에 대한 유기체적 이해를 시도하는 다양한 분야의 학문에 의하여 동아시아적 정신의 긍적적인 측면에 대한 재조명이 시작되었지만 아직도 동아시아의 대표적 학문인 유학의 학문론에 대한 이해를 위한 노력은 본격적으로 시작되지 않고 있다. 필자는 석사논문인 「주자의 격물치지설에 대한 고찰」, 박사논문인 「이퇴계 학문론의 체용적 구조에 관한 연구」, 「공자의 학문관」 그리고 최근의 「극심연기를 통해서 본 유학의 실천인식론」 등의 논문을 통하여 유학의 학문론에 대한 관심을 꾸준히 이어왔다. 유학을 학문으로 이해하며 나는 서구적 학문성의 보편성과는 다른 차원의 동아시아 사상과 문화의 보편성에 대한 느낌을 넓혀 가고 있다. 유학의 진리가 학문의 대상이 될 수 있고, 학문을 통하여 선각자에게서 후각자에게도 전달될 수 있다면 이러한 진리는 보편성이 있다고 인정하지 않을 수 없다고 생각한다.

서구의 이원론적인 사유체계에서와는 달리 전일적이고 일원적인 동아시아의 자연관에서는 자연과 사회와 인간의 유기체적 상호 연관성이 중시된다. 그리고 이원론에 기초한 서구과학의 인식론은 주체와 대상을 분리시킨 상태에서의 대상적 인식이 중시될 뿐 아니라 그러한 인식의 결과가 진리로 인정된다. 그러나 동아시아적 자연관에서 우주는 궁극적 진리인 도의 자기전개이며, 이 도는 모든 존재에게 내재되어 있음이 강조된다. 궁극적 진리인 도는 고정된 대상이 아니라 영원히 살아있는 활물이다. 살아있는 활물이기 때문에 생산적이며 실천적이다. 그리고 현상으로서의 전체 자연은 도의 자기전개이기 때문에 도는 전일적인 것이어서 주체를 그것으로부터 분리시켜 대상화하여 인식할 수 있는 존재가 아니다. 궁극적 진리의 전개 과정에서 특수한 존재로 탄생된 인간들이 자아의 수양과 완성을 통하여 그 무궁한 깊이와 광대한 넓이를 종합적으로 이해하고자 하는 것이 전일적 세계관을 가진 동아시아에서의 학문이며, 이러한 학문에 있어서 일차적인 목표는 자신에게 내재된 진리의 체인이다. 이것이 위기지학, 곧 자기완성을 통하여 성인된 삶을 지향하는 유학이라는 학문이다.

유학의 경전은 인간이 이러한 진리를 인식하고 실천함으로써 이러한 진리와 하나된 삶을 사는 방법을 보여주면서, 그 방법과 과정이 그렇게 쉽지도 않지만 그렇다고 불가능한 것은 아니라는 것을 곳곳에서 설명하고 있다. 학문으로서의 유학은 유학의 진리관을 입증하고 진리에 도달하는 방법을 가르치는 학문이다. 이 논문을 시작할 때는 『역』의 「계사」로부터 『서경』과 『대학』 『중용』으로 이어지는 유학의 학문관을 총 정리하여 볼 계획이었다. 그러나 학문관의 단초를 「십익」에서 발견한 이후 「십익」을 다시 읽고 음미하며 그 안에 『논어』, 『맹자』, 『대학』, 『중용』으로 이어지는 유학의 학문론의 단서가 다양하게 설명되고 있음을 알게 되었다. 그래서 이 글에서는 『역』의 계사를 중심으로 유학의 자연관과 학문관을 살펴봄으로써 유학이 자연과 인간을 이해할 수 있는 보편적 학문으로 정립될 수 있는 가능성을 타진하여 보고자 한다.

우주는 생성·변화하는 위대한 생명의 세계이며, 그 안에서 생성과 소멸을 이어가는 생명의 세계 역시 끊임없이 생성·변화하는 생명의 세계이다. 고정된 듯 보이는 자연의 모습은 자연의 참모습이 아니다. 자연을 고정된 현상으로 이해하는 것이 필요한 경우도 많지만 자연에 대한 그와 같은 이해는 자연에 대한 실재 그대로의 진실한 이해라고 말하기는 어렵다. 유학에서 모든 존재는 살아있는 존재이며, 살아있는 존재는 자연으로부터 천명을 부여받아 자신의 천명을 환경과의 관계 속에서 실현하는 존재이다. 다만 천명은 보이지 않는다. 유학은 천명을 부여받아 태어난 자기 자신의 삶을 완성함으로써 영원한 진리의 세계인 하늘과의 하나됨을 지향하는 학문이다. 자기 자신의 삶에 대한 온전한 이해와 완성을 통하여 하늘과 하나가 된 경지에 도달한 사람을 유학에서는 성인이라고 부르며 성인에 도달하는 길을 제시하고 있는 것이 유학의 경전이다.

유학은 현실 속의 삶을 중시하면서도 현실에 매몰되지 않고, 일상적 삶의 이상적 실현인 지선과 중용의 실현을 통하여 물질적·육체적 욕구의 삶을 넘어선 도덕적 삶, 선한 삶을 지향한다. 이는 인간이 다른 존재들과의 수평적 삶에 만족하지 않고, 수평적 세계 속에 함께 살면서도 물질생활을 넘어 정신적 만족을 통한 수직적 초월을 지향한 삶을 산다는 것을 의미한다. 도덕적 초월과 현실중시, 수직적 삶과 수평적 삶의 통일은 유학이 지향하는 삶이며 이와 같은 유학의 독특한 삶의 이념은 동아시아 사상의 원형에 속하는 『역』의 자연관과 인간관 가운데 이미 잠재되어 있으며, 『역』을 철학적으로 재해석한 「십익」의 자연관과 인간관, 그리고 학문관은 전체적으로 이와 같은 특성으로 이루어졌다.

유학의 통일적·종합적 특성은 자연과 인간을 이해하는 데 일관되며, 이와 같은 자연관과 인간관은 자연과 인간을 이해하는 학문관에서 결정적으로 드러난다. 수직적 초월은 본성의 체인을 통하여 이루어지며 수평적 열림은 밝은 마음의 지적 능력에 의하여 이루어진다. 「계사」에 드러나는 수직적 체인과 수평적 이해의 교직(交織)으로서의 학문방법론을 밝힘으로써 유학의 보편적 학문방법론에 대한 접근을 시도하고자 한다.

2. 수직적 이해와 수평적 이해의 교직으로서의 유학의 자연관과 인간관

동아시아 철학의 원형이라고 할 수 있는 『역』은 유학과 도가라는 동아시아 양대 사상의 연원이다. 『역』은 동아시아의 전일적 세계관을 상징한다. 『역』을 철학적으로 심화시켜 다양하게 설명한 「십익」에는 전일적 세계관으로서의 유학의 자연관과 인간관이 깊이와 체계를 갖추어 설명되고 있다. 북송 시대의 주돈이(호: 염계(濂溪))는 역의 자연관을 『태극도』를 통하여 형상화하였으며 「태극도설」을 통하여 이를 설명하였다. 이는 유학의 자연관 내지는 존재론을 대표하는 「도」와 「도설」로서 이후의 유학사상에서 도학의 연원으로 존중된다. 이후 「태극도」와 「태극도설」은 『근사록』과 이를 모방한 각종 성리학의 저술 가운데서 책의 머리를 장식하게 되었다.

『역』에서는 자연을 궁극적 실재인 도의 전일성과 그 전일성의 변화와 조화로 설명하고 있다. 자연을 궁극적 실재와 궁극적 실재의 변화로 이해하는 것은 유학만의 특징은 아니다. 베다에 기초한 힌두교의 자연관이나 『화엄경』과 『법화경』 등의 대승불교의 자연관도 이와 유사하다.

창조자와 피조물, 주체와 객체를 분리시키는 이원론적 자연관 아래서는 과학과 철학, 철학과 종교는 분리된다. 인간이 창조자에 접근하는 길은 신앙을 통하여 열려 있으며, 주체는 객체를 대상화하여 분석적으로 이해하고자 노력하며, 철학은 이 전체를 추상적·관념적 사유를 통하여 종합하고자 시도한다. 여기서 진리는 창조된 객체 세계의 법칙에 대한 인식의 정당성을 의미한다. 인식은 명제로 표현되어야 하므로 진리는 명제의 정당성을 의미하게 된다. 새로운 판단과 인식은 과학이 주도하므로 진리의 권리는 주체와 객체를 대립시켜 놓고 객체를 경험적, 분석적으로 인식하는 과학이 장악하게 된다. 철학은 자연의 전체성을 관념적으로 설명하는 관념론의 체계가 되기 쉽고 종교는 주체와 객체를 넘어서 있는 초월적 절대자를 중심으로 전개되어 신앙의 종교가 된다. 인식의 주도권을 가진 과학의 능력이 무한정으로 확대되며 인식의 기반을 상실한 철학과 종교는 빛을 잃게 된다. 이 결과 과학 문명은 종교와 철학의 제약을 받지 않는 가운데 무한정 자기영역을 확대하여, 오늘날에는 과학이 거의 모든 것을 지배하는 세계가 되었다. 과학의 대상이 되지 않는 인간 정신의 세계, 주체의 세계와 가치의 세계는 인식의 세계 밖으로 밀려나게 되어 과학교육을 받은 사람들은 인간의 정신과 주체와 가치의 문제에 접근할 수 있는 방법을 생각할 수도 없게 되어버렸다.

자연을 궁극적 실재와 궁극적 실재의 변화로 여기는 자연관에서는 삶과 학문과 종교는 서로 분리되지 않는다. 이러한 자연관과 진리관에서 자연과 진리를 인식하는 학문도 과학에서의 학문과 방법을 달리하게 되는 것은 지극히 당연하다. 동아시아 지역이 서구화하기 시작한 이후 겨우 100년 사이에 이 지역에서도 과학적 학문관이 지배하게 되며 전통사상과의 단절이 시작되었다. 서구 교육을 받은 사람들에게 동아시아 지역의 학문은 이미 매우 낯선 학문이 되어버렸다.

태극 또는 도라고 불리는 전일자로서의 궁극적 실재와 전일자의 변화로 자연을 설명하는 『역』은 전혀 다른 두 가지 개념으로 자연을 설명한다. 도의 '성대한 덕성'(盛德)과 '위대한 사업'(大業)이라는 개념이 이것이다. 자연의 덕성은 영원히 새로우며 덕성에 의하여 진행되는 자연의 사업은 음양의 변화를 통하여 영원히 지속된다. 음과 양은 하늘과 땅이라는 커다란 하나의 전체를 형성하게 되며 하늘과 땅이 교감하게 되며 만물의 끊임없는 생성을 이루게 된다. 이렇게 해서 넓은 땅과 큰 하늘이 이루어지고 그 사이에 무한한 천지의 사업이 전개되며 생명의 세계가 열린다. 이 사업이 진행되는 가운데 전일성으로서의 태극은 어떻게 되는가? 천지로 나누어지고 음양으로 분화되며 자신의 정체성을 잃고 마는가? 태극이 전일성으로서의 정체성을 상실한다면 우주의 영원성은 보장되지 못할 것이다. 이 전일성은 새롭게 생성되는 모든 생명성의 주인이 되며 자신의 정체성을 그대로 유지한다.

전일성으로서의 태극, 도는 항상 새로움을 유지하지 않으면 안 된다. 모든 생명의 주인인 전일성은 항상 새롭지 않으면 안 된다. 그 가운데 여기서 불변의 세계는 도, 태극, 덕성으로 설명되고 변화의 세계는 음양과 오행, 천지와 만물 등 무한한 다양성을 지닌 풍성하고 부유한 자연세계로 전개된다. 『역』은 이러한 변화의 세계를 범주화하여 64괘로 설명하고 있으며, 『역』에 대한 설명인 괘사와 효사는 이러한 변화 가운데서 도에 따르는 삶을 살 수 있는 방법을 보여주고 있다. 이것이 바로 점서로서의 『역』의 기능이다.

형이상의 세계인 도와 변화의 세계인 기는 서로 다르면서도 항상 함께 있다. 후대의 성리학자들은 이를 불상리(不相離)와 불상잡(不相雜)으로 설명하곤 하였다. 형이상자인 도와 형이하자인 기(器)의 관계는 이후 이(理)와 기(氣)의 관계로 대치된다. 이와 기는 항상 불상리 불상잡의 관계를 유지하며 변화를 통하여 천지를 이루고 만물을 생성하며, 만물 가운데서 영명한 인간을 낳는다. 인간은 영명한 존재로서 자연을 인식할 수 있고, 자연의 사업을 도울 수 있는 능력을 가진 존재, 천지와 나란히 천지의 사업에 동참할 수 있는 존재로 인정된다. 이것이 바로 천지인(天地人) 삼재(三才) 사상이며, 『역』과 유학의 자연관과 학문관은 삼재사상에 기초하여 형성된다.

1) 도의 성덕과 대업

「역·계사」에서는 이렇게 설명하고 있다.

> 한 번 음이 되고 한 번 양이 되는 것을 도라고 한다. 그것을 계승한 것을 선이라고 하며, 그것을 이룬 것을 본성이라고 한다. 인자는 도가 인이라고 말하며 지자는 도를 지라고 말한다. 백성은 날로 도를 쓰면서도 도를 알지 못한다. 그러므로 군자의 도가 드물다. 인에서 드러나고 작용 가운데 간직되어 있다. 만물을 고무하고 격려하면서도 성인과 더불어 근심하지 않는다. 성대한 덕성과 커다란 사업이 지극하다. 풍부하게 많은 것을 대업이라고 말하고 날마다 새로운 것을 성덕이라고 말한다. 낳고 낳는 것을 역이라고 말하며 상을 이룬 것을 건이라고 하며 법을 이룬 것을 곤이라고 말한다.[1)]

"한 번 음이 되고 한 번 양이 되는 것을 도라고 한다"에서 도는 우주의 궁극적 실재이다. 궁극적 실재인 도는 한 번 음이 되고 한 번 양이 되면서 자연을 창조한다. 만물을 창조한 뒤에는 만물의 본성으로 내재하게 된다. 도가 인간에게 내재하게 되면 도는 인간의 본성이 된다. 어떤 사람은 인이라고 부르고 어떤 사람은 지(知)라고 부르는 본성을 일반 사람들은 생활 가운데서 실행하면서도 잘 알지 못한다. 그

1) 『역』 「계사」 상 5장, "一陰一陽之謂道. 繼之者善也, 成之者性也. 仁者見之謂之仁, 知者見之謂之知, 百姓日用而不知, 故君子之道鮮矣. 顯諸仁, 藏諸用, 鼓萬物而不與聖人同憂. 盛德大業至矣哉. 富有之謂大業, 日新之謂盛德. 生生之謂易, 成象之謂乾, 效法之謂坤."

러나 군자는 도를 안다. 도는 현상으로 드러나고 만물 가운데 간직되며 만물의 삶을 고동(鼓動)시킨다. 자연의 생성과 변화를 도의 성대한 덕성과 위대한 사업으로 설명하고 있다. 도와 성과 인과 지가 항상 새로운 성덕이라면 광대하고 끊임없는 현상은 도의 대업이다. 본체와 현상이 서로 분리되지 않고 도의 양면성으로서 항상 함께 있다는 의미이다. 성덕은 형이상자이며 대업은 형이하자이며, 성덕은 도며, 대업은 기일 것이다. 그래서 도의 성대한 덕성과 위대한 사업은 지극하다고 칭송된다. 성대한 덕성과 위대한 사업으로 만물을 항상 낳고 낳으니 이것을 역(易)이라고 부른다. 도가 상을 이룬 것을 건이라고 부르고 도가 법을 이룬 것을 곤이라고 부른다는 것은 도가 건을 통하여 만물을 시작하고 곤을 통하여 만물을 완성한다는 의미이다. 이는 궁극적 실재인 도가 천지로 화생하여 만물을 낳고 낳는 과정을 압축적으로 서술하고 있다. 여기서 핵심이 되는 것은 자연을 궁극적 실재의 성대한 덕성과 위대한 사업으로 이해하는 것이다. 덕성과 사업으로 자연을 이해하는 것은 『역』의 독특한 자연관이다. 이는 동아시아 유교문화의 자연관이며 인간관과 학문관 역시 이러한 자연관에 기초하여 정립된다.

『역』의 독특한 자연 이해의 입장은 『역』의 내용 전체에 일관됨은 물론 후대 유학 사상의 자연과 인간 이해에도 동일하게 적용된다. 주희는 「계사」 상 5장 끝에서 "이 장은 도의 체와 용이 음양을 벗어나지 않지만, 그 소이연은 음양에 의지하지 않는다"[2)]라고 해석한다. 음양은 현상으로 항상 변하여 일정하지 않지만 그 소이연인 도는 음양으로부터 독립성을 지킨다고 설명하고 있다. 도가 음양으로 전개되면서도 도는 음양을 넘어있다는 것은 초월과 현상이 함께 있다는 유학의 특수한 자연관이며 유학의 인간관도 이러한 자연관에 기초하여 정립된다. 절대적 창조자인 도는 현상에 내재하면서도 초월성을 잃지 않는다는 것이다.

창조하는 절대자와 창조된 세계를 이원적으로 이해하는 기독교적 자연관과 다르며, 자연을 물질적인 것으로만 이해하는 유물론과는 물론 다른 자연관이다. 자연을 성대한 덕성을 가지고 위대한 사업을 성취하는 커다란 생명으로 이해한다는 것을 알 수 있다.

이와 같은 자연관에 대한 「계사」의 또 다른 설명을 보자.

> 『역』에는 태극이 있으니 태극이 양의를 낳고 양의가 사상을 낳고 사상이 팔괘를 낳고 팔괘가 길흉을 낳고 길흉이 대업을 낳는다. 이 때문에 법과 상은 천지보다 큰 것이 없고, 변통은 사시보다 큰 것이 없으며 상을 걸어 드러내는 것은 해와 달보다 큰 것이 없으며 숭고함은 자연의 부귀함보다 높은 것이 없다. 만물을 갖추어 쓸 수 있게 하고 그릇을 만들어 천하를 이롭게 하는 것은 성인보다 위대한 것이 없다. 깊고 은미한 이치를 찾고, 깊은 것을 찾아내어 멀리 사용할 수 있게 해서 천하의 길흉을 정하고 천하 사람들이 힘쓸 바를 이루는 것은 시초와 거북의 점보다 위대한 것이 없다.[3)]

2) 『역』 「계사」 5장, 주자 본의, "此章言道之體用不外乎陰陽, 而其所以然者則未嘗倚於陰陽也."

3) 『역』 「계사」 상 11장, "易有太極, 是生兩儀, 兩儀生四象, 四象生八卦, 八卦定吉凶, 吉凶生大業. 是故法象莫大乎天地, 變通莫大乎四時, 縣象著明莫大乎日月, 崇高莫大乎富貴, 備物致用, 立成器以爲天下利, 莫大乎聖人, 探賾索隱, 鉤深致遠, 以定天下之吉

「계사」 상 5장에서는 궁극적 진리를 도라고 하였지만, 여기서는 궁극적 진리를 태극이라고 부르고 있다. 양의를 낳고 팔괘를 낳고 길흉이 서로 엇갈려 위대한 업적을 이룬다고 하는 것은 궁극적 진리인 태극의 변화에 의해서 위대한 우주의 사업이 이루어진다는 것으로 궁극적 진리의 이름은 바뀌었지만 설명은 유사하다. 이러한 변화를 통하여 천지가 생성되고 사계절과 해와 달이 생성되니 자연의 숭고하고 부귀한 사업이 성취된다고 설명하고 있다. 성인은 이와 같은 태극의 사업을 이해하고 인간들을 위하여 점서를 만들어 길흉을 미리 판단할 수 있도록 하였다고 설명하고 있다. 궁극적 진리의 사업은 천지의 사업으로 전개되며 천지의 사업에 의해서 인간과 만물이 생성된다고 『역』은 설명한다.

자연의 사업은 현상으로 드러나기 때문에 감각과 지각을 통하여 이해할 수 있지만, 자연의 배후에 있는 형이상의 세계인 자연의 덕성은 어떻게 알 수 있는가? 인간이 과연 자연의 덕성을 알 수 있는가? 유학은 인간의 덕성과 자연의 덕성이 일치된다고 한다. 유학은 모든 생명의 덕성은 자연에 의하여 주어진다고 보며 인간의 덕성은 자연의 덕성에서 부여된 것이라고 본다. 자연에서의 덕성과 사업의 관계는 인간에게 그대로 적용되어 훌륭한 사업을 하는 사람은 덕성이 훌륭한 사람이며, 훌륭한 사업을 하기 위해서는 덕성이 무엇인지 이해하고 덕성을 기르고 덕성을 완성시키지 않으면 안 된다. 이러한 인간관에 기초하여 학문을 하기 때문에 유학의 가장 중요한 부분은 덕성의

凶, 成天下之亹亹者, 莫大乎蓍龜."

이해와 성취이다.

「계사」에서는 이렇게 설명하고 있다.

> 건과 곤은 역의 의복인가! 건과 곤이 나열되면 역은 그 가운데 서게 된다. 건곤이 없어지면 역을 볼 수 없게 된다. 역을 볼 수 없게 되면 건곤은 혹 쉬게 된다. 그러므로 형이상인 것을 도라고 하고 형이하인 것을 기라고 한다.[4)]

여기서는 궁극적 진리를 역이라 부른다. 역은 음양으로 전개되지만 음양이 곧 역은 아니다. 음양은 형이하자이며 기(器)이다. 음양을 음양이게 하는 것이 형이상자인 도이다. 궁극적 진리의 다른 이름인 역과 태극과 도는 형이상의 것이다. 형이상의 존재는 자신만으로는 어떤 것도 이루지 못한다. 형이하자인 음양과 함께 있어야 변화를 이룰 수 있다. 형이상자인 도는 일음, 일양을 통하여 현상의 세계를 낳게 되며, 현상세계를 낳은 뒤에는 형이상자는 형이하와 함께 있다.

2) 군자의 덕과 업

유학에서는 자연을 궁극적 진리의 덕성과 사업으로 이해할 뿐 아니라 궁극적 진리를 본성으로 부여받아 삶을 실현하는 인간 역시 덕성에 바탕하여 사업을 실현하는 존재로 이해한다. 유학에서 덕성과 사업은

4) 『역』 「계사」 상, 12장, "乾坤, 其易之緼邪? 乾坤成列, 而易立乎其中矣, 乾坤毁, 則无以見易, 易不可見, 則乾坤或幾乎息矣. 是故形而上者謂之道, 形而下者謂之器."

자연과 인간, 즉 생명을 지닌 모든 존재를 이해하는 기본 틀이다.

> 역은 지극하구나. 저 역은 성인이 덕을 높이고 업을 넓히는 것이다. 지는 높고 예는 낮아야 되니 높은 것은 하늘을 본받고 낮은 것은 땅을 법으로 삼는다. 천지가 자리를 잡으면 역이 그 가운데 행하여지듯이 본성이 이루어져 보존되면 도의가 그것에서 나오게 된다.[5)]

자연을 궁극적 진리의 성덕과 대업으로 이해하며 모든 것을 아울러 설명하는 『역』이라는 책은 지극한 것이다. 성인은 『역』이란 책을 통하여 자신의 덕성을 높게 하고 사업을 광대하게 한다. 덕성을 높게 한다는 것은 지혜를 높이는 것이며 사업을 광대하게 한다는 것은 자신을 낮추어 예를 시행한다는 것이다. 지혜는 마음의 덕성에 속하며, 예는 몸의 사업에 속한다. 높은 지혜는 하늘을 본받고 자신을 낮추는 예는 땅을 본받은 것이다. 천지가 제자리를 잡으니 변화가 그 안에서 이루어지듯이 성인이 마음과 몸으로 본성을 이루고 보존하여 잃지 않으니 거기에서 무한한 도의의 삶이 이루어진다. 도가 천지를 이루어 무한한 변화와 생성의 세계를 이루듯이 성인은 몸과 마음으로 본성을 완성함으로써 성대한 덕성을 이루어 거기서 무한한 사업의 세계를 창조한다는 것이다. 자연이 하는 일과 인간이 하는 일을 동일하게 덕성과 사업으로 이해하는 「계사」의 자연관과 인간관을 볼 수 있다.

5) 『역』 「계사」 상, 7장, "易其至矣乎! 夫易, 聖人所以崇德而廣業也. 知崇禮卑, 崇效天, 卑法地. 天地設位, 而易行乎其中矣. 成性存存, 道義之門."

『역』을 해설하는 「계사」의 자연관이 이와 같다고 하는 것은 동아시아문화의 원형에 해당하는 『역』의 자연관과 인간관, 덕치를 이상으로 삼은 동아시아 고대의 자연관과 인간관 가운데 이미 이와 같은 관점이 문화원형으로 정착한 것이라 생각할 수 있다. 『서경』의 「요전(堯典)」과 「순전(舜典)」으로부터 문왕(文王)과 무왕(武王)의 정치에 대한 기술에 이르기까지 동아시아의 고대문화는 덕을 완성한 성인이 사업을 실현하는 내성외왕(內聖外王)을 실현하는 인물을 이상적 인간으로 여기고 그와 같은 사회를 이상적 사회의 전형이라고 생각해왔다. 이와 같은 자연관과 인간관은 유학의 독특한 자연관과 인간관이며 이러한 자연관과 인간관이 독특한 유학의 학문적 성격을 결정하게 되었다고 이해할 수 있다.

> 건은 큰 시작을 맡고, 곤은 생물을 완성한다. 건은 쉽게 함으로 일을 맡고 곤은 간단하게 함으로 능하다. 쉬우면 알기 쉽고, 간단하면 따르기 쉽다. 알기 쉬우면 친하게 되고 따르기 쉬우면 공이 있게 된다. 친하게 되면 오래갈 수 있고, 공이 있으며 크게 된다. 오래갈 수 있는 것은 현인의 덕이며 커질 수 있는 것은 현인의 업적이다. 쉽고 간단하면서 천하의 리를 얻게 되니, 천하의 리를 얻게 되면 그 가운데 지위를 얻게 된다.[6]

6) 『역』 「계사」 상, 1장, "乾知大始, 坤作成物. 乾以易知, 坤以簡能, 易則易知, 簡則易從, 易知則有親, 易從則有功, 有親則可久, 有功則可大, 可久則賢人之德, 可大則賢人之業. 易簡, 而天下之理得矣, 天下之理得, 而成位乎其中矣."

도는 음양으로 변화여 건과 곤을 이룬다. 건과 곤이 나누어진 다음에는 건은 시작을 맡고 곤은 이를 완성시킨다. 건곤의 노력에 의하여 하늘과 땅 사이에 생물이 태어나게 된다. 현인은 하늘의 덕을 본받아 오래 지속할 수 있고, 땅의 덕을 본받아 큰 사업을 일으킬 수 있다. 쉽고 간단한 천지의 이법을 본받은 현인은 세상을 다스리는 자리에 설 자격이 있다고 말하고 있다. 궁극적 실재의 성대한 덕성과 커다란 사업을 본받을 수 있는 사람이 바로 현인이며 그는 자연의 덕성과 사업의 이법을 본받아 쉽고 간단한 방법으로 천하를 이해하고 그와 같은 이해에 기초하여 오래 지속될 수 있는 위대한 사업을 성취할 수 있다는 것이다. 인간은 천지의 도를 본받아 자신의 덕성을 확립하여 천지가 하는 사업에 동참할 수 있다. 현대인들은 과학만 위대한 것으로 생각하지만 자연은 과학과는 비교가 안 되게 위대한 방법으로 우주를 창조하고 우주의 변화와 창신(創新)을 영원히 계속하고 있다. 자연을 대상화시켜 연구하는 과학은 자연이 성취한 사업에 대해서는 연구할 수 있지만 자연의 이와 같은 덕성을 이해할 수 있는 방법이 없다. 왜냐하면 과학은 자연의 주체성과 덕성을 외면하고 있기 때문이다. 유학의 학문이 자연순응적이라면 과학은 자연을 거슬러 역으로 이해한다고 말할 수 있다. 유학의 자연이해는 자연을 돕는 것을 목표로 삼지만 과학은 자연을 지배하고자 하므로 자연을 파괴하지 않을 수 없다.

건괘「문언」에 나오는 설명을 보자.

'군자는 종일토록 부지런히 노력하고, 저녁에도 두려워하듯 하니 위태로워도 허물이 없다'는 무슨 말인가? 공자가 말하였다. '군자는 덕을 진전시키고 업을 닦으니 충신은 덕을 진척시키는 것이며, 말을 닦고 진실을 확립하는 것은 업을 닦는 데 거하는 것이다.[7]

유학에서 자연을 성덕과 대업으로 이해하는 관점은 인간에 대한 이해와 완성에도 그대로 적용된다. 군자는 자신의 덕성을 끊임없이 닦아 진척시킨다. 덕성을 진척시키는 방법은 충이라는 내적 진실성의 유지와 신이라는 믿음성을 닦는 것이다. 군자는 충과 신을 통하여 자신의 덕성을 날로 새롭게 하고 성대하게 한다는 것이다. 말을 닦아 진실한 마음을 세운다는 것은 현실적 삶의 살며 언행일치의 삶을 통하여 덕성에 기초한 자신의 삶의 세계를 확대하는 것이다. 이처럼 군자의 삶은 자기 자신의 삶을 중심으로 전개된다. 『논어』에서 공자가 "옛날의 군자는 자기 자신의 완성을 위하여 노력하고, 오늘날의 군자는 남의 인정을 받기 위하여 노력한다"[8]라고 할 때의 자기 자신을 위한 삶의 성취가 바로 유학이 지향하는 학문의 완성이다. 이와 같이 자신의 내적 덕성을 성대하게 하며, 아울러 덕성에 기초하여 끊임없이 실천의 범위를 넓혀가는 삶이 유학의 학문이며 수양이다. 자기완성의 학문으로서의 유학에서는 학문과 수양은 동일한 의미를 지닌다. 유학

7) "首出庶物, 萬國咸寧."

8) 『역』「계사」 상 5장, "一陰一陽之謂道. 繼之者善也, 成之者性也. 仁者見之謂之仁, 知者見之謂之知, 百姓日用而不知, 故君子之道鮮矣. 顯諸仁, 藏諸用, 鼓萬物而不與聖人同憂. 盛德大業至矣哉. 富有之謂大業, 日新之謂盛德. 生生之謂易, 成象之謂乾, 效法之謂坤."

의 학문관과 수양론은 덕업의 자연관과 인간관에 기초한다. 이제 「십익」에 보이는 다양한 수양론을 살펴보고자 한다.

3. 수직적 체인과 수평적 이해의 교직으로서의 다양한 수양론

앞 장에서 유학은 자연과 인간을 덕성과 사업으로 이해한다는 것을 보았다. 자연은 저절로 항상 새로운 덕성을 유지함으로써 광대한 사업을 무한하게 전개할 수 있다. 그러나 자연 가운데서 태어난 인간은 학문과 수양을 통하여 자신의 덕성을 항상 새롭게 해야 하며 덕성에 기초하여 사업을 넓혀나가야 된다. 자연은 저절로 모든 것을 이루지만 인간은 그렇지 못하다. 자연은 모든 것을 저절로 이루지만 인간은 학문을 통하여 자연과 같아지기를 추구하니 자연은 인간의 모범이 되고 학문과 수양의 목적이 된다. 자연을 인간의 모범과 이상으로 설정하고 있는 유학의 자연관과 인간관과 학문관은 주객을 분리시키고 자연과 인간을 대립적으로 이해하는 서구적인 자연관, 인간관, 학문관과 매우 다르다. 나는 지금까지 유학의 학문관이나 수양론을 『대학』, 『중용』, 『논어』, 『맹자』 등에서 주로 찾고자 노력하였지만 공자가 저술한 것으로 전하는 『역』의 「십익(十翼)」에 유학의 다양한 학문론이 이미 갖추어졌다는 것을 차츰 알게 되었다. 「계사」의 극심(極深)과 연기(研幾)의 방법, 경이직내(敬以直內)와 의이방외(義以方外)의 방법, 지지지지(知至至之)와 지종종지(知終終之)의 방법, 박학에 기초한 실천의 방법 등은 매우 중요한 유학의 수양론이자 학문론이다.

1) 극심과 연기의 공부

과학을 중심으로 하는 현대의 학문은 대상에 대한 인식을 중심과제로 삼는다. 그러나 유학은 주체적 삶의 완성을 지향하며 주체적 삶의 완성은 마음을 중심으로 삼아 수행된다. 마음은 본체적 성격과 작용의 측면을 체와 용의 관계로서 공유하고 있다. 마음의 수양과 완성은 본체의 심화와 작용의 연마를 통하여 이루어진다. 극심과 연기란 체용의 양측면에서 이루어지는 마음의 수양을 의미한다.

> 역은 생각이 없고 작위도 없다. 고요하여 움직이지 않지만 천하의 모든 일에 감응하여 드디어 통한다. 천하에 지극히 신묘한 것이 아니면 누가 이렇게 할 수 있겠는가! 저 역은 성인이 깊이를 극진하게 하고 기미를 연마하는 것이다. 오직 깊기 때문에 천하의 뜻에 통할 수 있고, 오직 기미를 알기 때문에 천하의 힘쓸 일을 이룰 수 있다. 오직 신묘하기 때문에 급히 하지 않아도 빠르고 가지 않고도 이른다.[9]

궁극적 진리인 도는 한 번 음이 되고 한 번 양이 되며 천지 만물을 생성·변화하게 하는 근원적인 형이상의 진리이다. 광대하여 끝이 없는 현상은 궁극적 진리의 변화를 통하여 이루어진다. 도는 그렇다고 현상과 분리되어 존재하지 않는다. 건곤을 이루어 건곤 가운데 있고, 건곤으로 변화하여 만물을 낳게 되면 만물 가운데 내재한다. 궁

9) 『역』「계사」 5장, 주자 본의, "此章言道之體用不外乎陰陽, 而其所以然者則未嘗倚於陰陽也."

극적 진리인 도는 만물을 낳으며 낳고 나서는 또 그 안에 머문다. 궁극적 진리인 도는 고요히 있을 때는 "무사(無思), 무위(無爲), 적연부동(寂然不動)"의 상태이지만 어떤 자극이 앞에 나타나면 "감이수통천하지고(感而遂通天下之故)"함으로써 자신을 실현하게 된다. 여기서 "무사, 무위, 적연부동"과 "감이수통천하지고"는 점을 쳤을 때, 그 점이 어떻게 해서 물음에 대한 답을 줄 수 있는가를 설명하는 방식이다. 그러나 「계사」의 저자는 점법을 통하여 드러나는 오묘한 이법(理法)이 바로 자연의 이법이며 이와 같은 자연의 이법에 바탕해서 성인은 자신의 삶과 학문을 연마한다는 것이다.

『역』은 성인이 자연의 이법을 본떠 만든 것이라고 한다. 자연과 자연을 본받아 만든 『역』은 체용과 감응의 원리로 점법과 자연의 이법을 설명하고 있다. 성인은 『역』을 통하여 자연과 자기 자신을 이해하는 방법을 터득하게 된다. '극심'과 '연기'가 바로 그러한 방법이라는 것이다. 극심이란 자신의 삶의 깊이를 무한으로 심화시키는 것이다. 인간은 태어나면서 자연의 덕성을 받아서 태어났다. 자연의 덕성은 항상 새로운 영원 무한의 형이상의 세계이다. 인간이 이러한 덕성을 부여받아 태어났지만 그러한 덕성은 쉽게 드러나지 않는다. 유학은 인간이 받아서 태어난 본성을 학문과 삶의 출발점으로 삼는다. 본성에 따르는 삶을 선한 삶이라고 하며, 본성 그 자체가 천하 모든 일의 근본이 되는 중(中)이라고 한다. 그러나 형이하의 세계를 사는 인간에게 본성을 파악하는 일은 결코 쉽지 않다. 잠시도 떠나지 않는 자신의 본성, 자신의 본성을 실현하기 위한 끊임없는 노력의 자세를 요구한다. 이러한 자세를 공자는 '경(敬)'이라고 하였고 맹자는 '구방심(求放

心)'이라고 하였으며, 후대의 성리학자들은 '존심양성(存心養性)'이라고 하였다. 본성은 텅 비어 있지만 그 안에는 사태와 만나 자신을 실현할 수 있는 모든 이법이 갖추어져 있다. 마음을 보존함을 통해서 마음의 본래성을 함양하는 것이 사태와 접하기 전의 일차적인 마음공부이다. 이것이 바로 자신의 본성을 무한하게 깊게 하는 공부인 극심 공부이다.

그러나 이것만으로는 공부가 부족하다고 생각한다. 사람은 관계와 사태 속에 살기 때문에 관계맺음과 사태 속에서 자신을 바르고 정당하게 실현하는 노력을 하지 않으면 안 된다. 올바른 삶은 마땅한 삶이며, 그것이 바로 의(義)며 도리(道理)이며 지선(至善)이며 중용(中庸)이다. 사태와 만나 마음에서 생각의 싹이 틀 때 마음의 기미가 천리에 따라 반응하는지 아니면 욕망이나 기질의 제약으로 천리가 작용하지 못하는지를 잘 살펴 천리에 따른 삶을 이루도록 노력해야 한다. 이와 같이 해서 마땅한 삶인 의리를 끊임없이 추구하는 것이 바로 기미를 연마하는 연기공부이다. 극심과 연기의 공부는 본성을 완성시키는 동정(動靜)의 양면공부(兩面工夫)이다.

덕성과 사업으로 자연과 삶을 이해한다는 것은 자연과 삶을 내재된 원리의 실현으로 이해하는 입장이다. 그래서 극심은 바로 그러한 원리의 세계를 심화하는 것이며, 연기는 그러한 원리가 현실화되는 계기를 포착하여 그러한 원리가 왜곡됨이 없이 실현될 수 있도록 하는 것이다. 내면의 원리를 심화하는 것은 스스로 자신의 원리를 심화하는 것이므로 자기 혼자서도 가능한 것으로 보인다. 그러나 연기는 혼자서는 불가능하다. 생명은 타자와의 만남을 계기로 해서 자아를 실현하게 된다. 타자와의 감응이 없으면 감응이 일어나지 않는다. "감이수통"이라는 것은 타자의 자극이 있어야 주체의 실현이 있다는 것이다. 연기는 바로 대상과의 만남, 즉 관계적 삶을 통하여 이루어진다는 것이다. 극심의 경우는 수직적으로 바로 심화시킬 수도 있다. 홀로 고요한 가운데 정좌를 통하여 자신을 밝히는 공부가 여기 속한다. 연기의 경우에는 많은 사태와 만날 때에 비로소 가능하므로 현상세계에 대한 수용과 이해를 조건으로 한다. 윤리적 삶과 사회적·정치적 삶을 중시하는 유학이 불교, 노장 사상과 다른 점이라고 할 수 있다. 그러나 극심과 연기는 동일한 주체의 본성을 중심으로 이루어지기 때문에 두 가지는 분리될 수 없다. 상호의존과 도움을 중시하지 않을 수 없다. 그래서 유학에서는 이 두 가지를 함께 중시하게 된다. 대상 수용의 폭이 넓어지면 그만큼 연기의 폭이 넓어지고 연기의 폭이 넓어지면 극심을 통한 공부도 더욱 깊어지게 될 수 있다. 극심과 연기는 자기 자신의 삶을 깊고 넓게 만드는 방법이지만 타자와의 올바른 관계맺음을 통하여 가능하게 된다. 특히 연기는 타자와의 관계 속에서 이루어지게 된다. 자신의 삶의 기미를 바르게 하고 자신의 삶의 영역을 넓히기 위해서는 마음을 열고 타자를 이해하고 수용할 수 있어야 되기 때문이다.

유학에서 자연은 궁극적 진리인 도의 실현이며, 모든 생명은 천지가 조화하는 가운데 궁극적 실재인 본성을 천명으로 부여받아 그 본성을 실현하는 삶을 살고 있다고 본다. 이때 삶을 본질적으로 이해하기 위해서는 본성에 접근할 수 있는 길이 열려야 하는데 '극심'은 바로 본성에 접근하는 방법이며, '연기'는 본성이 사태와 만나 어떻게 스스로를 실현하는가를 살펴 단련하고 연마하는 방법이다. 내재된 궁극적 실재인 본성을 중심으로 삶을 이해하는 유학에서 극심과 연기는 삶을 이해하는 가장 중요한 두 계기라고 할 수 있다. 유학에서는 수직적 이해에 대해서는 설명이 자세하지만 수평적 이해에 대한 설명은 자세하지 않다. 연기를 설명할 때도 주체를 연마하는 일에는 비교적 자세하지만 대상세계를 수용하고 이해하는 방법에는 자세하지 않다. 그 이유는 무엇일까? 본성 가운데는 지혜가 갖추어져 본성이 밝게 실현되면 본성의 지혜에 의하여 현상세계를 비추어 알 수 있다고 여기기 때문인 것으로 보인다.

다음에 설명되는 '경이직내(敬以直內)'와 '의이방외(義以方外)'는 극심과 연기의 또 다른 표현이다. 그리고 『중용』 1장의 '지중화(致中和)'에서, '치중'은 중을 극진하게 하는 극심에 속하며 '치화'는 화를 극진하게 하는 연기에 속한다. 그러나 희로애락이 발현되기 이전의 미발의 상태인 중을 심화시키고 극진하게 한다는 것은 매우 어려운 일이다. 맹자는 잃어버린 마음을 찾는 것이 학문의 가장 중요한 방법이라고 하면서도 알묘조장(揠苗助長)을 경계하였다. 공자가 군자는 어떤 사람이냐고 묻는 자로에게 군자는 경을 행함으로써 자신을 수양하는 사람이라고 대답한 것도 '중'에 대한 강조이다. 성리학에서 체와 용을 통하여 마음을 보존하여 본성을 기르고, 성찰을 통하여 이치를 궁구하는 것도 극심과 연기의 방법을 계승한 것이다. 유학에서는 극심과 연기를 인간의 자기완성의 두 박자로 본 것이다.

2) 경이직내(敬以直內)와 의이방외(義以方外)의 공부

마음의 체용을 계기로 한 극심과 연기의 공부는 곤괘(坤卦)의 「문언(文言)」에서는 또 다른 개념으로 설명되고 있다.

『역』에서 건괘와 곤괘는 하늘과 땅, 또는 아버지와 어머니에 비유된다. 건괘를 통하여 하늘이 하는 일을 설명하고, 곤괘를 통하여 땅이 하는 일을 설명하고 있다. 곤괘 제2효의 효사는 "곧고 방정하며 크니 익히지 않아도 불리함이 없다[直方大, 不習无不利]"라고 하여 땅의 도를 대표하는 곤괘 제2효의 덕을 극진하게 찬미하고 있다.

> 경을 행하여 안을 곧게 하고 의를 행하여 밖을 방정하게 하니 경과 의가 확립되면 덕이 외롭지 않다. '곧고 방정하며 크니 익히지 않아도 불리함이 없다'는 그 행하는 바에 의심할 것이 없다는 것이다.[10]

유학의 수양론에서 가장 중요한 경(敬)과 의(義)가 처음으로 제시되고 있다. 경을 꾸준하게 행하면 내면이 곧게 되고, 의를 계속 행하면 외모가 방정하게 된다는 것이다. 경이란 무엇인가? 경이란 무엇에 대한 존경의 태도를 말한다. 타인에 대한 존경도 가능하고 귀신과 하늘에 대한 외경(畏敬)도 가능하지만 여기서 요구하는 경은 자신의 마음에 대한 공경이다. 자신의 마음을 공경하면 마음이 전일하게 되고 마음이 전일하게 되면 마음의 원리가 드러나게 되며 마음이 바르게 된

10) 『역』 곤괘, 「문언」, "敬以直內, 義以方外. 敬義立而德不孤. '直方大, 不習无不利', 則不擬其所行也."

다. 의란 무엇인가? 의는 상황에 마땅하게 응하고 마땅하게 대처하는 것이다. 마음은 상대를 만나거나 상황을 만나게 되면 감성이 발현될 뿐 아니라 일을 처리하지 않으면 안 된다. 이때 상대와 상황에 대하여 자신의 내적 원리에 어긋남이 없이 최선의 방법으로 대처하는 것이 의이다. 그러므로 의를 실천하면 자신의 삶이 방정하게 된다고 한다. 상대와 상황에 대한 이해가 없이는 의를 실천하는 것이 불가능하지만, 그러나 상대와 상황을 이해하기만 하는 것으로 의가 실천되지는 않는다. 내면의 원리에 합당한 삶이 실현되어야만 의는 가능하게 된다. 그러므로 자신의 내면의 원리를 상황에 적합하게 실현하는 의를 통하여 자신의 외적 삶이 바르게 된다고 한다.

경이직내는 극심의 공부와 상응하고 의이방외는 연기와 상응한다. 인간의 마음은 체용과 동정이라는 양면성으로 전개되므로 마음을 닦는 공부도 양면으로 이루어진다. 양면성의 공부를 쌓아가며 체와 용이라는 양면성으로 자신을 실현하는 마음은 내재된 도를 온전하게 실현할 수 있게 된다. 인간의 내면에 본성인 진리가 내재하고 있기 때문에 극심과 연기, 그리고 경과 의는 가능하다. 유학의 자연관과 인간관에 의하면 진리는 자연을 생산하는 생산자이자 자연에 내재하는 실현의 원리이며, 이는 인간의 경우에도 마찬가지이다. 그러므로 맹자는 성인은 '본성 그대로 사는 사람[性之者]'이라고 하였으며, 주희는 본성의 회복과 실현, 즉 복초(復初)를 강조하였다. 객관적 진리를 추구하는 과학은 외적 대상을 객관적으로 연구하여 물질의 이법을 밝히지만, 유학은 내적인 진리인 형이상의 도를 밝힌다. 도는 없는 곳이 없지만 모든 존재는 자신의 도를 실현하는 삶을 자신의 이상으로 삼는다. 인간 역시 타고난 자신의 본성을 실현하는 것을 자신의 삶의 목적으로 삼는다. 본성은 크기가 없으므로 본성의 실현도 무궁할 것이다.

3) 지지지지(知至至之)와 지종종지(知終終之)의 공부

곤괘는 수동적인 데 반하여 건괘는 능동적이다. 곤괘는 경과 의를 통하여 점진적으로 덕을 수양하는 것을 가르치지만, 건괘는 능동적으로 덕을 수양하는 방법을 설명하고 있다. 건괘 제3효 효사는 "군자는 종일토록 부지런히 노력하고, 저녁이 되면 두려워하듯 하니 위태로워도 허물이 없다[君子終日乾乾, 夕惕若, 厲无咎]"이다. 건괘의 「문언」에서는 효사를 이렇게 설명하고 있다.

> "군자는 종일토록 부지런히 노력하고, 저녁에도 두려워하듯 하니 위태로워도 허물이 없다"라고 하니 무슨 말인가? 공자가 말하였다. "군자는 덕을 진척시키고 업을 닦으니, 충신은 덕을 진척시키는 것이며, 말을 닦고 진실을 확립하는 것은 업을 닦는 데 거하는 것이다. 이를 곳을 알고 거기에 이르니 기미에 참여할 수 있고, 마칠 곳을 알고 그렇게 마치니 의를 보존할 수 있다. 이 때문에 윗자리에 있으면서 교만하지 않고, 아랫자리에 있으면서 근심하지 않는다. 그러므로 부지런히 노력하고 때에 따라 두려워하니 비록 위태로워도 허물이 없다."[11)]

군자의 진덕과 수업을 설명한 다음 본성을 인식하고 실천하는 방법을 곧바로 설명하고 있다. "이를 곳을 알아서 그곳에 이르니, 기미에 참여할 수 있고, 마칠 곳을 알고 마치니 더불어 의를 보존할 수 있다"는 짧은 문구이지만 유학의 자기완성의 공부를 축약해서 표현하고 있다. 도를 실천하기 위해서는 도가 무엇인지, 도가 어디에 있는지 알아야 한다. 알지 못하면 실천할 수 없다. 『대학』에서 '명명덕(明明德)'과 '신민(新民)'과 '지어지선(止於至善)'을 제시한 다음 지선에 머물기 위해서는 지선에 대한 지와 행이 필요하기 때문에 팔조목에서 격물치지(格物致知)가 제시되었다. 여기서 "이를 곳을 알아서 그곳에 이르니"는 지선이 무엇인지 알고자 노력해서 지선에 대한 앎을 얻는다는 것을 의미한다. 이는 곧 자신의 본성에 대한 인식을 의미한다. 본성에 대한 인식이 바로 『대학』의 격물치지이며, 『중용』의 명선(明善)이며, 앞에서 설명한 '극심'이다. 격물치지를 객관적 인식으로 생각하면 본성 실현의 학문인 유학은 불가능하다. 사물과 사태와의 관계를 중시하면서도 관계와 사태 속에서 본성의 실현인 지선이 무엇인가에 대한 관심을 잃어버리지 않아야 격물치지가 가능하다. "이를 곳을 알아서 그곳에 이르는" 공부가 바로 이것이다.

'마칠 곳을 알고 마치니'는 지선의 소재를 알고서 그것을 실천하는 것이니 팔조목의 성의와 정심과 수신에 해당되며 『중용』의 성신(誠身)에 해당하고, 이것이 바로 '연기'에 해당한다. 『대학』에서는 격물치지와 성의, 정심, 수신이 이루어지면 제가와 치국과 평천하는 자신에게

11) 『역』 건괘, 「문언」, "'君子終日乾乾, 夕惕若, 厲无咎', 何謂也? 子曰, '君子進德脩業. 君子進德脩業. 忠信, 所以進德也, 脩辭立其誠, 所以居業也. 知至至之, 可與言幾也, 知終終之, 可與存義也. 是故居上位而不驕, 在下位而不憂. 故乾乾因其時而惕, 雖危无咎矣."

완성된 덕성을 자연스럽게 확충해 나가면 된다고 한다. 주희의 격물치지를 아직도 객관적 인식으로 해석하는 학자들이 많은데 유학에서는 객관적 진리란 존재하지 않는 것이다. 진리는 존재의 영원한 주인으로 객관세계를 주재하고 생산하는 내적 원리이다. 유학은 객관적 세계를 무시하지 않는다. 삶은 객관적 세계와의 관계 속에서 성립되며, 모든 생명은 내적 원리의 실현을 통하여 자신을 항상 객관적으로 드러내고 있다. '연기'와 '의'에 대한 설명을 통하여 보았듯이 유학은 객관적 세계와의 관계 속에서의 덕성의 실현을 자아실현의 한 축으로 설정하고 있다. 마음을 보존하여 자신의 본성을 기르고, 성찰과 궁리를 통하여 내적 원리를 외적으로 실현하는 것은 유학적 삶의 두 축이다.

이렇게 삶을 수양하는 군자는 혹은 윗사람이 되기도 하고 혹은 아랫사람이 되기도 하며, 혹은 물러나기도 하고 혹은 나가기도 하며 사람들과의 관계를 떠나지 않는 가운데 항상 진덕과 수업을 통하여 자신을 수양한다. 군자는 꾸준히 자신을 수양하고 완성하며 세상에 도를 실현할 수 있도록 자신에게 다가오는 기회를 기다린다고 건괘 제4효는 설명하고 있다.

> 구사에서 '혹 뛰어오르거나 연못에 잠겨 있으니 허물이 없다'라는 것은 무슨 말인가? 공자가 말하였다. 위로 뛰어오르거나 아래로 잠겨 일정함이 없는 것은 삿됨을 위한 것이 아니다. 나아가고 물러남이 일정함이 없는 것은 무리를 떠나는 것이 아니다. 군자는 덕을 진척시키고 업을 닦으니 때에 맞추기 위해서이다. 그러므로 허물이 없다.[12)]

군자의 삶은 쉽고 간단할 뿐이다. 어떤 상황에 처하더라도 자신의 본성을 지키고 연마할 뿐이며, 자신이 할 수 없는 일에 대해서는 자신과 동일한 삶을 살고 있는 자연을 믿고 자연에 맡긴다. 군자의 삶은 바로 우주적 삶을 실현하는 대자연에 대한 믿음에 바탕하여 자신의 완성과 실현을 통하여 대자연의 창조사업을 돕고 대자연의 사업에 참여한다. 이것이 유학의 천지인 삼재사상이다.

4) 학(學)과 행(行)을 통한 덕(德)의 축적(蓄積)

지금까지의 공부는 체와 용, 동과 정, 지와 행이라는 두 박자로 진행되는 자신의 삶 자체를 통한 수양을 중심으로 학문을 설명하였다. 그러나 배우고 묻는다는 학문은 자기보다 먼저 훌륭한 삶을 산 선각자들의 삶을 배우는 데서 시작되었다. 지금까지 설명된 학문의 방법은 자신의 몸과 마음을 바탕으로 전개되는 삶을 통하여 직접적으로 수양하는 고차원적인 학문 방법이다. 『역』이 덕성을 이룬 최고의 지혜를 가진 사람만이 알 수 있다는 것을 생각하면 이러한 방법은 『역』을 이해하는 방법으로 제시되었다고 할 수 있다. 그러나 「십익」에서는 이러한 고차원적인 의미의 학문만을 중시한 것은 아니다. 배우고 물으며 실천함을 통하여 자신의 덕성을 닦는 학문의 원초적 의미도 중시되고 있다.

12) 『역』 건괘 「문언」, "九四曰'或躍在淵, 无咎', 何謂也? 子曰, '上下无常, 非爲邪也, 進退无恒, 非離羣也. 君子進德修業, 欲及時也, 故无咎'."

군자는 배워서 모으고, 물어서 구별하고, 관대하게 거처하고, 인으로 행한다. 『역』에서 '드러난 용이 들판에 있으니, 대인을 만나면 이롭다'라고 하니 임금이 될 덕을 갖추었다는 말이다.[13)]

군자는 배워서 모으고 질문하며 구별한다. 인간은 선각자들의 삶을 통하여 자신이 직접 경험하지 못한 것을 알 수 있다. 그러므로 선각자들은 문자로 기록을 남기는 것을 중시하였고, 후세의 배우는 사람들은 독서를 통하여 선각자들의 삶을 배우고 이해하며 학습하는 것을 중시하였다. 배워서 모은다는 것은 독서를 통하여 많은 지식을 축적한다는 의미이다. 축적한 다음에는 이해하는 과정이 필요하고 이해한 다음에는 그것을 실천에 옮겨야 한다. "관대한 마음의 자세로 살고, 사랑하는 마음으로 실천한다"라는 것은 배워서 알게 된 지식을 실천에 옮기기 위해서는 이렇게 해야 한다는 것이다. 그렇게 할 때 재야에 처하더라도 천하를 바로잡을 수 있는 군자의 덕성을 갖출 수 있으며, 그러한 군자는 성왕(聖王)을 만나 함께 천하를 바로잡을 수 있다는 것이다. 군자다운 덕성의 성취와 천하를 바르게 다스리는 사업은 유학이 지향하는 두 축이다. 『중용』에서는 박학(博學), 심문(審問), 신사(愼思), 명변(明辨), 독행(篤行) 다섯 가지를 명선(明善)과 성신(誠身)의 방법으로 제시하고 이 가운데 한 가지라도 빠트리면 학문이 되지 못한다고 하였다. 『논어』에서 공자는 박문(博文)과 약례(約禮) 두 가지

---

13) 『역』 건괘, 「문언」, "君子學以聚之, 問以辨之, 寬以居之, 仁以行之. 易曰'見龍在田, 利見大人', 君德也"

로 제자들을 가르쳤으며, 『대학』에서는 이러한 학문이 수기와 치인으로 체계화되었다. 유학의 학문과 가르침은 언제나 배우고 실천함을 통한 삶의 완성이었다. 유학의 학문적 특성은 「계사」에서 이렇게 다양하게 설명되고 있지만, 『역』을 만든 복희(伏羲)와 문왕(文王)과 주공(周公)의 정신 역시 그러한 것이었다.

하늘이 산 가운데 있는 듯한 큰 기상을 설명하는 대축괘(大畜卦)(상괘는 산을 상징하는 간괘(艮卦), 하괘는 하늘을 상징하는 건괘(乾卦))의 대상(大象)에서도 덕을 쌓기 위해서는 박학을 통한 지식의 축적과 지나간 삶을 배워 실천할 것을 가르치고 있다.

> 상에서 말한다. 하늘이 산 가운데 있는 상이 대축이다. 군자는 이 상을 보고 지나간 말과 지나간 행동을 많이 기억하여 자신의 덕을 쌓는다.[14)]

선각자들의 말과 행동을 글을 통하여 읽고 배우며 실천하는 것이 유학의 시작이었다. 유학은 전통에 대한 기록인 역사를 중시하였다. 육경은 바로 유학의 이러한 정신의 반영이다. 역사를 통하여 이전 사람들의 말과 행동을 배워서 스스로 실천하는 것이 덕성을 축적하는 기본적인 방법이었다. 중요한 것은 인간이 유학의 진리에 도달하는 것은 실천을 통하여 열려있다는 것이다. 요(堯)와 순(舜)을 성인으로 추앙하지만 맹자는 "요순의 도는 효제(孝弟)일 뿐이다"[15)]라고 하였

14) 『역』 대축괘, "象曰, 天在山中, 大畜, 君子以多識前言往行, 以畜其德."

다. 인간의 본성을 진리로 인식하고 인간의 본성을 실현한 사람을 성인이라고 생각하기 때문이다. 자연과 인간을 동일하게 덕성을 실현하는 존재로 여기는 유학의 학문관은 덕성의 축적과 실현을 학문의 목적으로 삼는다. 유학의 학문론이 본성의 인식과 본성의 실현을 기초로 함을 「십익」에 나오는 여러 가지 학문의 방법을 통하여 확인할 수 있다. 우리는 형상으로 이루어진 세계를 감각으로 인지하며 형상화된 세계가 모든 것으로 오인하기 쉽다. 그러나 형상을 가진 모든 것은 볼 수 없는 어떤 이법으로부터 생성된 것이며 언젠가는 이법으로 돌아가고 만다. 형상의 세계는 형상의 세계를 생산하는 형상을 넘어 있는 어떤 영원한 이법을 전제하지 않을 수 없다. 유학은 덕성과 사업을 통하여 생산하는 이법의 세계와 생산되는 사업의 세계가 함께 있다는 심신 통합적 자연관과 인간관에 기초한다. 인간이 자신의 덕성을 심화하게 되면 인간에게는 자연과 덕성이 합일되는 경지에 도달되며, 그러면 지혜의 문이 열리고 인의 덕성이 충만하여 생명세계 전체를 하나로 인지하고 나아가 자연의 심오한 질서를 이해하는 길도 열리게 된다고 한다. 유학은 학문을 통하여 삶의 변화와 삶의 능력의 변화를 역설하고 있다. 객관적 학문이 학문을 통한 세상의 지배를 강조한다면 유학은 학문을 통한 삶의 능력의 변화를 강조한다. 성인은 천하를 다스릴 능력뿐 아니라 하늘을 대신하여 하늘과 땅의 사업을 도울 수 있는 능력도 가지게 된다는 것이다.

15) 『맹자』 고자 하 2장, "堯舜之道, 弟孝而已矣."

4. 학문의 공효

공자의 저술이라고 전해지는 「십익」에서는 『역』의 철학적 의미를 전체적으로 재해석하며 64괘의 계사와 효사를 보완하였을 뿐 아니라 유학의 자연관과 인간관에 기초한 학문의 방법도 여러 가지로 설명하고 있음을 알 수 있다. 유학에서는 자연과 인간을 대상화하여 추상적으로 생각하지 않는다. 덕성을 사업으로 실현하는 유기적 생명체로 이해한다. 그러므로 자연과 인간의 덕성과 사업을 함께 이해하기 위하여 극심과 연기라는 독특한 학문과 수양의 방법을 사용한다는 것을 보았다. 그리고 영원히 새로운 창조적 덕성을 실현하는 자연을 이해하기 위해서는 덕성의 축적을 통한 인간의 자기 이해와 자기완성이 필요하기 때문에 유학의 학문론의 대부분은 인간의 덕성수양에 관한 내용이라는 것도 알게 되었다. 자연의 위대한 덕성은 자연의 사업을 통하여 증명되듯이 위대한 덕성을 쌓은 인간은 위대한 사업을 행하게 될 것이다. 유학은 덕성을 성취한 인간이 하는 사업을 제가, 치국, 평천하라는 가정적, 국가적, 세계적 지도력과 정치력의 발휘로 설명하고 있다. 「십익」에서는 덕성의 성취가 어떠한 공효를 가지는 것으로 설명하는지 살펴보자.

> 저 대인은 천지와 덕을 합하고 일월과 밝음을 합하고 사계절과 덕을 합하며 귀신과 길흉을 합한다. 하늘에 앞서 일을 하지만 하늘이 어기지 아니하고 하늘을 바라보며 하늘의 때를 받들면 하늘도 어지기 않는다. 하물며 사람이 어기며 하물며 귀신이 어기겠는가![16]

이는 건괘 문언에서 제5효가 덕성을 성취한 공효에 대한 설명이다. 건괘의 문언은 제3효에서 덕성의 성취를 통한 학문을 설명하고 학문이 완성된 공효는 제5에서 설명하고 있다. 진덕과 수업, 지지지지와 지종종지를 통하여 덕성이 완성된 군자에 대한 극찬이다. 대인은 덕성의 수양을 통하여 천지와 합치되는 덕성을 가지게 된다. 천지와 합치되는 덕성을 가지게 되면 하늘의 뜻을 받들어 천하를 다스릴 수 있게 된다. 그러면 하늘이 응하게 되니, 귀신과 사람이 따르지 않을 수 있겠는가라고 공효의 극치를 설명하고 있다. 건괘 제5효에서 칭송되는 군자의 덕성은 내성외왕을 지향하는 유학의 이상을 실현할 수 있는 성왕의 덕성이다. 유학에서의 학문은 대상에 대한 분석적, 추상적 이해를 지향하고 있지 않다. 자연의 덕성과 사업이 진행되는 과정에서 생산된 작은 자연으로서의 인간이 자신의 덕성과 사업을 넓혀가며 자연의 사업에 동참하여 자연의 사업의 성취를 돕는 것을 학문과 삶의 이상으로 삼고 있다.

「계사」 11장에서는 극심 연기의 공효를 이렇게 설명하고 있다.

> 이 때문에 성인은 『역』을 통하여 천하 사람들의 뜻에 통달하고 천하 사람들의 사업을 정하고 천하 사람들의 의심을 결단한다. …… 그래서 하늘의 도에 밝고 인민들의 일을 살필 수 있다. 그래서 신묘한 물건을 만들어 인민들이 사용할 수 있게 하였다. 성인이 이 책으로 자신을 가

16) 『역』 건괘 「문언」, "夫大人者, 與天地合其德, 與日月合其明, 與四時合其序, 與鬼神合其吉凶. 先天而天弗違, 後天而奉天時. 天且弗違, 而況於人乎! 況於鬼神乎!"

지런하게 하고 경계하여 자신의 덕성을 신묘하게 하였다.[17]

극심 연기의 체용공부를 통한 성취의 공효는 다소 과장된 표현을 사용하였다고 하더라도 인간이 도달할 수 있는 지혜의 최고 경지를 묘사하고 있다. 극심 연기의 체용공부는 관념적·추상적 학문의 세계가 아니다. 깊은 성찰과 체험을 바탕으로 삼으면서도 마음과 몸을 통하여 현실에서의 실천되는 실제적인 학문이다.

5. 맺는말

희랍의 자연철학에서 시작된 서양철학은 인간과 자연을 분리시켜 대상적으로 탐구하는 데 익숙하며, 서양철학의 인식론은 자연과 사물을 대상적으로 탐구하는 경향이 있다. 대상적 탐구를 통하여 얻은 확실한 지식이 진리의 지위를 차지하여 경험론이 아닌 철학은 관념론이 될 수밖에 없고, 정신과 신의 문제는 경험적 세계와 분리된 초월적 종교의 영역이 되어 버린다. 특히 근대과학과 근대철학 이후 자연에 대한 대상적·경험적·과학적 인식이 매우 빠른 속도로 급성장하며 관념론의 철학과 종교는 설 땅을 잃을 지경에 처하게 되었다. 철학에서는 모든 것을 대상화하여 이해하는 경험적·분석적 철학, 과학적 철학이

17)『역』 계사 상 11장, "是故聖人以通天下之志, 以定天下之業, 以斷天下之疑.…… 是以明於天之道, 而察於民之故, 是興神物以前民用. 聖人以此齊戒, 以神明其德夫."

세계를 지배하게 되었다. 자연에 대한 대상적·물질적 이해는 자연에 대한 물질적 이해를 극도로 정밀하게 성공시켜 근대와 현대의 과학 문명과 전자산업 문명을 열었다.

우리는 과학의 시대에 과학의 힘에 의하여 현대적 삶을 지속하고 있다. 그러나 유학의 자연관과 인간관, 그리고 이에 기초한 학문관은 이와는 매우 다르다. 이미 「십익」과 「십익」이 기초하는 『역』의 사상 자체에서부터 이와 같은 자연관과 인간관, 그리고 학문관은 동아시아 문화의 원형으로 작용하고 있었다고 보아야 한다.

유학은 배움과 가르침을 중시하는 교학 사상이며, 배우고 묻고 생각하고 구별하고 실천하기를 중시하는 실천학문이다. 그러나 교학의 정신과 실천학문 정신의 이상은 매우 높다. 도의 실현으로서의 하늘과 땅의 사업을 이해하고 하늘과 땅의 사업을 도와 완성시키는 것을 이상으로 삼는 학문이다. 인간은 천지가 하는 사업을 돕는 천지와 대등한 능력을 가지고 아울러 천지의 사업을 도울 책임도 가진 존재이다. 궁극적 실재의 참모습과 궁극적 실재가 하는 사업까지 이해하는 생명 가운데서 가장 귀한 존재가 인간이며, 인간의 이러한 책임을 다하기 위한 학문이 유학이다. 천지의 덕성을 이해하는 측면에서 보면 유학은 종교이며, 천지가 하는 사업을 이해하는 측면에서 보면 과학과 유사할 수 있고, 양자를 종합한 중용의 삶을 지향하는 측면에서 보면 도덕과 윤리의 학문이다. 유학은 이 세 가지를 겸하고 있기 때문에 그 안에서는 종교와 과학과 도덕이 분리되지 않고 통합되어 있다고 할 수 있다. 세속적 종교가 신앙이라는 이름으로 궁극적 실재를 소외시키고 궁극적 실재와 대면하려는 노력을 스스로 포기하는 것에 비하면 유학은 매우 용감하고 책임감 있게 자신에게 내재된 궁극자의 명령을 따르는 삶을 통하여 궁극적 실재와 하나됨을 추구하는 참다운 종교이다. 과학에 의하여 보이지 않는 세계, 주체의 세계, 주인의 세계가 철저하게 부정되고 있는 정신세계에 대한 무지의 세상에서 정신의 근원을 향한 인간의 눈을 다시 뜨게 할 수 있는 학문이 바로 유학일 수 있다. 유학은 이 시대에 위기에 처한 인류사적인 문제를 해결함으로써 유학의 학문적 위대성을 스스로 입증하지 않으면 안 된다. 이것이 유학이 사는 길이고 인류가 사는 길이 될 수 있다.

유학은 자연을 도의 성대한 덕성과 사업으로 여기면서도, 덕성을 성취하는 공부를 주된 과제로 삼고 도의 사업에 대한 인식을 이론적으로 정립하지 않았다. 거울 같은 마음, 정지한 물과 같은 마음으로 보면 한눈에 사업을 다 알 수 있다고 하지만 크기를 알 수 없는 자연의 사업은 인간의 능동적인 이해의 노력과 노력의 축적이 없다면 높은 수준의 이해를 기대하기 어렵다. 자연과학이 자연에 대한 이해를 위하여 꾸준히 노력을 쌓고 연구의 방법과 관측과 측정의 방법을 개발한 것에 비하면 그 노력은 너무나 미약하였다.

사물세계는 영적인 마음에 있는 그대로 비친다고 보고, 사물세계에 대한 분석적 인식과 해부적 인식은 바람직하지 않은 것으로 취급하였다. 자연에 대한 사실적 인식은 학문의 영역이 아닌 기술 영역에 속하는 것으로 여겼다. 천문, 의약, 문자학, 음악, 수공업 등은 학자인 선비가 하는 것이 아닌 중인들에게 맡겨졌다. 자연의 대사업인 객관적 세계에 대하여 인식론에 기초한 체계적 인식이 이루어지지 않았다는 것이다. 그에 반하여 도덕인식론은 매우 정밀하고 많은 학파적 대립의 양상을 낳으며 꾸준하게 추구되었다. 유학은 수평적 인식보다 수직적 인식에 관심이 컸고 수직적 인식을 위한 노력을 보다 많이 하였다. 반대로 과학은 수직적 인식의 방법을 알지 못할 뿐 아니라 수직적 세계의 존재 자체를 부정하려고 한다. 유학의 도덕인식과 도덕인식론과 과학의 사실인식과 경험적 인식이론이 서로의 차이를 확인하고 자연에 대한 상호보완적인 인식의 길을 모색해야 한다. 그래야만 도덕과 문명이 상보적으로 통합되어 인간과 자연의 화해와 화합의 길이 열릴 것이다. 오늘날 많은 사람들은 과학 문명에 의한 인류와 지구의 미래를 염려하고 있다. 이는 과학적 진리관과 학문관이 초래한 과학 문명에 의한 것이다. 우리가 당장 과학을 부정할 수 있는 것은 결코 아니다. 그러나 과학의 자연관, 인간관 및 진리관과는 전혀 다른 문화, 그것도 수천 년 동안 지속된 문화를 인류가 가지고 있다는 것은 미래의 위험을 해결할 수 있는 가능성을 그만큼 넓혀준다. 유학의 자연관과 인간관에 기초한 유학의 학문관의 진면모를 이해하는 것은 21세기 인류사의 과제라고 필자는 생각하고 있다. 과학과 유학의 상보적인 길이 열릴 수 있다면 가장 다행한 일이다. 둘 중 어느 하나를 포기하지 않으면 안 된다면 그 길은 험난하고 어려운 길이 될 것이다.

송대의 성리학에 의하여 사서로 편찬된 『대학』과 『논어』, 『맹자』와 『중용』의 내용이 유학의 학문론과 관련된 내용이라는 것은 익히 알지만 「십익」 가운데 이미 제시된 유학의 학문론의 방법에는 무관심한 편이다. 유학의 학문론의 방향을 이렇게 분명하게 밝힐 수 있는 사람이 공자를 제외하고 누가 또 있을 수 있겠는가. 「십익」이 공자의 저술이라는 것을 믿지 않을 수 없는 이유가 될 수도 있다고 생각한다.

극심과 연기는 『중용』의 치중화의 공부로, 경이직내와 의이방외의 공부는 거경(居敬)과 궁리(窮理)의 공부로, 지지지지와 지종종지는 『대학』의 격물치지와 성의·정심·수신의 공부로 계승되고, 『중용』의 명선과 성신공부로 이어진다. 유학이라는 학문의 보편성을 이해하기 위해서는 수천 년에 걸쳐 축적한 유학의 학문적 의미와 그 방법을 십분 이해하고 발휘하지 않으면 안 된다.

4

왜 아직도 '중국'인가?

이성규

1. 문제제기

역사상 '중국'이란 국호를 가진 국가는 없었다. 1907년 일본 와세다대학교 청국(淸國) 유학생 95인은 졸업기념 제명록(題名錄) 「홍적첩(鴻迹帖)」에 이름을 남겼다. 그중 62인이 자신의 관적(貫籍)을 명기하였는데, 25인은 국호를 쓰지 않았고, 18인은 국호를 지나(支那), 12인은 청국(淸國), 7인은 중국(中國) 또는 중화(中華)로 각각 기록하였다.[1] 외국에서 자국(自國)의 국호를 생략하고 관적만 기록하였다는 것도 대단히 흥미로운 사실이지만, 자신을 '청국인(淸國人)'으로 자칭한 사람보다 '지나인(支那人)', '중국인(中國人)', '중화인(中華人)'으로 칭한 사람

1) 忻劍飛, 『世界的重國觀』(三聯書店, 1991), p.3.

이 2배 이상이었던 것이다. 이것은 하(夏)·은(殷)·주(周) 이래 황하(黃河) 중·하 유역을 중심으로 흥망한 역대 왕조들이 그 국호와 상관없이 실제 모두 '중국(中國)'으로 칭해졌던 사실을 떠나서는 이해하기 어려운 것 같다. 1689년 러시아와 대청국과 체결한 네르친스크 조약 만주어 전문이 청(淸) 강희(康熙) 황제를 "dulimbai guru i enduringge huwangdi(가운데 나라의 성스러운 황제)"로 표기한 반면 1727년 역시 러시아와 체결한 캬흐타 조약에서는 당시 황제 옹정에(雍正帝)를 "daicing gurun i hwangdi(대청국의 황제)"로 표기하였다.[2] 이것은 공식 외교에서도 공식 국호 대신 '중국'이 사용될 수 있었던 관행을 잘 말해준다. 지금 청을 대체한 국가의 공식 명칭은 '중화인민공화국(中華人民共和國)'이며 이 국가를 자타 공히 '중국(中國)'으로 칭하는 것은 그 약칭이기도 하다. 그러나 약칭보다는 오히려 전통적인 '중국'을 의미하는 경우가 더 많은 것 같다. 문제는 바로 여기서 발생한다. '중국'이 국가라면(이하 국가로서의 '중국'은 '중국①'로 칭한다) 당연히 그 영토와 국민(또는 신민)이 있다. 역대 '중국①'의 지배 영역이 크게 신축하였던 만큼, 구체적인 국호 대신 '중국 영토'의 범위를 논하는 것은 무의미하다. 그러나 이 '중국①'은 단순히 역사상 동아시아에 존재한 국가는 아니었고, 특유의 문화, 민족적 속성과 결합된 개념이었다. '중국'의 개념이 복잡해지게 된 것은 바로 이 때문이다.

'중국'을 지리 개념으로 한정할 경우 문제는 비교적 간단하다. 이 역시 시대에 따라 그 범위가 크게 다르지만, 대체로 황하 중·하 유역

2) 구범진, 『청나라, 키메라의 제국』(민음사, 2012), pp.154~155.

에서 시작한 '중국'의 범위는 (이 지리적 개념을 이하 '중국②'로 칭한다) 대체로 오늘날 우리가 '원중국(原中國, proper China)'으로 부르는 지역, 즉 진제국(秦帝國)이 통합한 외각선 안으로 이해해도 대과는 없다. '중국①'의 통합 목표는 바로 이 범위였고, 흔히 '구주(九州)' 또는 '천하(天下)'로도(이하 이 천하의 범위를 '천하①'로 칭한다) 부른다. 그러므로 '중국②'는 '중국①'의 영토와 그대로 중첩되는 것도 아니었지만, '중국②'는 다시 문화적 개념의 '중국'(이하 이것을 '중국③'으로 칭한다)과 다시 결합하였다. 이 '중국③'은 황하 중·하 유역에서 발달한 문명적 가치, 즉 선진 문명과 유교 경전에 제시된 예교 문화(禮教文化)였으며, 19세기까지도 이 문명은 동아시아에서 최고 문명이었다. '중국③'을 왕왕 '중화(中華)'로 대신하는 것은 바로 이 문명적 가치에 대한 자부심이었고, 이 문명에 참여하지 못한 다른 민족과 국가는 '만이융적(蠻夷戎狄)'으로 비하되었다. '중국'의 또 하나의 개념 기준은 종족 또는 민족이다(이 개념은 이하 '중국④'로 칭한다). 이 역시 대단히 복잡하고 불분명한 점도 많지만, 최초로 '중국③'을 창조한 집단은 하(夏)로 알려졌다. 주대(周代) 이후 이 집단은 '화하(華夏)', '제하(諸夏)', '중하(中夏)' 등으로 칭해지면서 공간적으로 그 활동 범위를 확대하였으며, 그들이 확산시킨 '중국③'에 동화된 집단들도 대거 '중국④'에 포섭되었다. 오늘날 한족(漢族)은 바로 이런 과정을 통하여 형성된 '중국④'이다.[3)]

그러므로 '중국②'와 '중국④'의 공간적 범위는 대체로 일치하는 것으로 보아도 무방하다. 그러나 주지하는 바와 같이 한대(漢代) 이후 남

3) 이성규, 「중화사상과 민족주의」, 《哲學》 37집(1992년 봄), pp.34~35; 이성

북조(南北朝) 수·당 시대(隋·唐時代)의 동아시아 각 민족과 국가들은 '중국③'을 적극 수용하였다. 그 결과 오늘날 많은 학자들이 7세기 이후 '중국①'을 중심으로 한 '동아시아 세계'의 형성을 논할 정도로 동아시아 문명의 동질성이 높아진 것도 사실이다. '중국①'과 '중국④'도 이 국가들이 '중국③'에 대단히 근접한 것을 인정하였고, 한반도와 일본의 국가들은 '소중화(小中華)' 또는 '중화(中華)'(청대(淸代)에는)를 자처하기도 하였다.[4] '중국③'의 기준에서 보면 이 국가들이 '중국', '중화'를 자칭하는 것도 결코 억지는 아니다. 그러나 이 국가들은 '중국①'에 편입되지 않았고, '중국'(즉 '천하(天下)①')과 그 외곽 '이적(夷狄)'의 세계를 포함한 공간 '대천하(大天下)'(여기서는 이것을 '천하②'로 칭한다), '중국(中國)①'+'이적(夷狄)'='천하(天下)②'의 세계 구조에서 끝까지 '이적'으로 분류되었으며, 대부분 '중국①'이 조직한 조공질서에 편입되어, 책봉을 받고 신례(臣禮)를 바치는 조공국(朝貢國)이 되었다.

'중국①'은 '중국④'가 '중국②'에서 '중국③'의 전통을 계승한 국가이며, 본래 이 4층의 '중국' 개념은 중첩적이고 상호분리되지 않는 것이 원칙이다. 그러므로 역사상 '중국①'만 '중국②'에서 계기(繼起)하였다면 '중국'은 특별히 혼란을 야기할 개념은 아니었다. 그러나 진(秦) 이후 청말(淸末)까지 총 약 2,230년 중 약 1,110년간 '중국④'는 중국②'의 절반 또는 전체를 통치하지 못하였다.[5] 즉 '중국'의 역사상 약 반은

규, 「中華帝國의 팽창과 축소: 그 이념과 실제」, 《歷史學報》 186집(2005년 6월), pp.92~96.

4) 이성규, 「고대 동아시아 교류의 열림[開]과 닫힘[塞]」, 한림대학교아시아문화연구소 엮음, 『동아시아 경제문화 네트워크』(태학사, 2007), pp.115~124.

'중국①'이 '중국②'의 반을 상실하거나 심지어 '중국①' 자체가 소멸한 상황이었던 것이다. 이 상황을 현실대로 인정하고, '중국①'과 '이적(夷狄)' 간의 세력 소장(消長)으로 이해하였다면 문제는 또 간단하였다. 그러나 '중국②'의 절반 또는 전체를 점령한 '이적(夷狄)'제국들은 '중국④'를 효과적으로 통치하기 위하여 '중국③'을 보호·이용하지 않을 수 없었고, 그 명분으로 '중국①'을 자처하였다. 실제 '중국④'의 확대 발전은 상당 부분 '이적'에 의한 '중국③'의 수용으로 이루어졌다면, 그 실제야 어쨌든 이 논리 자체는 억지만도 아니다. 현실적으로 '이적'의 지배에 복종·협력하지 않을 수 없었던 '중국④'에게 이 논리는 자신을 합리화할 수 있는 명분이 되기도 하였다. 더욱 흥미 있는 것은 '이적의 구축(驅逐)'을 외치며 '이적' 왕조를 몰아내고 '중국①'을 재건한 '중국④'들도 '이적'제국을 '중국①'의 정통 계보에 입적시킨 사실이다. '이적'제국의 역사를 중국 정사(正史)에 편입시킨 것은 바로 그 상징적인 작업이었다.[6] 역사상 '중국②'의 일부 또는 전부를 통치한 거의 모든 왕조가 '중국①'로 정리된 것은 바로 이 때문이었다.

이 상황에서 4층의 '중국' 개념이 뒤섞여 혼란과 오해를 야기하였지만, 이 착종과 혼란은 자신의 일방적인 주장을 정당화하려는 모든 개인, 집단, 국가에게 오히려 편리한 명분을 제공하였다. 특히 '중국③'

5) 동진(東晋)(316)에서 수의 통일까지(589) 273년, 요에서(907) 금(金), 몽고의 점령을 거쳐 남송 멸망까지(1367) 460년, 청의 입관(1646)에서 남명(南明)의 멸망까지(1662) 16년, 총 749년은 이적이 화북 지방을, 남송의 멸망에서(1367), 원망(元亡)까지(1367) 88년, 남명의 망(亡)에서(1662), 청망(淸亡)까지(1911) 249년, 총 337년은 '중국②'의 전체를 지배하였다.

6) 이성규(2005), 앞의 논문, pp.119~129.

은 대단히 유용하였다. 이것은 '이적'과 '중국④'를 구분하는 개념이었던 만큼, 이것을 매개로 '이적'의 정복자도 '중국④'를 주장할 수 있었고, 이들이 가져온 문화도 '중국③'의 일부로 주장되었다. 또 '이적' 정복자에게 충성하는 '중국④'도 '중국'의 배신이 아니라고 항변할 수 있었다. 물론 이 경우 '이적' 정복자는 당연히 부덕과 실정으로 천명을 상실한 전 왕조 '중국①'을 대신하여 '중국③'의 이상인 왕도정치를 구현하는 성군(聖君)으로 분식(粉飾)되었다. '이적' 왕조가 '중국①'로 인정되는 순간 본래 '이적'의 영토는 '중국②'에 추가되어 '중국②', 즉 '천하①'은 논리적으로 '천하②'가 되었으며, 그 '이적' 왕조가 축출된 이후에도 '천하②'가 모두 '중국②'로 주장될 수 있었다. '중국④'가 '이적' 제국을 '중국①'로 인정한 것은 바로 이런 이유도 있었다.

이와 같은 '중국'의 4층 개념은 역사상 '중국'의 실제를 정확히 검증하여 '중국'과 이웃 민족의 정치적·문화적 관계를 보다 현실적으로 이해하는 데 편리하다. 그러나 이 개념은 현재 '중국 문제'의 이해에도 대단히 유용하다. 1970년대 말 이후 중국은 개혁과 개방을 표방하고 본격적으로 국제무대에 등장하면서 그 현대화의 기본 노선을 '중국적 사회주의' 건설과 '중화 문명'의 계승발전으로 천명하였다. 그 결과 현재 중화인민공화국은 정치·경제·군사 분야에서 이미 초강대국이 되었고, '신중화제국(新中華帝國)', '신중화주의(新中華主義)의 대두'는 이미 익숙한 화두가 되었다. 입장에 따라 경탄과 우려가 뒤섞이는 국제정세와 그 역학 구도의 변화이지만, 바로 여기서 중요한 키워드 역시 '중국'이다. 중화인민공화국의 현재와 미래는 바로 이 '중국'의 개념이 어떻게 적용·실천될 것인가에 달려 있다는 것이 필자의 판단이다. 국가의 가장 중요한 요소는 영토와 국민, 그리고 그 삶 전반을 규정하는 '문명(文明)'인데, 바로 이것이 모두 '중국'에 묶여 있기 때문이다. '중국'에 대해서는 많은 주제로 세분할 수 있지만 현재 가장 많은 관심이 집중되고 있는 '중국 영토', '중국 문명' 두 가지 주제만 간단히 검토해보자.

2. '중국' 영토의 범위

역대 '중국①'이 통치한 영토의 광협은 크게 달랐지만, 현재 중화인민공화국의 영토는 청조의 최대 판도를 대부분 계승한 것이다. 18세기 중반 이후에 형성된 청조의 최대 판도는 정복자의 고지를 포함한 [만주+'중국②'+몽고+신강+티베트]였다. 이것을 먼저 계승한 것은 신해혁명 이후 탄생된 중화민국이었으며, 중화인민공화국은 1949년 내전의 승리로 중화민국을 대만으로 내몰고 대만을 제외한 중화민국의 영토를 통치하고 있다. 물론 중화민국은 중화인민공화국의 정통성을 인정하지 않았고 의연히 '중국①'로 자임하였으며, 냉전시대 서방의 주요 국가들 역시 중화민국을 의연히 지지하였다. 그러나 1970년대 초 미국과 중국의 급속한 비밀외교가 진전되면서 중화인민공화국이 대만으로 파천한 중화민국 대신 국제연합에 가입하고(1971년 10월), 미국을 비롯한 일본 및 서구와 공식 외교관계를 수립하면서 국제사회는 중화인민공화국을 공식으로 '중국①'로 인정하였다. 그 이전 중화인민공화국은 '중공(中共, Communist China 혹은

Red China)'으로 속칭되었을 뿐이다. 미국과의 협상에서 '중국은 하나이며 대만은 중국의 일부'로 합의됨에 따라 중화민국은 국제 조약상 영토마저 상실한 처지가 되었다. 당연히 중화민국과 국교를 맺었던 서방 국가들은 국교를 단절하였다. 그러나 대만에서는 곧 독립운동이 활발히 전개되고, 많은 사람들은 대만의 영토가 중화인민공화국에 귀속되는 것을 반대하였다. 그 주요 논거는 대만은 역사적으로 '중국①'의 일부가 아니었다는 것이다. 실제 명대(明代)까지도 '중국①'에 귀속되지 않았던 대만을 청(淸)이 접수한 것은 정성공(鄭成功) 반청(反淸) 해상 세력을 완전히 제압한 1683년이었다. 당시 조정에서는 대만을 방기하자는 주장도 있었지만 해적과 화란에 점거되는 사태를 방지하기 위하여 세 개 현을 설치함으로써 대만의 일부가 공식 청의 영토로 편입된 것이다.[7] 그러나 1871년 유구(流球) 표류민이 대만 '생번(生番)'에게 살해된 사건을 빌미로 대만을 침공한 일본은 청조가 대만을 효과적으로 통치하지 못한 상태이므로 청조의 영토를 침범한 것이 아니라고 주장하였다. 협상 결과 청은 일본에게 오히려 50만 량의 배상금을 지불하였는데, 그중 40만 량은 일본이 대만에 구축한 병영을 구매하는 명목이었다.[8] 이 사건을 계기로 청은 대만 통치에 열의를 보였고, 1885년에는 성(省)도 설치하였다. 신강성(新疆省)을 설치한 바로 다음 해였다. 청조는 대만에 일시 '양무운동(洋務運動)'을 추진하는 노력도 보였으나, 대만은 1894~1945년 청일전쟁에서 승리한 일본의 식민 통

7) 蕭一山, 『淸代通史』 3책(商務印書館, 1927), pp.445~447.

8) 徐中約 著, 計秋楓·朱慶葆 譯, 『中國近代史』(上册)(中文大學出版社(香港), 2001), p.324.

치를 받았다. 대만이 할양되었을 때 대만인의 강렬한 저항은 1만 4천 인 이상이 살해되면서 진압되었다고 한다. 그러나 그 저항 세력이 '대만민주국(臺灣民主國)'의 독립을 선언한 점이[9] 주목된다. 여기서 청조의 영토 확장 과정과 그 문제점을 일일이 소개할 필요는 없을 것이다. 다만 청조의 광대한 영토 중 '중국②'를 제외한 만주, 몽고, 신강, 티베트는 모두 역사상 '중국②'에 귀속되지 않았다는 사실만 지적하자.

청조는 스스로 '중국①'의 정통 계승자를 자처하기 위하여 다른 '이적' 왕조와 마찬가지로 '중국③'을 매개로 대대적인 설득 작업을 벌이기도 하였다.[10] 그러나 조금이라도 반만적(反滿的) 암시가 있다고 판단되는 글은 철저히 탄압되고 수많은 문인이 처형되었다. 심지어 만주족과 관련이 없는 명대 '이적' 토벌을 언급하는 것조차 엄벌되었다. 악명 높은 청대 문자옥(文字獄)의 주요 목적은 바로 이 '중국④'의 화이의식(華夷意識)이 만주족으로 향하는 것을 근절하려는 것이었다.[11] 그러나 조선, 일본, 베트남까지도 청조에 대한 '이적'관은 변하지 않았다.[12] 청조 지배하의 '중국④'의 사대부들은 강희(康熙, 1662~1722) 이전 명조(明朝) 유신(遺臣)들과는 달리 점차 현실을 긍정하였지만, 연암(燕巖) 박지원(朴趾源)의 관찰에 의하면 그들은 좀처럼 본의를 들어내

9) 菊池秀明, 『ラストエンペーラと近代中國: 清末 中華民國』, 中國の歷史 권 10(講談社, 2005), pp.92~93.

10) 閔斗基, 「清朝의 皇帝統治와 思想統制의 實際-曾靜逆謀事件과 「大義覺迷錄」을 중심으로」, 『中國近代史硏究』(一潮閣, 1973).

11) 岡本さえ, 『清代禁書の研究』(東京大學出版社, 1996), 제2부 「乾隆禁書」の作品內容 제3장 夷狄論 참조.

12) 이성규, 「前近代 동아시아 상호 교류의 열림(開)과 막힘(塞)」, 대한민국학술원 《국제학술교류보고서》 제2집(2011), pp.9~10.

지 않는 것처럼 보였다고 한다. 이 본의는 곧 명조(明朝)에 대한 충절, 만족(滿族)의 '중국③'에 의한 변신을 인정할 수 없다는 것이었다.[13)]

청조가 '중국④'에게 변발과 만주복(滿洲服)을 강요한 것은 사실상 '중국③', 즉 예교(禮敎)의 중요한 핵심을 의도적으로 파괴한 정책이었다. 두발 형식과 의관은 실천 예교의 중요한 상징의 하나였기 때문이다. 18세기 조선의 연행사(燕行使) 일행들이 한인(漢人) 또는 심지어 만주인 아이들을 붙잡고 의복 문제를 질문하면서 화이관(華夷觀)을 탐색한 것도[14)]변발과 호복(胡服)의 강요가 한인(漢人)에게 엄청난 충격과 저항을 야기하였을 것으로 예상하였기 때문일 것이다. 입관(入關) 직후의 치발령(薙髮令)은 강력한 저항에 부딪혀 순치(順治) 원년(1644) 5월 청조도 일단 포기했다. 그러나 이자성(李自成)의 대순 정권(大順政權)과 복왕 정권(福王政權)을 와해시킨 직후 순치 2년 6월 다시 치발령은 전 제국에 공포되었다. 역시 강남(江南), 강서(江西), 강녕(康寧)에서 즉각적인 반발과 봉기가 연이어 보고되었지만 화북에서는 감숙(甘肅) 군민(軍民)의 거부 소동만 확인되고 순치 3년 이후 이와 관련된 저항이나 반란은 별로 확인되지 않는다. 그러나 두발과 의관의 복구를 주장한 대학사(大學士) 진명하(陳名夏)가 순치 11년(1672) 3월 탄핵된 것을[15)] 보면 적어도 순치 10년까지 대단한 저항이 있었던 것은

13) 閔斗基, 앞의 책, 「「熱河日記」에 비친 淸朝의 漢人統治策」, 『中國近代史硏究』, pp.6~68.

14) 최소자·정혜중·송미령 엮음, 『18세기 연행록과 중국사회』(혜안, 2007), pp.191~202. 「화이관」(1)에 수록된 13조 중 의복 문제를 거론한 것은 7조에 달한다.

15) 이성규, 「淸初地方統治의 確立過程과 鄕紳-順治年間의 山東地方을 중심으로」,

분명하다. '두발을 남기려면 머리를 남길 수 없고 소매를 남기려면 손을 남길 수 없으며, 치마[裙]를 남기려면 다리를 남길 수 없다'라는 원칙이 강행되었다면,[16] 학살된 사람도 적지 않았을 것이다.[17] 그럼에도 불구하고 청조가 이것을 강행한 것은 '중국③'을 생명으로 여기는 '중국④'의 자존심을 철저히 짓밟음으로써 철저한 복종과 충성을 확보할 수 있다고 판단하였기 때문으로 해석된다.[18] 그러나 이것은 '중국③'의 이적화(夷狄化), 곧 '중화'가 가장 우려하는 '만이활하(蠻夷猾夏)'의 국면이었으며, 스스로 '중국③'을 매개로 '중국④'와 '중국①'로의 변신을 포기한 것이었다고 해도 과언은 아니다. 조선 시대 말 단발령이 내리자 전국에서 의병이 봉기한 것을 상기하면, 청조 치하의 '중국④'가 변발과 호복을 결국 수용한 것은 그 치욕을 더 이상 상기하고 싶지 않았기 때문인지도 모른다.

청조는 '중국④'의 민심을 수습하기 위하여 '만한일가(滿漢一家)'를 표방하였지만 '만주근본(滿洲根本)'의 원칙을 견지하였다.[19] 관직에 따라 한인(漢人)이 임명 비중이 높은 부분도 있었지만, 중앙 관직의 대부

《서울大東洋史學科論集》 1(서울대 동양사학과 연구실, 1977), p.39.

16) 張良仁, 「我國傳統服飾形式是怎樣形成的? 歷代在服裝形式上有哪些重要的變化」, 『中國文化史三百題』(上海古籍出版社, 1987), p.246.

17) 蕭一山, 앞의 책, pp.294~299; 張杰, 『清朝三百年史』(社會科學出版社, 2011), pp.189~196. 양인은 모두 선교사의 목격담과 강남 각 현별 봉기 내역을 소개하였는데, 강음현(江陰縣)의 80여 일간의 수성전(守成戰)에서만 17만 2천 명이 참살되었다고 한다.

18) 平野聡, 『大清帝國と中華の昏迷』(講談社, 2007), pp.132~133.

19) 白壽彝, 總主編周原廉 孫文良主編, 『中國通史』 第10卷 中古時期·淸時期(上)(上海人民出版社), pp.133~137.

분은 만결(滿缺)로 채웠다. 특히 청조의 간접통치 지역을 관리하는 이번원(理藩院)의 관(官)은 모두 만결이었고, 이 지역에는 한인 관료를 파견하지 않았다. 요컨대 청조의 통치는 만주 팔기를 중심으로 이루어졌으며, '만한일가'의 원칙은 허울에 불과하였다.[20] 또 전 제국 각처에 설치된 기영(旗營)(만성(滿城), 기하(旗下), 만영(滿營))은 지방민에게 공포심을 자아내는 정복자의 격리된 공간이었으며, 원칙적으로 일반 지방민과 격절된 기인(旗人)들은 지방 행정관의 감시자였다.[21] 종래 알려진 것과 달리 '만주(滿洲)의 한화(漢化)는' (중국에 들어온 모든 이민족은 한화되었다는 고정관념과 결합한) 극히 제한적이었고, 오족(五族)으로(만(滿), 한(漢) 몽(蒙), 위구르, 티베트) 구성된 '다민족제국'은 '비한족 정복자의 정체(政體)'로 발전하였으며, 만주의 정체성 확대와 만주화는 계속 추진되었다.[22] 18세기 중반 한군(漢軍)이 '원래 한인(漢人)'이란 이

---

20) 구범진, 앞의 책, pp.134~145.

21) 汪利平, 「杭州旗人和他們的漢人隣居」, 劉風雲·劉文鵬 編, 『清朝的國家認同』(中國人民大學出版社, 2010). 그러나 이 논문은 점차 기인(旗人)과 지방사회의 협력과 병존관계가 증진된 것을 강조하였다. 신해혁명 과정에서 기영(旗營)이 타도 대상이 된 것도 군사력을 옹유한 때문이고, 만한(滿漢) 갈등보다는 한인(漢人) 민족주의가 고양되는 과정에서 만한 문제가 추상적으로 확산되었기 때문으로 설명하였다.

22) 羅友枝(Evelyn Sakakida Rawski), 「再觀清代-論清代在中國歷史上的意義」; 蓋博堅(Kent Guy), 「誰是滿洲人」, 『清朝國家的認同』, 참조. Kent Gyu의 논문은 柯嬌燕(Crossley, Pamela K), *Last Emperors: A Social History of Qing Imperial Institutions; A Translucent Mirror: History and Identity in Qing Imperial Ideology:* Mark C. Elliot, *The Manchu Way: The Eight Banners and Ethnic Identity in Late Imperial China;* 路康樂, 『滿與漢: 清末民初的族群關係與政治權力』 4책을 종합 서평하는 형식으로 각 저서의 관점을 소개하고 만주 Identity가 체현된 팔기의 충성이 청조 통치 성공의 비결이었다고 주장한다. 그에 의하면 '만주'는 17세기에 창조되고 18세기에 '발명된 전통'이었다는 것이다.

유로 기인(旗人)에서 일부 구축된 것은 바로 이 '만주' 정체성 강화책의 일환이었다.[23] 청초 5대 폐정으로 지적되는 변발, 역복(易服), 권지(圈地), 투충(投充), 도인(逃人) 문제는 모두 이 '만주 정체성'을 보증하기 위한 강경책이었다. 권지(圈地)는 만주 국공(王公) 귀족과 팔기(八旗)에 전장(田莊)과 토지를 분배하기 위하여 관민전(官民田)을 점권(占圈)한 것이었고, 투충(投充)은 이 토지를 경작할 노예를 한인(漢人)으로 충당한 것, 도인(逃人)은 바로 여기서 발생하는 도망자 엄벌 문제였다.

청조는 '중국④'의 '중국②'는 '중국③'을 이용하여 직접 통치하였지만, 몽고와 티베트는 라마교, 신강의 위구르는 이슬람교와 그 고유 전통을 이용하여 간접통치하였다. 청조 후기까지도 팔기(八旗) 관원과 동부 및 서북에 주방(駐防)한 장군(將軍), 만문(滿文) 상유(上諭)를 접수하는 관원들은 주절(奏折)에서 반드시 만문을 사용하였으며, 일반 행정에서 만문과 한문이 병용되었지만 많은 만문 문서들은 한문으로 번역되지 않고 통용되었다.[24] 네르친스크와 캬흐타 조약에서 참여한 청 측의 관인은 모두 만인(滿人)이었고, 조약문은 만문, 러시아, 라틴어 본만 있었고 한문본은 없었다. 러시아와의 외교에서 '한문(漢文)과 한인(漢人)' 배제는 1850년 초까지 계속되었다.[25] 이것은 러시아와의 영토 교섭은 '중국②'와는 무관한 것으로 판단되었기 때문일 것이다. 그러나 네르친스크 조약 직후 국경 획정을 표기한 석비(石碑)에는 만(滿), 러, 라틴뿐 아니라 한문과 몽고문(蒙古文)도 합벽(合璧)되었다.[26]

23) 歐立德(Mark C. Elliot), 「清八旗的種族性」, 『清朝的國歌認同』, pp.122~123.
24) 羅友枝, 앞의 글, pp.3~4.
25) 구범진, 앞의 책, pp.162~170.

1712년 청과 조선이 국경을 획정한 정계비(定界碑)에는 한문만 각자(刻字)된 것과는 무척 대조적이다.

이와 같은 청조의 지배체제와 통치책은 청조의 성공 비결로 높이 평가받고 있으며, 특히 강희·옹정·건륭 시대는 미증유의 성세로 칭송되기도 한다. 청조도 '중국①'의 계승을 자임하였다. 그러나 청조 전체 구조에서 '중국'은 그 일부에 불과하였고, 황제는 '중국①'의 천자 자격으로 몽고, 티베트, 신강, 만주를 지배한 것이 아니라, '만주'의 기반 위에서 '중국②, ④'를 포함한 나머지 지역과 민족을 정복·지배한 최고 통치자였다. 각 지역에 대한 통치 방식도 달랐지만, 각 정복지는 상호 유기적으로 결합되지 않았고 분리·통치되었다. 만주가 봉금(封禁)되고 한인의 이주가 금지된 것은 잘 알려진 사실이지만, 몽고와 신강에도 한인의 식민은 원칙적으로 금지되었다.[27] 즉 '중국④'는 '중국②' 안에서 봉쇄된 것이다. 여기서 또 '만한일가'의 허구성과 '중국④'의 반청 반만의 흐름(특히 비밀결사에 응집된) 문제를 장황하게 소개할 이유는 없을 것이다. 그러나 다음과 같은 주장은 문제의 핵심을 정확히 지적한 것 같다. 즉 "옹정제와 건륭제의 「성세(盛世)」는 만주인, 또 내륙 아시아인과 한인의 관계를 어느 하나도 근저에서부터 변화시키지 않은 채 한인의 「화(華)」에 대하여 일찍이 없었던 탄압 억압과, 그것과 바꾼 거대한 판도를 남기고 가버렸다."[28] 청조의 소멸 이후 '중국④'가 '중국①'을 재건할 경우 과연 억압과 고통의 대가로

26) 承志, 『ダイチン·グルエンとその時代』(名古屋大學出版會, 2009), p.168.
27) 毛里和子, 『周縁からの中國−民族問題と國家』(東京大學出版會, 1998), p.5.
28) 平野聰, 앞의 책, p.186.

그 거대한 판도를 통합·통치할 수 있는 권리와 자격이 있는 것일까?

제국주의의 충격이 청조에게 굴욕적인 충격과 양보를 강요하면서 청조는 급속히 몰락하였고, 연이은 대규모 반청 봉기와 혁명으로 해체되고 말았다. 이 봉기와 혁명 주체들은 그 타도 대상인 청조를 '이적'으로 규정하고 그 구축의 정당성을 주장한 점에서는 차이가 없었다. 신해혁명 운동의 모체가 되었던 흥중회(興中會, 1894년 창립)의 강렬한 배만(排滿) 사상과 그 입회 서약에 포함된 '구제달로(驅除韃虜)와 회복중화(恢復中華) 창립합중정부(創立合衆政府)' 구호는 너무나 잘 알려진 사실이며, 흥중회(興衆會)를 계승, 발전시킨 동맹회(同盟會, 1905년 성립) 이후 혁명과 중화민국의 지도 이념이 되었던 삼민주의(三民主義)의 하나인 민족주의(民族主義)는 혁명 이전까지는 '종족혁명(種族革命)'을 거듭 주장하는 이론적 근거였다. 혁명 후 수립할 정부의 성격과 형태는 달랐지만, 사실상 원말(元末) 반원(反元) 봉기의 구호와 동일하였다. 청조에서 '달로(韃虜)가 구제(驅除)'되고 '중국④'에 의한 '중국①'의 재건, 즉 '회복중화(恢復中華)'가 달성된 상황에서 그 영토도 일단 '중국②'로 국한되는 것이 상식적이라면, 그 구체적인 범위는 명조(明朝)가 직접 지배한 지역과 대차가 없어야 하는 것도 상식일 것이다.

3. '중화'민국과 '중화'민족

중화민국과 중화인민공화국의 국호는 그 이념의 차이를 반영한 것이지만, 양자는 모두 전통 시대의 왕조와 달리 '중국', '중화'를 직접 국명으로 채용하였다. 이것은 보다 적극적으로 '중화'의 모든 유산과 전통을 계승·발전시키겠다는 강력한 의지의 표명이었을 것이다. 만약 이들이 이 글이 분석한 틀로 '중화'를 이해하였다면, 이 '중화'의 범위와 내함(內函)도 그리 복잡하지 않았을 것이다. 1924년 국민당은 제1회 대회에서 "중국 국내 각 민족의 자결권을 승인하고 제국주의와 군벌에 반대하는 혁명이 승리한 후 자유롭게 통일된 중화민국을 조직할 것을 성실히 약속할 것과, 중국 영토 내에 있는 제 민족은 모두 평등하다"라고 선언하였다. 이것은 청조 치하 각 민족을 '중화민국'으로 통합할 목표는 있지만, 자결권을 기초로 그 자유의사를 존중하겠다는 것이며, 사실상 '청제국'의 해체를 약속한 것이다. '중화회복'은 '중국②'에 '중국④'에 의한 '중국①'의 회복이라는 상식을 따른 것이다. 이 원칙에서는 적어도 몽고, 신강, 티베트의 독립 요구를 탄압할 명분을 찾기가 어려울 것이다. 중국공산당의 강령과 선언도 이와 별 차이가 없었다. 공산당은 1931년 7월 제2회 당대회에서 몽고·티베트·회강(回疆)은 자치를 실행하는 민주자치방(民主自治邦)으로 조직하고 자유연방제(自由聯邦制)에 의해 중국본부(中國本部)·몽고·서장(西藏)·회강을 통일한 중화연방공화국(中華聯邦共和國) 조직을 약속하였으며, 1932년에는 "서장, 몽고, 신강(新疆), 청해(靑海) 등과 중국본부의 관계는 해당 제 민족의 자결에 따른다"라고 선언하였다. 1936년

7월 16일 마오쩌둥[毛澤東]이 에드거 스노와의 대담에서 영토 문제에 다음과 같은 의견을 표명한 것은 바로 이 노선을 따른 것인데, 그는 한 걸음 더 나아가 대만의 독립도 지지하였다. 즉 "우리는 (과거 중국의 식민지였던) 조선의 독립투쟁에 대하여 열렬한 지원을 할 생각이다. 대만에도 이와 동일한 (원칙이) 해당된다. 중국인과 몽고인이 사는 내몽고에 대해서는 우리는 그곳에서 일본을 쫓아내기 위해서 싸우고 내몽고가 자치 국가를 만드는 것을 도울 생각이다." 1945에도 모택동은 1924년 국민당의 선언을 새삼 지지하였다. 1947년 4월 내몽고 자치정부가 '중화민국의 구성 부분'으로 성립한 것은 내몽고의 지도자들이 바로 이 강령과 선언을 믿고 추진한 결과였다.[29)]

그러나 중화민국과 중화인민공화국의 영토 정책은 결국 청조의 구영토를 모두 '중화'에 포괄한 것이며 '중화②'의 회복을 훨씬 초월한다. 만약 민족 자결권과 분리권을 보장한 연방제 또는 연합국가론을 성실하게 실천하였다면 몽고·신강·티베트의 독립 요구를 반대할 명분도 없었을 것이다. 그러나 내몽고 자치정부 운동을 보고받은 중공중앙(中共中央)은 다음과 같은 반대의 입장을 표명하였다. 즉 "지금의 국내·국제 정세에서 자치공화국 방식의 정부를 수립하는 것은 극좌적이고, 몽고민족, 중국인민, 소련과 외몽고의 외교에도 불리하다. 반동파에 반소, 반공의 구실을 주어 중국인민 안에 편협한 민족주의자에 대한 공포를 주는 것으로 생각된다. 중국과의 사이에 종주관계를 갖는 자치공화국을 만들 수는 없으며 단독의 화폐, 군대, 더욱이 국

29) 이상 지금까지 毛里和子, 앞의 책, pp.16~40 참조.

기 따위도 필요 없다." 이에 앞서 국민당 정부도 이미 자결권과 연방제와는 거리가 먼 정책을 추진하였다. 즉 내몽고·티베트·청해 지역에 종래의 특별구를 폐지하고 성(省)을 설치하였다. 이후 이들 지역의 독립 요구는 모두 탄압되고 오늘날과 같은 자치구·자치주 제도가 정착된 과정은 생략하겠지만, 이 지역에서 아직도 계속되는 독립운동은 바로 처음 강령을 실천하지 않은 결과이다.

이 정책적 전환은 대체로 처음에는 (1) 제국주의자들에 의한 중국 분열 책동 방지, (2) 한족과 잡거하는 소수민족의 특성[30] 때문으로 변명되었고 최근에는 (3) 다민족국가론에 의해 정당화되는 것 같다. 즉 민족자결권은 식민지 피압박국의 민족과 인민에게 해당되며, 독립국가의 일부, 즉 다민족국가의 소수민족에게는 해당하지 않는다는 것이다. 청조의 한화(漢化)를 강조하며 '2천년 국가 압박'을 종결시키고 역사상 최대의 '다민족제국'을 확립한 청조 통치자를 극찬한 하병체(何炳棣)의 논문,[31] 청조의 '비한(非漢)' 특징을 인정하면서도 조기(早期) 세계화 과정의 시각에서 전통적인 '구주(九州)'를(*필자가 주장하는 '중국①') 크게 초월한 '본조지제(本朝之制, 청조의 판도)'의 대일통(大一統)을 그 이전 한인의 대일통과 차원이 다른 '다민족국가'의 형성으로 주장한 조강(趙剛)의 논문은[32] 모두 (3)의 주장을 뒷받침할 수 있는 역사적

30) 1949년 민족공작의 책임자였던 주은래(周恩來)는 주로 (1)을, 이유한(李維漢)은 주로 (2)를 근거로 연방제 대신 단일국가 내의 지방자치, 민족구역자치의 원칙을 주장하였다고 한다. 毛里和子, 위의 책, pp.42~43.

31) 何炳棣, 「捍衛漢化–駁羅友枝之「再觀淸代」」, 『淸朝的國家認同』.

32) 趙剛, 「早期全球化背景下盛淸多民族帝國的大一統話語重構–以{皇淸文獻通考·輿志考·象緯考}的幾個問題爲中心」, 『新史學』 제5권: 『淸史研究的新境』(中華書局,

근거를 제공하는 것 같다.

이에 비해 거자오광[葛兆光]은 직접 '다민족국가'란 표현은 사용하지 않았다. 그러나 그에 의하면 송대 이후 강화된 '중국의식'을 기초로 한족 중심의 '민족국가'가 성립하였고, '정복 왕조' 혹은 '이족통치시대(異族統治時代)'에도 한족문화 주간의 문화전통이 종시 연속되었고, 명확한 문화 정체성과 문화 주류가 구성되었기 때문에 이것을 하나의 문명체로 보아야 하며, 이 왕조들 역시 '중국'을 자임하였다는 것이다.[33] 거자오광의 목적은 근래 활발히 진행되고 있는 '중국사' 연구와 서술을 반박·부정하는 것이었다. 즉 청조의 비한족 요소와 만주 정체성을 강조하는 '청사연구(淸史硏究)', '중국원조사(中國元朝史)'를 '몽골시대사' 또는 '몽고제국사'로 대체하는 원사연구(元史硏究) 경향, 민족과 국가를 초월한 역사 서술, 이와 관련한 '동아시아사', '구역연구(區域硏究)', '대만의 동심원론(同心圓論)', '정복왕조론(征服王朝論)' 등이 모두 그 반박 대상이다. 그는 이 연구시각들이 결국 전통적인 '중국사'를 해체시키고, 그 결과 현재 진행되고 있는 영토 분쟁, 변경 지구의 독립 요구에 대항할 수 있는 중화인민공화국의 명분을 약화시킬

2011). 이 논문은 특히 '從分野到經緯: 科學革命與大一統的重建' 章을 설정하여 상위고(象緯考)가 서양의 천문과학을 수입하여 전통적인 분야설(分野說)을 부정하고 경위도(經緯度)로 전국을 측정한 사실을 '과학혁명(科學革命)'으로 대서특필하였다. '대일통다민족국가'의 '근대성'을 강조하려는 의도로 해석된다.

33) 葛兆光, 「重建關于"中國"的歷史論述-從民族國家中拯求歷史 還是在歷史中理解民族國家」, 『淸朝的國家認同』. 이 논문은 『宅玆中國』(中華書局, 2011)에도 수록되었다. 금번 학술대회에 제출된 『歷史, 文化與政治: 有關 "中國"的歷史形成與認同困境」도 대체로 동일한 내용이다. 송대 민족국가론은 『宅玆中國』에 수록된 「"中國"意識在宋代的凸顯」에 보다 상세하다.

것을 우려한 것이다. 송대 이민족의 침공과 영토상실, 굴욕적 강화가 계속되면서 강화된 화이의식(華夷意識)이 주자학의 강한 명분론과 결합한 것도 사실이며, 이것이 '중국의식'의 강화라면 필자도 동의한다. 또 진한(秦漢) 이래 '중국①-③'과 중첩한 '중국①'을 '민족국가'로 이해할 수 있는지는 의문이지만, 원과 청이 '중국③'을 대폭 수용하였고, 그 시대 '중국②'에서 '중국④'에 의한 '중국③'이 크게 파괴되지 않고 연속된 것도 사실이다. 그러나 이것을 근거로 원과 청을 '중국'에 포함시킨다는 것은 원과 청을 '중국②'에 국한된 국가, 그 중심지에 약간의 '이적'이 포함된 국가 정도로 오해하면서 당시 '중국②'의 지배집단이 '중국④'가 아니었다는 것을 망각한 판단이다. 거자오광이 원과 청의 비'중국' 비중을 정당히 평가하고 그 내용의 다양성도 인정한다면, 원과 청을 확대된 한족 중심의 '민족국가' 정도로는 물론 주장하지 않을 것이다. 그가 '민족국가'론을 견지한다면 아마도 원과 청을 '다민족국가'로 이해하였는지도 모른다. 그가 '정복 왕조'를 '중국(다)민족국가'로 이해한 것은 그가 지적한 '중국' 정체성의 '곤경'을 스스로 벗어나지 못한 때문이다. 필자가 제시한 '중국①-④'의 중층 개념을 적용하면 이 문제로 '곤경'에 처할 이유는 없는 것 같다. 조선이 아무리 '중국③'의 적통(嫡統)을 주장하여도 조선인은 '중국④'가 아니며, 그 영토는 '중국②'가 아니고, 그 국가는 결코 '중국①'이 아니라는 것은 거자오광도 쉽게 동의할 것이다. 그는 '이적'의 '중국' 자처와 '이적' 왕조의 역사를 '중국' 정사(正史)에 편입한 정치적 의미를(前述) 정말 몰랐을까? 그가 '곤경'을 자초한 또 하나의 이유는 바로 이런 점을 간과했기 때문인데, 혹 그것이 정치 공작의 일환이었다는 것은 알지만 다시 청사(淸史)

를 '중국' 정사에 편입시키지 않을 수 없는 현실적 요청 때문에 '곤경'에 처한 것은 아닌가?

그래도 그는 '중국' 판도의 역사적 이동성을 인정하여 '현대 중국의 정치경계로 전 시대 중국을 되돌아볼 필요도 없고 전 시대의 중국으로 현대 중국을 볼 필요가 없다는 것을' 인정하였다. 그래서 일찍이 고구려의 영토였던 동북이 현재 중국 영토가 된 것을 인정하지 못하거나 청제국이 관할한 몽고에서 외몽고가 분리된 것을 인정하지 않는 것은 타국 민족의 감정을 상하는 잘못이라고 주장한다.[34] 이 논법대로라면 그는 고구려사를 '중국사'에 편입시키는 공작을 틀림없이 반대하였을 것이다. 그러나 그가 외몽고의 분리를 인정한 것은 역시 청조가 간접 지배한 내몽고는 특별한 사정이 없는 한 당연히 현재 중화인민공화국의 판도에서 분리될 수 없다는 것을 전제한 것인데, 이것은 청조의 역사적 실체를 전혀 고려하지 않는 관점이다.

청조는 '다민족국가'가 아니라 '만주족이 여러 민족을 정복, 격리 지배한 제국'이었다. 그러므로 이 논리로 중화민국과 중화인민공화국의 민족·영토 문제를 정당화하는 것은 설득력이 없다. 그러나 이 '다민족'이 단순한 '여러 민족의 병존'이 아니라 불가분한 단일체였다면 문제는 달라진다. 즉 역사상 '중국④'는 수많은 민족과 교류 접촉하였고, 그 일부를 흡수하면서 자신을 확대시켰지만, 흡수되지 않은 집단들도 '중국④'와 대단히 특수한 관계가 되어 일반적인 민족관계로 설명할 수 없는 긴밀한 유대가 형성되었다면 그 여러 민족과 영토도 모

34) 葛兆光, 「重建關于"中國"的歷史論述」, 『清朝的國家認同』, p.265.

두 불가분한 일체로서 단일 국가에 통합되어야 한다는 주장도 가능하기 때문이다. 지금까지 언급한 몽고, 만주, 신강의 위구르, 티베트족은 모두 '중국②'의 외곽의 민족이지만, 사실 '중국②' 안에도 '중국④' 이외에도 역사상 많은 민족이 줄곧 존재했으며, 그 후손이 오늘날 중화인민공화국의 소수민족이 된 것이다. 이들 역시 '중국③', '중국④'가 아니며, 그 영역도 '중국②'와 분리되어 별도의 체계로 통치되었다. 필자는 이와 같은 민족과 영토관계를 설명하기 위하여 '중국②'와 그 외곽의 경계를 '외경(外境)', '중국②' 안의 '중국'과 '비중국' 영역의 경계를 '내경(內境)'으로 각각 명명하고 '중국'의 내외 2경의 구조를 제시한 바 있다.[35)]

외경 밖의 사이(四夷)는 대부분 광대한 지역에 집단 거주하였고, 때로는 대제국을 건설한 후 '중국②'를 정복 지배하기도 하였으며, '중국①'에 복속되어 기미주(羈縻州)로 편입되거나 조공국(朝貢國)으로 신속(臣屬)되기도 하였다. 그러나 그 영역은 결코 '중국②'의 일부는 아니었다. 이에 비해 내경 밖의 비'중국'은 단일 지역에 집주(集住)하지도 못하고 '중국④'의 거주 지역과 착종 분산되어 '중국①'에 큰 위협은 되지 못하였다. 이 지역에 설치된 토사(土司) 또는 주현(州縣)은 대체로 기미주와 비슷한 성격으로 세습 군장이 그 장관에 임명되었고, 책봉체제에 편입된 번국으로 분류되었다. 명대 만주는 외경 밖의 사이(四夷)였지만, 그 지역을 통제하기 위하여 설치된 도지휘사서(都指揮使司)는 기미주와 비슷한 성격이었다. 중화민국과 중화인민공화국의 민족,

35) 이성규(2005), 앞의 논문, pp.92~102.

영토 문제는 당연히 내경 밖 '이적'의 문제도 동시에 해결하지 않을 수 없었을 것이다. 양자는 모두 '중국'의 밖에 있었기 때문이다. 이 문제를 검토하기 앞서 다음과 같은 양계초(梁啓超)의 주장을 먼저 소개해 보자. 신해혁명 이전 청조의 타도를 목표로 한 동맹회(同盟會)와 청조의 보존을 주장한 입헌파(立憲派)는 '구제달로(驅除韃虜)', '종족혁명(種族革命)' 문제로 첨예하게 대립하였는데, 입헌파 양계초는 다음과 같이 동맹회의 주장을 반박하였다. 즉

> 만주는 결코 국가라고 할 수 없다……. 지금의 황실은 본래 건주위(建州衛)에서 흥기하였다. 건주위는 명 이래 아국의 기미주였다. 그 추장이 때맞추어 책명을 받고 그 부(部)를 통어(統御)하는 것은 운남(雲南), 사천(四川), 광서(廣西)의 토사(土司)가 그런 것과 같다. 지금 서남(西南) 토사의 인민을 중국의 인민으로 인정하지 않을 수 없다면 명대의 건주위의 인민도 중국의 인민으로 인정하지 않을 수 없을 것이다. 애신각라씨(愛新覺羅氏) 역시 우리 고유한 인민의 일분자(一分子)였을 뿐이다. 그러나 당시 국적법(國籍法)이 미정하여 기미주는 내지와 동일시되지 못하였다고 말할 수는 있으나 청 태조 누르하치는 명대 용호장군직(龍虎將軍職)을 받았으니 …… 청실의 선대는 확실히 명의 신민이니 곧 중국의 신민이다. …… 청이 명을 대신한 것은 본국 신민이 구 왕통에 대하여 내란을 일으켜 찬탈을 도모하여 성공한 것이니 한 나라가 한 나라를 쓰러트린 것은 아니다(《新民叢報》 제 84호).

김충급(金冲及) 등은 이 구절이 몇 군데 부정확한 관점은 있지만 전

체적으로 보면 옳은 주장이며, 만족을 외국(外國)으로 간주하여 구제(驅除)를 주장하는 동맹회의 관점이 부정확하였다고 평가하였다.[36) ① 명조의 만주 지배 방식이 서남 토사와 같은 기미주의 형식이었고, ② 기미주민은 '중국④'와 그 위상과 처우가 달랐다는 것은 옳은 지적이다. 그러나 책봉을 받은 이민족 군장은 '중국①'의 '신민'이 아니라 '신(臣)'이 되지만, '중국④'의 내신(內臣)과는 전혀 성격이 다른 외신(外臣)이 되는 것이며, 그 민(民)은 '중국①'의 민이 되는 것이 아니다. 또 기미주와 그 민도 결코 '중국②'와 '중국④'로 각각 편입되는 것은 아니다. 명말 이자성의 대순 정권은 본국 신민의 반란 정권이다. 그러나 청조의 입관을 대순 정권의 입성과 동일시한 사람이 과연 있었겠는가? 당시 이것을 '이적에 의한 중화의 정복, 유린'으로 보지 않았다면 그는 한간(漢奸)이었을 것이다.

어쨌든 내외경을 막론하고 그 외곽 '비중국'의 위상과 성격이 비슷하였다면, 민족·영토 문제에서 내경 외 '비중국'도 도외시할 수 없는 대상이었을 것이다. 중공의 공식 문서에서 몽·회·장과 함께 내경 밖의 묘족(苗族)과 요족(瑤族)이 처음 등장한 것은 1938년 10월이었고,[37)] 이들에 대한 본격적인 관심은 중화인민공화국이 성립한 직후인 1950년 이후에 시작되었다. 그 후 대대적인 서남(西南) 소수민족에 대한 연구와 그에 기초한 민족 식별과 지정이 순차적으로 이루어져, 전체 55개의 소수민족이 확정된 것은 1980년이었다. 이제 몽·장·회는

36) 金冲及·胡繩武, 『辛亥革命史稿』 제2권, 中國同盟會(上海人民出版社, 1985), pp.86~87.

37) 佐佐木信彰, 『多民族國家中國の基礎構造』(世界思想社, 1988), p.8.

전체 소수민족 문제의 일부가 되었다. 대부분 자결권을 부여하기도 어렵고 현실적인 독립 요구도 없는 내경 외 소수민족들과 자결권을 요구하고 또 부여할 수도 있는 외경 외 '비중국'이 모두 소수민족으로 일괄되어 동일한 정책의 대상이 되었고, 중화인민공화국은 93.3%의 한족과 6, 7%의 55개 소수민족으로(1982) 구성된 다민족국가가 된 것이다. 소수민족 취거지구(聚居地區)는 전국 면적의 50% 이상을 점하였다. '중화민족론'은 바로 이것을 정당화하는 '묘책'이 되었다.

'중화민족'은 본래 그 자의상(字義上) 한족, 즉 이 글에서 제시한 '중국④'에 부합할 수 있는 개념이다. 그러나 중화인민공화국에서 이것은 '한족+55개 민족'의 공동 족명(族名)'이다. 그 구조는 '다층차(多層次), 다원격국(多元格局)(體制)'이지만 하나의 '통일된 자각적 민족실체'이며,[38] 비록 이 개념이 현대에 제시되었지만, 그 연원은 진한 이래의 통일적 다민족국가에도 이미 존재하였다는 것이다.[39] '민족은 만들어지는 것'이라는 말을 입증하려는 듯, '중화민족'의 역사적 실체를 입증, 선전하려는 정치·학술 공작이 대대적으로 진행되었고, 이것을 반대하는 것은 '분열주의자, 반동, 반혁명분자'를 자청하는 것과 다름없을 것이다. 이 문제에 대한 필자의 소견은 이미 간단히 피력한 바 있지만,[40] 사실 학문적으로 토론할 기분도 아니다. 다만 이 글의 논지와

38) 費孝通, 「中華民族的多元一體格局」, 費孝通 等著, 『中華民族多元一體的格局』(中央民族學園出版社, 1989).

39) 谷苞, 「論中華民族的共同性」, 『中華民族多元一體格局』.

40) 이성규, 「中國帝國의 分裂과 統一-後漢解體 以後 隋·唐統一의 形成過程을 중심으로」, 閔賢九·李成珪·盧明植·朴根甲, 『歷史上의 分裂과 再統一』(上)(一潮閣, 1992), pp.74~79.

관련해 이 '중화'는 역사상, 그리고 상식적으로 통용된 개념, 즉 '만이융적(蠻夷戎狄)'의 대칭 개념을 완전히 무시한 신개념이었다는 점만 지적하겠다.

그러나 이와 비슷한 '중화민족'을 처음 제기한 사람은 손문(孫文)이었다. 신해혁명(辛亥革命) 이전 '구제달로(驅除韃虜)'를 주장하던 그는 혁명 후 '오족공화론(五族共和論)'을 주장하였는데, 그 내용은 "한·만·몽·회·장 제 지역을 합하여 1국으로 하고, 이 다섯 민족을 합하여 1인이 되는 민족통일을 이루자"라는 것이다. 이 민족통일을 그는 "**한족을 중심으로 만·장·회 등을 동화시켜 한민족을 중화민족으로 바꾸는 것**"으로 설명하였다(1921년 3월 6일 연설).[41] 민족 자결을 주장한 손문이 대한족주의(大漢族主義)를 공공연하게 주장한 것은 실제로 우월적 한족의 희망을 솔직히 대변한 것이라고 해도 과언은 아니다. 그래도 그의 '중화민족'은 상식적 개념에 부합하였다.

한족이 소수민족의 독립을 모두 허락하는 것은 현 국토의 반 이상의 상실을 의미한다면, 실제 이것을 동의할 한족은 많지 않을 것이다. 그러나 반제국주의 혁명가요 민족자결주의 신봉자가 소수민족의 자결을 부정하는 것은 자기 부정이나 다름이 없다. 여기서 실리와 명분을 모두 얻을 수 있는 길은 한족과 소수민족을 '하나의 민족'으로 만드는 것이다. 그러나 한 민족이 아니라는 것은 모두 알고 있지 않은가? 하층 개념으로서 각 '민족 실체'를 일단 인정한 후, 그 상호관계를 '통일적 다층다원'으로 '중화민족'을 수식한 것은 바로 이 때문일 것이

41) 毛里和子, 앞의 책, pp.16~17.

다. 결국 한족과 55개 소수민족은 분리될 수 없는 일체라는 주장이다. 1982년 헌법이 이 '중화민족'의 단결을 유지·보호하기 위하여 대한족주의와 지방 민족주의를 동시에 투쟁 대상으로 명시한 것은 바로 이 불가분성을 천명한 것이었다. 즉 한족과 소수민족의 민족주의는 모두 '중화민족주의'에 종속되는 범위에서만 보장된다는 것이다. 1982년 헌법은 또 '중화인민공화국'은 전국 각 족(族) 인민이 공동으로 결성한 통일적 다민족국가이며, 평등, 단결, 호조(互助)의 사회주의 민족관계가 이미 확립되었음을 선언하였다(헌법 전문). 그러나 대약진운동과 문화대혁명 기간 계급투쟁, 분열주의자에 대한 투쟁과 숙청의 수단으로 내몽고를 비롯한 소수민족 지구에서 사실상 소수민족이 대대적으로 탄압·살해된 사실이[42] 청조의 한족 탄압을 연상시킨다면 지나친 과장인가?

'중화민족론'은 청조가 지배한 민족과 영토를 중화인민공화국이 그

42) 佐佐木信彰, 앞의 책, pp.43~45에 의하면 민족 정책 변화의 5단계 중 ②단계 1차 좌경 시기(左傾時期, 1958~59)와 ④단계 민족문제의 계급투쟁화 시기(1966~72)에 소수민족 지구가 대재해를 입었다고 한다. 근래 당시 상황과 피해 규모를 폭로하는 글들이 보인다. 星野昌裕, 「內モンゴルの文化大革命とその現代的意味」, 國分良成 編著, 『中國文化大革命再論』(慶應義塾大學出版社, 2003) 및 宋永毅 編著, 松田州二 譯, 『毛澤東の文革大虐殺}(原書房, 2006)에 수록된 다음과 같은 글을 보라. 吳迪, 「內人黨」大虐殺顚末－モンゴル族を襲つた空前の災禍」; 徐勇, 「韋國淸の四·二二派掃討作戰」, 「解放軍による沙田の大量殺戮－皆な殺すされた雲南省の回教徒村」. 내몽고 인민혁명당 사건에서 34만 6천 명이 박해를 받았고, 사망자는 16,222명인데, 그중 77%가 몽고족이었다고 한다. 광서 장족(壯族) 자치구에서도 10만 명 이상이 희생되었고, 사전촌(沙田村)은 전촌의 무차별 학살 결과 사망자만 1천 명이 넘었다고 한다. 당국은 이 학살을 정당화하기 위하여 이들이 이슬람 공화국을 건설하려고 하였다고 비난하였다.

대로 계승할 수 있는 형식상의 논리가 된 것은 분명하다. '중화민족'이 불가분한 통일체라면 그 영토 역시 불가분한 통일체이기 때문이다. 여기서 더 이상 현실 정치를 거론할 필요는 없다. 그러나 '중화민족'이 진한 이래 실재하였다는 주장과 함께, 역사상 '중국①'과 그 주변의 '사이'가 모두 '중화민족'에 포함된 '형제민족'이 되면서(염황자손(炎黃子孫)) 역사 인식과 서술에 큰 혼란을 야기한 것은 심각한 문제가 아닐 수 없다. 북방 이민족의 침공과 정복을 '동생이 노후잔학(老朽殘虐)한 형을 무력으로 타도하고 대신 그 가무(家務)를 관리한 것'으로 설명한 주장은[43] 단순한 농담이 아니었다. 역사상 동아시아와 북아시아 심지어 중앙아시아도 모두 '중화민족'의 공간이면, 그 안의 모든 국제관계는 모두 형제 간의 내부 문제가 아닌가? 또 이 지역의 모든 역사는 '중국사(中國史)'란 주장도 그 논리적 귀결이다. 정복왕조론이 부정되는 것은 오히려 당연한 일일 것이다. '중화민족론'의 입장에서 정복 왕조는 '중화민족'의 대일통을 구현한 것이기 때문이다. 우리를 자극하고 있는 고구려사 귀속 문제도 바로 이 '중화민족론'의 논리적 귀결일 것이다. '중화민족'의 영토를 '중화민족'이 서로 번갈아 통치해왔고, 그것을 그대로 이어받은 중화인민공화국의 영토와 민족 문제에 누가 감히 이견을 제기하겠는가?

현재의 입장에서 과거를 보지 말고 과거의 입장에서 현재를 보지 말 것을 주장한 거자오광이 그 예로 든 것이 무척 흥미롭다. 즉 과거 베트남이 중국에 내부(內附)한 사실로 베트남의 독립을 용인하지 못하

43) 范文瀾, 「中國歷史上民族鬪爭與融合」, 《歷史研究》(1980년 1기).

는 것이나 조공을 바치던 유구(流球)가 일본에 귀속된 것을 용인하지 못하는 것은 잘못이라는 것이다.[44] 물론 그렇다. 그러나 이 논리에는 바로 전통 시대의 내부와 조공이 곧 독립을 허용할 수 없는 중국의 일부로 편입된다는 주장이 깔려 있는 것은 아니가? 즉 그들은 원칙적으로 현재의 중화인민공화국에서 독립할 수 없는 존재였지만, 특수한 사정 때문에 독립한 것을 양해한다는 것은 아닌가? 청의 명조 침공을 중국의 신민이었기 때문에 내부 반란을 이해한 양계초가 만주의 독립을 허용할 수 있는 문제라고 생각할 수 있었을까? 저족(氐族) 전진(前秦)의 황제 부견(苻堅)이 한족 동진(東晋)을 침공한 비수전(淝水戰)이 통일전쟁이었느냐 아니었느냐는 논쟁은 우리에게 한심한 작태로 보인다. 그러나 이 시대까지 '중화민족'을 소급하는 사람들에게는 대단히 '진지한 학술 논쟁'일 것이다. 거자오광이 역사 논술에서 '중국' 정체(整體)의 곤경을 말한 것은 그래도 '중화민족론'과 학자적 상식의 갈등을 외면하지 못한 것인지도 모른다.

4. '중국' 문명의 가치

'중국' 문명의 범위와 내용 역시 복잡한 문제이다. 그러나 그 문명을 선도하고 주류를 형성한 것은 역시 '중국③'이었고, 모든 정복왕조에서도 계승·발전되었기 때문에 여기서는 이것을 중심으로 논의를

44) 葛兆光, 앞의 논문, p.265.

진행하겠다.[45] 이 문명이 위대한 세계 문명의 하나였고, 동아시아 전체의 문명화에 크게 공헌한 것은 이론의 여지가 없다. 많은 학자들이 그 형성 과정과 실체, 역사적 기능, 문명적 가치를 다각적으로 계속 연구하는 것도 바로 이 때문이다. 역사 연구자들은 문명의 역사 자체를 이해하는 데 일단 만족한다. 이에 비해 철학자들과 정치가, 또는 일반인들조차 그 문명적 가치의 현재적 유용성에 보다 관심이 많다. 전통 시대 동아시아인들이 중국 문명을 탐구한 것은 바로 그 자신의 문명적 모델을 탐색하는 과정이었고, 실제 중국 문명은 전근대 동아시아의 문명적 가치의 기준이었다. 선교사들을 통하여 중국 문명의 편린을 알게 된 유럽인들도 그 문명을 극찬하기도 하였다. 그러나 19세기 중반 이후 동아시아인들은('중국④'의 일부조차) 문명의 모델을 서구에서 찾기 시작하였고, 전통에 대한 총체적인 불신과 파괴도 불사하였다.

물론 수구파는 말할 것도 없고 개혁파·혁명파들도 반격에 나섰다. 중체서용론, 신전통주의, 국형파, 신유가 등에 이르기까지 전통 문명 옹호론과 (전반)서화론 간의 공방은 계속되었다. 이 논쟁은 동시에 수구·보수와 혁명·개혁의 정치투쟁과 결부되어 더욱 복잡한 양상을 띠

45) 葛兆光, 「疊加的, 凝固的與斷續的-從歷史看中國文化的複數性」은 중국 문화의 역사적 첨가, 중첩성과 복수성을 강조하면서, 만·몽·회·장·묘 문화도 '중국 문화'에 포용될 것을 주장한다. 이것은 그가 '중화민족론'을 지지한 것과 표리를 이룬다. 그러나 '중국③'의 복수성은 바로 이 문화들과의 역사적 교섭 과정에서 형성된 것이고, 실제 현재 소수민족 문화는 예술 민속 이외에는 대체로 낙후 상태를 면하지 못하여 현대적 가치를 찾기는 어렵기 때문에, 이 글에서의 논의에서는 일단 제외한다.

었다. 특히 중국공산당의 승리 이후, 반제국주의 반서구주의 논객들은 전통과 사회주의의 결합을 대안으로 제시하였고, 반면 '아시아의 4소룡(小龍)'의 성공 배후에 유교가 있다는 주장이 유행하면서 '유교자본주의'를 선전하는 논객들도 적지 않았다. '아시아적' 가치가 서구의 대안으로 강조되는가 하면 그것은 권위적 비민주주의를 호도하는 수단에 불과하다는 비판도 제기되었다. 장기간 다각적으로 논쟁이 계속되었지만, 초점은 서구의 물질문명, 개인주의, 민주주의, 과학을 전통 문명이 어떻게 어떤 강도로 선별 취사할 것이냐에 집중되었다. 100년 이상 거의 비슷한 논쟁의 반복은 이미 우리를 지치게 하였다.

공산당 정권이 5·4 운동에서 폭발한 반전통, '공가점(孔家店) 타도' 정신을 지지하였고, 특히 문화대혁명 기간 권력투쟁과 결합하여 공자와 유교에 대한 철저한 공격이 독려되었다는 것도(批林批孔運動) 잘 알려진 사실이다. 그러나 개혁과 개방 이후 표방한 '중국식 사회주의' 노선은 '중국식'에 대한 질문을 다시 던지게 하였다. 물론 이것이 사실상 자본주의 시장경제의 대폭 수용이라는 것은 확실하지만, '중국식'은 무언가 '중국적 가치'와의 관련을 암시하기 때문이다. 이 의문은 1980년 중국 정부가 공자와 유교 복권 운동을 주도하면서 풀리기 시작하였다.[46] 그해 주로 유교 사상을 토론한 중국 철학 학술대회가 항

46) 林嘉言, 『中國近代政治と儒教文化』(東方書店, 1997). 임은 민국 초에서 80년대 이후 공자 재평가 운동까지 유교와 중국 근대 정치의 관계를 잘 정리하고 있다. pp.175~177은 유교 재평가 운동의 목적을 다음과 같이 지적하였다. 즉 "중국인민의 자존심과 애국심을 높이고 중국의 특색 있는 사회주의의 건설, 국내정치의 안정·단결과 조국통일이라는 현실정치의 목표에 도움을 주려는 것이다".

주(杭州)에서 처음 개최되었을 때의 분위기를 드 베리(de Bary)는 다음과 같이 전하였다.

> 분과회의 분위기는 마치 퀘이커 교도의 기도회와 같은 오랜 침묵이 흘렀고 학자들의 집회는 어느 선까지 유교에 대한 찬반이 허용되는가를 확인하기 위하여 조용히 기다렸다. 그러나 전반적으로 유교가 더 이상 금기가 아니라는 메시지는 분명하였다.[47]

이것은 학문이 국가에 의해 엄격히 통제된 상황, 그리고 현재의 유교 재평가와 부흥 운동이 국가의 지시와 요청에 의해서 이루어진 것을 단적으로 말해주는데, 정부의 선을 탐색하지 않을 수 없는 학자들에게 보다 확실한 지침이 내린 것은 1989년에 공자 탄생 2,540년을 기념하여 북경에서 개최된 학술대회였다. 그 회의에서 개혁 개방의 경제 계획 실세로 잘 알려진 국무위원 곡목(谷牧)은 다음과 같은 기조연설을 하였다. 그는 이 대회의 명예 의장이었지만, 1984년 중국공자기금회장을 맡은 이후 유교 재평가 운동을 추동한 인물이었다. 즉

① 중국 민족은 긴 역사와 우수한 고대 문명을 갖고 있었다. 중국 문화는 인류역사 상장기간 **유교 사상으로 찬란하게 빛났으며……**

② 문화는 한 국가와 민족의 문명 수준의 징표인 동시에 정치적·

47) Preface, *Confucianism and Human Rights*, edited by Wm. Theodore de Bary & Tu Weiming(Columbia University Press, 1998), p.xi.

경제적 생활을 지도한다. **한 민족과 인류 전체의 번영과 평화를 증진하기 위하여 합당한 문화**를 개발할 필요가 있다.

③ 이런 관점에서 **전통적인 민족 문화에 대한 적절한 태도**를 갖는 것은 대단히 중요하다. 과거를 추수(追隨)하는 것도 과거와 전통을 무시하는 것도 모두 바람직하지 않다. 정확한 태도는 **정수(精粹)를 계승**하고 쓰레기는 버리는 것이다.

④ 중국인민은 사회주의 근대화와 부강한 사회주의 국가를 건설하는 데 열심히 일하고 있다. 이 목표를 달성하기 위하여 **애국적이고 과학적이며 민주적인 신문화를** 개발하고 개선해야 한다고 우리는 믿는다.

⑤ 이것은 우리 **민족의 전통을 계승하고 개혁**하는 것과 병행하여 과감하게 그러나 **선별적으로 외부세계의 선진문화를 수용하여** 양자를 하나의 정체(整體)로 융합하는 데 노력해야 한다.

⑥ 중국 문화와 외국 문화에 대한 태도는 **전통문화가 기둥으로 보존되어야 한다**는 것은 의문의 여지가 없다.……

⑦ 주지하는 바와 같이 **조화 사상**은 중국 문화의 중요한 요소이다. 일찍이 서주(西周) 말 3천 년 전 고대의 학자들은 "조화가 만물을 번성하게 한다[和實生物]"라는 탁월한 사상을 천명하였다. 그 후 공자와 유가는 "조화가 귀하다[和爲貴]"라는 관점을 제시하고 **상호의존적인 인간관계의 조정과 자연환경 보호** 이론을 확립하였다.

⑧ 이 사상들은 고대 중국사회의 번영에 공헌하였을 뿐 아니라 오늘날 인류의 생존과 발전에도 지대한 실천적 의미를 갖는다.[48)]

전문을 원문으로 구독(求讀)하지 못하여 정확히 의미가 전달되지 못한 부분이 있을지 모른다. 그럼에도 불구하고 굳이 이 장문을 소개한 것은 현재 중화인민공화국 정부가 건설하려는 '중국' 문명의 방향, 내용, 성격 및 그 목적이 가장 간결하게 잘 요약되어 있다고 판단되었기 때문이다. 설명의 편의를 위하여 필자가 단락을 짓고 번호를 붙였다. 너무나 분명하여 더 이상 설명도 필요 없지만, 이 학회가 1989년 6월 천안문 사건이 발생한 후 4개월이 경과한 시점에서 개최되었다는 사실은 기억할 필요가 있다. 곡목(谷牧)의 연설은 곧 개혁과 개방 이후 점증하는 사회 불안정과 정권의 위기에 대응하여 '애국적·과학적·민주적' 신문화를 건설하여 중국인민의 정치·경제 생활을 지도하겠다는 국가의 의지였다(②, ④).

'과학'과 '민주'는 5·4 운동의 주역들이 전통 파괴의 대안으로 제시한 신문명의 목표였고, 유교의 정수(精髓) 옹호를 주창한 현대의 신유가들도 '민주'와 '과학'은 서구 문화에서 수용하지 않을 수 없음을 인정하였다.[49] ⑤가 과감한 선진문화 수용을 강조한 것은 바로 이 과학과 민주를 염두에 둔 발언일 것이다. 그러나 서구 문명의 정채(精彩)인 과학과 민주에 대한 자성(自省)은 제1차 세계대전을 전후하여 서구에서도 이미 제기되었고, 1920년대 중국 신전통주의자들이 전통문화의

48) 渡邊信一郎, 『중국 고대의 왕권과 천하질서』(中華書局, 2008), pp.2~9 참조.

49) 羅義俊 編著, 『評新儒家』(上海人民出版社, 1989); Lui Shu-Shen, "Confucian Ideals and the Real World: A Critical Review of Contemporary Neo-Confucian Thought", edited by Tu Weiming, *Confucian Traditions in East Asian Modernity: Moral Education and Economic Culture in Japan and the Four Mini-Dragons*(Harvard University Press, 1996).

정신적 가치를 재강조한 것도 바로 이 때문이다. ⑤의 '선별적' 수용은 바로 서구 문명의 자성과 비판을 의식한 것이었지만, 신문화의 기둥을 전통문화, 특히 고대 문명을 찬란하게 빛낸 유교 사상으로 설정한 것은(①, ③, ⑤, ⑥) 1930년대 국민당을 지지하는 일부 지식인들이 '중국본위 문화건설' 주장을 연상케 한다. 전반서화(全般西化)를 주장한 자유주의자 호적(胡適)이 그 부당성을 비판한 것도 잘 알려진 사실이다.[50] 그러나 ⑧은 유가 사상을 신문화의 기둥으로 설정한 이유를 설명한다. 즉 유가 사상은 현대 인류의 생존과 발전에 공헌할 수 있는 보편적 가치가 있다는 것이다. 그리고 이것은 인류 전체의 번영과 평화 증진에 합당한 문화를 건설하지 않을 수 없는 중국의 의무를(②) 실천할 수 있는 사상을 제공하기 때문이다. ⑦은 유교가 왜 현대에도 유효한 보편적 가치를 갖느냐는 이유를 설명한다. 즉 조화를 강조하며 상호의존적인 인간관계와 현대사회에서 절실한 자연환경 보호사상을 이미 정립하였다는 것이다.

결국 유교 사상의 조화와 상호의존적 인간관계로 교육되어 단결과 애국심이 충만한 중국인민만이 '중국식 사회주의'를 성공적으로 건설할 수 있지만, 이것은 곧 인류의 보편적 가치를 실천하는 것이라는 주장이다. 그렇다면 곡목(谷牧)의 연설은 개인주의와 경쟁, 발전과 개발지상주의 만능으로 병들고 몰락해가는 서구도 중국이 제시한 보편적 가치를 존중하고 배우는 것이 마땅하며, 서구의 가치로 중국의 현실

50) 閔斗基, 『中國에서의 自由主義의 實驗-胡適(1891~1962)의 思想과 活動』(지식산업사, 1996), 제2장 2절 전통문화 비판 참조.

을 비판할 수 없음을 경고한 것이기도 하다. 이제 유교 사상에서 조화와 상호의존적인 인간관계와 환경보호사상을 적출하고 그 보편적 가치를 확인하는 것은 학자들의 몫이었다. 국가가 후원하는 애국적 학술 운동이 성황을 이루지 않았다면 오히려 이상한 일이었을 것이며, 이 확대된 '문화 시장'은 외국학자들의 관심을 끌기에 충분하였다.

많은 학자들은 ⑦의 관점에서 중국 문화와 유교 사상의 기본적인 성격과 특징을 확인하는 작업에 몰두하였고, 그 특징들의 보편적 가치를 역설하였다. 이 책에 실린 천라이[陳來]의 글은 그 모범답안이라고 해도 과언이 아니다. 그의 주장을 간단히 정리해보자. 우선 그는 중국 문명의 철학기초를 먼저 다음과 같이 분석하였다. 즉 (1) 각종 사물의 존재를 연관성으로 파악하는 관련사유(關聯思惟), (2) 만물이 연속적인 존재인 하나의 기(氣)로 형성되어 상호 연결되었다는 우주론, (3) 음양호보(陰陽互補) 철학, (4) 변화생생(變化生生), (5) 조물주의 주재(主宰)가 필요 없는 자연천리(自然天理), (6) '천인합일(天人合一)' 사상과 이에 기초한 '만물일체(萬物一體)' 사상. 이 특성들 때문에 중국 문명은 상호윤리, 관련사군(關聯社群, 상호의존적인 유기적 집단사회), 합작정치(合作政治), 공생과 조화, 다원성을 존중하는 문명이 되었고, 인류가 직면한 곤경을 해결하는 데 공헌할 수 있다는 것이다(「中國文明的哲學思惟基礎」). 이 중국 문명의 가치를 그는 다시 다음과 같이 부연하였다. 즉 중국 문명의 가치 덕성은 모두 인간과 인간, 인간과 사회 집단의 관계를 말하는 것이었다. 유가의 인애, 예교, 책임, 집단사회의 가치는 모두 이 관계를 규정한 덕목이었다. 이것은 후세 철학의 해석을 통하여 더욱 그 보편적 의의가 분명해졌다. 뿐만 아니라 유가의

'천하위공(天下爲公)', '천하위일가(天下爲一家)', '이중국위일인(以中國爲一人)', '천하와 국가의 합일' 세계관은 호조우애(互助友愛), 안거락업(安居樂業, 자신의 위치에서 생업을 즐기는), 사회평등, 국제평화의 이상을 제시한 것으로 높이 평가하였다. 아울러 그는 자유, 권리, 이성, 개성을 서구의 보편적 가치로 인정하면서 중국 문명의 가치인 인애, 예교, 책임, 사회집단, 내심안정(內心安靜)도 보편적 가치임을 주장하였다. 그는 중국 문명의 보편적 가치를 주장하였지만, 그래도 서구의 가치를 비판하지 않고 문화와 문명의 '다원보편성'을 서로 승인하는 '승인문화(承認文化)'를 주창하였다(「中國文明的價値觀與世界觀」).

천라이가 짧은 글에서 인용한 유가 고전의 문구들만 보면 그 주장을 반박하기 어려운 것 같고, 특히 『국어(國語)』 정어(鄭語)의 다음과 같은 구절은 확실히 다원적 조화를 강조한 고대의 '진정한 지혜'로 평가해도 좋을 것이다. 즉

> 화(和)는 만물을 생성시킨다. 같은 것끼리 만나면 계속 이어지지 않는다. 서로 다른 것으로 고르는 것을 화(和)라고 한다. 그러므로 능히 풍성하게 자라고 물(物)이 그것으로 돌아간다. 만약 같은 것을 보태면 그것이 다하면 버려진다. 그러므로 선왕(先王)은 토(土)와 금(金)·목(木)·수(水)·화(火)를 섞어 백물(百物)을 만들었다. 이 때문에 오미(五味)를 고루 합하여 입맛을 맞추며 사지(四肢)를 강하게 하여 몸통을 지키고 6율(律)을 조화시켜 귀를 밝게 한다. 7체(體)(이목구비(耳目口鼻)의 7공(孔))를 바르게 하여 마음을 움직이고 8색(索)(수(首)·복(腹)·족(足)·고(股)·목(目)·구(口)·이(耳)·수(手))을 바르게 하여 사람이 되게 한다. 성

명을 다스리는 9기(紀)(5장(臟)과 위(胃)·방광(膀胱)·장(腸)·담(膽))를 세워 순덕(純德)을 세운다. ……이와 같은 것이 화(和)의 극치이다. 이에 선왕은 이성(異姓)에서 왕후를 데려오고 재물은 그 생산지에서 구한다. 신하를 택할 때는 간(諫)하는 관리를 취하여 많은 일을 논하며 그 화동(和同)에 노력한다. 색(色)이 하나면 꾸며지지 않고 맛이 하나면 맛이 나지 않고 물(物)이 하나면 갖출 수가 없다.[51)]

다원성, 조화, 상호의존성의 가치를 비근한 신체 각 부분의 기능을 예로 들며 잘 설명하고 있다. 그러나 이 특성들이 보다 감동적으로 전개된 유명한 구절들을 더 소개해보자. 이 구절들도 이 문제와 관련해 자주 인용된다. 먼저 장재(張載) 『서명(西銘)』의 다음과 같은 구절을 보자.

하늘을 아버지로 땅을 어머니로 칭한다. 나는 아득하게 작은 존재이지만 혼연 일체가 되어 그 가운데 처하고 있다. 그러므로 천지 사이에 가득 찬 기(氣)는 내 몸을 형성하고 **천지의 기를 통수(統帥)하는 의지는 내 본성이다. (모든) 민(民)은 나의 동포이며 만물은 나와 함께한다. 대군(大君)은 (천지인) 부모의 종자**, 그 대신들은 종자의 가무를 관리하는 자들이다. 노인을 존중하는 것은 어른을 어른으로 대접하는 것

51) 『國語』 鄭語 "夫和實生物 同則不繼 以他平他 謂之和 故能豐長而物歸之 若以同裨同 盡乃棄矣 故先王以土與金木水火雜 以成百物是以和五味以調口 剛四肢以衛體 和六律以聰耳 正七體以役心 平八索以成人 建九紀而立純德 …… 夫如是 和之至也 于是乎先王聘后于異姓 求則于有方 擇臣取諫工而講以多物 務和同也 聲一無聽 色一無文 味一無果 物一不講."

이고, 외롭고 약한 아이를 자애하는 것은 어린이를 어린이로 여기는 것이며, 천지의 덕에 합하는 자가 성인이며, 천지의 빼어난 기를 타고 난 사람이 현인이다. **무릇 천하의 질병자와 불구자, 돌볼 사람이 없는 고아·홀아비·과부들은 모두 넘어지고 고통받으며 호소할 곳이 없는 나의 형제들이다.**[52]

정말 감동적이다. 확실히 유가 사상은 공동체, 일체감, 연대의식, 뿌리의식(rootness) 등을 상실한 서구 개인주의 사회를 구원할 수 있는 보편적인 가치를 구비하고 있는 것 같다. 그러나 여기에는 무한한 진보와 경쟁적인 개발로 죽어가는 지구를 구원할 수 있는 사상은 뚜렷이 보이지 않는다. 인간의 본성에 내재한 인(仁)이 초목과 와석(瓦石)에까지 확대되어 너와 나의 구분은 물론 만물이 '일체'의 유기적인 구성 부분이라는 왕양명의 다음과 같은 만물일체론이 자주 인용되는 것은 바로 이 때문인 것 같다. 즉

『대학』은 옛 유자들이 대인이 되기 위한 학문이다. 감히 묻습니다. 대인의 학(學)은 왜 명덕(明德)을 밝히는 데 있습니까? 양명자가 대답하였다. "대인이라는 것은 천지만물과 일체가 되는 사람이다. 그는 천하를 일가(一家)로 보며 중국을 한 사람으로 본다. 만약 형해(形骸)가 사이

52)『近思錄』 권2 西銘 "乾稱父 坤稱母 予茲藐焉 乃混然中處 故天地之塞 吾其體 天地之帥 吾其性 民 吾同胞 物吾與也 大君者 吾父母宗子 其大臣 宗子家相也 尊高年 所以長其長 慈孤危 所以幼其幼 聖 其合德 賢其秀也 凡天下疲癃殘疾 ㄱ獨鰥寡 皆吾兄弟之顚連無告者也."

에 있다고 너와 나를 구분하는 자는 소인이다. 대인은 천지 만물과 일체가 된다. 그것을 의도한 것이 아니라 그 마음의 인(仁)이 본래 이와 같아 천지만물과 하나가 된 것이다. 어찌 대인만 그렇겠는가? 소인의 마음도 (본래는) 다 그랬지만 그가 돌아보고 스스로 작게 만든 것뿐이다. 그러므로 어린아이가 우물에 들어가면 반드시 걱정하고 측은한 마음이 든다. 이것은 그 인이 어린이와 함께하여 일체가 되었기 때문이다. 어린이는 그래도 동류이니 (그렇다고 하자.) 조수(鳥獸)가 슬피 울고 두려워하는 것을 보면 반드시 차마 두고 보지 못하는 마음이 생길 것이다. 이것은 그 인이 조수와 함께하여 조수와 일체가 된 것이다. 조수는 지각이 있다. 초목이 꺾이고 부러지는 것을 보면 반드시 불쌍히 여기는 마음이 생긴다. 이것은 그 인이 초목과 함께하여 일체가 된 것이다. 초목도 생명의 의지가 있다. 와석이 파괴되는 것을 보면 반드시 돌아보며 안타까운 마음이 든다. 이것은 그 인이 와석과 함께하여 일체된 것이다. 이것이 만물이 일체가 되게 하는 인이다."[53]

대단히 감동적이고 고결한 대인이다. 주돈이가 자신과 같은 생명

53) 『王文成公全書』 권26 續篇 1 「大學問」 "大學者 昔儒以爲大人之學矣 敢問大人之學何以在於明明德乎 陽明子曰 大人者 以天地萬物爲一體者也 其視天下有一家 中國有一人焉 若夫間形骸而分爾我者 小人矣 大人之能以天地萬物爲一體也 非意之也 其心之仁本若是 其與天地萬物而爲一也. 豈惟大人 雖小人之心亦莫不然 彼顧自小之耳 是故 見孺子之入井 而必有怵惕惻隱之心焉 是其仁之與孺子 而爲一體也 孺子猶同類者也 見鳥獸之哀鳴觳觫 而必有不忍之心焉 是其仁之與鳥獸 而爲一體也 鳥獸有知覺者也 見草木之摧折而必有憫恤之心焉 是其仁之與草木而爲一體也 草木有生意者也 見瓦石之毁壞而必有顧惜之心焉 是其仁之與瓦石而爲一體也 是其一體之仁也."

적 존재라는 이유로 창 앞의 풀을 제거하지 않았다는 일화는[54] 바로 이 사상을 실천한 구체적인 예일 것이다. 필자도 위 구절로 유가 사상과 현대 에콜로지(Ecology) 운동 사상을 결부시키려는 주장을[55] 찬성하지는 않지만 굳이 반대할 생각은 없다. 이것은 적어도 그 운동을 저애하는 요소는 아니기 때문이다. 그러나 서구 문명의 병폐를 초래한 계몽정신의 한계를 극복할 수 있는 정신적 자원의 하나로 유가 사상이 공헌할 수 있다는 뚜웨이밍[杜維明]의 주장은[56] 반대한다. 여기에는 개성의 자아, 인권, 민주주의가 없기 때문이다. 여기서 또 장황하게 이 문제를 거론할 생각은 없다. 다만 5·4 신문화 운동이 왜 유교를 '식인(食人)의 교(敎)'로 매도하였으며, 호적(胡適)이 전반서화(全般西化)를 주장하였으며, 국가의 공식 지침이 하달된 이후에도 유가의 전제주의 정신을 부각시키는 용감한 논저가 그치지 않고, 1990년대 이택후(李澤厚)가 '서체중용(西體中用)'을 주장한 이유만이라도[57] 반추해 보기를 바랄 뿐이다.

유가 경전에는 도덕적 완성, 인간의 존엄성, 인도주의 정신을 직간접으로 주장하는 명구와 지금도 유효한 삶의 지혜가 넘친다. 또 정말

54) 『河南程氏遺書』 권3 "周茂叔窗前草不除去 問之 與自家意思一般".

55) 예컨대 Rodeny L. Taylor, "Companionship with the World: Roots and Branches of Confucian Ecology", edited by Mary Evelyn Tucker and John Berthrong, *Confucianism and Ecology*(Harvard University Press, 1998).

56) Tu Weimimg, "Beyond the Enlightenment Mentality", *Confucianism and Ecology*(Harvard University Press, 1998).

57) 李澤厚, 「再說"西體中用"」 『世紀新夢』(安徽文藝出版社, 1998), 이택후 역시 현대화가 곧 서구화는 아니라고 한다. 그러나 그는 현대화의 기본 관념과 사상, 특히 물질방면 요소의 기초는 모두 서방 자본주의 사회에서 학습한 것이고, 경제 발

고상한 인격으로 백성을 사랑하고 그 복리와 행복을 걱정하는 유가적 '대인', '군자', '성군'도 역사상 적지 않았다. 그러나 유교가 '국교'였던 사회는 황제와 그 관리들이 백성을 지배하는 전제적인 사회였고, 유교는 바로 그 전제적인 황제 지배체제의 정당성을 부여하는 이데올로기였다. 이 유교에서 민주주의 정신을 찾을 이유도, 또 찾을 수도 없다는 것은 기본 상식이다. 유교의 민본과 위민 사상을 '소박한 민주주주 사상'으로 주장하는 것도[58] 일단 이 상식에 따른 것이었을 것이다. 그러나 이것은 '소박한 민주주의 사상'이 아니라 전제주의 사상이다. 진정한 민본과 위민은 '민에 의해서(by the people)'만 실현될 수 있을 뿐이다. 효는 가장 중요한 유교의 덕목이다. 그러나 이것은 단순한 자발적인 부모에 대한 사랑과 존경, 인간적 의무와 헌신을 의미하는 것이 아니며 전제황권의 기초인 전제적 가부장제 가족제도를 지탱하는 강제 규범이었다. 불효는 용서할 수 없는 '10대 악행'의 하나로 사형에 해당하는 중대 범죄였다. 전제황권의 윤리적·법률적 규범인 충(忠)과 분리된 효는 유교의 효가 아니다. 전통옹호론자들은 민본과 위민에 by the people을 첨가하고, 효와 충을 분리시키고 가부장적 전제를 제거하는 것을 '유교 전통의 계승 발전'으로 주장한다. 그러나 by the people이 첨가되고, 전제적 가부장질서를 제거하는 순

전에 따라 필연적으로 정치체제가 변화하면서 결국 계약에 기초한 현대법치, 삼권분립, 여론개방, 개인의 자유와 평등 등을 도입하지 않을 수 없는데, 이것은 모두 중국 전통사회의 '삼강오상'의 등급질서와 집단 지상주의 의식과는 다르다는 것이다.

58) 祝瑞開 主編, 『儒學與21世紀中國－構建, 發展"當代儒學"』(學林出版社, 2000), 序, p.7.

간 유교는 이미 유교가 아니다.

전통논자들은 유교 사상의 '중국적 가치'가 인간적인 삶을 보다 풍요롭게 보장할 수 있다고 생각한다. 그러나 유교적 가치가 최고로 실현될 수 있다는 '만물일체' 사상을 보자. 상기 장재(張載)의 이상사회는 천의 종자인 성인 대군(천자)과 현인 대신이 지배하는 가부장적 사회였다. 도전건차(島田虔次)는 이것을 '우주적 가족주의'로 정의하였고[59] 축서개(祝瑞開)는 '친친지후(親親之厚)'와 '무아지공(無我之公)'의 결합으로 극찬하였지만,[60] 여기서 '나(吾)'는 우주적 유기체인 대가정(大家庭)에 매몰된 존재에 불과하다.[61] 후외려(侯外廬)는 이 구절을 근거로 『서명(西銘)』의 전체적인 진의를 '봉건윤리와 법률에 철학적·선험적 근거를 제공한 것'으로 해석하였다.[62] 이 관점을 상기 인용문 바로 뒤에 이어지는 문장만 계속해서 읽으면 충분히 납득될 것이다. 그 문장은 절대 무조건적인 충과 효를 실천한 역사적 인물들을(신생(申生)·증참(曾參)·백기(伯奇)) 칭송한 후 다음과 같은 구절로 끝난다. 즉

> 부귀와 복택(福澤)은 천(天)이 나의 생활을 풍족하게 하는 것이고 빈천과 근심 걱정은 옥을 갈아 다듬는 것처럼 너를 완성시키는 것이다. **살아서는 나는 매사에 순종하니 죽어서도 편안하리라.**[63]

59) 島田虔次, 『朱子學と陽明學(岩波書店, 1967), p.69.

60) 祝瑞開, 앞의 책, 序, p.3.

61) 이성규, 「무엇을 위한 '동아시아'인가?」, 《인문학연구》 36집(2006년 12월), pp.86~87.

62) 侯外廬 主編, 『中國思想通史』 권4 上(人民出版社, 1959), pp.565~566.

63) 「西銘」 "富貴福澤 將厚之吾生也 貧賤憂戚 庸玉女於成也 存吾順事 沒吾寧也".

이것이 과연 서구 개인주의 사회 병폐의 대안이요 보편적 가치의 구현인가? 이것은 상호의존적인 공동체의 삶이 결코 아니며, 전제군주에 순종시키기 위하여 자아(自我)의 부정과 포기가 강요된 자의 '체념적 자기기만의 행복'에 불과하다. 마치 '어버이 수령님을 모시는 북한의 주체사회'를 그대로 묘사한 것 같은 인상이다. 뚜웨이밍이 서구 계몽정신에 '지구공동체(global community)는 차치하고 공동체 사상이 결여되었다고 비판하였을 때 드 베리는 계몽주의의 발흥과 함께 유럽과 미국에서 공동체 운동이 크게 활발하였고, 사회주의·공산주의·무정부주의 운동도 모두 그 일환이었음을 지적하고, 아울러 박애정신에 대해 서구의 관심이 저조함을 한탄한 뚜웨이밍을 다음과 같이 비판하였다.

> 그는 사회주의 운동에서 박애가 동지애("comrade"-ship)에 커다란 역할을 한 사실을 간과하였다. '동지애'는 모든 사람들이 그것을 공허한 완곡어(euphemism)에 불과한 것을 알아차리기까지 100년간 전 세계의 반을 넘는 지역에서 계속 사용되었다. 당(黨)과의 동지애 또는 소위 무산계급과의 동지애는 일단 우파로 비난되거나 인민의 적으로 선언된 순간 별 도움이 되지 않았다. 그 상황에서는 동지나 형제는 차치하고 단 한 사람의 친구를 갖는 것이 기쁠 것이다.[64)]

64) Wm. Theodore de Bary, "'Think Globally, Act Locally' and the Contested Ground Between", *Confucianism and Ecology*, p.25.

뚜웨이밍은 사회주의 동지애는 역시 서구 계몽주의 정신의 산물이었기 때문에 그랬을 것이라고 반박하였을지 모른다. 그러나 이것은 결국 개인을 매몰시킬 수 있는 '집단사회'와 '사(私)'가 말살된 '공(公)'의 문제였다. 유택화(劉澤華)는 천(天)과 자신을 등치시킨 성인의 정치가 전제화된 것을 다음과 같이 설명한다. 즉 성인은 천과 자신을 등치시킨 순간 자아를 상실하고, '대공무사(大公無私)'의 화신이 되어 사람들의 '인욕(人慾)'과 '마음속의 적(賊)'을 섬멸시키고, 그 결과 제조된 '무아(無我)'의 백성들은 충과 효를 통하여 전제군주의 신복(臣僕)이 된다는 것이다. 그에 의하면 '천인합일(天人合一)'은 곧 인간의 상실을 의미하였다.[65] 이것은 곧 중국철학 기초의 가장 우량한 정수(精粹)로 선전되는 '천인합일'이 결국 전제주의의 핵심적 기초였음을 주장한 것이다.

유학지(劉學智)도 비슷한 관점을 주장하였다. 즉 '천인합일'은 곧 '천인일체'를 의미하는데, 주체와 객체의 미분된 만물일체는 도덕적 귀의의 경지이지만, 분화된 주객의 조화를 의미하는 '천인화해(天人和諧)'와는 다르다. 그러므로 '천인합일'에서 도출된 '천인화해'는 주체성 원칙이 체현되지 못한 '전주체성(前主體性) 천인합일'에 불과하다. 이에 비해 서방의 '천인화해'는 주체와 객체 관계를 거친 '후주체성(後主體性) 천인합일'이라는 것이다.[66] 즉 그에 의하면 '천인합일'은 인간의 주체가 사라진 자연과 인간의 관계이므로, 진정한 천과 인의 화해가 없다

65) 劉澤華·李冬君, 「倫理學的聖人無我及其向聖王專制的轉化」, 復旦大學歷史系 復旦大學國際交流辦公室 合編, 『儒家思想與未來社會』(上海人民出版社, 1991).

66) 劉學智, 「"天人合一"卽"天人和諧"-解讀儒家"天人合一"觀念的一個誤區」, 『儒學與21世紀中國』.

는 것이다. 한 걸음 더 나아가 그는 서방의 '천인화해'를 진정한 자연과 인간의 조화관계로 사실상 인정하였다. 이것은 곧 서양에 없으며, 따라서 중국 철학의 '보편적 가치'의 하나로 주장되었던 '천인합일'을 서양에도 있는 '천인합일' 사상보다 낙후된 철학으로 평가한 것이다. 그 이유는 결국 인간 주체의 결여였다.

'천인합일'은 '서체중용'으로 개조와 천석(闡釋)이 필요하다는 이택후의 주장도 그 이유는 비슷하다. 그에 의하면 '천인합일'은 인간이 자연을 정복한 이후 또는 동시에 새로 모색되는 것이며, 농업 소생산 단계의 '천인합일'은 주재적이고 운명을 결정하는 천에 순종하는 것에 불과하다는 것이다. 그는 중국 철학사상인 '천인합일' 사상을 (1) 무사의 통신령(通神靈), 접조선신(接祖先神), (2) 한대의 천인감응론, (3) 송명이학의 이기론 3단계로 나누고, (2)는 세계를 이해하고 자연에 순응하여 자연을 이용하고 공제(控制)하기 위하여 인간의 외재(外在) 행동자유의 우주모형을 건립하기 위한 것이었고, (3)은 내재자유의 인성이상을 건립하기 위한 것이었다고 각각 설명하였다. 그러나 이 사상 때문에 중국인들은 현상과 본체를 제대로 분리하지 못하고 완전히 감성세계를 떠나서 순수한 영적세계와 초월적 세계를 추구하거나 신앙하지도 못하였으며, 또 이성사변과 추상적인 언어를 완전히 신임하지도 못했다는 것이다. 그는 과학기술 문명이 고도로 발달한 현대사회에서는 '자연의 인간화'와 '인간의 자연화'로 '천인합일'의 새로운 의미를 찾을 수 있다고 주장한다.[67] 그가 이와 같은 신 해석을 '서체중

67) 李澤厚, 「說自然人化」『己卯五說』(中國電映出版社, 1999).

용'에 의한 개조와 천석으로 표현한 것은 곧 전통 사상의 전반적 해체와 서양 철학을 통한 재구성을 주장한 것이나 다름없다. 그는 이것을 '전화성적창조(轉化性的創造)'로 규정하였다. 이것은 '중체서용'도 '전반서화(全般西化)'도 아니라는 것이다.[68]

이와 같이 유가 사상에 기초한 '감동적인 이상사회'가 자아와 주체를 상실한 개인의 삶을 요구하는 것이라면, 그 사상을 현대에도 유효한 보편적 가치로 주장하는 것은 차라리 희화(戲畵) 자체이다. 이것이 현대사회와 불상용한 전제주의 사상이라는 것은 이미 100년 전에 아는 사람은 다 알고 있었다. 그러나 국가는 이것을 중심으로 현대 인류 사회에 공헌할 '중국 문명' 건설을 선언한 것이다. 이것은 곧 고대 '중국③'을 현대 '중화민족' 문명의 기조로 삼겠다는 것을 의미한다. 천라이가 이것을 중국의 보편적 가치로 주장하지 않을 수 없는 이유는 바로 여기에 있었을 것이다. 그가 이것을 '중국'에 국한한 것은 차마 자유·평등·이성·개성을 보편적 가치에서 배제할 수 없었기 때문일 것이다. 그는 유교 철학과 자유·평등·이성·개성 상호존중을 주장하였지만, 자유, 평등, 이성이 중국에서 자유롭게 존중된다면, 소위 '중국의 보편적 가치'는 설 땅이 없어질 것이다. 자유, 평등, 이성, 인권은 이미 '서구의 가치'가 아닌 인류의 보편적 가치인 반면, '중국

68) 이택후가 주장한 '서체중용'의 '체'는 일차적으로 의식주 일상생활의 기초인 물질문명과 그것을 기초로 형성된 상부구조를 모두 포함한 것이고, '용'은 중국 역사와 현실에 근거한 '체'의 '전환성적창조(轉換性的創造)'라는 것이다. 이에 비해 '중체서용'의 '중체'는 중국의 사상과 윤리, 용은 서양의 과학기술이었다. 「再說"西體中庸"」, pp.174~179.

의 보편적 가치'는 실제 고대의 '중국③'으로서 전근대제국의 전제주의 이데올로기에 불과하였기 때문이다. '중국식 사회주의'를 표방하는 것은 아직도 마르크시즘을 포기하지 않은 징표일 것이다. 하부구조가 상부구조를 결정한다고 믿는 사람들이 현대, 후현대 공업화사회의 상부구조를 고대의 상부구조로 건설할 수 없음은 그들이 먼저 잘 알고 있었을 것이다. 설마 이것이 '중국식'이라면 중화인민공화국을 너무 모독하는 것이 아니겠는가?

5. '중국'의 주박(呪縛): 맺음말

동아시아 역사상 '중국'을 자칭하는(공식 국호가 아닌) 국가가 없었다면, 이 글도 초(草)할 이유가 없었을 것이다. '중국①'이 있었기 때문에 지역, 문화, 민족을 의미하는 '중국②', '중국③', '중국④'의 개념이 파생되었고, 본래 중첩된 4개념이 때때로 분리되어 비'중국'과 결합하면서 그 내함이 대단히 복잡하게 되었고, 오늘날의 역사 인식과 서술, 영토와 민족 및 그 역사의 귀속 문제, 문명적 가치 판단에도 불필요한 커다란 혼란을 야기하고 있다. 그렇다면 왜 '중국'이 그토록 계속 애용되어 왔는가? 그것은 '중국'이 가치 개념이었기 때문인 것 같다. '중국'의 자의(字義)는 '서방(四方)' 또는 '사국(四國)'에 상대적인 '가운데 나라'이지만, 이것은 단순한 공간적 '가운데'가 아니었다. '중국'은 세계와 우주의 중심이며, 하늘과 땅을 잇는 중심축이었다. 최고의 가치, 이법, 도의 화체(化體)인 천은 이 축(軸)을 통하여 유덕자에게 지상의 통치권을 위임하는 천명을 내린다. 그러므로 천명은 '중국'의 군주에게 독점 배타적으로 수여되었다. 전통 시대의 '중국④'들은 유럽의 어느 군주가 천명을 받을 수 있다는 것은 상상할 수도 없는 일이었을 것이다. 그러므로 '중국'의 황제만 천을 제사할 권리와 의무가 있으며, 그는 천과 인 사이의 유일한 통로였다. 그러므로 '중국'은 천을 대신하여 '천하'를 통치하는 독존적(獨尊的) 국가이며, 주변 국가와 민족은 '중국'에 귀의·복속해야 한다. 동시에 '중국'의 문화는 천의 의지와 규범을 실현한 유일한 문명이며, 그 주인공은 최고의 문명인이다. 바로 이것이 '중국'의 가치적 개념이며, 이 글은 이것을 '중국⑤'로 칭한다. 황하 중하 유역을 점거한 역대 국가들이 '중국'을 칭한 것은 바로 '중국⑤'가 내포하고 있는 권리와 의무, 신성성을 주장한 것이다. '중국⑤'가 없는 국가는 '중국①'이 아니며, '중국⑤'의 전이로 이어지는 정통의 계보에 속할 수 없었다.

정통에의 편입이 곧 '중국⑤'에 내포된 특권의 행사 또는 그것을 요구할 수 있는 자격을 의미하였다면, 역대 분열시대의 경쟁적인 왕조들과 '이적' 왕조들이 경쟁적으로 '중국'을 칭한 것도 극히 자연스러운 일이었지만, 전 왕조의 정통성 여부는 현 왕조의 정치적 유산의 범위를 결정한다. 정통론에 입각한 역대 '정사(正史)' 편찬은 바로 이 유산의 정리·확인 과정이었다고 해도 과언은 아니다. 사실 '중국①-④'의 중첩 개념으로 '중국'을 확인하는 것은 그리 어렵지 않다. 그러나 '중국⑤'가 가미된 정통 '중국'은 대단히 복잡한 정치적 계산과 결부된 문제였으며, '이적' 왕조도 편입될 수도 있었다(그 정당성 여부는 차치하고). 요·금·원의 당대정통, 그 역사의 정사 편입은 정치적 계산 문제와 아울러 정통에서 그들을 제외할 경우 '중국⑤'를 체현한 정통 왕조가 부재한 상황을 인정하기 어려운 문제도 있었을 것이다.

청의 정통 '중국' 여부 논란도 결국 동일한 성격이다. 그러나 문제는 이 논란이 현재에도 진행되고 있다는 점이다. '중국'과 정통론의 주박을 벗어나지 못하면 실제 역사를 상식적으로 이해할 수 없다면, 적어도 역사학자들은 '중국⑤'에서 동아시아의 역사를 해방시켜야 할 것이다. 그러나 영토와 민족 문제를 해결하는 명분으로 그 주박을 편리하게 이용하였을 뿐 아니라 '중화'의 본의까지 확대하여 '중화민족'이란 납득하기 어려운 묘한 개념까지 만들었다. 그러나 그것은 중화인민공화국을 근대 민족국가로 만든 것이 아니라 '중국⑤'를 주장하는 전근대 '중화제국'으로 후퇴시킨 것인지도 모른다.

이 점은 '중국' 문명론도 마찬가지이다. 전근대 '중국' 문명은 '중국③'의 범위를 크게 벗어나지 않으며, 서구 근대 문명이 본격적으로 밀려오기 이전까지 동아시아의 최고 선진 문명이었고, 보편적 가치로 인정되기도 하였다. 그러나 그 전근대의 그 보편적 가치는 점차 축소·상실되지 않을 수 없었고, 아무리 민족적, 애국적 자존심이 상해도 전통적 문명의 가치는 근대, 현대사회 발전에 오히려 장애가 되는 사상체계라는 것은 명백해졌다. 그럼에도 불구하고 '중국적 가치', '아시아적 가치'는 아직도 살아 있는 화두이며, 대규모의 국제 학술대회의 주요한 주제이다. 찬반 쌍방의 논저도 해마다 쌓이고 있다. 반서구·반근대화논자들은 '중국적 가치'에서 서구의 근대를 초극할 수 있는 논리를 찾을 수 있다고 주장하고, 비민주적 권위주의 정권들은 이 주장을 환영·선전한다(비록 자본주의 국가라도). 또 '중국적 가치'가 제공하는 거대한 문화 권력과 문화 시장도 이 논의를 더욱 확대 재생산시키고 있다. 청말 평생 경학을 공부하며 과거를 준비하던 유생들이 과거가 폐지되고 서양 학문이 학교 교육의 주류를 형성하고 신학문 서적이 환영받는 상황에서 유학의 영원 불변적 가치와 그 수호를 주장하지 않았다면 오히려 이상한 일이었을 것이다. 그들은 당당한 사대부 관료의 지망생에서 미래의 희망이 없는 백수로 전락했기 때문이다. 그러나 그들은 실제 유교의 불변적 가치를 믿었을 것이다.

현재 중화인민공화국의 지도자들이 유교를 현대 인류의 발전에 공헌할 수 있는 보편적 가치로 주장하는 것은 그 전근대성과 전제성을 몰랐기 때문은 아닐 것이다. 그들은 5·4 운동 이래 70년대까지도 유교의 반동성과 봉건성을 귀 아프게 듣고 자랐기 때문이다. 또 그들은 한국과 일본의 반서구 반근대화논자들처럼 '미제국주의(美帝國主義)'를 반대하기 위하여 보편적 민주주의 가치를 부정하고 전체주의를 전통적 가치로 미화하는 어리석음을 범하는 것도 아닐 것이다. 그들이 유교를 복권시킨 것은 바로 현 체제의 안정에 유교가 유효하다고 판단하였기 때문이다. 그들은 현 체제의 비민주성을 제일 잘 알고 있을 것이다. 필자는 민주주주의 개념, 특수성과 보편성 운운하는 학자들과 정치가들의 논쟁에는 관심이 없다. 언론, 출판, 결사의 자유, 공정한 사법 절차, 비밀 자유 투표에 의한 자유로운 선거제도가 없으면, 그 앞에 무슨 수식이 붙든 필자는 비민주라고 판단하며, 이것은 인류의 보편적인 가치에 반한다고 생각한다. 그것은 중화인민공화국의 지도자들도 마찬가지일 것으로 믿는다. 다만 그들은 이것을 현재 실천할 준비가 안 되었다고 생각할 것이다. 이제는 무산계급의 전정과 독재 시대는 지났기 때문이다. 그러나 유교를 기둥으로 문명 건설을 표방하면서 유교의 전제주의 사상을 인정하는 것은 스스로 현 체제를 부정하는 것이었다면, 유교를 현대사회에도 유효한 보편적 가치로 선전하지 않을 수 없었을 것이다.

국가의 후대를 받으며 유교를 '계몽정신을 넘어선'(이 얼마나 멋진 말인가!) 사상체계로 칭양하며 문화 권력을 누리려는 학자들은 많기 마련이다. 감동적인 명언과 고상한 언행, 균형을 맞추기 위한 둔사(遁辭)와 이데올로기로서의 유교의 차이를 편리하게 망각하는 사람들도 이 애국적 운동은 좋은 기회였을 것이다. 또 '유교의 재발견'으로 상처받은 자존심을 치유하려는 사람도 적지 않을 것이다. 그러나 전근대 동아시아 최고의 가치 '중국③'을 현대 '중국' 문명의 기조로 삼는 것은 중화인민공화국의 문화를 시대에 뒤떨어진 3류 문화로 만들 것이다. 체제의 안정으로 경제가 발전하면 할수록 유교적 가치는 더욱 의미를 상실할 것이다. 국가와 어용학자들이 인정하였다고 유교가 보편적 가치가 되는 것은 아니다. 보편적 가치가 국적이 있다면 그것은 이미 보편적 가치가 아니다. '서구'에서 먼저 발전한 가치가 인류가 공유할 수 있는 보편성을 가지면, 그것은 이미 '서구'가 아닌 '인류'의 보편적 가치이며, 그것을 '중국'이 배우는 것이 아니라 중화인민공화국 국민 개개인이 주체적으로 배우는 것뿐이다. '서구'에 대한 '중국'의 대결의식으로 근대 '중국③'을 보편적 가치로 강변하는 것은 보편적 가치에 참여를 거부하는 것이다. 이택후의 '서체중용'은 바로 '중국', 특히 '중국⑤'의 주박을 벗어나지 않았다면 불가능한 용기였다. 그것은 '중국'이 아닌 '현대성'을 추구하는 것을 의미하기 때문이다. 끝으로 동진(東晋)

의 무의(巫醫) 행령(幸靈)의 다음과 같은 행적을 소개해보자.

행령은 예장군(豫章郡) 건창현(建昌縣) 사람이다. 말이 적은 성격인데 어린아이들과 함께 거처할 때 괴롭힘과 모욕을 당했지만 성내는 기색이 없었다. 읍리에서는 그를 바보로 불렀고 부모 형제들도 모두 바보로 여겼다. 일찍이 그에게 벼를 지키게 하였는데 소 떼가 와서 벼를 먹었지만 행령은 보고도 소를 쫓지 않고 소가 가는 것을 기다린 후 그 어지럽게 쓰러진 벼의 잔해를 정리하였다. 부모가 보고 화를 내니 행령은 이렇게 말하였다. "만물은 천지지간에 태어나서 각기 먹을 것을 얻으려 하는 법인데 소가 막 먹는데 어떻게 쫓아내겠습니까?" 그 아버지가 더욱 화가 나서 말했다. "네 말대로라면 파괴된 벼를 또 정리한 것은 무엇 때문이냐?" 행령이 대답하였다. "이 벼도 제 생명을 다 마치고자 하는데 소가 침범하였으니 어떻게 거두지 않겠습니까?" …… 그가 치료해준 사람들 대개 이런 사람들인데(기가 잘 돌지 않거나 마비된 자) 사례비는 받지 않았다. 그는 길을 갈 때도 말을 타지 않았고 장성해도 처를 얻지 않았다. 성품은 지극히 공손하여 사람을 보면 먼저 절을 하고 곧 자기 이름을 말하였다. 산림 중에 어린 초목이 상한 것을 보면 반드시 일으켜 다듬어 주고 도로에 기물이 뒤집어진 것은 반드시 들어서 바로 세웠다. 강주(江州) 사이를 왕래할 때는 그 사인(士人)들에게 충고하였다. "천지가 사람과 물을 대하는 것은 똑같다. 모두 그 정성을 잃지 않기를 바라는 것이다. 어찌 인간을 억지로 복종시켜 노비로 삼는가? 제군들이 만약 다복(多福)을 누려 성명(性命)을 보존하려면 모두 방면하여 보내는 것이 좋다." 십여 년간 그 의술 덕분에 구제된 자가 대단히 많았다. 후에 처를 얻은 후 거마와 노비를 기르고 (치료 대가로) 재물을 받아 (처자에게) 보냈다. 이에 그 의술은 조금 떨어져 치료 성공률은 반 정도가 되었다(『晉書』 권 65 藝術列傳, 幸靈).

마치 왕양명의 '만물일체' 사상을 그대로 실천한 것 같다. 더욱이 그는 노비제도를 천지의 뜻에 반하는 것으로 판단하였고, 그 해방을 직접 설득하기도 하지 않았는가? 필자가 여기서 장문을 소개한 것은 이 고결한 실천적 인격에 크게 감동한 때문만은 아니다. 우선 그는 유가 사상을 실천한 것은 아니었다. 그는 주술과 귀신 쫓는 방법으로 병을 치료한 사실상 무당이었고, 그 처방은 물뿐이었다. 그가 장재와 왕양명의 사상은 물론 유가 경전을 배운 흔적도 없고, 신체가 마비되어 고통을 모르는 상태를 '불인(不仁)'으로 규정한 『황제내경 소문(黃帝內經 素文)』을 읽고 (또는 듣고) 송대 정명도처럼 만물일체를 이루지 못하는 상태를 '불인'으로 인식하여[69] 만물이 일체가 되도록 인을 실천한 것으로 설명할 근거도 없다. 오히려 왕양명이 주장한 것처럼 인간의 마음에 내재한 인이 스스로 발로한 것으로 이해하는 것이 자연스럽다면, 행령은 시공을 초월하여 발견될 수 있는 (극히 드물지만) 고결

69) 『近思錄』 권1 "明道왈 醫書言手足萎痺爲不仁 此言最善名狀 仁者以天地萬物爲一體 莫非己也 忍得爲己 何所不至 若有不有諸己 自不與己相干 如手足不仁 氣已不貫 皆莫屬己 故博施濟衆." 『素門』 권12 제43 비편론(痺篇論)은 비(痺)의 원인을 풍한습(風寒濕) 3기가 합하여 몰려온 것으로 설명하고 그 증상을 '통(痛)', '불통(不痛)', '불인(不仁)'으로 분류하였을 뿐이다. 이것을 후세의 주석서(注釋書)가 "완목부지통양(頑木不知痛痒)"으로 해설하였다. 그러므로 마비 상태 자체가 '불인'은 아니고 마비되어 통증을 모르는 것이 '불인'인데, 자기와 일체인 타인, 타물의 고통을 모르는 '불인'을 설명하기에 적절하였다.

한 인간이었다.

그러나 그가 결혼하여 가(家)를 이룬 이후의 변모 또한 대단히 흥미롭다. 그는 인과 물이 모두 동등하게 정성을 보존해야 한다는 이유로 반대하였던 노비도 기르고, 타지 않았던 말과 수레도 타고, 일체 받지 않았던 치료비도 받아 재산도 축적하였다. 유교 사회의 근간인 모범적인 가를 이룬 것이다. 그는 아마도 겸손하고 자애로운 가장이었을 것이다. 그러나 바로 그 때문에 동식물과 길에 떨어진 물건까지 미쳤던 관심과 배려는 크게 축소되었을 것이다. 『진서(晉書)』가 변신 이후 그의 신통력이 반감하였다고 굳이 밝힌 것은 그의 신통력과 만물에 대한 배려가 표리를 이루었다는 것을 암시한 것이다. 이택후의 설명을 빌린다면, 만물에 대한 그의 실천적 배려는 무사 단계 '천인합일'의 산물이었지만, 대단히 고결하였다. 이에 비해 그가 가를 이루며 유교사회에 진입하면서 그의 신통력이 반감한 것은, 유교가 무사 단계의 '천인합일'의 장점을 반감시켰다는 것을 의미한다. 물론 그는 선진시대의 무사처럼 공자의 가르침을 통하여 유가 된 것은 아니다. 그러니 유교 이데올로기의 강제 규범을 철저히 따를 필요도 없고 그것을 남에게 설득할 이유도 없었을 것이다. 그는 여전히 무의였을 뿐이다.

그러나 송대 이후 '만물일체' 사상은 유교제국 이데올로기의 철학적 기초였으며, 성리학자들은 제국을 보위하려는 이데올로기였다. 정이천(程伊川)이 가정의 엄격한 예, 정리위엄(正理威嚴), 강(剛)을 강조한 것도[70] 빈곤한 무의탁 과부의 재가를 반대하며 '아사는 극히 작은

70) 『近思錄』 권6 "伊川日 人之處家 骨肉父子之間 大率以情勝禮 以恩奪義 惟剛立之人

일이요 실절(失節)은 극히 큰 일'이라는[71] 가혹한 말을 남긴 것도 모두 '천의 종자가 지배하는 우주적 대가정'의 강기(綱紀)를 지키기 위한 것이었다. 그 '대가정'은 천지 간에 도망갈 수 없는 군신·부자관계인 충과 효가 실현되는 곳이므로 추호의 사(私)도 용납할 수 없는 조직이었다.[72] 이 '대가정'의 강기를 지키는 길이라면 그 신자(臣子)는 기쁜 마음으로 아사해야 한다. 그러나 그 때문에 인으로 관통된 '만물일체'는 '불인'으로 마비되었으며, '만물일체'의 철학으로 풀 한 포기도 베지 않던 인도주의자, 환경주의자는 빈궁한 과부의 아사를 강요하는 냉혹한이 된 것이다. 이것이 '우주적 대가정'과 그 주창자들의 실체였다. 그러므로 행령과 유사한 고결한 언행을 모아 유교의 보편적 가치를 주장하는 것은 금물이다. 더욱이 그 고결한 언행도 유교의 이데올로기에 편입된 순간 '우주적 대가정'에 매몰될 것이다. 행령도 그 안에 편입되면 '매사에 순종하며 기쁘게 죽는 대군의 신자'가 되었을 것이다.

그러나 그래도 좋다. 이런 유교를 내세우며 정말 인류의 보편적인 가치를 구현하는 중화인민공화국을 만들 수 있다면 말이다. 일찍이 크릴(Creel)은 공자의 사상이 민주주의의 원리와 상통하였으며 서구 민주주의 발전에도 일정한 영향을 주었다고 주장하였다.[73] 그러나 그

則能不以私愛失其正理 故家人卦 大要以剛爲善", "伊川日 家人上九爻辭 謂治家當有威嚴 而夫子復戒云 當先嚴其身 威嚴不先行於己 則人怨而不服."

71) 『河南程氏遺書』 권22 下 "問或有孤孀貧窮無依託者 可再嫁否 日 只後世怕寒餓死 故有是說 然餓死事極小 失節事極大."

72) 『河南程氏遺書』 권5 "父子君臣 天下之定理 無所逃於天地之間……有分毫私 便不是王者事."

의 목적은 진정한 민주주의의 가치를 옹호하려는 것이었다. 이에 비해 근대 아시아 각국의 유교 현창(顯彰)은 예외 없이 그 비민주적 통치를 합리화하는 수단이었다. 즉 자신의 통치는 유교(중국, 아시아)적 가치가 옹호하는 또 다른 방식의 '민주주의' 또는 진정한 인간의 삶의 방식이며 오히려 서구의 개인주의적 민주주의보다 훨씬 우월하다는 것이다. 이것이 어용학자들이 만든 허구라는 것은 주지의 사실이며, 그 정권들은 예외 없이 국민의 저항에 부딪쳤다. 그러나 중화인민공화국이 정말 '유교의 가치'를 내걸며 현대의 보편적 가치에 동참한다고 해도 필자는 찬성할 수 없다. 그것은 결국 중화인민공화국이 '중국⑤'를 주장하는 것을 의미하는 것이기 때문이다. 더욱이 국가가 문명 건설의 주체가 되어 그 내용과 성격, 방향을 모두 지시 감독한다는 것 자체가 시대착오적이다.

---

73) H. G. Creel, *Confucius: The Man the Myth*(1949), 李成珪 譯, 『孔子: 人間과 神話』(지식산업사, 1983).

| 약력 |

(가나다순)

● 필자

강중기

현재 서울대학교 철학과 외래교수. 서울대학교 철학과를 졸업하고, 동 대학원에서 철학박사 학위를 받았다. 서울대학교 철학사상연구소 책임 연구원, 한림대학교 한림과학원 HK연구교수 등을 지냈다. 주요 저서로 『마음과 철학: 유학편』(공저), 『양수명 〈동서문화와 철학〉』, 『관념사란 무엇인가』(I·II, 공역) 등이 있고, 주요 논문으로 「근대 중국에서 미신의 비판과 옹호-량치차오와 루쉰을 중심으로」, 「현대 중국의 유교 논쟁」 등이 있다.

거자오광[葛兆光]

현재 중국 푸단[復旦]대학교 역사학 교수, 문사연구원(文史研究院) 원장. 중국 베이징대학교를 졸업하고 동 대학원 중문과 석사과정을 마쳤다. 중국 칭화[清華]대학교 역사학 교수, 홍콩 진후이[浸会]대학교·일본 교토대학교·벨기에 루벵대학교 객좌교수를 지냈다. 주요 저서로는 『이 중국에 거하라[宅玆中國]』, 『사상사를 어떻게 쓸 것인가[思想史的寫法: 中國思想史導論]』, 『중국 경전의 이해[中國經典十種]』, 『선종과 중국 문화[禪宗與中國文化]』, 『도교와 중국 문화[道教與中國文化]』 등이 있다.

김광억

현재 서울대학교 명예교수, 연세대학교 용재석좌교수. 서울대학교에서 독문학과 인류학을 전공하고, 영국 옥스퍼드대학교에서 사회인류학 석사·박사 학위를 받았다. 서울대학교 인류학과 교수와 한국문화인류학회장을 지냈다. 중국과 한국의 사회와 문화가 전공분야이며 이론적으로는 정치인류학, 역사인류학, 종교인류학이 전공이다. 국가와 사회의 관계, 문화의 정치 등에 관심이 많으며 동아시아 문명과 문화의 비교연구에 집중하고 있다. 『혁명과 개혁 속의 중국 농민』, 『문화의 정치와 지역사회의 권력구조』 등 다수의 저작이 있다.

김상준

현재 경희대학교 공공대학원 교수. 서울대학교 사회학과를 졸업하고, 뉴욕 컬럼비아대학교 사회학과에서 박사 학위를 받았다. 주요 저서로 『미지의 민주주의: 신자유주의 이후의 사회를 구상하다』, 『맹자의 땀 성왕의 피: 중층근대와 동아시아 유교문명』, 『유쾌한 감옥』(역서) 등이 있고, 주요 논문으로 「중층근대성: 대안적 근대성 이론의 개요」, 「대한민국 민주주의 60년을 보는 시각」, 「헌법과 시민의회」, "The Genealogy of Confucian Moralpolitik and Its Implications for Modern Civil Society" 등이 있다.

김호동

현재 서울대학교 동양사학과 교수. 서울대학교 동양사학과를 졸업하고 미국 하버드 대학교에서 중앙아시아사 분야로 박사 학위를 취득하였다. 주요 저서로는 『근대 중앙아시아의 혁명과 좌절』, 『동서문명과 동방기독교』, 『몽골제국과 세계사의 탄생』 등이 있다.

신정근

현재 성균관대학교 유학대학 교수. 서울대학교 철학과에서 박사 학위를 받고, 서울대학교 연구원, 중국사회과학원 방문학자, 한국동양철학회 총무이사, 한국철학회 연구위원장(법인이사) 등을 지냈다. (사)선비정신과 풍류문화연구소를 운영하며 웹진 오늘의 선비(http://www.ssp21.or.kr)를 발행하고 있다. 요즘 동아시아 예술미학총서(중국편)를 기획하여 공동번역하고 있다. 저서로 『공자씨의 유쾌한 논어』, 『마흔, 논어를 읽어야 할 시간』, 『사람다움의 발견』, 『철학사의 전환』, 『동양철학의 유혹』, 『신정근교수의 동양고전이 뭐길래?』 등 다수가 있다.

이광호

현재 연세대학교 철학과 교수. 한국고전번역원의 한학연수과정과 한국고등교육재단(지금은 한림대학교 부설) 태동고전연구소의 한학연수과정을 마쳤다. 서울대학교 철학과에서 박사 학위를 받고, 태동고전연구소 연구교수, 한림대학교 철학과 교수, 태동고전연구소 소장을 거쳤다. 서암학술재단 해외파견교수, 주자학술상과 퇴계학학술상을 수상하였고, 한국동양철학회장을 역임하였다. 주요 역서로 『성학십도』, 『근사록집해』, 『이자수어』, 『퇴계와 율곡, 생각을 다투다』 등이 있다. 주요 논문으로는 「주자의 격물치지설에 대한 고찰」, 「이퇴계 학문론의 체용적 구조에 관한 연구」,「공자의 학문관」,「동서 융합의 측면에서 본 정약용의 사상」, 「성호 이익의 서학 수용의 경학적 기초」 등이 있다.

이성규

현재 서울대학교 명예교수, 대한민국학술원 회원. 서울대학교 사학과를 졸업하고 동 대학원 동양사학과에서 박사 학위를 받았으며, 서울대학교 동양사학과 교수를 지냈다. 주요 저서로 『중국 고대 제국 형성사 연구』, 『서정희: 항일과 노농운동의 선구자』(공저), 『역사상의 통일과 분열상』, 『사기』(편저), 『공자: 인간과 신화』(역서), 『고대중국인의 생사관』, 『중국대동사상연구』 등이 있으며, 「전근대 동아시아 상호 교류의 열림과 막힘」, 「계수화된 인간: 고대중국의 세역의 기초와 기준」, 「전한 내군과 하서 4군간의 교역망 형성」 등 다수의 고대 중국사를 비롯한 동아시아사 연구 논문이 있다.

차태근

현재 인하대학교 중국언어문화전공 교수. 중국 베이징사범대학교에서 박사 학위를 받고, 고려대학교 중국학 연구소 전임연구원, 성균관대학교 동아시아학술원 연구교수를 거쳤다. 주요 저서로 『グローバルヒストリーの中の辛亥革命』(공저), 『동아시아, 근대를 번역하다』(공저), 『문예공론장의 형성과 동아시아』(공저) 등이 있고, 주요 논문으로는 「청말 민주/민권, 전제 개념과 정치담론」, 「5·4 운동 시기 문명 전환론과 사회주의치담론」, 「수(數) — 제국(帝國)의 산술과 근대적 사유방법」 등이 있다.

천라이[陳來]

현재 중국 칭화[清華]대학교 교수, 국학연구원(國學研究院) 원장. 중국 베이징대학교에서 철학 박사학위를 받고 철학과 교수를 지냈다. 미국 하버드대학교, 일본 도쿄대학교, 홍콩 중원[中文]대학교·커지[科技]대학교·청스[城市]대학교 객좌교수를 지냈다. 주요 저서로는 『北京. 國學. 大學』, 『孔夫子与

現代世界』, 『중국고대사상문화의 세계[古代思想文化的世界]』, 『송명 성리학[宋明理學]』, 『주희의 철학[朱熹哲學研究]』 등이 있다.

● 대담자

김병준

현재 서울대학교 동양사학과 교수. 서울대학교 동양사학과를 졸업하고 동 대학원에서 석사·박사 학위를 받았다. 한림대학교 교수, 동양사학회 총무이사 등을 지냈다. 주요 저서로 『중국고대의 지역문화와 군현지배』, 『아틀라스 중국사』(공저) 등이 있고, 주요 논문으로 「한이 구성한 고조선 멸망과정」, 「낙랑군의 한자사용과 변용」, "Lelang Commandery and Han China's Commandery-based Rule", 「진한제국의 이민족 지배」 등이 있다.

양일모

현재 서울대학교 자유전공학부 교수. 도쿄대학교에서 박사 학위를 받고 한림대학교 교수, 한림과학원 부원장을 지냈다. 주요 저서로 『옌푸(嚴復): 중국의 근대성과 서양사상』, 『개념의 번역과 창조』(공저), 『동아시아 근대를 번역하다』(공저) 등이 있고, 번역으로는 『천연론』(공동역주), 『정치학이란 무엇인가-중국의 근대적 정치학의 탄생』, 『관념사란 무엇인가』(공역) 등이 있다. 주요 논문으로 「중국철학사의 탄생-20세기 초 중국철학사 텍스트 성립을 중심으로」, 「'사상'을 찾아가는 여정-일본인의 중국인식과 중국학」, "Translating Darwins's Metaphors in East Asia" 등이 있다.

역자

안재호

현재 중앙대학교 교양학부대학 교수. 중앙대학교 철학과를 졸업하고 국립대만대학교 철학과에서 석사 학위를, 북경대학교에서 박사 학위를 받았다. 주요 저서로 『왕부지철학』, 『공자曰, 공자는 이렇게 말했다』, 『송명성리학』(역서), 『모종삼교수의 중국철학강의』(공역) 등이 있고, 주요 논문으로 「巍巖李柬之"實事"論管窺」, 「남당 한원진의 '기질' 심성론 비판」, 「方東美之老莊觀淺析」, 「맹자의 인성개념에 대한 주자학적 해석」, 「장재 心知학설 천석」 등이 있다.

이연승

현재 서울대학교 종교학과 조교수. 국립대만대학교에서 박사 학위를 받고, 서울대학교, 건국대학교, 한양대학교 등에서 중국철학과 종교학을 강의하였다. 주요 저서로 『揚雄: 어느 한대 지식인의 고민』, 『제국의 건설자, 李斯』, 『웃음의 정치가, 東方朔』 등이 있고, 번역서로는 『사상사를 어떻게 쓸 것인가』, 『漢代思想事典』 등이 있다. 주요 논문으로는 「董仲舒 연구사의 검토와 새로운 방향모색」, 「董仲舒 -음양의 조절론자」, 「『賈誼新書』에 나타난 새로운 제국 질서의 사상적 기초—德 중심의 우주관과 윤리관」, 「韓国近代儒教宗教化运动的思想特色-以李炳宪的孔教运动为主」 등이 있다.

중국 문명의 다원성과 보편성

석학연속강좌시리즈

1판 1쇄 찍음 | 2014년 2월 10일
1판 1쇄 펴냄 | 2014년 2월 17일

편저자 | 김광억·양일모
펴낸이 | 김정호
펴낸곳 | 아카넷

출판등록 2000년 1월 24일(제2-3009호)
100-802 서울 중구 남대문로 5가 526 대우재단빌딩 16층
대표전화 6366-0511(편집), 6366-0514(주문) | 팩스 6366-0515
책임편집 | 양정우
www.acanet.co.kr

Printed in Seoul, Korea.

ISBN 978-89-5733-345-7 94150
ISBN 978-89-5733-038-8 (세트)